이도영 목사의 『페어 처치』는 더불어숲동산교회 담임목사로서의 개인적 회고담이나 사역 철학서가 아니다. 그는 오히려 책 전체에서 "한국교회를 위한 회복의 방향과 그 대안은 무엇인가"라는 크고 뜨거운 고민에 천착하면서 "공교회성, 공동체성, 공공성이 회복된 선교적 교회"라는 신학적 주제의 보편적 대안성에 집중한다. 사람들은 대럴 구더의 『선교적 교회』나 브라이언 맥클라렌의 『기독교를 생각한다』에서 교회의 선교적 본질에 대해 깊은 통찰을 얻지만, 동시에 어쩔 수 없는 "맥락적 거리감"을 느껴야 했다. 『페어 처치』의 독자들은 이런 거리감을 느낄 사이 없이 "우리의 맥락에서 대안적 교회의 모습은 무엇일까"를 치열하게 고민하는 "현장신학자"의 관점 안으로 빠져들게 될 것이다. 이 책의 가치를 많은 독자들이 직접 발견할 수 있기를 희망하며 이 책을 추천한다.

강보영 주안대학원대학교 신약학 교수

21세기 한국교회가 새로운 옷을 입어야 한다는 요청은 차고 넘치지만 정작 어떻게 나아가야 할지는 생각만큼 쉽지 않았다. 지난 수년간, 한국교회에 대한 질타가 이어지는 가운데 진정한 교회됨을 위한 진지한 고민과 새로운 도전도 계속되어왔다. 이 책은 그러한 몸부림들이 검증되고 성숙되어 신학으로 정립되고 기독교 공동체로 구체화된 표현을 보여준다. 진보적이며 복음적이고 오순절적이며 선교적이라고 선언하는 저자의 사역 철학은 담대하면서도 부럽다. 저자에게는 목회 사역과 공공 사역, 그리고 현장의 감각과 지적 통찰력이 마치 자전거의 두 바퀴처럼 함께 굴러간다. 나는 『페어 처치』를 보면서 한국에서의 선교적 교회가 무엇인지를 재성찰하게 되었다. 『페어 처치』를 통해서 한국 기독교 안에 복음적이고 정의로운 교회의 숲이 더욱 울창해지기를 소망한다.

김선일 웨스트민스터신학대학원대학교 실천신학 교수

지금 우리가 살고 있는 한국 사회는 큰 진통과 혼란을 겪고 있다. 그중에서도 "한국교회 어디로 가야 하는가?"에 대해 모두가 깊이 고민하고 있다. 이때에 더불어숲동산교회를 개척하고 목회 현장을 통하여 고민을 풀어간 이도영 목사의 『페어 처치』는 삼위일체적인 선교적 교회를 통한 대안을 제시하고 있다. 구체적으로 이 책은 진보적이고 복음적이며 오순절적인 선교적 교회의 균형을 제시하고 있다. 『페어 처치』는 건강한 교회를 꿈꾸는 모든 독자에게 큰 지혜와 용기를 주리라 확신한다.

김인중 안산동산교회 원로목사

이도영 목사님이 책상에서 공부하며 정리한 논리와 현장에서 씨름하며 체득한 실천을 튼실하게 잘 엮어서 멋진 책을 냈다. 한국교회에서 "이것이냐, 저것이냐"를 놓고 혈투를 벌이는 교회관을 가지고 저자는 "이것도, 저것도"를 이야기한다. 좋은 게 좋다는 식의 아우름이 아니라 본질을 꿰뚫는 아우름이 저자의 글과 목회 현장의 매력이고 장점이다. 오늘 이 땅에 꼭 필요한 교회를 만들고자 고민하는 분들에게 필독서로서 손색이 없다.

김종희 목회멘토링사역원 대표

더불어숲동산교회는 많은 사람이 배우고 싶어하는 교회다. 한 사람을 안다는 것이 그러하듯, 한 교회를 배운다는 것 역시 교회를 소개하는 신문 기사나 팜플렛만으로는 부족하다. 이 교회가 다양한 프로그램으로 지역사회에 다가가고 있는 것이 몇몇 튀는 목회 아이디어에서 나온 것이 아님을 이 책은 보여준다. 더불어숲동산교회의 사역은 이론과 실천, 인문학과 신학, 교회론과 사회 이해 전반에 걸친 저자의 오랜 천착의 결과이다. 뿌리가 깊은 만큼 폭도 넓다. "공동체형 양날개 교회", "오순절적인 선교적 교회"라는 보기 드문 조합이 가능한 것도 잘 다져진 기초 위에 세울 수 있는 목회의 폭이다. 책을 덮으면서 외친다. 한국교회, 아직 희망 있다!

박영호 한일장신대학교 신약학 교수

"선교적 교회"가 새로운 대안으로 한국에서도 큰 반향을 일으키고 있다. 이러한 흐름이 또 하나의 트렌드에 불과한 것이 되지 않도록 하기 위해서는 한국적 상황에서 선교적 교회가 무엇을 의미하는지, 또 선교적 교회는 어떻게 실천해야 하는지를 깊이 고민해야 한다. 바로 이 지점에 이도영 목사님의 사역과 더불어숲동산교회의 가치가 있다. 더불어숲동산교회는 선교적 교회의 한국적 실천을 모범적으로 표현하고 있는 공동체로 조금도 부족함이 없다. 이도영 목사님이 이번에 저술하신 책의 장점은 일단 분량도 엄청나지만, 그 내용에 있어서도 매우 균형이 잘 잡혀 있다. 선교적 교회의 신학적 근거와 이론적 배경은 물론이고, 그 실천적 적용과 사례도 풍요롭다. 또 복음주의와 에큐메니칼 진영의 긴장과 협력의 필요성을 적절히 지적하고 대안을 제시하고 있다. 이런 점에서 이 목사님의 삼위일체적 관점이 매우 훌륭하게 작용했다고 본다. 선교적 교회를 공공성과 연계해서 실천할 것을 제안한 것은 한국적 상황에서 매우 적절하며 절실한 것이다. 선교적 교회는 보냄 받은 곳에서 응답하는 책임적 공동체의 모습을 표현한다. 이 책을 읽는 모든 분들이 선교적 교회의 공공성에 공감할 수 있게 되기를 기대한다. 아울러 이도영 목사님과 임영신 사모님의 아름다운 협력 사역에도 박수를 보내며, 목사님과 같이 균형 잡힌 사역자와 함께 동역하는 것이 내겐 큰 기쁨임을 알리고 싶다.

성석환 장로회신학대학교 기독교와문화 교수, 도시공동체연구소장

"선교적 교회"(missional church) 논의가 수년간 진행되었는데 이제는 한국교회와 한국 목회자의 이야기가 제대로 나와줄 때가 되었다. 이 책에는 저자 이도영 목사가 더불어숲동산교회를 개척하고 7년 간 심화시켜온 고민과 실천이 고스란히 담겨 있다. 유일한 모델(model)은 아니라지만 이 하나의 사례(case)를 이루어내기 위해 저자가 섭렵한 인문-신학적 범위는 매우 넓고, 실천의 스펙트럼은 다양했다. 탈기독교 사회로 치닫는 한국 상황에서 교회의 존재 방식을 찾는 이들에게 신선한 자극으로 다가갈 것이다.

양희송 청어람ARMC 대표

선교적 교회를 말할 때 반드시 고려되어야 하는 두 가지 내용은, 말씀으로서의 텍스트와 그 말씀이 살아 역사하는 사회문화적 상황으로서의 컨텍스트다. 텍스트에 대한 고려가 소홀한 컨텍스트에의 몰입은 복음일 수 없고, 컨텍스트에 대한 고려가 없는 텍스트에의 몰입은 복음의 진정성에 대한 의심을 불러일으키기 때문이다. 이 땅의 교회에 대해 함께 고민하는 한 사람으로서 이 책의 출판을 축하하며 그 누구보다 기쁜 마음으로 추천한다. 이 책이 텍스트와 컨텍스트를 양쪽 팔로 단단히 붙들고, 한국형 선교적 교회의 건강한 사례를 신학적으로 단단하고 경험적으로 생생한 언어로 그려내고 있기 때문이다. 한국 상황에서의 선교적 교회를 고민하고 있다면, 선택이 아닌 필수로 탐독할 것을 강력하게 권한다.

이대헌 한동대학교 아시아언어문화연구원 교수

본서는 교회론에 관한 단순한 이론서가 아니다. 본서는 한국 사회와 한국교회가 교차되는 목회와 삶의 현장에서 삼위일체 하나님께서 이루실 하나님 나라의 원대한 전망을 바라보며, 한국교회와 한국 사회의 갱신을 위해 저자가 수행한 치열하고 눈부신 이론과 실천의 직조물이다. 아무쪼록 본서가 삼위일체 하나님께서 기뻐하시는 선교적 교회를 이루는 일에 그리고 우리 삶의 모든 영역 속에서 삼위일체 하나님의 정의와 평화의 주권을 수립하는 일에 값지게 쓰이기를 기대하며, 이론과 실천과 송영이 어우러져 있는 이 아름다운 책을 기쁜 마음으로 추천한다.

이동영 서울성경신학대학원대학교 조직신학 교수

루터의 종교개혁 500주년으로 한국교회가 분주한데 그 취지에 공감을 하면서도 일회성 행사나 프로그램에 그치지 않을까 우려되기도 한다. 루터의 개혁정신 중에서 로마 가톨릭교회를 더욱 분노하고 당혹스럽게 만든 것은 만인제사장에 대한 가르침이었다. 이것은 평신도들이 살아가는 일상의 삶의 자리가 그들의 부르심(calling)의 자리이며 예배하는 자리라는 것을 의미한다. 또한 하나님의 선교의 장이 교회에만 국한된 것이 아니라 교회가 서 있는 모든 지역과 그리스도인이 살아가는 모든 세상이라는 선교적 교회의 가르침과 일치한다. 이런 점에서 이 책은 "사역을 평신도에게 돌려주는 것"이 제2의 종교개혁이며, "페어 처치"로서 더불어숲동산교회는 "은사적 평등공동체"를 지향하고 있음을 주장한다. 같은 맥락에서 결국 그리스도인들이 살아가는 삶의 자리인 세상에서 교회가 지역사회와 이웃들과 소통하면서 공공성을 실천하는 것은 루터의 만인제사장의 가르침을 창조적으로 구현하는 작업이며 하나님의 선교에 참여하는 선교적(missional) 활동이다. 이 교회는 유행을 좇는 분주함이나 교회성장을 지향하는 조급함이 아니라 하나님의 일하심을 믿으며 느리지만 천천히 이웃과 함께 걸어가는 선교적 교회이다. 이 책은 선교적 교회를 지향하는 목사라면 단기적인 성과에 급급하기보다 긴 안목(long-term view)을 가지고 자신만의 분명한 신학을 정립해야 함을 잘 보여주고 있다. 이 책을 읽을 많은 사람들이 통성기도와 세월호 집회에 참석하는 것이 결코 나누어지지 않는다는 사실을 깨닫고, "페어 처치" 이야기를 한국적인 선교적 교회의 좋은 모델로 배우기를 기대한다.

이병옥 장로회신학대학교 선교학 교수

안타까운 일이지만 많은 목회자가 자신이 해야 할 목회가 무엇인지 모른 채 목회 현장에 뛰어든다. 그리고 당장의 편리를 위해 대형교회의 뒤를 따라다니며 1, 2년 써먹을 목회 프로그램을 찾아다니느라 분주하다. 그 결과 신학(교단), 지역, 구성원이 다름에도 불구하고 같은 프로그램을 교회에 적용하는 기현상이 벌어진다. 이도영 목사는 이런 한국교회를 그리스 신화에 등장하는, 땅에 발을 딛지 못해서 힘을 잃고 죽은 안타이오스와 같다고 일갈한다. 그가 이토록 한국교회를 절망적으로 보는 것은 한국교회의 회복을 간절히 바라고 있기 때문이다. 그의 책『페어 처치』를 통해 내가 읽은 키워드는 "토종 선교적 교회"와 하나님 나라 신학을 모토로 하는 "교회의 공공성과 공동체성"이다. 수입된 선교적 교회로 한국교회를 다시 살리겠다는 것은 어쩌면 시작부터 잘못된 것인지 모른다. 책을 읽으면서 매우 좋았던 점은『페어 처치』가 통속적인 목회 성공괴담과 기시감(旣視感)이 없다는 점이다. 이 책을 잘 읽고 단지 흉내 내기보다 자신에게 어울리고 감당할 수 있는 토종 선교적 교회를 찾는 데 도움이 되길 바란다. 그것이 저자의 가장 큰 바람일 것이다.

정성규 예인교회 담임목사, 교회2.0목회자운동 공동대표

그를 처음 만난 것은 몇 년 전에 협동조합 관련 연구를 하고 있을 때였다. 보수 교단인 예장 합동 교단에 협동조합을 하는 목사가 있다는 얘기를 듣고 더불어숲동산교회를 찾아갔다. 교회는 화성시에 있는 상가 건물에 있었는데 교회당에 들어서자마자 곳곳에 담임 목사의 철학이 배어 있었음을 알 수 있었다. 한 마디로 철저하게 지역을 섬기는 교회가 되어서 지역과 함께 마을 만들기를 하는 교회가 되고자 하는 그의 의지가 그대로 묻어나는 공간이었다. 이러한 특징은 공간만이 아니라 목회에도 드러난다. 그의 목회관은 자신의 표현대로, 한국교회에 주어진 다양한 영적 전통을 통합하고 보수와 진보를 아울러서 한국교회의 나아갈 방향을 제시하는 교회를 이루고자 한다는 점에서 가장 잘 드러난다. 아주 좋은 사례라고 생각하여 내 강의에 몇 번 초청하여 사례 발표를 부탁하였는데 목회자들의 반응이 아주 좋았다. 특히 같은 교단의 목회자들이 우리 교단에 이런 목사가 있다는 것이 자랑스럽다고 말하기도 하였다. 최근 우리 사회는 공정성을 심각하게 훼손하는 국정농단으로 엄청난 혼란기를 겪고 있다. 교회들도 방향을 잡지 못하고 휘청거리고 있다. 일부 기독교인들은 오히려 이러한 혼란을 더 부추기고 있다. 이러한 때에 "페어 처치"라는 개념을 통해서 성경에서 말하는 "공평과 정의"의 뜻을 되새기는 것은 매우 의미 있게 여겨진다. 한국교회가 나가야 할 길과 방향에 대해 씨름하는 한 목회자의 고민과 나름의 대안을 담고 있다는 점에서 오늘의 현실에서 진정한 교회의 의미를 찾고자 하는 사람이라면 반드시 한 번 읽어야 할 책으로 생각하고 적극 권한다.

정재영 실천신학대학원대학교 종교사회학 교수

말이 안 되는 조합이다. 저자는 자신이 지향하는 교회를 "진보적이고 복음주의적이며 오순절적인 선교적 교회"라고 한다. 이 세 가지 개념은 세계 모든 교회를 대표하는 분류이지만 현실적으로 서로를 냉대시하는 관계라고 할 수 있다. 심지어 "다른 복음"이라는 표현을 쓰는 것을 들은 적도 있다. 그런데 이도영 목사는 더불어숲동산교회를 설명하면서 이렇게 말한다. 모순된 이 개념을 가지고 그는 다른 면이나 공통점이 아니라 각 교회의 장점을 모으려 한다. 그런데 무어라 반박할 수가 없다. 논리적으로도 그렇지만 무엇보다 그가 그렇게 목회를 하고, 또 그 교회가 그렇게 존재하기 때문이다. 자주 보는 것이지만 통상 교회의 비전은 표구가 되어 걸려 있을 뿐이지 실현되지는 않는다. 그런데 책을 보면 이 교회의 비전이 거저 나온 것이 아니라 저자의 철저한 신학적 고찰에서 나온 것이고, 그 교회의 현실에서 이루어지고 있는 것이다. 다시 말하면 신학의 깊이와 현실의 생동감이 함께 공존하고 있다. 저자는 실천하는 신학자인 동시에 신학하는 실천가이다. 그렇기 때문에 이 책이 힘이 있다. 신학자의 춘몽이나 실천가의 가벼움을 벗어나서 신학의 춘몽을 현장의 실천으로 증거하고 있기 때문이다. 책을 읽으면 처음부터 끝까지 교회를 향해 뛰는 심장이 멈추지 않고 있다는 것을 알게 된다. 내가 아는 이도영 목사는 교회를 이야기할 때 뛰는 감정을 주체하지 못하는 사람이다. 목소리가 높아지고 말이 빨라진다. 그 모습 그대로 이 책의 문장과 문장에서 이어지고 있다. 앞으로 한국교회와 선교적 교회를 지향하는 교회들에 이 책은 갈 길을 제시해 주리라 믿는다.

조성돈 실천신학대학원대학교 목회사회학 교수

이런 책이 나올 때가 되었다라고 생각하는 중이었다. 한국형 미션얼 교회를 추구하며 action-reflection 방식으로 쓰인 신학적 성찰이 담긴 책이다. 동시에 단순한 경험담의 나열이 아닌 인문학적 탐구를 바탕으로 쓴 노력이 돋보인다. 무엇보다 세월호 이후의 목회와 신학이 어떠해야 할지에 대한 전범이 될 책이다.

지성근 일상생활사역연구소 소장

사랑하는 아우, 이도영 목사와 임영신 사모가 다일교회를 다니던 청년 시절부터 고뇌하며 꿈꿔왔던 교회를 직접 방문했을 때 정말 뛸 듯이 기뻤다. 더욱이 무너져가는 한국교회의 모습을 보며 아파하는 이들에게 도움이 되는 책을 펴낸 것은 더욱더 기쁜 일이다. 이들 부부의 땀과 눈물이 이토록 아름다운 교회로 열매 맺고, 교회를 통해 아름다운 세상을 함께 만들어가고 있으니 주례목사로서 이 얼마나 기쁜 일인가. 교회는 성경의 순서대로 먼저 세상에 뿌려지는 소금이 되어야 한다. 그다음에야 빛이 될 수 있기 때문이다. 더불어숲동산교회가 세상의 "소금과 빛"이 되는 교회다운 교회로서 더욱 든든히 세워져 가기를 간절히 소망하는 마음으로 이 책의 일독을 권한다.

최일도 시인, 다일공동체 대표

지금까지 선교적 교회에 대한 담론이 "선교적 교회란 무엇인가"에 집중되어 왔다면, 이제 우리에게 필요한 것은 이러한 선교적 교회론이 한국적 상황 속에서 어떻게 적용되고 실천될 수 있을지를 논하는 것이다. 많은 사람들이 선교적 교회론을 한국의 지역교회에 적용하는 데 어려움을 느끼고 있기 때문이다. 본서는 바로 이런 우리의 요청에 부응하고 있다. 저자가 주창하는 선교적 교회는 하나님 나라의 신학과 십자가의 영성과 성령의 능력을 갖춘 급진적 제자 공동체로 공교회성과 공동체성과 공공성을 추구하는 선교적 교회다. 이렇게 될 때, 지역교회는 복음으로 세상, 즉 지역사회를 변혁시키며 하나님 나라(통치)가 그곳에 임하도록 하나님의 선교에 참여하는 진정한 "희망의 플랫폼"이 될 수 있다. 이 책의 강점과 공헌은 저자가 개척해서 일군 더불어숲동산교회를 통해 실제로 이것이 가능함을 입증해 보이고 있다는 것이다. 선교적 본질을 회복하는 진정한 교회를 꿈꾸는 모든 신학생, 목회자, 평신도 지도자들에게 꼭 권하고 싶은 책이다.

황병배 협성대학교 선교학 교수

페
어
처
치

페어 처치

FAIR CHURCH

이도영 지음

공교회성·공동체성·공공성을
회복하는 선교적 교회

차례

머리말 _16

제1부 | 한국교회 어디로 가야 하는가? _23

1장 한국교회 무엇이 문제인가? _25
  1. 위기 속 한국교회와 대안의 부재 _25
  2. 대안의 출현, 선교적 교회 _32
  3. 균형을 잡으라 _35

2장 삼위일체적인 선교적 교회 _39
  : 진보적이고 복음주의적이며 오순절적인 선교적 교회
  1. 진보적 교회가 되라 _41
  2. 진보적 교회의 한계를 넘어서라 _44
     1) 복음주의에 대한 거부감 | 2) 교회에 대한 경시 | 3) 현실적 대안의 부재
     4) 공격성과 무례함
  3. 복음주의적 교회가 되라 _56
  4. 복음주의적 교회의 한계를 넘어서라 _58
     1) 제자도의 부재 | 2) 사회윤리의 부재 | 3) 지성의 부재 | 4) 관용의 부재
  5. 오순절적 교회가 되라 _71
  6. 오순절적 교회의 한계를 넘어서라 _74
     1) 말씀의 부재 | 2) 십자가의 부재 | 3) 공동체성의 부재 | 4) 바른 종말론의 부재

3장 소결론 _79

제2부 | 더불어숲동산교회의 신학적 비전 _81

1장 하나님 나라의 신학 _89
1. '개인 영혼 구원'만이 아니라 '통전적인 전 우주적 회복'까지 _90
2. '공간 개념'에서 '통치 개념'으로 _92
3. '죽음 이후의 삶'에서 '죽음 이후의 삶 이후의 삶'으로 _94
4. '제국적 질서'에서 '인자의 나라'로 _96
5. '미래적 심판'만이 아니라 '지금 여기'까지 _99

2장 십자가의 영성 _103
1. '교리적 신념'만이 아니라 '삶의 양식'까지 _104
2. '권력과 지혜'에서 '약함과 어리석음'으로 _107
3. '개인적 죄'만이 아니라 '정사와 권세'까지 _110
4. '가해자의 죄를 용서하심'과 '피해자의 탄원을 신원하심' _112
5. '죄책감'과 '수치심'의 통합 _117

3장 성령의 능력 _125
1. '시스템과 프로그램과 지식'에서 '성령의 나타나심과 능력'으로 _125
2. '개인적 성령의 역사'와 '공동체적 성령의 역사'의 균형 _127
3. '능력과 은사'와 '인격과 성품'의 균형 _129
4. '탐욕적이고 반지성적인 성령운동'에서 '진리와 예수의 영'으로 _131
5. '제도와 관습에 갇힌 성령'에서 '선교의 영'으로 _132

4장 급진적 제자공동체 _137
1. '소비자 중심적 복음'에서 '복음의 급진성과 불온성'으로 _139
2. '믿음과 행위의 분리'에서 '온전한 순종과 열매'로 _142
3. '교회와 세상의 분리'에서 '위대한 명령과 위대한 계명의 통합'으로 _148
4. '사제주의적 권위주의'에서 '은사적 평등 공동체'로 _152
5. '약화되고 왜곡된 교회의 표지'에서 '바르고 정당한 교회의 표지'로 _156

5장　공교회성 _161

6장　선교적 교회(Missional Church) _167
　　1. '기독교세계'에서 '후기 기독교세계'로 _174
　　2. '제도적 교회'에서 '성육신적 교회'로 _179
　　3. '전통적 교회'에서 '이머징 교회'로 _181
　　4. '조직적 교회'에서 '유기체적 교회'로 _184
　　5. '양극단의 교회'에서 '깊이 있는 교회'로 _186

7장　소결론 _189

제3부 | 공공성을 회복하는 선교적 교회 _193

1장　'세속적이면서 종교적인 교회'에서
　　'거룩하면서 사도적인 교회'로 _207

2장　'사적 신앙'에서 '공적 신앙'으로 _211
　　1. 공공신학이란 무엇인가? _213
　　2. 공론장이란 무엇인가? _216
　　3. 선교적 이중 언어 _220

3장　'불평등과 부정의'에서 '페어라이프'로 _225
　　1. 왜 교회가 마을만들기를 해야 하는가? _231
　　2. 현장에 답이 있다 _233
　　3. 왜 NGO인가? _240
　　4. 왜 페어라이프인가? _244
　　5. 페어라이프의 8가지 키워드 _246
　　　　1) 함께 짓는 공간 | 2) 공정무역 | 3) 문화예술 | 4) 나눔(환대)
　　　　5) 사회적 경제(공유경제) | 6) 배움 | 7) 플랫폼 | 8) 생태

4장 '자신을 위한 교회'에서 '타자를 위한 교회'로 _303
   1. 서발턴 대항공론장 _306
   2. 타인의 얼굴에 응답하는 자 _309
   3. 몫 없는 자들의 몫을 찾아주는 것 _312
   4. 세월호 참사 앞에 침묵하는 한국교회 _319
   5. 세월호 참사에 대한 윤리적 반응 _327
   6. 세월호 참사로 인한 교회의 변화 _330

5장 소결론 _341

제4부 공동체성을 회복하는 선교적 교회 _343

1장 '제도적 종교조직'에서 '삼위일체적 코이노니아'로 _347

2장 '기업형 대형교회'에서 '공동체형 양날개 교회'로 _351
   1. 대그룹 모임의 필요성과 유익 _352
   2. 소그룹의 필요성과 유익 _355
      1) 셀의 8가지 핵심가치 | 2) 셀의 기능적 요소 5가지와 정신적 요소 3가지
      3) 셀의 운영원리 4W | 4) 한 몸을 이루어 전도하기
      5) 사회적 자본으로 본 셀의 선교적 사명

3장 '개교회 성장주의'에서 '지속가능한 적정규모의 분립'으로 _379

4장 '교환의 공동체'에서 '선물의 공동체'로 _385

5장 '가정과 교회의 대립'에서
     '가정의 회복과 확대된 가정의 균형'으로 _393

6장 소결론 _399

맺음말 _402

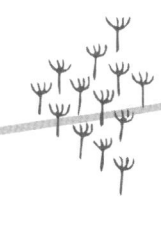

머리말

2010년 1월 첫 주 주일 예배와 함께 화성시 봉담읍 동화리에서 "더불어숲동산교회"가 시작되었다. 우여곡절 끝에 결정된 개척이었다. 개인적으로 2009년에 서울에 있는 어느 교회 담임목사로 청빙절차를 밟고 있었는데 그 과정이 지연되면서 하나님께 기도했다. 이 교회의 담임목사로 청빙되지 않으면 그동안 하나님께서 꿈꾸게 하신 교회를 세우기 위해 개척하겠다고. 봄부터 진행되던 청빙 절차가 10월이 되어서야 끝이 났고, 다른 좋은 목사가 그 교회 담임목사로 결정되었다. 이 과정에서 하나님은 여러 가지 응답을 주셨고 개척이 하나님의 뜻임을 확신하게 되었다. 그리하여 2009년 11월 안산동산교회 당회에서 네 번째 형제교회로 분립개척이 결정되었고, 12월 한 달을 준비하여 안산동산교회 교인 15명과 함께 개척을 하게 되었다. 서울에서 돕겠다는 사람도 있었고, 한국교회에 새로운 모델을 실험하기 위해서는 서울로 가야한다는 조언도 있었다. 하지만 몇 가지 사건을 통해 하나님께서 강력하게 화성으로 이끄셨는데, 특히 "당신의 말을 알아들을 사람들은 서울에 있을지 몰라도 당신을 필요로 하는 사람은 지방에 있다"는 선배 목사님의 말씀과 화성 지역을 변화시키는 비전과 개척의 영광에 대한 어느 장로님의 말씀에 큰 도전을 받았다. 그리고 바로 개척을 시작했다.

하지만 준비 과정이 쉽지 않았다. 개척 준비 기간이 너무 짧아 사람을 모으기 어려웠고 무엇보다 개척 지원금이 현격하게 줄었다. 앞선 형제교회 개척 지원금에 비해 1/6로 줄어든 개척 자금으로 인해 예배당 공간을 얻기도 쉽지 않았고 심지어 사택 얻을 돈도 없었다. 성도들의 개척 헌금도 다음 해에 하는 것으로 결정되고 대출도 거의 불가능한 상황에서 개척을 준비한다는 것이 만만치 않았다. 너무 힘들어 낙심이 되었고 원망하는 마음도 생겼다. 힘든 마음으로 기도하고 있을 때 하나님께서 내 마음의 정체를 보여주셨다. 하나님은 낙담과 원망의 원인이 제로 포인트(Zero Point)에 서지 않았기 때문이라고 말씀하셨다. 십자가의 자리, 즉 제로 포인트에 서지 않은 교만한 마음 때문에 낙담과 원망이 가득했고 그런 마음으로는 개척할 수 없다고 말씀하셨다. 하나님의 일을 하면서도 내가 낮은 자리에 서지 않았음을 깨달았다. 제로 포인트는 어떤 것도 기대하지 않고, 어떤 것에도 의존하지 않으며, 모든 것을 내려놓고 오직 하나님만 바라보는 자리다. 그 자리에 서면 잃을 것도, 부족한 것도 없다. 그 자리에 서면 모든 것이 선물이요 은혜다. 그렇게 모든 것이 은혜요 선물인 삶을 살면 모든 것에 감사할 수 있다. 하지만 나는 제로 포인트에 서지 않았고 그렇기에 낙담하고 원망했던 것이다. 얼마나 회개했는지 모른다. 하나님께 제로 포인트에 서겠다고 말씀드렸다.

아무리 힘들어도 십자가의 자리, 곧 제로 포인트에 서서 주님만 바라보며 주님의 부르심에 순종하기로 결단했다. 그렇게 했기에 이 길을 갈 수 있었다. 개척은 쉬운 길이 아니었다. 개척 후 3년 반 정도는 조금 과장해서 표현하자면, 매일 눈물 흘리며 기도하는 나날의 연속이었다. 주님 앞으로 나아와 눈물로 기도하지 않으면 견딜 수 없었다. 그렇게 무릎으로 주님 앞에 나와 제로 포인트에 서서 십자가만 바라보았다. 한 번은 어느 교인에게 너무 힘든 말을 다섯 시간이나 듣는 중 그 말들에 내 전존재가 무너지는 것 같은 충격을 받고 난생 처음 온 몸에 두드러기가 나기도 했다. 하지만 그 순간에도 십자가만 바라보았다. 많은 사람들이 나를 비난하고 교회를 비난하면서 떠날 때도 십자가만 바라보았다. 내 인격과 실력의 부족으로 인해 개척교회 목사로서 자격이 없는 것처럼 여겨져 목회를 포기하고 싶을 때도 십자가만 바라보았다. 주님의 십자가를 묵상하면서 항상 주님께 고백했다. "제겐 주님보다 더 나은 대접을 받을 권리가 없습니다." 그렇게 제로 포인트에 서서 십자가를 바라볼 때 주님의 위로가 임했다. 주님의 위로만이 개척의 길을 갈 수 있게 하는 힘이었다.

하지만 개척의 길이 순전히 고난의 길만은 아니다. 그 길은 동시에 영광의 길이다. 주님이 먼저 십자가를 지고 좁은 길로 가셨기에, 내가 좁은 길로 갔을 때 그 길에서 주님을 만날 수 있었고 주님의 영광을 볼 수 있었다. "한국교회의 다양한 영적 전통을 통합하고, 10년 후 한국교회가 나아갈 방향을 제시하는 교회"라는 비전을 품고 달려온 지난 7년간, 주님의 일하심을 목격하며 주님의 영광을 보는 개척이었다. 아파트 단지에 주민들이 입주하고 2년 반이 지난 시점에 시작한 상가교회였고,

주변 상가의 교회들이 한 곳 외에 모두 사라진 상황이었지만, 그럼에도 망하지 않고 여기까지 올 수 있었던 것만으로도 감사하다. 수많은 어려움과 고비 가운데서도 그것을 능히 헤쳐 나갈 수 있도록 하신 주님의 역사로 인해 또한 감사하다.

    더불어숲동산교회의 정관에는 담임목사가 6년을 사역한 후 신임투표를 하게 되어 있다. 교인총회에서 성도들의 2/3의 신임을 얻으면 계속 사역할 자격을 얻게 되고, 7년째 되는 해에 안식년을 보내고 나서 그 다음 6년을 새롭게 사역한다. 2015년 12월에 열린 교인총회에서 성도들의 신임을 얻었고 2016년 안식년을 보냈다. 아직 개척교회 1기이고 1년을 온전히 안식년으로 보낼 사정이 되지 못해 5월부터 3개월간 안식월을 갖고 지난 사역을 정리하며 글을 썼다. 아직 교회가 안정되지 않아 불안할 텐데도 넓은 아량으로 부족한 목사에게 개척 1기를 정리하고, 새로운 2기를 준비할 수 있도록 안식월을 허락해준 성도들에게 진심으로 고맙다. 더불어숲동산교회는 현재 장년 150여명이 출석하고, 주일학교가 100여명 출석하는 교회다. 교회성장만을 추구했다면 아마 지금보다 최소한 두 배 이상의 규모는 됐을 것이다. 이전에 섬겼던 대형교회에서 교회가 성장하려면 어떻게 설교하고 어떻게 사역해야 하는지를 배웠다. 하지만 그렇게만 할 수 없었다. 교회의 위기를 말하는 이 시대에 단지 수많은 교회와 같은 또 하나의 교회를 세우는 것은 더 이상 의미가 없다. 지금 여기서 일하시는 하나님의 선교에 참여하며 교회의 본질을 드러내는 새로운 교회를 세우고자 했기에, 어쩌면 교회성장의 원리에 위배되는 말씀 선포나 사역을 참 많이 했다. 때론 이해할 수 없고 어려운 혹은 거부감이 일어나는 설교와 사역을 많이 했는데도 깊은 사랑과 넓은 아량으로 지금 여기까지 함께한 분들이 더불어숲동산교회 성도님들이다. 또한 나는 비전을 제시했지만 실제 사역은 대부분 성도들이 했다. 그분들의 묵묵한 헌신이 교회를 여기까지 오게 했다. 그분들이 귀한 마음을 내어주어 안식월을 가질 수 있었고 지금 이 책이 만들어졌다. 이 책이 그런 성도들 앞에, 하나님 앞에, 그리고 한국교회 앞에 부끄럽지 않은 책이 되길 바란다. 책 내용의 대부분은 모두 안식월에 쓴 것이나 해를 넘겨 나오게 되어 그 사이 진행된 사역을 추가하고 보완했다. 나는 전문 신학자나 저술가가 아니라 작은 개척교회의 목회자일 뿐이기에 부족한 글쓰기일 수 있다. 아무쪼록 사랑의 마음으로 부족함을 품어주면 좋겠다. 하지만 이 책이 부족할지는 몰라도 결코 가볍다고 생각하지는 않는다. 나 자신이 지난 6년간 목회 현장에서 겪은 문제와 시대의 과제에 대해 치열하게 신학적 반응을 하며 여기까지 왔기 때문이다. 이 책은 "페어 처치"(Fair Church)를 세우기 위한 지난 7년간의 목회적이고 신학적인 분투의 결과다.

감사의 말을 전하고 마무리하는 것이 좋을 것 같다. 누구보다도 아내 임영신에게 감사를 전하고 싶다. 목회의 반은 사모가 한다고 선배 목사님들께서 하신 말씀이 무슨 의미인지 아내를 통해 알 수 있었다. 페어라이프 센터장과 교회 사모로 섬기면서 나 이상으로 땀과 눈물을 흘렸다. 아내가 없었다면 여기까지 올 수 없었을 것이다. 진심으로 사랑하고 고맙다는 말을 전하고 싶다. 이 자리에서 아이들에게도 감사를 전하고 싶다. "큰 교회에 그냥 있지 왜 개척을 해서 이렇게 힘들어요?" 아이들이 눈물 흘리며 외쳤던 그때의 순간을 잊을 수 없다. 과도한 목회의 무게로 인해 우리 부부가 함께 힘들어 할 때, 아이들도 동일한 무게를 견뎌야 했다. 다른 어떤 것보다 그것이 힘들었다. 이 모든 과정을 함께 감당해준 늘봄, 시원, 슬빛이에게 미안하다고 그리고 사랑한다고 말하고 싶다. 특히 더불어숲동산교회를 개척할 수 있도록 지원해주신 안산동산교회와 김인중 목사님께 감사의 마음을 전한다. 김인중 목사님께서 영적 멘토로서 부족한 사람을 품어주고 가르쳐 주셔서 여기까지 올 수 있었다. 또한 참으로 부족한 나와 우리 교회의 이야기를 출판해준 새물결플러스 대표 김요한 목사님께 진심으로 감사의 마음을 전한다. 김요한 목사님은 오랜 벗이요 선배이며 존경하는 목사이자 출판인이다. 한국교회에 가장 취약한 분야인 지식생태계를 복원하기 위해 지금도 십자가의 길을 가고 있는 김요한 대표에게 진심으로 감사의 마음을 전한다. 더불어 이 책을 꼼꼼히 체크하며 편집해주신 새물결아카데미 최경환 연구원에게 깊은 감사를 전한다. 더불어 이 지면을 통해 감사를 다 표현할 수 없는 많은 분들이 계신다. 큰숲형제교회 선배목사님들, 성석환 교수님을 비롯한 선교적 교회 네트워크(MCNK) 멤버들, 교회2.0목회자운동 동역자들, 그 외에도 수많은 사람들이 생각난다. 부모님과 장모님과 가족들이야 더 말해 무엇 하겠는가? 그분들이 계셔서 지금 여기까지 올 수 있었다.

제1부

한국교회
어디로 가야 하는가?

진보적이고 복음주의적이며
오순절적인 선교적 교회를 꿈꾸며

1장   　　　　　　　　　　　　　　　**한국교회 무엇이 문제인가?**

1. 위기 속 한국교회와 대안의 부재

한국교회가 위기라고 한다. 주요 교단들이 파악한 바로는 한국교회의 교인 수가 지속적으로 감소하고 있고, 교회 전문가들에 의하면 30-40대가 매년 10만 명 이상 교회를 떠나고 있다. 신앙은 유지하지만 교회는 나가지 않는 소위 "가나안 성도"가 100만 명에 이른다고 하고, 심지어 혹자는 300만 명 정도 된다고 한다. 하지만 최윤식은 한국교회의 미래를 단순히 암울하게만 전망하지는 않는다. 기술사회(하이테크)가 감성의 터치(하이터치)를 요구하고, 위험사회가 "성찰적 근대화"를 요구하며, 중소도시나 농어촌으로의 인구 대이동이 예상되며, 아직까지는 종교에 대한 희망을 완전히 버린 것이 아니며, 통일의 가능성이 있기 때문에 앞으로 10년간 한국교회의 골든타임을 잘 보내면 위기를 기회로 바꿀 수 있기 때문이다. 그럼에도 주요 기조는 매우 부정적이다. 빠르면 제2의 금융위기가 시작될 2017-2018년 경 한국교회에서는 위기가 본격화될 것이며, 현 한국교회의 주축이 되는 40-50대 성도들이 은퇴할 시점인 2028년부터는 교회 헌금이 반토막 나고, 대형교회들의 침몰이 가속화될 것이다. 2050년이 되면 한국교회 성도가 300-400만 명대로 줄어들고, 주일학교는 30-40만 명대로 축소될 것이라고 예측한다.[1] 그만큼 현실 기독교에 대한 위기를 깊게 체감하고 있는 것이다.

상황파악이 이러하다 보니 너도나도 한국교회의 위기를 말한다. 그런데 2015년 종교인구조사 결과에 의하면, 개신교가 2005년에 비해 123만 명 정도 증가한 것으로 파악되어 개신교 인구수가 심각하게 감소될 것으로 예상한 사람들을 어리둥절하게 만들었다. 하지만 조사방법에 있어서 문제점을 가지고 있는 종교인구조사 결과를 무비판적으로 받아들이기는 어렵다. 왜냐하면 증가분 대부분이 출생으로 인한 자연증가율이거나 이단이나 가나안 교인의 증가로 파악되고 있으며, 연령별 인구 증감률로 볼 때 고령화 현상이 심각하게 나타나고 있고, 심지어 출생 연도별(코호트) 분석에 의하면 "인구의 누적 효과"와 자연증가율 때문에 전체 개신교 인구가 늘어났지만 실제로는 개신교 성인 인구 중 더 증가했어야 할 90만 명 정도, 즉 개신교 성인 인구 중 약 10%가 감소한 것으로 파악되기 때문이다.[2] 외적으로는 증가처럼 보이지만 실제로는

---

1   그는 위기에 대한 근본 해법을 "믿음의 역사", "사랑의 수고", 그리고 "소망의 인내"로 제시하며, "가정 회복", "은퇴자의 미래", 그리고 "자녀의 미래"라는 세 가지 핵심 가치를 제시한다. 이 가치에 반응하는 공통 소명으로서 교육부서의 회복, 65세가 되도 예전처럼 늙지 않은 신(新)중년을 위한 사역을 제시한다. 전 세대를 위한 "미래 준비 학교", 그리고 통일과 다민족 세대를 위한 사역을 제시한다. 신앙에 대한 전통적인 입장과 미래학자다운 분석은 돋보이나 교회의 본질에 대한 통찰이나 선교적 교회에 대한 비전을 제시하고 있지 못한 점은 다소 아쉽다. 최윤식, 『2020·2040 한국교회 미래지도』(생명의 말씀사, 2013), 최윤식·최현식, 『2020·2040 한국교회 미래지도 2』(생명의 말씀사, 2015).
2   2015년 종교인구조사에 대한 해석은 청어람ARMC, 학원복음화협의회, 한국교회 탐구센터가 공동주관한 "개신교는 과연 약진했는가?" 세미나 자료집과 뉴스앤조이 기사 "개신교 종교 1위에 현혹되지 마라"(http://m.newsnjoy.or.kr/news/articleView.

여전히 심각한 위기상황이라는 말이다.

위기는 단지 숫자에만 있는 것이 아니다. 2013년 기독교윤리실천운동의 사회적 신뢰도 여론조사를 보면 기독교의 사회적 신뢰도가 그나마 2010년의 17.6%보다 나아진 19.4%라는 것을 알 수 있다. 그럼에도 가톨릭이 29.2%이고, 불교가 28.0%인 것에 비해 현격하게 낮은 수준을 보이고 있다. 특히 비기독교인의 경우, 가장 신뢰하는 종교 1위는 가톨릭(47.0%), 2위는 불교(38.0%) 순으로 답했으며, 기독교는 겨우 12.5%에 불과했다. 하기야 빛과 소금이어야 할 교회가 개독교 소리를 듣고 있는 지경이니 교회의 질적 수준을 논해 무엇 하겠는가?

도대체 이런 위기는 왜 발생한 걸까? 위기의 요인으로 김영한 교수는 크게 두 가지를 제시하고 있다. 먼저 교회 내적인 요인들을 제시하는데, 교회 정체성의 약화, 영성의 쇠퇴, 자기중심적인 교회의 모습, 교회의 세속화, 내실적인 성장에 대한 신학적 정립의 부재, 기업식 교회운영, 십자가와 부활에 대한 메시지 결여, 세상과 단절된 은둔 공동체 같은 모습, 교회 간의 단절과 생존경쟁, 교회 내 신분계층화, 권징과 권위를 상실한 교회, 세상문화에 뒤처지는 비전 없는 교회, 말씀의 궤도를 벗어난 감정적 부흥회, 기도원 운동의 변질, 신학교 난립으로 인한 목회자의 자질 부족, 선교단체의 선교열정 냉각 및 도덕성 쇠퇴, 명분 없는 교단분열과 반목질시, 개교회의 분열과 불화, 세속주의 물결, 왜곡된 신학 등이다. 그다음 대사회적 요인들로는 예언자적 역할 외면, 사회적 신뢰 실추,

---

html?idxno=208145), "개신교 인구는 감소하고 있다"(http://m.newsnjoy.or.kr/news/articleView.html?idxno=208019), "잃어버린 200만을 찾아서"(http://m.newsnjoy.or.kr/news/articleView.html?idxno=207986)를 참고하라.

도시빈민 선교정책 부재, 사이비 종파로 인한 불신 초래 등이다.³

하지만 이와 같이 병렬식으로 원인을 논하기 이전에 좀 더 핵심적인 원인을 파악하기 위해서는 한국교회의 위기에 대한 큰 그림을 볼 수 있어야 한다. 이런 면에서 정정훈의 글은 매우 유용하다.⁴ 흔히 한국교회가 게토화되어 타자와 소통 불가능한 상태에 빠져 독단주의적 집단이 되었다고 하는데 그도 이에 동의한다. 하지만 그는 흔히 복음주의자들이 말하는 것처럼 이원론이 교회를 독단주의에 매몰되게 만든 주범이었다고 보지 않는다. 기독교인이 자신들만의 세계에 빠져서 독단주의적 집단이 된 것은 세상과 교회가 분리되었기 때문이 아니라, 오히려 세상과 교회가 심각하게 동화되었기 때문이라고 본다. 교회의 표층적 문화는 세상으로부터 단절되어 게토화되었으나, 그 심층적 문화는 세상의 패러다임과 정확하게 상동(homology)적이라는 데 본질적인 문제가 있다. 그의 주장을 요약해보자.

한국교회가 양적 측면에서 비약적으로 성장하던 시기는 한국 자본주의가 급격하게 성장하던 시기와 맞물려 있다. 1970년대에서 80년대를 거치면서 급속히 성장한 한국 자본주의는 강력한 권위주의적 정부가 중앙집권적으로 산업발전을 통제하고 관리하는 개발독재 시스템으로 운영되었다. 한국교회의 조직화 및 운영 방식은 이러한 개발독재 패러다임을 자신의 패러다임으로 삼았다. 절대적 권위를 가지고 있는 리더를 중심으로 위계화된 조직이 형성되고, 중앙 집권적 계획에 따라 전

---

3   김영한, "성장문화에 대한 요인분석과 그 대안에 관한 논구", 한국기독교문화연구소 편저, 『한국교회 성장문화 분석과 대책』(숭실대학교출판부, 2002).
4   정정훈, "교회와 세상, 그 코드적 동일성에 관한 묵상", 2007년 10월 25일 "교회의 날-교회 다시 보기" 토론회 발표 글.

체 조직이 운영되는 방식은 1970-80년대 개발독재 시스템과 크게 다를 바가 없다. 개발독재국가 모델을 자신의 조직 패러다임으로 삼은 대형교회들이 주로 강북에 포진되었음에 착안하여 그런 대형교회를 그는 "강북형 대형교회"라고 명명한다. 그가 말하는 강북교회 패러다임은 1970-80년대 개발독재 시스템을 차용한 패러다임이라고 할 수 있다.

그런데 1990년대 들어서면서 "강북형 대형교회"와는 다른 조직 패러다임을 가진 대형교회들이 등장하게 된다. 90년대 이후 한국교회의 성장 패러다임을 제공하고 있는 소위 복음주의 교회들을 그는 "강남형 대형교회"라고 부른다. 강남형 대형교회들이 조직을 구성하고 운영하며 다양한 프로그램을 진행하는 방식은 소위 포스트포드주의라고 불리는 기업의 그것과 무척이나 닮아 있다. 강남형 대형교회들은 교인들을 정기모임에 동원하는 형태를 강조하는 것이 아니라 교인들의 삶 전반에서 발생하는 다양한 요구들과 필요들에 부합하는 특화된 프로그램을 제공하고 있다. 곧 가족 프로그램, 청소년과 대학생을 위한 비전과 자기계발 프로그램, 노인에게는 여가활용법을 제공하고 있다. 교회 공간에 카페와 같은 문화공간을 만들어 오픈하고, 영어예배와 영어성경공부 프로그램을 제공하기도 한다. 이는 취향과 필요에 따른 다양한 소비자 그룹에게 각각 맞춤형 서비스와 상품을 제공하는 포스트포드주의 기업의 전략과 매우 닮아 있다. 교회의 리더십 역시 포스트포드주의 기업과 많은 면에서 상동적이다. 강남형 대형교회들은 제왕적 담임목사의 리더십에 일방적으로 의존하지 않는다. 교회의 조직은 전문적인 사역을 담당하는 부서나 팀으로 이루어져 있고, 각 부서나 팀의 리더는 교회의 전임 교역자들이 아니라 해당 분야에 전문 능력이 있다고 판단되는 평신도들이 맡는다. 또한 강남형 대형교회는 강북형처럼 단순화된 기복주의를 인생 성공의 기준으로 제시하지 않는다. 강남형 대형교회들도 인생에서 성공을 매우 중요한 덕목으로 여기지만 성공을 강조하는 방법은 대단히 세련되어 있다. 강남형 대형교회들은 비전이라는 이름으로 성취동기를 부여한다. 여기서 중요한 것은 하나님 앞에서 성실하게 노력하는 모습이다. 기복주의가 아니라 하나님 앞에서 성실하게 노력하는 자세가 요구된다. 능동적이고 적극적인 자기관리와 자기계발이 요구되는 것이다. 강남형 대형교회의 이런 비전, 리더십, 그리고 성공 담론은 포스트포드주의적 노동력 관리의 기독교적 버전이라고 할 수 있다.

중요한 통찰이다. 그동안 복음주의권에서는 이원론에 사로잡혀 세상과 담을 쌓고 소통하지 않는 배타적인 교회의 모습에 비판만 해왔는데, 이런 비판 자체가 이미 세상과 정확하게 상응해 온 또 다른 형태의 세속화일 수 있다는 말이다. 따라서 교회는 사회의 제도와 시스템이 위기를 맞게 되면 그 위기에도 상응한다고 볼 수 있다. 이것이 지금 강남형 패러다임의 교회들이 맞고 있는 위기의 본질이다. 강북형 패러다임의 교회들은 현재 돈·섹스·권력과 관련된 부패, 노골적인 반공주의적 활동과 배타적이고 공격적인 선교 모습, 비민주성과 교회세습 등으로 얼룩진 교회의 모습을 보이고 있는 반면, 강남형 패러다임은 사랑의 교회 사태, 삼일교회 사태, 제자교회 사태 또는 세월호 참사와 같은 대형 참사나 사회적 약자들에게 일어나는 공공적 이슈에 대한 부적절한 반응 등으로 신뢰를 완전히 잃어버림으로써 그 수명을 다하고 있다. 강남형 패러다임으로는 현재 한국교회의 위기를 헤쳐 나갈 수 없는 것처럼 보일 뿐 아니라, 오히려 그것이 위기를 부추기는 요인 중 하나로 취급받고 있는 실정이다. 더군다나 강남형 대형교회 곳곳에서 리더십이 교체되고 있지만, 선대 리더십과 대동소이하기 때문에 새로운 비전을 제시하지 못하고 있다.

　이상 살펴본 것처럼 한국교회의 근본적인 위기는 바로 "공교회성과 공동체성과 공공성의 부재"이다. 나중에 자세히 다루겠지만 간단히 말하자면, 먼저 한국교회는 공교회성을 상실했다. 오직 개교회주의에 매몰되어 각개전투할 뿐 아니라 교회끼리도 서로 경쟁한다. 또한 개교회들은 성장주의에 물들어 기업화되었다. 세상과 정확히 상응하며 세상적인 것을 욕망하고, 세상보다 더 세속화되어 그 욕망을 성취하기 위해 세상적인 방법을 사용한다. 그 과정에서 교회의 본질인 공동체성과 제자도를 완전히 상실해버렸다. 가장 심각한 것은 복음이 사사화되어 복음의 공공성을 잃어버렸다는 점이다. 세상과 소통할 줄 모르고 공공선을 위해 세상을 섬길 줄도 모르는 교회가 되어버려 집단이기주의가 판을 치고, 부패의 온상이 되었으며, 공공적 이슈가 발생할 때마다 비상식적으로 반응하는 집단이 되었다. 또한 소외된 이웃과는 거리가 먼 기득권자들의 집단이 되어버렸다. 상황이 이러하다 보니 교회가 세상이 가장 혐오하는 집단 중 하나가 되어버린 것이다.[5]

　한국교회의 큰 문제는 위기에 대한 대안이 될 만한 제3의 주도적인 패러다임이 등장하지 못하고 있다는 데 있다. 예언자적 상상력을 통해 비전을 제시할 수 없다면 기독교는 힘을 잃고 말 것이다. 이반 일리

5　청어람ARMC 양희송 대표의 분석도 도움이 된다. 그는 『다시 프로테스탄트』에서 "교계 중심 패러다임"을 "기독교 사회 패러다임"으로 전환하여 "기독교 생태계"를 재건할 것을 강력하게 어필하며, 한국교회 위기의 원인을 세 가지로 정리한다. 첫째는 한국교회 성직자들이 사회의 전 영역에서 특권적 영향을 끼치면서 동시에 교회 내에서는 성직자와 평신도의 구분을 통한 특권적 지위를 누리는 성직주의다. 둘째는 타자를 위한 공동체가 되지 못하고 목적 없는 무한 성장을 추구하는 개교회 성장주의다. 셋째는 세상과 소통하며 세상을 섬기며 세상을 변화시키지 못하는 승리주의다. 양희송, 『다시 프로테스탄트』(복있는사람, 2012).

히가 한 번은 사회를 바꿀 수 있는 가장 혁신적인 방법이 무엇인지에 대해 질문을 받았다. "폭력적인 혁명입니까? 아니면 점진적인 개혁입니까?" 무척 어려운 질문이지만 그는 이렇게 대답했다. "어느 것도 아닙니다. 만약 사회를 바꾸기를 원한다면 대안적인 이야기를 말해야 합니다." 한국교회가 해야 할 역할을 정확하게 표현했다. 과연 한국기독교는 대안적인 이야기를 할 수 있을까? 이런 면에서 종교개혁 500주년을 준비하는 우리는 단지 500년 전의 종교개혁을 기념하거나 이신칭의 교리를 수호하는 일에 목숨을 걸 것이 아니라 500년 전 다양한 종교개혁들이 중세시대를 근본적으로 흔들어놓고 새로운 시대적 비전을 제시했듯이, 정사와 권세가 새로운 형태로 통치하고 있는 작금의 체제를 근본적으로 흔들 대안적인 이야기를 제시할 수 있어야 할 것이다.

2. 대안의 출현, 선교적 교회

다행인 것은 위기에 대한 대안으로 최근 "선교적 교회"가 대두되고 있다는 점이다. 선교적 교회는 강북형 패러다임과 강남형 패러다임을 넘어서는 대안을 제시할 수 있고, 단지 세상의 제도와 시스템에 상응하는 것이 아니라 성경의 본질로 돌아가 진정한 교회와 선교의 회복을 제시할 수 있다. 동시에 세상 전체에 대한 비전도 제시하고 있기 때문에 한국교회의 위기를 극복하고 교회의 본질을 회복할 수 있는 대안이라고 생각된다. 특히 이러한 비전은 에큐메니칼 진영과 복음주의 진영 모두 수용 가능한 대안이라는 점에서 매우 적실성 있는 대안이라 할 수 있다. 잘 알려진 것처럼, 선교적 교회의 출발점을 제공한 레슬리 뉴비긴은 에큐메니칼 진영과 복음주의 진영 모두에서 존경받는 인물이다. 그는 에큐메니칼 진영이 지나치게 해방신학이나 인간화에 치우쳐 일반 사회의 인권단체나 정치운동단체와 다를 바가 없어지자 양쪽을 건강하게 수용하는 선교를 제시했다. 그는 진보적인 교회의 신학과 의제를 계승하면서도 복음주의 정신을 잃지 않았다. 또한 그는 인도 선교를 마치고 고국으로 돌아와 큰 문제의식을 갖게 되었는데, 그것은 바로 선교사를 파송하던 영국이 이제 선교지가 되었다는 점이다. 기독교세계(Christendom)가 끝나고 후기 기독교세계(post-Christendom)가 왔다는 것을 절감한 것이다. 그래서 그는 후기 기독교세계에서의 복음은 무엇이며, 선교는 무엇이며, 교회는 무엇인가를 놓고 고민했고, 그 고민의 결과에 대한 책들을 냈다. 선교적 교회론은 이와 같은 레슬리 뉴비긴의 문제제기를 수용한 복음주의 그룹, 즉 "복음과 우리 문화 네트워크"(Gospel and Our Culture Network)가 『선교적 교회』를 발간하면서부터 본격화되었다.[6] 이 책은 선교적 교회론의 교과서 같은 책이기 때문에 매우 중요하다. 더불어숲동산교회는 개척 후 첫 직분자를 세우고 임직자 훈련을 하면서 이 책을 직분자 교재로 사용했다. 이 책을 공부하고 나서 한 집사님은 이렇게 말했다. "지금까지 목사님을 보면 어쩔 때는 '이쪽(아마도 보수?)' 같고 어쩔 땐 '저쪽(아마도 진보?)' 같아서 헷갈릴 때가 많았는데, 이 책을 보니 이해가 되네요. 그리고 이쪽 같기도 하고 저쪽 같기도 한 것이 정상이네요." 이 얘기에 모두 웃었던 기억이 있다.

하지만 선교적 교회가 유행처럼 지나갈지도 모른다는 염려도 있다. 최근 메가처치들도 앞 다투어 선교적 교회를 표방하고 있다. 이런 모습

---

6   대럴 구더 편저, 정승현 역, 『선교적 교회』(주안대학원대학교 출판부, 2013).

을 보면 한국교회에서 선교적 교회에 대한 이해는 양적 성장을 위한 방법론적 접근임을 알 수 있다. 하지만 이와 같은 피상적인 방법론으로는 위기를 벗어날 수 없다. 작금의 위기는 복음과 교회에 대한 본질적인 위기다. 선교적 교회는 근본적인 패러다임의 전환을 말한다. 따라서 교회론의 토대를 바로 이해할 필요가 있다. 삼위일체적 기독론이 선교론을 결정하고, 삼위일체적 선교론이 교회론을 결정한다. 하나님께 보냄 받은 예수님의 성육신이 본질적인 신학이며, 그것이 이 땅으로 보냄 받은 공동체의 선교적 사역의 바탕이다. 삼위일체 하나님은 보내시는 하나님이며, 인류와 피조물이 화목케 되고 구속되며 치유되기를 원하시는 하나님이다. 그래서 선교적 교회는 보냄 받는 교회이며, (세상으로) 나가는 교회이며, 깨어진 세계를 치유하기 위한 하나님 나라의 운동이다. 따라서 교회는 "하나님의 선교"에 참여하도록 부름 받은 공동체라는 것을 분명히 해야 한다. 선교는 교회가 하는 여러 사역 중 하나가 아니라 교회 자체가 선교하는 교회다. 교회가 선교를 소유하고 있는 것이 아니라 선교가 교회를 창조한다. 교회는 교회 자체를 위해 존재하는 것이 아니라 하나님의 선교를 위해 존재한다. 선교적 교회는 이러한 선교적 사명을 최우선으로 삼고 끊임없이 "하나님은 지금 이곳의 정치적·경제적·사회적·문화적 상황에서 어떤 존재가 되고 또 무엇을 하라고 부르시는가?"라고 자문해야 한다. 선교적 교회는 이런 본질적인 고민 속에서 나온 교회론이며, 성경의 구원 내러티브에 대한 선교적 해석학에서 나온 교회론이고, 하나님의 비전에 반응하는 교회론이라고 할 수 있다. 따라서 선교적 교회는 방법론적으로 접근할 것이 아니라 본질적으로 접근해야 한다. 선교적 교회에 대해서는 2부에서 자세히 다루도록 하겠다.

3. 균형을 잡으라

더불어숲동산교회의 개척은 선교적 교회에 대한 문제의식과 함께 시작되었다. 한국교회의 위기를 절감하면서 기존 교회와 동일한 또 하나의 교회를 세우는 것은 의미가 없다고 생각했다. 개척을 하면서 가진 비전은 "한국교회에 주신 다양한 영적 전통을 통합하고, 10년 후 한국교회의 나아갈 방향을 제시하는 교회"였다. 10년 후 한국교회가 나아갈 방향은 하나님 나라의 신학과 십자가의 영성과 성령의 능력을 갖춘 급진적 제자공동체를 통해 공교회성과 공동체성과 공공성을 회복하는 선교적 교회라고 생각했다. 한국교회에 주신 다양한 영적 전통을 통합하는 것과 10년 후 한국교회의 나아갈 방향을 제시하는 것은 동전의 양면과 같다. 하나님께서 한국교회에 주신 다양한 영적 전통을 통합하지 않고 10년 후 한국교회의 방향을 제시하기는 어렵기 때문이다. 그동안 한국교회는 교단마다 교회마다 신앙의 색깔이 제각각이었다. 말씀을 강조하는 교회가 있는가 하면, 성령을 강조하는 교회가 있고, 개인적인 경건을 강조하는 교회가 있는가 하면, 사회참여를 강조하는 교회가 있고, 조직적인 면을 강조하는 교회가 있는가 하면, 공동체를 강조하는 교회가 있고, 방법론적인 것을 강조하는 교회가 있는가 하면, 영성을 강조하는 교회가 있었다. 투박하게 말해 예수교장로회는 말씀을, 오순절교회는 성령을, 감리교는 토착화를, 기독교장로회는 사회참여를, 침례교는 회중을 강조하는 식이었다. 물론 이것은 하나님이 한국교회에 주신 귀한 선물이다.

문제는 그동안 한국교회가 서로 반목하면서 자신들의 신앙 전통만을 절대시하고 하나님이 주신 다양한 영적 전통을 수용하려 하지 않았다는 데 있다. 예를 들어 말씀을 강조하는 교회는 성령을 강조하는 교회를 비판하고, 성령을 강조하는 교회는 말씀을 강조하는 교회를 비판했다. 개인 경건을 강조하는 교회는 사회참여를 강조하는 교회를 비판하고, 사회참여를 강조하는 교회는 개인 경건을 강조하는 교회를 무시했다. 이런 식으로 하나님이 주신 다양한 영적 전통을 통합하지 못하고 서로 반목하고 비판하는 데 에너지를 쏟았기 때문에 결국 풍성한 열매를 맺지 못하게 되었다. 이제는 상대를 품을 수 있는 균형 잡힌 사고를 해야 한다.

더불어숲동산교회는 하나님께서 한국교회에 주신 다양한 영적 전통들을 진리에 벗어나지 않는 한도 안에서 통합하고 새롭게 하려 했다. 어느 한쪽만을 선택하는 것이 아니라 균형을 잡고 양자를 통합하고 포월적으로 새로운 것을 창출하려 했다. 단순화시킬 수는 없지만 예수교장로회에서 말씀을, 오순절교회에서 성령을, 감리교에서 토착화를, 기독교장로회에서 사회참여를, 침례교에서 공동체를, 재세례파에서 제자도를, 수도원에서 영성을, 선교단체에서 전문성을, 세계교회협의회에서 연합을, 심지어 가톨릭에서 공교회성을 배우기 원했다. 말씀과 성령, 개인 경건과 공동체적 연합, 전도와 사회참여, 친교와 봉사, 조직과 공동체, 방법과 영성, 일치와 연대, 지역교회와 선교단체 등이 서로 갈라지지 않고 균형을 잡고 통합되는 교회가 되길 원했다. 말씀 중심적인 예배, 성령의 능력이 임하는 기도회, 제자 훈련을 통해 배우며 성장하는 훈련, 새로운 가족으로서의 친밀한 교제와 유무상통까지 꿈꾸는 공동체적 나눔, 은사를 통해 공동체를 세우는 봉사, 전도와 전인격적 구원에 대한 열정, 지역과 소통하고 지역을 섬기고 변화시키는 사역, 소외되고 상처 입은 이웃을 사랑하고 섬기는 사역들이 통합적으로 이루어지길 원했다. 물론 그것은 종전의 것을 액면 그대로 이식하는 것도 아니고, 서로 다른 사람들이 아무런 변화 없이 자기 식으로 신앙생활 하는 것을 방조하거나, 단순히 짜깁기 하는 것을 말하지 않는다. 예를 들어, 탐욕의 복음과 번영 신학 같은 성령운동을 그대로 받아들이거나, 지나치게 교조적이고 무미건조한 말씀 배움을 그대로 받아들이는 것이 아니다. 그것은 서로가 서로에게 도전을 받아 근본적인 변용을 이루는 것이며, 창조적 융합을 통해 새로운 변화를 만드는 것이다. 그것을 위해서는 "메시아적 분할"이 필요하다.

이탈리아의 철학자이자 미학비평가인 아감벤은 『남겨진 시간』에서 메시아적 분할을 이렇게 이야기한다. "분할 자체를 분할하는 것!" 무슨 말인가? 율법은 끊임없이 분리시킨다. 율법은 헬라인과 유대인, 남자와 여자, 종과 자유자를 갈라놓는다. 하지만 그리스도의 능력은 헬라인과 유대인, 남자와 여자, 종과 자유인을 하나 되게 한다. 어떻게 하나 되게 하는가? 아감벤에 의하면 율법의 분할은 "새로운 분할"을 통해 하나가 된다. 새로운 분할은 이전의 것과 부합되지 않지만 전혀 관계없는 것도 아닌 또 하나의 분할을 의미한다. 그렇다면 새로운 분할이란 무엇인가? 바울에 의하면 "영과 육의 분할"이다. 유대인과 헬라인을 분리시키는 율법의 분할을 새로운 영과 육으로 분할한다. 예를 들어, 율법으로 만들어진 이스라엘이라는 분할을 영과 육으로 분할해버린다. 바울에 의하면 이스라엘이라고 다 같은 이스라엘이 아니다. 영적 이스라엘이 있고, 육적 이스라엘이 있다. 이스라엘 중에 영적 이스라엘인이 아닌 자가 있고, 이스라엘이 아닌 자 중에 영적 이스라엘인이 있다. 이렇게 바울은 영과 육의 분할을 통해 율법 자체를 분할시켜버린다. 분할 자체를 분할하여 율법이 작동하지 못하도록 한다. 이것을 아감벤은 메시아적 분할이라고 명명한다. "이전의 것과 부합되지 않지만 전혀 관계없는 것도 아닌" 또 하나의 분할로 "분할 자체를 분할하는 것"이 바로 메시아적 분할이다.[7] 따라서 우리는 서로 정죄하고 분열하는 기존의 대립적인 영성에 메시아적 분할을 가하길 원한다. 예수 그리스도의 인격과 사역을 통해 성취된 자기희생적이고 비폭력적인 사랑이라는 메시아적 분할로, 사랑을 통해 공평과 정의를 만드는 생명과 평화의 메시아적 분할로, 희년을 이루기 위한 십자가로의 부르심, 그리고 이것에 대한 신실함이라는 메시아적 분할로 기존의 분할을 분할하여 양자 모두를 수용하면서도 양자와는 다른 새롭고 통전적인 영성으로 주님의 교회를 세워가길 원했다.

---

[7] 조르조 아감벤, 강승훈 역, 『남겨진 시간』(코나투스, 2008), 88-89쪽.

2장   삼위일체적인 선교적 교회

: 진보적이고 복음주의적이며
오순절적인 선교적 교회

　　메시아적 분할을 통해 세워지는 교회는 어떤 모습일까? 이번 장에서는 하나님께서 한국교회에 주신 다양한 영적 전통을 통합한다는 의미에서 그러한 교회의 모습이 어떠해야 할지 살펴보겠다. 앞서 말한 것처럼 한국교회를 시대적·질적 패러다임으로 나누어보면, 강북형 교회 패러다임, 강남형 교회 패러다임, 그리고 선교적 교회 패러다임으로 나눌 수 있겠다. 물론 이것은 패러다임으로 나눈 것이지 시간적으로 확연히 구분되는 것은 아니며, 한국교회 안에서는 이 세 교회 패러다임이 공존한다고 볼 수 있다. 또한 한국교회를 이념적 지형이나 영적 스타일로 나누어본다면, 진보적 교회, 복음주의 교회, 그리고 오순절 교회로 나눌 수 있겠다. 물론 서로 중첩되는 부분이 적지 않다. 특히 복음주의 교회와 오순절 교회가 그렇다. 전자가 통시적인 구분이라면, 후자는 공시적인 구분이라 할 수 있다. 투박하게 나누어본다면, 진보적 교회는 하나님을 강조하고, 복음주의 교회는 예수를 강조하고, 오순절 교회는 성령을 강조한다. 하지만 이것은 분리가능한 일이 아니다. 기독교는 삼신론를 믿지도, 일신론을 믿지도 않는다. 기독교는 삼위일체 하나님을 믿는다. 내재적 삼위일체와 경륜적 삼위일체의 상호포월적 관계 속에 있는 삼위일체 하나님을 믿음으로 받아들인다.[1] 하나님은 삼위일체 하나님으로 계시며, 상호 내주하고 상호 침투하는 관계, 서로를 초대하고 거처를 제공하며 자신을 나누는 공동체적 관계, 무아적인 사랑의 힘으로 서로 안에서 자기 자신에게 이르게 되는 사귐의 관계로 존재하신다. "삼위일체 하나님은 너무도 깊이 서로 상대방 안에서 살며 영원한 사랑의 힘으로 거하기 때문에 하나이다. 그들을 서로 구분하는 개체적 특성, 바로 그것을 통하여 아버지와 아들과 성령은 서로 상대방 안에서 살며 영원한 삶을 나눈다. 그들을 구분하는 바로 그것은 페리코레시스 가운데에서 그들을 영원히 결합하는 것이 된다."[2] 삼위일체의 관계가 이러하다면 진보적 교회와 복음주의 교회와 오순절 교회의 관계가 이러해야 하지 않을까? 삼위일체적 관계, 즉 상호 침투하고 상호 내주하여 사랑으로 하나 되고, 서로를 풍성하게 하고 서로에게서 자기를 발견하는 관계가 되어야 하지 않을까? 하나님의 교회가 바로 삼위일체 하나님의 형상으로 지음 받은 새사람 아닌가? 하나님의 백성이요, 그리스도의 몸이요, 성령의 공동체인 교회가 삼위일체를 반영해야 하는 것 아닌가? 그런 의미에서 선교적 교회론은 반드시 "삼위일체적인 선교적 교회론", 즉 진보적이고 복음주의적이며 오순절적인 선교적 교회론이 되어야 한다.

1 　백충현, 『내재적 삼위일체와 경륜적 삼위일체』(새물결플러스, 2015), 위의 표현은 이정용의 삼위일체론을 전용한 것이다. 내재적 삼위일체와 경륜적 삼위일체에 대한 내용은 이 책을 참고하면 유익하다.
2 　J. 몰트만, 김균진 역, 『삼위일체와 하나님의 나라』(대한기독교출판사, 1982), 211쪽.

1. 진보적 교회가 되라

　단도직입적으로 말한다. 진정한 선교적 교회가 되기 위해서는 진보적 교회가 되어야 한다. 한국교회는 지나치게 보수 쪽으로 기울어져 있다. 90% 이상이 보수적이라고 할 수 있다. 이것은 매우 위험하다. 왜냐하면 사회는 이제 보수와 진보가 거의 반반을 이루고 있기 때문이다. 보수와 진보 모두를 아우르는 것이 진정한 교회일진대 현실 교회는 지나치게 한쪽으로 쏠려 있다. 초기 교회는 헬라인과 유대인, 남자와 여자, 종과 자유자가 하나 되었는데, 현실 교회는 왜 진보와 보수가 나뉘어 있는가? 그리고 왜 각각 다른 교회를 다니는가? 왜 사회적 진보주의자들이 현실 교회를 꺼리게 되었을까? 우리가 믿는 복음이 진보주의자들을 품을 수 없는 좁디좁은 것인가? 예수님의 제자 중에는 세리도 있었고 열혈당원도 있었는데, 왜 한국교회에는 세리들은 많은데 열혈당원은 하나도 없는가? 왜 진보주의자들이 반을 차지하지 못하고 있는가? 현실 교회가 그렇지 못하다는 것은 아무리 정치적이라는 사실을 부인해도 그 자체가 이미 특정 이데올로기의 영향을 받고 있는 정치적 교회이자 보수적 교회임을 반증하는 것이다. 한국교회는 보수적 이념과 사상에 이미 물들어 있고, 그것을 신앙적으로 정당화하면서도 정교분리의 논리로 그것을 은폐하고 있다. 보수의 가장 중요한 전략이 중립을 내세우는 것임은 다시 지적할 필요도 없다. 한국교회는 나머지 반쪽을 잃어버렸다. 특히 젊은 세대를 잃어버리고 있다. 그 결과 노인 지배형 교회가 되어가고 있다.

　최근에 가나안 교인에 대한 이슈가 뜨겁다. 가나안 교인들이 대략

100만 명 정도 되는 것으로 추산된다.[3] 이 문제는 이미 미국에서 발생한 문제이다. 한국은 미국과 너무나 닮았다. 사회뿐 아니라 교회도 닮았다. 10-20년 정도 전에 발생한 미국 교회의 현상들이 시간차를 두고 고스란히 한국에서도 발생한다. 미국에서 발간한 교회의 변화나 이머징 교회, 그리고 선교적 교회 등과 관련된 책들을 읽노라면, 종종 한국교회의 문제에 대해 묘사하고 진단하고 있는 것 같은 착각을 할 때가 많다. 도대체 어떤 사람들이 교회를 떠나고 있는가? 이것을 이해하는 데 도움이 되는 책이 제임스 에머리 화이트가 쓴 『종교 없음』이다.[4] 이 책은 기성 교회에 대해 비판적인 진보적 학자의 글이 아니다. 에머리 화이트는 메클런버그 커뮤니티 교회를 창립하여 크게 성장시켰고 미국 고든콘웰 신학교의 4대 총장을 역임했다. 이 책의 부제는 "종교를 갖지 않으려는 사람들에게 교회는 무엇을 해야 하는가?"이다. 책 표지에는 「타임」지의 다음과 같은 문구가 새겨져 있다. "그들은 신을 거부하는 것이 아니라 교조적이고 융통성 없는 종교를 거부하는 것입니다." 이 책에는 미국인 종교 성향 조사에서 "종교 없음"란에 체크한 사람들의 특징을 정리해 놓은 부분이 있는데, 잠깐 소개하면 다음과 같다.

① 남성: 56%가 남성이다. 무신론자의 경우는 64%가 남성이다. 교회가 남성에게 매력적이지 않은 것이다.
② 젊다: 30세 이하 미국인의 1/3이 종교적인 소속이 없다고 답했다.

---

3 가나안 교인에 대해 알고 싶다면 다음의 책을 참고하라. 양희송, 『가나안 성도, 교회 밖 신앙』(포이에마, 2014), 정재영, 『교회 안 나가는 그리스도인』(IVP, 2015).
4 제임스 에머리 화이트, 김일우 역, 『종교 없음』(베가북스, 2014).

③ 백인: 71%가 백인인데 무신론자의 경우는 82%가 백인이다.

④ 반드시 무신론자는 아니다. 68%가 하나님 혹은 보편적인 영을 긍정하는 사람이라고 한다.

⑤ 매우 종교적이지는 않다. 기독교로 한정해서 표현하자면, 한마디로 예수는 좋은데 교회는 싫다는 사람이 많다.

⑥ 민주당원: 3/4이 버락 오바마에게 표를 던졌다.

⑦ 낙태와 동성 간의 결혼을 합법화하는 것을 찬성한다. 53%가 찬성하는데 무신론자의 경우 72%이다.

⑧ 진보주의자 및 온건주의자: 3/4이 진보주의자 내지 온건주의자라고 대답했다. 보수주의라고 대답한 사람은 1/5이다.

⑨ 종교기관에 반드시 적대적이지는 않다.

⑩ 대다수가 서부인이다.

이 특징들을 크게 두 가지로 압축하면, 하나는 대부분이 무신론자가 아니라는 점이다. 이들은 신을 거절하는 것이 아니라 특정 종교 기관을 거절하는 것이다. 다른 하나는 이들 대부분이 젊고 진보적이라는 점이다. 한국도 이와 비슷하다고 생각한다. 그렇다면 한국교회는 신에 대해서는 호의적이지만 교회를 거부하는 사람들과 젊고 진보적인 사람들을 어떻게 교회로 이끌 것인가? 이들이 기존 교회와 맞지 않다고 해서 그냥 포기할 것인가?

선교적인 이유로 인해 우리는 진보적일 필요가 있다. 물론 이것을 실용적인 의미에서 말하는 것은 아니다. 진보적인 시각이 성경적 지지를 받지 못한다면 아무 소용이 없다. 이 부분은 다음 장에서 논할 것이다. 그렇다고 이것이 보수에서 진보로 옮기는 것을 의미하는 것도 아니다. 교회가 정파적인 의미에서 보수가 되거나 진보가 되는 것은 성경적이지 않다. 왜냐하면 그 어떤 하나의 입장으로 성경을 모두 담을 수 없기 때문이다. 성경은 보수와 진보 모두를 포괄하면서도 그것을 넘어선다. 진보적이 되라는 것은 한쪽으로 기울어져 있는 한국교회의 정치적·이념적 지형을 바로잡는다는 의미인 동시에 보수와 진보 모두를 아우른다는 의미다. 보수와 진보는 우리 모두에게 필요하다. 크리스 무니는 보수주의와 진보주의 둘 다 인간 본성의 한 측면이며 각 성향마다 미덕이 있다고 본다.[5] 진보주의자는 복잡하고 미묘한 상황에서 진실을 파악하는 데 뛰어나고, 애매모호함이나 불확실성을 잘 참아내면서 깊은 사고를 한다. 하지만 결단력 있고, 가던 길을 고수하고, 흔들리지 않는 점에서는 보수주의자가 더 뛰어나다. 보수주의자는 세상에 소금과 같은 존재이며, 현실을 지탱하고 질서를 만들어낸다. 그런 면에서 나는 보수적인 분들에게 항상 고마움을 가지고 있다. 교회에서도 보면, 교회를 우직하게 지탱해주시는 분들은 대개 보수적인 분들이다. 이처럼 보수나 진보 모두 공동체를 세우기 위한 각자의 역할이 있다. 현실적 진보와 합리적 보수가 손을 잡고 이 위기 상황을 잘 벗어나야 하겠다.

2. 진보적 교회의 한계를 넘어서라

나는 앞에서 한국교회가 변하기 위해서는 진보적으로 변해야 한다고 말했다. 하지만 교회를 개척하면서 진보적인 교회의 현실적 한계를

---

5   크리스 무니, 이지연 역, 『똑똑한 바보들』(동녘싸이언스, 2012).

명확히 보고 그것을 극복해야 한다고 생각했다. 진보적 교회에게 배워야 하지만 동시에 그 당시 내가 느낀 치명적 약점이나 한계들이 있었다.

1) 복음주의에 대한 거부감

첫째는 복음주의에 대해 지나친 거부감을 가지고 있다는 점이다. 모두가 그런 것은 아니지만 복음주의의 특징이라고 할 수 있는 회심주의, 그리스도 중심주의, 성경주의, 그리고 행동주의에 대한 반감이 지나치다고 느꼈다. 개인적 차원의 구원이 기독교를 보수적으로 만들고, 구조적 차원의 죄악을 은폐시키는 역할을 한다고 여겨서 그런지 몰라도, 그들은 개인적 차원의 구원을 그리 중요하게 여기지 않는 것처럼 느껴질 때가 많다. 그들은 개인적 차원의 구원을 매우 이기적이고 현실도피적인 구원 개념으로 몰아붙이면서 구원을 가능하게 하는 대속 개념을 지나치게 비판한다. 마커스 보그와 존 도미닉 크로산이 함께 쓴 『첫 번째 바울의 복음』에는 이런 구절이 있다. "예수의 십자가를 죄를 위한 대속 제물로 보는 것은 틀린 역사이며, 해로운 인간론이며, 불량한 신학이다."[6] 과연 예수의 십자가를 대속의 개념으로 이해하는 것이 이렇게까지 잘못된 것인가? 나는 진보적인 신학에서 너무나 많은 깨달음과 깨어짐과 도움을 받았지만, 이런 글을 읽을 때면 맥이 빠진다. 물론 대속의 개념으로 십자가를 이해한 사람들의 보수성과 이기성, 그리고 비상식성으로 인해 이 개념을 신랄하게 비판할 수도 있겠다. 그에 대한 대

---

6   마커스 J. 보그·존 도미닉 크로산, 김준우 역, 『첫 번째 바울의 복음』(한국기독교연구소, 2010), 175쪽.

안으로 십자가는 이 세상의 왕 아래 살기보다 진정한 왕이신 하나님을 중심으로 살도록 요청하고, 진정한 신앙은 단지 교리를 믿는 것이 아니라 예수의 죽음과 부활에 참여하여 그리스도 안에서 새로운 삶의 방식으로 살아가는 것이며, 이 세상을 정상적인 것으로 여기는 제국적 방식에서 하나님의 은총으로 인한 분배적 정의를 실천하는 삶으로 전환하라고 말하는 것은 충분히 이해할 수 있다.[7] 하지만 전통적인 신학을 수용하면서도 그러한 주장을 할 수 있지 않을까? 새로운 삶으로의 초대에 반응하며 예수의 죽음과 삶에 참여하기 위해서도 대속의 은혜가 진정으로 필요한 것 아닐까? 전도에 대한 적극성을 가지면서도 삶의 전환을 추구할 수 있지 않을까?

나는 전통적인 대속 교리를 받아들여야만 하나님의 진노를 제대로 이해할 수 있다고 생각한다. 어떤 이들은 정의를 말할 때는 하나님의 진노를 내세우면서도, 대속을 말할 때는 하나님의 진노를 부인하는 것처럼 말한다. 하나님의 진노는 양자 모두에게 필수불가결한 개념이 아닌가? 분배적 정의를 성취하는 구속의 시각도 필요하지만, 형벌적 정의에서 자유케 하는 구속의 시각도 중요한 것이 아닌가? 예수께서 "우리를 위하여 죽으심" 만큼 "우리를 대신하여 죽으심"도 중요한 것이 아닌가? 사회적·공동체적·관계적 사고도 중요하지만, 그와 함께 단독적·실존적·주체적 사고도 중요한 것이 아닌가? 아니, 그 두 가지 사고방식은 결코 분리될 수 없기에 통합적으로 사고해야 하지 않을까? 실존적으로 하나님 나라를 체험하지 못한 사람이 사회적으로 임하는 하나님 나라를 온전히 경험할 수 있을까? 평화 운동을 하는 사람들 안에 가장 평

---

7 앞의 책, 199쪽.

화가 없다는 역설을 넘어서기 위해서 반드시 대속을 통한 개인적 죄와 자아로부터의 자유를 경험해야 하는 것이 아닐까? 솔제니친이 말한 것처럼, 선과 악의 경계선은 우리와 그들 사이에 있지 않고, 우리 각 사람을 관통하기에 우리 모두 대속적 은혜를 경험해야 하는 사람들이 아닌가? 우리 모두 한 번만이 아니라 매일 대속의 은혜 안에 머물러야 하는 연약한 사람들이 아닌가? 성경에서는 분명히 인격적인 반응으로서 하나님의 진노를 말하고, 그것을 받아들일 때 우리 자신 안에 있는 근원적인 죄를 볼 수 있다고 말한다. 자신 안에 있는 근원적인 죄를 볼 때만 구원의 필요성을 깨닫게 되고, 자신의 전적 무능력을 깨닫게 된다.

우리에게는 두 부류의 사람이 필요하다. 어떤 한계도 돌파하는 혁명가적 영성과 본질적 한계를 수용하는 성자적 영성이 통합될 때, 온전한 영성을 가질 수 있다. 그러므로 나는 진보적인 교회들이 구속신학의 예수를 적극적으로 받아들였으면 좋겠다. 열린 복음주의가 진보적인 예수를 받아들였던 것처럼 말이다. 이제는 "A가 아니라 B"의 사고방식이 아닌 "A뿐만 아니라 B"의 사고방식, 즉 "어느 한쪽"이 아니라 "양자 모두"의 사고방식을 가질 필요가 있다. 입자와 파동은 도저히 양립할 수 없는 상반된 개념이지만 빛은 입자이면서 동시에 파동이다. 진리는 언제나 빛의 특성을 지닌다.

2) 교회에 대한 경시

둘째는 진보적 교회가 교회를 너무 가볍게 여기고 있는 것처럼 느껴졌다. 어느 때는 교회를 정의로운 일을 하는 세속적인 단체보다 못한 것으로 여기는 것은 아닐까 하는 의심이 든다. 그런 의미에서 스캇 맥나이트가 『하나님 나라의 비밀』에서 교회를 변호한 것은 이해가 된다.[8] 그가 이 책에서 주장한 내용을 전적으로 동의하기는 어렵지만 그 의도는 전적으로 공감한다. 그는 교회가 곧 하나님 나라라는 과격한 주장을 한다. 하지만 성경은 하나님 나라와 교회를 완전히 일치시키지 않는다. 그런 점에서 맥나이트보다는 한스 큉이 교회에 대해서 바른 정의를 하는 것 같다.

> 에클레시아는 본질적으로 현재의 것이요 미래에는 지양될 것인 반면에 바실레이아는 현재에 돌입해 있는 것이면서도 동시에 결정적으로 미래의 것이다. 에클레시아는 마지막 시대의 중간시기를 순례하는 어떤 잠정적인 것인 반면에 바실레이아는 마침내 모든 시대의 마지막에 결정적으로 영광이 나타날 어떤 확정적인 것이다.…에클레시아는 아래로부터 자라나고, 현세적으로 조직화할 수 있으며, 발전·진보·변증법의 소산이다. 요컨대 인간의 일이다. 그러나 바실레이아는 위로부터 돌입하고, 즉각적인 활동이며, 측량할 수 없는 사건이다. 요컨대 하나님의 일이다.…성경의 수많은 비유들이 나타내는 것은 교회가 아니라 완성된 하나님의 통치이다. 창조의 목표는 교회가 아니라 완성된 하나님의 나라다.[9]

한마디로 교회는 하나님 나라가 아니다. 맥나이트의 과격한 주장은 그동안 진보적 그룹에서 교회를 너무나 가볍게 만들었기 때문이라고 읽힌다. 그는 복음주의 내에 있는 진보적인 그룹을 두 그룹으로 묶

---

8 스캇 맥나이트, 김광남 역, 『하나님 나라의 비밀』(새물결플러스, 2016).
9 한스 큉, 이홍근 역, 『교회란 무엇인가』(분도출판사, 1978), 95쪽.

는데 하나는 "스키니진 스타일"이고, 다른 하나는 "정장바지 스타일"이다. 투박하게 규정하자면, 스키니진은 사회정의를 실천하는 그룹이라고 할 수 있겠고, 정장바지는 문화변혁을 실천하는 그룹이라고 할 수 있겠다. 스키니진이 말하는 하나님 나라는 한 마디로 선한 사람들이, 그들이 그리스도인이든 아니든 상관없이 공동선을 위해 공적 영역에서 행하는 선한 일들을 의미한다. 더 간단히 요약하면 하나님 나라의 사명은 사회정의와 평화를 위해 일하는 것이다. 그는 이것이 하나님 나라를 너무나 정치화시켰다고 비판한다. 정장바지 스타일의 사람들은 하나님 나라가 이미 임했으나 아직 임하지 않았으며 통치인 동시에 영역이라고 정리한다. 그들은 하나님 나라를 모든 곳에 있으나 아무 데도 없고, 모든 것에 해당되는 종교적인 어떤 것으로 이해한다. 두 진영을 모두 비판하면서 맥나이트는 교회를 대조 사회로 간주하고 교회 자체를 바르게 세우는 것을 대안적 사회윤리로 제시한다. 한스 큉이 말한 것처럼, 교회가 하나님 나라는 아니지만 하나님 나라의 전조이며, "교회는 하나님 나라를 내다보고 기다린다. 아니, 그 나라를 향해 순례하며 전령으로서 세상에 그 나라를 선포한다. 하나님은 이 순례도상의 교회를 버리거나 잊지 않는다.…교회는 지금 이미 돌입한 하나님 통치하에 있다.…살아 있는 주님은 교회와 함께 있다. 이 주님은 세상 끝까지 영광 중에 하나님의 나라가 도래할 때까지 항상 교회에 머문다. 그때까지 교회는 주님의 통치하에 있다."[10] 맥나이트는 진보적인 하나님 나라의 복음이 교회의 희생을 동반하고 어떻게든 우리의 관심을 교회로부터 떼어놓는다고 문제를 제기한다. 우리는 그의 말에 귀를 기울여야 할 것이다. 더불어숲동산

---

10   앞의 책, 97쪽.

교회는 교회의 중요성을 강조하며, 이러한 의미에서 공공성만이 아니라 공동체성을 매우 강조한다.

3) 현실적 대안의 부재

세 번째로 진보적 교회가 현실적 대안을 제시하는 데 약점이 있는 것처럼 느껴졌다. 그들이 주장하는 것은 매우 이상적이다. 하지만 그것을 이루는 구체적이고 실제적인 대안을 만들어 내는 데는 다소 약점이 있다. 그들은 지나치게 이상적이고, 지나치게 명분을 중요하게 여기며, 때로는 율법주의와 자기들만 의롭다고 여기는 자의식에 사로잡혀 있는 것처럼 여겨질 때가 많다. 또 인간을 너무 낙관적으로 바라보는 것이 아닌가 하는 생각도 종종 든다. 인간에 대한 관점이 소박하다 보니 대안들이 순진하고 이상적인 것은 아닌가 하는 의구심도 든다. 나는 진보적인 교회들이 좀 더 현실적이고 실제적일 필요가 있다고 생각한다. 현실과 타협하라는 말이 아니다. 이상을 향해 나아가되 현실적인 대안들을 만들어내면서 끊임없이 스스로를 갱신해야 한다는 말이다.

이상과 현실의 조화가 중요하다. 이상만 있으면 맹목적 급진주의자가 되고, 현실만 있으면 통속적 보수주의자가 된다. 급진주의자들은 현실적일 필요가 있고 보수주의자들은 이상적일 필요가 있다. 닉슨 대통령이 중국을 방문했을 때, 모택동이 선물한 책으로 알려진 『초사』라는 작품에는 이런 이야기가 나온다.

굴원이란 사람이 유배를 가는 도중 강을 건너게 되었다. 그를 태운 배의 어부가 왜 귀양을 가게 되었냐고 물으니 굴원이 이렇게 대답한다. "세상 사람들이 다 부패했는데 나만 홀로 깨끗하기에 추방을 당한 것이요. 세상 사람들이 다 술 취했는데 나만 홀로 맑은 정신을 가지고 있기 때문이라오." 어부가 이렇게 되받았다. "성인은 사물에 얽매이지 않고 세상의 변화와 추이에 능히 어울릴 수 있어야 하는데 당신은 그렇지 못하군요." 굴원이 다시 말한다. "머리를 감은 사람은 반드시 갓의 먼지를 떤 다음 갓을 쓰는 법이며, 몸을 씻은 사람은 반드시 옷의 먼지를 떤 다음 옷을 입는 법이오. 차라리 강물에 몸을 던져 죽을지언정 깨끗한 몸을 더럽힐까." 어부가 다시 되받는다. "창랑의 물이 맑으면 갓끈을 씻고, 창랑의 물이 흐리면 발을 씻는 법이오."[11]

얼마나 멋진 말인가? 굴원과 어부의 대화는 이상과 현실의 조화를 잘 보여준다. 현실과 이상이 균형을 갖추지 않으면 이상을 가진 사람들이 자칫 위선적인 삶을 살 수 있다. 보수는 인간의 연약성과 죄악성을 쉽게 받아들이는 경향이 있고, 진보는 인간의 강함과 선함을 쉽게 받아들이는 경향이 있다. 보수는 개인적 악조차도 사회적 선을 만들 수 있다고 생각하는 경향이 강하고, 진보는 개인적 선조차도 사회적 악을 만들 수 있다고 생각하는 경향이 강하다. 그러다 보니 보수는 위악적인 경향을 가지기 쉽고, 진보는 위선적인 경향을 가지기 쉽다. 그렇기에 보수는 자연주의적 오류를 범하기 쉽고, 진보는 도덕주의적 오류를 범하기 쉽다. 자연주의적 오류란 사실에서 당위를 이끌어내는 오류다. 예를 들어, 현실적으로 흑인들이 게으르기 때문에 원래 그들은 게으르고 그들이 가난하게 사는 건 당연하다는 논리다. 혹은 인간의 유전자가 서로 다르고 각자 능력과 재능이 다르기 때문에 그에 상응하는 대접을 받아야 한다는 논리다. 반면 도덕주의적 오류란 당위에서 사실을 이끌어내

---

11 신영복, 『강의: 나의 동양 고전 독법』(돌베개, 2004), 81쪽.

는 오류다. 예를 들어, 모든 사람은 동등한 존재이기 때문에 어떤 차이도 있어서는 안 된다거나 유전적 차이란 있을 수 없다는 식의 논리다. 이상적인 비전과 진정성 있는 명분만 강조하다 보면 이런 오류에 빠지기 쉽다. 혹 진보적인 사람들 중에 지나치게 이상적인 비전과 진정성 있는 명분만을 붙들고 있는 사람이 있다면 자신을 돌아볼 필요가 있다. 현실적 대안을 만들 능력이 없고 상대를 설득해 자신의 비전 안으로 들어오게 할 실력이 없기 때문에 이상과 명분만 붙들고 있는 것은 아닌지 돌아봐야 한다. 그런 점에서 박가분이 『일베의 사상』에서 한 말을 귀 기울여 들을 필요가 있다. "이상을 실현하는 과정에서 발생하는 현실적인 간극을 미리 경험해보지 못한 사람들은 자신의 이상이 생각지도 못한 방식으로 실현되거나 좌절될 때 극단적으로 절망하며 그런 절망감에서 때로는 차악이 아닌 최악으로 치닫기도 한다.…우리에게는 자신과 같은 정치적·사회적 상상력을 공유하지 않는 사람들과 함께할 수 없는 '무능력'이 있는 것 아닐까? 그런 사람들과 함께할 수 없다는 한계에 대한 무력감이, 혹은 그들로부터 자신의 이상을 실천 속에서 검증받을 자신감의 결여가, 같은 상상력과 이념을 공유한 사람들 간의 집단 마스터베이션에 가까운 밀교적 의식에 탐닉하도록 하는 것은 아닐까?"[12] 따라서 나는 진보가 보수에게서 배울 것이 있다고 생각한다. 지나치게 이상적인 것을 내려놓고 인간의 연약성 혹은 인간의 본능을 인정할 필요가 있다는 말이다.

---

12   박가분, 『일베의 사상』(오월의봄, 2013), 240-241쪽.

4) 공격성과 무례함

　마지막으로 진보적인 사람들이 지나치게 공격적인 것처럼 여겨졌다. 물론 공격적이어야 할 때가 있다. 예수님도 성전체제를 무너뜨리기 위해 채찍을 들지 않았는가? 하지만 특수한 경우를 허용하는 것과 일상적인 경향은 다른 문제다. 진보적인 사람들과 가까이 하면서 느낀 점은 너무 날이 서 있다는 것이다. 물론 이해가 되는 면이 있다. 진보적인 사람들은 많은 경우 상당히 지적이다. 자신이 지적이기에 지적인 논증을 통해 상대가 설득될 것이라고 생각한다. 하지만 대부분은 그런 논증으로 설득되지 않는다. 지식은 유용하지만 우리를 매우 공격적으로 만들 수 있다. 지식을 갖게 된다는 것은 매우 날카로운 칼을 품고 있는 것과 같아서 우리를 예리하게 만드는 동시에 공격적으로 만들 수 있다. 타인의 무지를 드러내고 타인의 잘못을 공격하기는 쉽다. 그렇기에 연합이 쉽지 않고 화합이 어렵다. 보수는 아홉 가지가 다르고 한 가지만 같아도 그 한 가지 때문에 연합할 수 있고, 진보는 아홉 가지가 같고 한 가지만 달라도 그 한 가지 때문에 분열할 수 있다고 한다. "보수는 부패로 망하고 진보는 분열로 망한다"는 말이 만고불변의 진리처럼 여겨지는 이유가 여기에 있다. 나는 엄기호가 "해답이 같은 사람들"이 아니라 "질문이 같은 사람들"이 동일한 입장을 가진 사람이라고 말한 것에 귀를 기울여야 한다고 생각한다.[13] 그래야 큰 틀에서 서로의 차이를 인정하면서도 함께 갈 수 있다.

　또한 진보 진영이 지나치게 공격적인 이유 중 하나는 도덕을 가볍

13　엄기호, 『이것은 왜 청춘이 아니란 말인가』(푸른숲, 2010), 240-241쪽.

게 여기는 문제와 연관되어 있다. 진보는 개인의 도덕 차원을 넘는 구조적 차원까지도 사고할 줄 안다. 그러다 보니 도덕과 예의의 문제를 가볍게 여기는 경향이 있다. 타인을 비판할 때는 도덕적 비난을 남발하면서도 자신의 가치체계 안에서는 도덕을 가볍게 여기곤 한다. 특히 인터넷이나 SNS상에서 진보적인 사람들이 종종 예의가 없거나 너무 날카롭다고 생각될 때가 있다. 물론 보수적인 사람도 마찬가지지만 말이다. 극과 극은 통한다고 했던가? 디지털 세상에서는 생각과 의견만이 아니라 감정과 정서마저도 투명하게 드러난다. 한병철은 현대사회의 이런 측면을 "투명사회"라고 정의한다.[14] 투명성은 신자유주의의 요구다. 투명성은 폭력적인 방식으로 모든 것을 밖으로 표출시킨다. 비밀스러운 것, 낯선 것, 다른 것은 투명성의 이름으로 해체된다. 규율사회의 파놉티콘은 더 효과적인 감시를 위해 수감자들을 격리하고 서로 대화도 못하게 했다. 하지만 디지털 파놉티콘의 주민들은 서로 열심히 소통하며 그 과정에서 스스로를 노출한다. 그 사회가 완성되는 것은 그 주민들이 외적인 강제가 아니라 내적인 욕구에 의해서 스스로에 대해 밝히기 시작할 때, 즉 사적이고 내밀한 영역이 드러나게 될까 꺼림칙해 하는 마음보다 뻔뻔하게 그런 부분까지 내보이고 싶은 욕구가 앞서게 될 때이다. 이런 투명사회는 긍정사회, 전시사회, 명백사회, 포르노사회, 가속사회, 친밀사회, 정보사회, 폭로사회, 통제사회라는 특징을 가지고 있다. 그중에서도 전시사회와 포르노사회라는 특징이 디지털 세상의 문제점을 적나라하게 보여준다. 전시사회에서는 아우라가 사라지고 인간의 얼굴마저 전시 가치밖에 모르는 페이스로 바뀐다. 우리는 페이스북에서 이런 현

---

14 한병철, 김태환 역, 『투명사회』(문학과지성사, 2014).

상을 자주 목격한다. 또한 우리 사회는 모든 것이 표면이 되어 전시되는 사회, 가릴 것이 없는 외설로 숭고함이 사라진 포르노사회이기도 하다. 이런 사회에서 궁극적으로 사라지는 것은 기품이다. 모든 것이 목적을 위해 거침없이 돌진하고 달려든다. 우회하는 것이 없어지고 초탈하는 기품이 소멸된다. 나는 종종 디지털 세계에서 이런 것을 목격한다. 지나치게 투명하고 지나치게 예의 없고 지나치게 공격적인 말들의 잔치, 이것이 현실에서도 적나라하게 드러나고 있는 투명사회에 우리가 살고 있는 건 아닐까?

그런 느낌을 가져서 그런지 나는 강준만이 쓴 『싸가지 없는 진보』에 상당히 설득 당했다.[15] 그는 진보가 지나친 무례, 도덕적 우월감, 언행불일치의 위선이라는 문제를 가지고 있다고 지적한다. 정치란 감성의 영역에서 강력한 힘을 발휘하는데 진보는 이 점에서 지고 들어간다. 진보는 "과잉지식인화의 오류"에 빠져 대중의 정서를 외면한다. "보수는 사람에게 말하고 진보는 사물에게 말한다." 나는 교회가 진보에게 배워야 한다고 말하고 있는데, 그는 진보가 교회에게 배워야 한다고 말한다. 그 뜻은 보수에게 배우라는 말일 게다. 특히 강준만의 문제제기 중 동의가 됐던 부분은 진보가 도덕의 문제를 보수의 덕목으로 치부한다는 대목이다. 그는 진보가 도덕을 이야기할 때마다 보수의 프레임에 빠지게 될 것을 지나치게 우려한다고 말한다. 이것은 마르크스주의의 영향이기도 하다. 마르크스주의는 도덕을 단지 지배계급의 이데올로기로 보고 폭력과 공포를 정당화하는 부분이 있었기에 도덕의 부재가 진보의 약점이 된 것이다. 하지만 도덕은 보수의 것이 아니다. 도덕은 모

---

15   강준만, 『싸가지 없는 진보』(인물과사상사, 2014).

두의 것이다. 도덕은 이성적·이념적 판단이 아니라 미학적인 판단의 영역이다. 도덕의 종류가 다를 뿐 보수나 진보나 모두 도덕을 추구하고 있다는 사실을 깨닫고 보수의 도덕과 진보의 도덕을 아우르는 도덕적 기품을 가져야 한다. 도덕적 기품을 통한 인간적 감화력 없이 어떻게 반대를 품을 수 있고 변화를 만들어낼 수 있다는 말인가? 진보는 반드시 이 부분을 해결해야 한다.

3. 복음주의적 교회가 되라

삼위일체적인 선교적 교회가 되기 위해서는 복음주의적이어야 한다. 선교적 교회는 복음주의적 정체성을 분명히 해야 한다. 복음주의는 영어로 evangelicalism인데, 이는 그리스어 명사 *euangelion*이 모태가 됐다. 여기서 접두어 *eu*는 '좋다', '복되다'는 의미이고, *angelion*은 '소식'을 뜻한다. '좋은 소식', 즉 복음(gospel)은 타락하여 절망에 빠진 인류에게 하나님께서 아들 예수를 보내셔서 구원과 소망을 허락하셨다는 것이다.[16] 이재근 박사에 의하면 복음주의는 복음을 가장 소중히 여기는 복음적·성경적 신앙을 지칭하는 표현으로 그 복음은 예수 그리스도 안에 있는 구원의 기쁜 소식을 뜻하며, 신학 진영으로서 오늘날 복음주의 진영은 에큐메니칼-자유주의 진영과 일정한 구분선을 긋는 집단이라고 한다. 16세기 유럽 대륙의 복음주의가 로마 가톨릭 신앙의 비

---

16 복음주의에 대한 정의가 워낙 다양하고 난해하기 때문에 이 부분은 이재근 박사의 『세계 복음주의 지형도』(복있는사람, 2015)의 도움을 받았다.

성경적 요소에 저항하여 일어난 개혁운동이었다면, 18세기 이래 영미권 복음주의 운동은 이미 기득권이 된 개신교 정통주의나 국교 세력에 대한 저항이었고, 20세기의 복음주의는 한편으로 근본주의에 다른 편으로 자유주의에 저항하고자 했다.

가장 많이 알려진 복음주의에 대한 정의는 데이비드 베빙턴의 정의다. 베빙턴의 사각형이라고도 부르는 복음주의의 네 가지 특성은 성경주의, 회심주의, 십자가 중심주의, 행동주의다. 1) 성경주의는 성경이 하나님의 말씀이고 우리의 삶에 필요한 모든 지식을 준다고 믿는 것이다. 2) 회심주의는 회심을 강조하는 것인데 여기서 회심은 종교를 바꾼다는 개종의 의미와 마음을 돌린다는 의미를 포괄한다. 이는 안 믿는 사람이 복음을 믿게 되고 명목상 그리스도인이 마음을 돌이키는 갱신이 발생하는 것이다. 3) 십자가 중심주의는 복음 선포의 핵심 내용이 바로 예수 그리스도의 십자가라는 것이다. 여기서 거슬러 올라가면 대속의 문제, 그리고 죄와 타락의 문제를 지적하게 된다. 4) 행동주의는 복음을 통해 회심한 것이 단순히 개인적으로 머무르는 것이 아니라 다른 사람에게도 전파되어야 한다는 생각이다. 따라서 복음주의는 전도와 선교를 매우 강조한다. 그리고 이는 사회가 갱신되는 것까지를 포함한다. 이 네 가지를 적극적으로 지지한다는 면에서 더불어숲동산교회는 복음주의적 교회다. 여기서 복음주의의 특성을 자세히 설명하지는 않겠다. 설명 자체가 사족일 만큼 우리는 복음주의 문화 속에 살고 있기 때문이다. 하지만 성경주의가 문자주의에 빠지지 않고, 회심주의가 내면의 변화만을 의미하지 않고, 십자가 중심주의가 싸구려 복음만을 의미하지 않고, 행동주의가 무례한 기독교가 되지 않아야 함을 강조해야 할 것 같다.

4. 복음주의적 교회의 한계를 넘어서라

더불어숲동산교회는 복음주의의 특징들을 적극적으로 지지하지만 현실 복음주의의 한계를 명확하게 인식하면서 그것을 넘어서고자 했다.

1) 제자도의 부재

복음주의의 첫 번째 한계는 제자도의 부재다. 이것은 십자가 중심주의와 관련된 문제다. 복음주의가 십자가를 강조하는 것은 매우 옳다. 하지만 행위가 아니라 오직 은혜로 구원받는다는 것을 강조하다 보니 본회퍼가 지적한 것처럼 값비싼 은혜를 값싼 은혜로 만드는 경향이 있다. 복음의 세일즈가 이루어지고 있는 것이다. 칭의와 성화가 분리되고, 믿음과 행함도 분리되어 있다. 행함이 없는 믿음은 죽은 믿음이고 믿음으로만 구원 얻는 것이 아니라고 야고보 사도가 분명하게 이야기하고 있음에도 실제 신앙생활에서 둘은 분리되어 있다. 어느 방송에서 구원의 은혜와 확신을 강조하는 교수의 마태복음 해석을 들은 적이 있다. 행위가 아니라 오직 믿음으로 구원 얻는 것을 강조하는 그에게 상대 토론자로 나온 교수가 마태복음 7장의 의미를 물었다. 마태복음 7장에서 예수님은 아름다운 열매를 맺지 아니하는 나무마다 찍혀 불에 던지울 것이라고 말씀하시고, 나더러 주여 주여 하는 자마다 천국에 다 들어갈 것이 아니요 다만 하늘에 계신 내 아버지의 뜻대로 행하는 자라야 들어갈 것이라고 말씀하셨다. 그 질문에 대해 개혁주의 교단의 교수는 이렇게 말했다. 그것은 마치 부모가 아이의 버릇을 고치기 위해 심한 말을 하지만 아이가 실수해도 실제로는 말한 대로 하지 않는 것과 같다는 것이다. 그것은 협박 내지 엄포일 뿐 실제로는 그렇게 하지 않는다는 것이다. 아니, 예수님이 실제로는 그렇게 하지도 않을 말씀을 하셨다는 말인가? 자신의 신학적 입장 때문에 하나님의 말씀을 그렇게 가볍게 만들어도 된다는 말인가? 정말 믿음과 행위는 분리된 것인가? 구원을 얻기 위해서는 오직 믿음만 필요한가? 김세윤 교수가 한국교회의 복음은 구원파적인 복음에 불과하다고 신랄하게 비판하는 이유가 여기에 있다. 물론 십자가의 복음 안에는 구원의 확신이라는 측면에서 구원파적 요소가 없지 않다. 하지만 한국교회 안에는 구원파에게 일상화되어 있는 행함과 윤리의 부재가 고스란히 존재하는 것도 사실이다. 왜 이런 현상이 발생하는가? 한국교회의 십자가 복음에는 제자도가 빠져 있기 때문이다.

기독교 윤리란 십자가의 은혜를 경험한 사람들이 하나님의 은혜에 감사하며 선하게 사는 것이라고 말하는 정도로는 지금 한국교회에서 발생하는 윤리적 문제를 해결할 수 없다. 감사의 윤리에는 태도의 문제만 다룰 뿐 내용이 빠져 있기 때문이다. 거기에는 그리스도인이 어떻게 살아야 하며, 세상을 변화시키기 위해서 어떤 삶을 살아야 하는가의 문제가 빠져있다. 더군다나 감사의 윤리는 선택사항일 뿐이다. 반드시 그렇게 살아야만 하는 강력한 유인이 없다. 더 나아가 감사하면서 살아야 한다는 윤리는 십자가의 윤리에 크게 미치지 못한다. 자기 전부를 하나님께 바치고 약함과 어리석음의 길인 십자가의 길을 가야할 이유가 없다. 제국의 방식이 아닌 천국의 방식으로 삶의 방식을 급진적으로 선회할 필요도 없고, 낮고 소외된 곳으로 나아갈 필요도 없다. 공평과 정의를 이 땅에 이루기 위해 살아갈 필요도 없고, "정사와 권세"와 맞서 피 흘리기까지 싸울 필요도 없다. 그저 감사하며 살면 될 뿐이다. 그러니 경건의 모양은 있으나 경건의 능력이 없다. 교회를 열심히 다니고 봉사도 열심히 하지만 세상을 변화시킬 능력은 없다. 초기 교회는 여전히 막강한 영향력을 행사하고 있는 정사와 권세, 예수를 십자가에 못 박은 바로 그 정사와 권세에 의해 핍박을 받았지만 세상으로부터 칭찬을 받았다. 하지만 지금의 교회는 정반대로 세상으로부터 비난은 받되 핍박은 받지 않는다. 왜 세상이 교회를 핍박하지 않을까? 내버려 둬도 세상에 전혀 위협이 되지 않기 때문이다. 초기 교회는 "세상을 소란케 하는 자들"(행 17:6, 공동번역)이라는 별명을 얻었는데 지금의 교회는 소란은커녕 그 어떤 영향력도 발휘하지 못하고 있다. 급진적인 제자도가 사려져 버렸기 때문이다. 더불어숲동산교회는 제자도가 복음의 핵심임을 고백한다. 우리는 단지 신자가 되어서는 복음을 살아낼 수 없고, 선교적 사명을 감당할 수도 없다고 고백한다. 더불어숲동산교회는 하나님 나라의 신학과 십자가의 영성과 성령의 능력을 갖춘 급진적 제자공동체가 되길 원했다. 그것이 진정한 복음주의적 교회이기 때문이다.

2) 사회윤리의 부재

두 번째는 사회윤리의 부재다. 이것은 회심주의와 관련이 있다. 한국교회가 회심을 강조하다 보니 처음 믿게 되는 순간에 필요한 신앙만 중요하게 취급하고 회심 이후에 대해서는 거의 말하지 않는다. 회심에 필요한 신앙이라는 것도 예수님과 함께 십자가에 달린 강도의 신앙 그 이상도 그 이하도 아니다. 성경에서 말하는 회심이 이렇게 간단한 것일까? 초기 교회도 이러했을까? 알렌 크라이더가 쓴 『회심의 변질』을 보면 그렇지 않다는 것을 보여준다.[17] 초기 교회의 입문과정은 4단계로 이루어졌는데, 그 과정에 대한 설명을 읽노라면 신학생들조차 통과하기 어렵겠다는 느낌을 받는다. 그런데 이런 과정이 4세기에 콘스탄티누스 황제에 의해 기독교가 공인되고, 그 후 기독교가 국교화되면서 완전히 달라지기 시작했다. 가장 확연한 변화는 이중윤리다. 박해받는 종교에서 핍박하는 종교로, 하나님 나라 종교에서 제국의 종교로 변질된 기독교는 성경에서 말하는 윤리가 특별한 사람에게만 해당한다고 주장하기 시작했다. 예수님의 제자들에게 요구되었던 순종과 희생의 윤리는 성직자나 수도사들에게만 요구되는 윤리이며, 일반 성도는 이러한 윤리를 따를 필요가 없게 되었다. 자연히 기독교에 입문하는 과정은 최소화되었고, 아무런 변화 없이 누구나 쉽게 기독교인이 되었다. 이것이 기독교의 가장 큰 타락이요 변질이 되었다.

성경적 회심은 개인적 차원을 넘어서는데도 한국교회에서 말하는 회심은 개인적인 차원의 회심에 머물러 있다. 물론 개인적 차원을 넘어 사회적 차원의 복음에 대해 이야기할 때가 종종 있다. 하지만 사회적 차원의 복음을 말하는 것을 보면 너무나 순진하다. 대부분 개인이 회심하여 변화되고, 그런 사람들이 많아지면 자연적으로 사회도 변할 것이라고 말한다. 사회적인 것을 말하는 것 같지만 사실은 개인윤리를 말할 뿐이다. 결국 그들은 개인적 차원의 회심만을 위해 힘쓴다. 회심한 사람들이 많아지면 자동적으로 사회가 좋아질 것이기 때문이다. 만약 이런 주장이 옳다면 우리 사회는 이미 천국이 되었을 것이다. 기독교인이 한 때 천 만명이 넘었었으니 말이다. 그러나 현실은 그렇지 않다. 아무리 개인적인 변화가 일어난다고 해도 저절로 사회가 변하는 것은 아니다. 개인

---

17 알렌 크라이더, 박삼종 외 3인 공역, 『회심의 변질』(대장간, 2012).

적 차원과 사회적 차원은 서로 다르기 때문이다. 교회 내에서는 선한 사람들이 사회에서 문제를 일으켜 연일 매스컴에 이름을 올리는 상황에 대해 개탄하는데, 사실 이것은 매우 당연한 현상이다. 진정한 그리스도인이 되도록 훈련시키지 못한 이유도 있겠지만 이것은 개인적 차원과 사회적 차원이 다르기 때문에 발생하는 문제이기도 하다.

기독교 사회윤리를 정립하는 것의 어려움은 무엇보다 기독교의 윤리가 개인적 차원의 윤리인 데다 의무론적 윤리라는 데 있다. 그러다 보니 의무론적 윤리가 갖는 딜레마와 한계를 고스란히 겪게 된다. 의무론의 약점은 의무들끼리 충돌하는 상황에서 답을 찾기 어렵다는 데 있다. 가장 흔하게 드는 예가 독립군의 비유다. 독립군이 집으로 피신해 들어왔다. 일제 순사가 뒤쫓아 와서 독립군을 보았느냐고 묻는다. 이때 거짓말을 해야 하는가? 아니면 의무론적 윤리에 의해 어떠한 경우에도 거짓말을 하지 말아야 하는가? 사회윤리는 대부분 이 딜레마의 영역에서 문제가 발생하기 때문에 의무론적 윤리로는 해결하기가 매우 어렵다. 또한 의무론적 윤리의 최대 약점은 선한 의도를 가지고 악한 결과를 만들어 낼 수도 있다는 데 있다. 우리가 개인적으로 선해도 사회적으로는 악할 수 있고, 도덕적으로는 선한데 기능적으로는 악할 수 있다는 점을 고려하지 못한다.

이것을 가장 명확하게 보여주는 사람이 바로 아이히만이다. 한나 아렌트의 『예루살렘의 아이히만』은 무수한 유대인을 학살한 나치의 책임자로 전범재판소에 서게 된 아이히만의 재판을 참관하고 나서 쓴 책이다.[18] 이 책을 통해 두 단어가 유명해졌다. 하나는 부제이기도 한 "악

---

18 한나 아렌트, 김선욱 역, 『예루살렘의 아이히만』(한길사, 2006).

의 평범성"이고, 다른 하나는 "무사유의 죄"라는 말이다. 악의 평범성이라는 말은 악이 일상처럼 너무나 평범해질 수 있다는 뜻이며, 전대미문의 악이 악마 같은 사람들에 의해서가 아니라 평범한 사람들에 의해서 저질러질 수 있다는 것을 의미한다. 아이히만은 매우 정상적인 사람이었다. 재판에 참관한 여섯 명의 정신과 의사들도 그를 정상으로 판단했다. 그들 가운데 한 명은 "적어도 그를 진찰한 후의 내 상태보다도 더 정상이다"라고 탄식했다고 전해지고, 또 다른 한 명은 그의 가족들과 친구들에 대한 그의 태도 및 그의 모든 정신적 상태가 "정상일 뿐만 아니라 바람직함"을 발견했다. 아이히만은 매우 정상이었다. 아니, 그냥 정상적인 정도가 아니라 준법정신이 투철한 성실한 시민이었다. 그러나 그는 수많은 유대인들을 학살하는 죄를 범했다. 무사유의 죄란 생각하지 않는 죄를 말한다. 아렌트의 표현에 의하면 "사유의 전적인 불능성", 또는 "사유의 전적인 부재"이다. 악의 평범성은 무사유의 죄에서 나오는 현상이다. 아이히만은 자신이 무죄하다고 말했다. 자신은 태어나서 단 한 번도 법을 어겨본 적이 없으며, 무수한 유대인을 학살한 것도 상부의 지시를 따른 것일 뿐이라고 했다. 이에 대해 한나 아렌트는 아이히만의 죄는 상부에서 시킨 일을 성실하게 수행한 것일 뿐이라는 의식 속에서 자신의 윤리적 문제를 사고하지 않은 죄라고 말한다. 이처럼 무사유의 죄는 무서운 죄다. 특별히 악한 의도를 가지고 짓는 죄는 주변 사람들 모두가 그것이 악한 일이라는 것을 알아차리기 때문에 작은 죄로 끝나거나 개인적인 죄로 끝나는 경우가 많다. 하지만 무사유의 죄에 빠지게 되면 죄가 죄인 줄 모르고 동참하기 때문에 무서운 죄가 될 수 있다. 이러한 무사유가 아마도 인간 속에 존재하는 모든 악을 합친 것보다 더 무서운 대파멸을 가져올 수 있다는 것, 이것이 아이히만의 재판을 통해 아렌트가 배울 수 있는 교훈이었다.[19] 따라서 우리는 단순히 개인윤리만을 가지고 바람직한 사회를 만들 수 있다고 말할 수 없다. 반드시 성경적인 사회윤리가 필요하다. 다시 말하지만 개인적으로 선해도 사회적으로는 악할 수 있고, 도덕적으로는 선하지만 기능적으로 악할 수 있다.

2013년 이그 노벨상을 받은 로랑 베그의 『도덕적 인간이 왜 나쁜 사회를 만드는가』에서도 이 문제에 대한 해명을 들을 수 있다.[20] 이 책은 제목에서 드러나는 것처럼 도덕적 인간이 나쁜 사회를 만들어내는 이유를 다양한 관점에서 해명한다. 이 책에 의하면 도덕적인 사람일수록 세상을 좋게 보는 경향이 있고 세상이 공평하다고 믿는다. 세상이 공평하다고 믿는 사람일수록 세계의 빈곤과 기아문제 같은 부정적인 현실을 외면하는 경향이 강하다. 또한 불공정한 상황을 통제불가능한 상황 혹은 뿌린 대로 거두게 된 상황으로 여긴다. 그렇기에 도덕적이고 세상이 공평하다고 믿는 사람들은 피해자들을 업신여기는 경향이 강하다. 놀라운 것은 도덕적인 사람들이 실상은 자신의 선함에 더 관심이 많으며, 타인의 고통에 민감하지 못한 것으로 드러났다. 역설적이게도 타의 모범이 될 만한 생각을 하는 사람들이 훨씬 더 모범적이지 않은 행동을 하며, 훨씬 덜 관대한 행동을 한다. 충격적인 것은 사람들이 어떤 행위를 통해 도덕적 만족감을 경험한 후 더 탐욕스러워진다는 것이다. 심지어는 자신이 도덕적이라는 생각을 하는 것만으로도 더 탐욕스러워진다. 로랑 베그도 한나 아렌트의 악의 평범성에 대한 이야기를 한다. 그는 이것이 권위에의 복종과 연관되어 있다고 말한다. 양심적이

---

19 앞의 책, 391-392쪽.
20 로랑 베그, 이세진 역, 『도덕적 인간은 왜 나쁜 사회를 만드는가』(부키, 2013).

고 도덕적인 사람일수록 권위에 복종하는 경향이 강하다고 한다. 실험자들이 특정한 사람에게 전기충격을 가하게 하는 스탠리 밀그램의 실험에서 더 강한 전기충격을 가한 사람들이 바로 이들이라는 것이다. 도덕적인 사람들이 더 잔인해질 수 있음을 보여준다. 이런 사람들이 개인윤리 차원에서는 도덕을 추구하다가 사회윤리의 차원에서는 공격적이고 혐오적인 행위를 하기도 한다. 따라서 개인윤리만 강조할 것이 아니라 포용의 사회윤리를 정립해야 한다.

3) 지성의 부재

복음주의 교회의 세 번째 한계는 지성의 부재다. 이것은 성경주의와 관련이 있다. 한국교회의 치명적 약점 하나는 반지성주의다. 한국교회는 반지성주의로 인해 사회의 공론장에서 비상식적 집단으로 취급당한다. 이를 극복하지 못하면 사회적 신뢰도를 회복할 수 없다. 한국교회는 근본주의적 문자주의라고 말해도 무방할 정도로 성경을 문자 그대로 받아들인다. 성경은 하나님의 말씀(계시)이기 때문에 자연적 지식만을 알 수 있는 인간의 이성으로는 이해할 수 없고, 따라서 감히 판단하거나 의심하지 말고 무조건 믿음으로 받아들여야 한다. 이를 간단히 요약한다면 "이해되어야 믿어지는 것이 아니라 믿어야 이해된다"라는 구절로 표현할 수 있겠다. 신앙의 본질 안에 이러한 성격이 있기 때문에 이런 믿음을 전적으로 부인할 수는 없다. 하지만 성경 자체가 의심과 이해를 수용하고 있고, 성경마저 계시의 점진성으로 인해 내용 자체가 계속해서 변하고 있다는 것을 알아야 한다. 구약과 신약의 관계만 봐도 그렇다. 또한 문자주의를 주장하는 사람들조차 실제로는 특정한 해석을 받아들이는 것이지 모든 것을 문자적으로 받아들이는 것은 아니다. 신학 자체가 상황과 질문에 대한 반응이요 성경해석의 역사다. 지금 상식처럼 단순하게 받아들이고 있는 신학도 실은 엄청난 논쟁을 거쳐서 형성된 것이다. 따라서 이제 우리는 덮어놓고 믿기만 하는 반지성주의를 따를 것이 아니라 성경에 대해 깊이 사고하고 의심하고 논의하는 문화를 만들어야 한다.

복음주의 진영의 반지성주의가 어떻게 형성되었을까? 한국 복음주의는 미국의 복음주의가 그대로 이식되었기 때문에 시간차를 두고 미국 복음주의의 문제점을 그대로 노출하고 있다. 따라서 우리의 반지성주의를 알려면 미국 복음주의를 먼저 이해할 필요가 있다. 미국 복음주의의 반지성주의에 대해서는 마크 놀이 『복음주의 지성의 스캔들』에서 명쾌하게 분석한 바 있다.[21] 그에 의하면 미국의 복음주의 문화를 만들어낸 세 가지 요소는 "부흥운동", "비국교회", "계몽주의"다. 먼저, 미국에서는 1740년대 1차 대각성운동과 19세기 초 2차 대각성운동을 거치면서 부흥운동이 기독교의 핵심으로 부상했다. 부흥운동은 교회의 전통적인 권위를 약화시켰으며 개인의 결단을 중요하게 여겼다. 즉각적인 개인의 결단을 이끌어내기 위해 정서적인 반응을 일으키는 것이 매우 중요하게 여겨졌고, 이를 위해 대중적이고 실용적인 지식이나 방법을 사용하기 시작했으며, 기독교의 핵심진리를 매우 단순화시켜 즉각적이고 자발적인 개인의 결단을 유도했다. 부흥운동은 개인주의, 즉각주의, 실용주의, 대중주의, 은사주의, 기술주의 등의 특징으로 나타났으며, 이로 인해 전통을 무시하는 문화나 지식을 불신하는 문화가 생

---

21 마크 A. 놀, 박세혁 역, 『복음주의 지성의 스캔들』(IVP, 2010).

겨났다. 두 번째로 비국교화가 매우 큰 영향을 끼쳤다. 정교분리로 인해 교회는 이제 유럽처럼 교구민에 대한 책임을 할당받는 것이 아니라 교인을 얻기 위해 서로 경쟁해야 했다. 각 개인에게 하나님께 주의를 돌려야 한다고 설득해야 했고, 다른 교회가 아니라 자신들의 교회에서 그렇게 해야 한다고 설득했다. 개인의 입맛에 맞는 종교시장이 출현했고, 개인의 결단에 의한 회심과 신앙만이 강조되기 시작했다. 이로 인해 성장이라는 목표 앞에 진리의 문제는 실용성의 문제가 되었고, 결과에 대한 과중한 압력으로 인해 깊이 있는 사고나 신학적 성찰을 할 시간이 사라졌다. 셋째로 계몽주의의 영향이란 기독교와 문화의 통합을 의미한다. 신생 국가 미국에서 복음주의는 자신의 기독교적 신념과 미국적 이상을 조화시켰다. 다른 어떤 고민도 필요 없이 미국의 국가적 이상이 기독교의 이상이 돼버렸기에 깊은 지적 성찰이 필요 없었고, 비판적 사고를 할 수 없었으며, 미국적 이상이 아닌 다른 비전을 가질 수 없었다. 은연 중 반지성주의적인 경향성을 갖게 되었으며 이것이 내면화되었다.

　더군다나 세속화에 대한 반동으로 근본주의가 나타나면서 반지성주의는 더욱 강화되었다. 근본주의는 특히 성결운동, 오순절운동, 세대주의를 통해 강화되었다. 이로 인해 개인주의와 직관주의, 기적만을 추구하는 초자연주의와 세상을 부정적으로 보는 영지주의적 경향, 성경을 단순히 문자 그대로 받아들이는 문자주의와 임박한 종말을 강조하는 종말주의가 복음주의의 특징이 되면서 교회는 지성과 지식을 부정적으로 여겼으며, 성경에 대한 깊이 있는 연구나 세상에 대한 현실적인 연구는 소홀해졌다. 토마스 프랭크가 쓴 『왜 가난한 사람들은 부자를 위해 투표하는가』에서도 이런 근본주의적이면서 반지성주의적인 미국식 기독교에 대해 언급한다.[22] 미국은 크게 빨간색 주(공화당지지 주)와 파란색 주(민주당지지 주)로 나뉜다. 빨간색 주의 특징은 친기업적인 공화당원들과 보수적인 기독교인이 많다는 것이며, 이 지역은 낙태 반대, 동성애 반대, 가정회복, 교과서에 창조과학 추가하기 등으로 상징되는 기독교적 문화전쟁이 강력하게 일어나고 있다. 프랭크는 이런 특징들이 나타나는 이유를 복음주의 교회들의 근본주의적이고 반지성주의적인 경향이 기득권의 논리에 대해 무비판적이고 맹목적인 수용을 낳았기 때문이라고 본다. 그런데 이런 미국식 복음주의가 한국교회에 그대로 이식되었기 때문에 동일한 현상이 한국교회에도 나타나고 있다. 이로 인해 한국교회의 신뢰도는 나날이 추락하고 있다. 반지성주의로 인한 한국교회의 신뢰도 추락을 회복하기 위해서는 믿음의 본질을 붙드는 동시에 반지성주의를 반드시 극복해야 한다.

4) 관용의 부재

네 번째는 관용의 부재다. 이것은 행동주의와 연관된다. 복음주의의 장점은 행동주의에 있다. 복음주의자들의 전도가 아니었다면 우리가 어떻게 이 자리에 있었겠는가? 복음주의를 추구하는 더불어숲동산교회도 전도를 매우 강조한다. 그런데 한국교회의 전도 방법은 너무나 공격적이고 무례하고 비상식적이다. 교회가 세상에서 지탄을 받고 있는 것 중 하나가 바로 이 공격적인 전도 때문이다. 하지만 사실 이런 방

---

22 토마스 프랭크, 김병순 역, 『왜 가난한 사람들은 부자를 위해 투표하는가』(갈라파고스, 2012).

법은 성경에 반하는 행동이다. 왜냐하면 사도행전에서 말씀을 전하고 전도하는 모습을 보면, 내부인에게는 매우 과격하게 예언자적 외침을 전하지만, 외부인에게는 매우 부드럽게 접근하기 때문이다. 그런데 한국교회는 반대로 하고 있다. 내부인에게는 솜사탕 같은 달콤한 말만 해대느라 병든 기독교가 되어버렸고, 외부인에게는 혐오감을 주는 무서운 말을 해대느라 무례한 기독교가 되어버렸다.

한국교회는 무례함을 정당화하기 위해 "벼랑의 논리"를 사용한다. 사람들이 벼랑을 향해 달려가고 있기 때문에 큰 소리로 경계해야 한다는 논리는 매우 강력한 전도의 논리로 자리 잡았다. 하지만 과연 전도가 그런 것일까? 전도란 이렇게 벼랑에 떨어지려는 사람들에게 경고하는 것이라기보다 하나님을 향한 여정에 오른 사람들에게 복된 소식을 선포하고 바른 영성으로 안내하는 것이 아닐까? 설령 "벼랑의 논리"를 인정한다 할지라도 모든 사람이 지금 당장 벼랑에 떨어지기 직전의 상황은 아니다. 그런 사람들에게 아무런 설명 없이 "멈춰!"라고 소리 지른다고 해서 설득력을 갖게 될까? 아니, 그 말이 이해는 될까? 혹시 그들에게는 외계어처럼 들리지는 않을까? 통역이 필요하지 않을까? 진정으로 멈추게 하려면 그들이 충분히 이해할 수 있도록 상대를 인정하고 존중하면서 그들의 말에 귀 기울이고 공감하며 그들의 언어로 대화하는 과정을 가져야 하지 않을까? 무엇보다 대화하고 있는 사람들에게 신뢰를 주어야 하지 않을까? 신뢰를 주지 못하면 어떤 말을 해도 받아들이려 하지 않을 테니 말이다. 그런데 한국교회는 대화를 하려 하지도 않고 신뢰를 주지도 못한다. 따라서 아무리 안타까운 마음으로 멈추라고 소리쳐도 그저 무례하게 느껴질 뿐이다. 이런 무례한 기독교로 인해 기독교에 대한 혐오감만 커지고 있다. 결국 말로는 멈추라고 하는 것 같지만 행동으로는 더 밀어 떨어뜨리는 꼴이다.

전도에 대해서는 베드로가 명확하게 말했다. "너희 속에 있는 소망에 관한 이유를 묻는 자에게 대답할 것을 항상 준비하되 온유와 두려움으로 하고"(벧전 3:15). 여기서 베드로는 크게 두 가지를 말하고 있다. 첫째로 전도란 묻는 자에게 대답하는 것이다. 전도란 듣고 싶지도 않은 사람들에게 시끄럽게 외치는 것이 아니다. 소망에 관한 이유를 묻는 자에게 소망의 이유를 전하는 것이 전도다. 따라서 사람들에게 소망에 관한 이유를 묻도록 만들어야 한다. 사람들은 교회와 기독교인의 존재 이유, 그리고 교회와 기독교인의 사역과 삶이 복음의 메시지가 될 때만 교회와 기독교인이 전하는 메시지를 들으려 할 것이다. 복음을 전하려면 먼저 듣고 싶게 만들어야 한다. 그런데 한국교회는 혐오감만 부추긴다. 사회적 공신력이 땅에 떨어지고 혐오감만 충천한데 어떻게 복음을 듣게 만들겠는가? 둘째로 베드로는 복음을 전하는 태도와 방법에 대해 온유와 두려움으로 하라고 말한다. 리처드 마우에 의하면 여기서 말하는 두려움은 존경심을 뜻한다.[23] 전도는 온유함과 존경을 가지고 해야 한다. 지금처럼 독선적이고 일방적이며 공격적이고 우월감을 가지고 복음을 전하면 누가 복음을 듣겠는가? 더불어숲동산교회는 무례하고 공격적인 전도가 아니라 부드러운 전도, 자연스러운 전도, 관계전도, 불신자가 스스로 소망의 이유를 묻게 만드는 전도, 더 나아가 불신자가 불신자를 인도하는 전도를 추구한다. 불신자가 다른 불신자에게 "저 교회에 한 번 나가봐"라고 말하는 교회가 진짜 교회 아닐까?

23　리처드 마우, 홍병룡 역, 『무례한 기독교』(IVP, 2004), 52쪽.

5. 오순절적 교회가 되라

마지막으로 삼위일체적이고 선교적인 교회가 되기 위해서는 오순절적 교회가 되어야 한다. 현대 교회의 부흥을 견인해 낸 교회는 거의 모두 오순절적 교회였다. 성령운동은 침체되어 있던 기독교에 큰 활력을 주었다. "한국교회와 성령운동"이라는 글에서 김명용 교수는 오순절 성령운동에 대한 긍정적인 측면을 다음과 같이 네 가지로 말한다.[24] 첫째, 오순절 성령운동이 한국교회 안에 성령에 대한 관심을 불러일으켰다. 그는 장로교가 신조로 삼는 웨스트민스터신앙고백 속에 성령론에 관한 항목이 부재함을 문제로 지적한다. 둘째, 기독교 신앙의 초자연적 영역을 한국교회에 일깨워 주었다. 성령운동은 기독교 신앙이 합리주의적이거나 자유주의적으로 흐르는 것을 막는 데 공헌했다. 셋째, 한국교회를 뜨겁게 하고, 새로운 결신자를 얻는 데 크게 공헌했다. 넷째, 육체성과 세상성에 대해 기독교가 말해야 하는 일면을 일깨워 주었다. 오순절 성령운동은 영혼 구원만의 종교로 변질되기 쉬운 기독교에 대한 새로운 도전이었다. 나 역시 목회를 하며 이것을 분명하게 경험했다. 군목 기간 중 귀신이 나타나는 성도를 위해 사역을 하면서 처음으로 영적 전쟁을 경험한 이후 오순절 영성의 중요성을 깨닫게 되었고 그때부터 은사가 나타나기 시작했다. 이전에 섬기던 교회에서 "내적치유수양회"를 담당했는데 5,000-6,000명이 참여한 그 사역 위에 강력한 성령의 기름부음이 있었다. 기도 중 많은 사람이 하나님을 만나거나 깊은 상

---

[24] 김명용, "한국교회와 성령운동", 숭실대 기독교사회연구소 엮음, 『새롭게 하시는 성령과 한국교회』(한울, 1991).

처를 치유 받았다. 안수 시간에 어떤 사람들은 내가 직접 안수하지 않아도 가까이 가는 것만으로 뒤로 넘어가곤 했다. 드러누워 환상을 보는 사람, 예수님을 만나는 사람, 질병이 치유되는 사람, 은사를 경험하는 사람, 깊은 내면의 치유가 일어나는 사람 등 많은 역사가 있었다. 그렇게 성도들이 하나님을 실제적으로 만나고, 마음과 육신의 치유를 경험하면서 신앙의 확신과 구원의 총체성에 대한 이해를 갖게 됐다. 선교적 교회는 이런 성령운동의 긍정적인 면을 반드시 수용해야 한다. 선교적 교회가 지나치게 지적이고 방법론적이고 모델지향적이거나 문화적 실천으로만 기우는 것을 막기 위해 성령의 역사가 필요하다.

이 점에 대해서 이병옥 교수도 동일하게 지적하고 있다.[25] 그는 한국의 선교적 교회론 동향을 살피면서 삼위일체론을 풍부하게 발전시키지 못한 점을 지적한다. 이것은 결국 다음과 같은 두 가지 결과를 가져왔다. 하나는 선교적 교회론이 그동안 "하나님의 선교"에서 파송하시는 하나님을 강조한 반면, "삼위일체의 관계적 측면"이 잘 드러나지 않았고, 또 하나는 교회를 이해할 때 반드시 필요한 "성령의 역할"이 잘 보이지 않았다는 것이다. 더불어숲동산교회의 사명 중 "공동체성을 회복하는 선교적 교회"는 전자의 문제제기에 대한 답변이며, 후자의 문제제기는 "성령의 능력을 갖춘 제자공동체"를 통해 드러난다고 할 수 있다. 오순절 성령을 통해 출범한 교회는 성령의 능력 없이 선교적 사명을 감당할 수 없다. 선교의 영이신 성령의 능력에 사로잡힐 때, 교회는 선교적 사명을 감당할 수 있다.

---

25 이병옥, "북미의 선교적 교회의 동향과 분석과 한국의 선교적 교회의 현재", 성석환 외 공저, 『선교적 교회의 오늘과 내일』(예영커뮤니케이션, 2016).

좀 더 적극적으로 성령운동을 탐구하고 긍정적으로 연구한 하비 콕스의 『영성·음악·여성』도 성령운동을 이해하는 데 도움을 준다.[26] 하비 콕스는 탈종교시대의 도래에 걸맞은 신학적 작업을 위해 『세속도시』를 썼지만 결과적으로 자신이 실수했다고 인정한다. 예상과 달리 엄청난 교회의 부흥이 있었기 때문이다. 그 부흥을 주도한 교회들이 바로 오순절 영성을 수용한 교회들이었기 때문에 그는 오순절 교회들을 직접 참관하면서 성령운동을 연구하기 시작한다. 그에 의하면 성령운동은 당시 세계 전체 인구의 85%에 해당하는 도시 빈민들이 개인적 성령 체험을 중시하며 혼합형태의 예배를 드리는 기독교 운동이다. 이 부분이 매우 중요하다. 성령운동은 엘리트에 의해서 시작된 운동이 아니라 배우지 못하고 가난한 사람들에 의해 시작됐다. 이것은 기독교의 출발과도 연결된다. 예수의 제자들은 주로 배우지 못한 자들이었다. 물론 의사도 있었고 세리나 열혈당원도 있었지만 주축은 어부들이었다. 고린도전서 1:26-29을 보라. "형제들아, 너희를 부르심을 보라. 육체를 따라 지혜로운 자가 많지 아니하며 능한 자가 많지 아니하며 문벌 좋은 자가 많지 아니하도다. 그러나 하나님께서 세상의 미련한 것들을 택하사 지혜 있는 자들을 부끄럽게 하려 하시고 세상의 약한 것들을 택하사 강한 것들을 부끄럽게 하려 하시며 하나님께서 세상의 천한 것들과 멸시 받는 것들과 없는 것들을 택하사 있는 것들을 폐하려 하시나니 이는 아무 육체도 하나님 앞에서 자랑하지 못하게 하려 하심이라." 진보적인 교회와 복음주의적인 교회들이 이러한 정신을 잃어버린 것은 아닌가? 진보적인 교회들조차 민중을 이야기하지만 민중들이 다니는 교회가 아니라 민중

---

26 하비 콕스, 유지황 역, 『영성·음악·여성』(동연, 1996).

을 말하는 사람들이 다니는 교회가 아닌가? 반지성주의도 문제지만 엘리트주의 또한 문제가 아닌가? 선교적 교회를 추구할 때 이 점을 반드시 염두에 두어야 한다.

하비 콕스는 성령 체험을 두 가지 의미로 설명한다. 하나는 인간의 원초적 영성에 근거한 세 가지 특징, 즉 방언 기도와 같은 "원초적 언어", 이적과 기사에 근거한 "원초적 신앙심", 임박한 하나님 나라의 현존하는 미래를 바라보는 "원초적 희망"에 의해 실제 교회의 예배 속에 나타난다. 두 번째 의미는 문화적·언어적 틀을 초월하는 고통과 갈망의 체험으로서 "해방의 정신"을 낳는 것이다.

선교 사역은 성령께서 직접 하시는 일이다. 교회에서 하는 사역만이 아니라 피조물을 새롭게 하는 모든 사역의 주체가 성령이다. 성령 없이는 그리스도께서 십자가와 부활을 통해 이루신 구원의 능력이 우리와 이 세계 가운데 나타날 수 없다. 성령 없이는 우리가 새로워질 수 없고, 이 땅이 새로워질 수 없다. 생명의 영이시요, 진리의 영이시요, 일치의 영이시요, 거룩의 영이신 성령만이 우리를 새롭게 하고 이 세계를 새롭게 한다. 인간적인 방법이나 프로그램만으로 선교적 교회를 할 수 없다. 선교 사역은 오직 성령의 나타남으로 가능한 일이다. 선교적 교회는 선교의 영이신 성령의 능력 안에 있는 교회다.

6. 오순절적 교회의 한계를 넘어서라

성령운동이 긍정적인 영향만을 끼친 것은 아니다. 아니, 많은 사람들은 부정적인 영향을 더 많이 기억한다. 한국교회의 성령운동이 무엇이 문제인지에 대해서는 박영돈 교수가 잘 정리했다.[27] 하지만 여기서는 개척 당시 내가 느꼈던 성령운동의 약점과 한계를 네 가지로 정리해 보겠다.

1) 말씀의 부재

첫째는 말씀의 부재다. 성령운동은 우리에게 기독교 신앙의 초자연적 영역을 회복시켜주었지만 지나치게 신비주의적이고 은사중심적인 운동으로 기울어 말씀의 부재 현상을 낳았다. 은사 운동으로 치우침으로써 인격적 성화의 과정을 이루어가시는 성령의 역할을 등한시하거나 교인의 영적 등급화를 만들어냈다. 기존 교회의 질서를 어지럽힌 것은 둘째 치고, 초자연적 경험만을 중요하게 여김으로써 말씀 자체를 등한시했으며, 말씀을 아전인수격으로 해석함으로써 하나님의 말씀을 혼동케 하였다. 성경의 본래적 의미에 대한 고민도 부족하고, 말씀의 맥락을 무시한 적용을 하기도 했다. 또한 소위 직통계시가 말씀보다 더 중요하게 취급되기도 했다. 성령체험을 성경보다 더 중요하게 여기다 보니 체험이 성경을 해석하는 역전현상도 일어났다. 복음주의가 성경을 너무 중요하게 생각했기 때문에 반지성주의를 낳았다면, 오순절 성령운동은 성경을 너무 가볍게 생각했기 때문에 반지성주의를 낳았다. 결국 성령의 신비한 은사를 통해 하나님의 뜻을 이루려는 시도는 성경에 나타난 하나님의 뜻과 상관없는 부작용을 만들어냈다.

---

27 박영돈, 『일그러진 성령의 얼굴』(IVP, 2011).

2) 십자가의 부재

둘째는 십자가의 부재다. 십자가가 없는 성령운동은 번영의 신학과 탐욕의 복음으로 전락하기 쉽다. 한국교회의 성령운동이 왜 힘을 잃었는가? 왜 지탄을 받고 있는가? 그것은 바로 십자가의 부재 때문이다. 구원의 은혜를 우리에게 가져다주는 십자가는 강조하지만 성화의 과정에서 가장 중요한 십자가를 지는 삶은 빠져 있다. 극단적인 성령운동은 십자가가 우리의 삶의 방식임을 놓치고 있다. 성령운동에 대해 매우 긍정적으로 받아들이는 하비 콕스마저도 급성장한 성령운동이 몇 가지 심각한 문제를 드러내고 있다고 우려한다. 옮긴이의 정리에 의하면 성령운동은 인종 차별, 특정 성령운동 교회의 제도화, 그 교회 지도자의 카리스마화, 근본주의와의 결합, 정치 세력과의 결탁을 허용하는 지배 신학의 수용, 세속적 가치만을 추구하는 물질 축복과 건강 추구 신학이라는 문제를 안고 있다. 이와 같은 문제들이 발생하는 이유는 성령운동의 본래 정신인 종말론적 긴박감과 가난하고 억압받는 자들을 위한 신앙적 사명을 상실했기 때문이다.

3) 공동체성의 부재

셋째는 공동체성의 부재다. 성령운동 진영은 성령의 역사를 너무 개인적 차원에서만 이해했다. 성령의 사역에 있어서 오순절 교회는 영혼의 중생과 은사를 강조했고, 복음주의 교회는 영혼의 중생과 성화를 강조했는데, 둘 다 성령의 사역을 개인적인 차원에 묶어두었다는 공통점을 가지고 있다. 하지만 성령의 사역은 거기에 머물지 않는다. 성령은 다양한 얼굴을 가지고 다양한 사역을 한다. 이를 이해하기 위해서는 먼저 성령에 대한 통전적인 이해가 선행되어야 한다. 현요한 교수는 성경과 기독교 역사 속에서 성령의 다양한 얼굴이 있었다고 말한다.[28] 그는 이제 그것이 분리되어 이해할 것이 아니라 통전적으로 이해할 필요가 있다고 말한다.

특별히 성령을 개인적으로 이해할 것이 아니라 공동체적으로 이해할 필요가 있다. 오순절 성령의 역사는 산상기도를 하는 개인에게 임한 것이 아니다. 오순절 성령의 역사는 함께 기도하는 공동체 위에 임했다. 한 개인의 신비적 경험이나 은사 체험이 아니라 바벨탑 사건을 통해 분열되어 있는 공동체를 하나 되게 하는 것이 성령 체험의 본질이다. 하나님 나라를 가시적으로 보여주고 새로운 공동체를 창설하는 영이 바로 성령이다. 이와 같은 공동체적 성령 이해는 사회적 성령과 생태적(우주적) 성령에 대한 이해로 확장된다. 한국교회의 성령운동은 바로 이 부분을 놓쳤기 때문에 힘을 잃어버렸고 변질된 것이다.

4) 바른 종말론의 부재

마지막으로 바른 종말론의 부재다. 성령운동의 약점 중 하나가 성경의 부재와 반지성주의인데, 이에 대한 자연적 귀결이 바로 바른 종말론의 부재다. 그들은 성경에 대한 깊고 넓은 이해가 부족하기에 바른 종말론을 가질 수 없었다. 이상하게도 기도를 많이 하는 사람들의 상당수가 그릇된 종말론을 소유하고 있다. 666, 바코드, 베리칩, 세계 정부

---

28 현요한, 『성령, 그 다양한 얼굴』(장로회신학대학교출판부, 1998).

등 소위 음모론에서 주장하는 내용들을 여과 없이 받아들이거나 쉽게 이단의 주장에 동조한다. 이원론과 세대주의적 전천년설의 영향도 있겠지만, 건강한 성경관과 성경에 대한 바른 이해가 부족하기 때문이다. 특히 요한계시록에 대한 바른 이해가 절실하다. 이단들은 요한계시록을 과도하게 중시하거나 일천한 성경해석으로 성경을 왜곡한다. 반면 기성 교회들은 요한계시록을 제대로 가르치지 않는다. 이것이 문제다. 한국교회는 요한계시록을 성도들에게 제대로 가르쳐야 한다.

3장　　　　　　　　　　　　　　　　　　소결론

　　1부에서는 "한국적인 선교적 교회론"의 필요성에 대해 다뤘다. 선교적 교회의 정신 자체가 지금 여기서 이미 일하고 계신 하나님의 선교에 동참하는 것이라면 선교적 교회는 반드시 한국이라는 지역 상황에 적합하게 나와야 한다. 따라서 진정한 선교적 교회를 말하기 위해서는 외국에서 유행하는 교회론을 그대로 한국교회에 이식할 것이 아니라 한국의 상황에서 요구하는 선교적 교회를 말해야 한다. 더군다나 선교적 교회의 본질이 "삼위일체 하나님"에 근거한다면, 삼위일체 신학과 한국의 상황에서 요구되는 대안적 교회론과의 교차점으로서 선교적 교회를 말해야 한다. "삼위일체적인 선교적 교회론"을 말하면서 진보적이고 복음주의적이며 오순절적인 선교적 교회를 말한 이유가 여기에 있다. 거대한 시대의 흐름에 상응하면서 한국교회는 끊임없이 변화를 거듭했다. 시대의 변화 속에서 형성된 한국교회를 투박하게 나누어보면 진보적 교회, 복음주의적 교회, 그리고 오순절적 교회로 나눌 수 있다. 진보적 교회는 "하나님"을 강조하고, 복음주의적 교회는 "예수님"을 강조하고, 오순절적 교회는 "성령님"을 강조했다. 삼위 하나님이 삼위일체로 온전히 강조되지 못한 것이다. 하지만 삼위 하나님 모두를 강조하는 삼위일체적인 선교적 교회는 삼위일체 하나님의 상호 교통하는(페리코레시스) 사랑의 교제와 보내심을 본질로 하기 때문에 자연스럽게 진보적이고 복음주의적이며 오순절적인 교회를 지향할 수밖에 없다. 하지만 현실에 존재하는 교회들은 나름의 한계를 지니고 있기에 있는 그대로 통합하기보다 그 한계를 극복하는 방향으로 삼위일체적인 선교적 교회를 세워나가야 한다. 한국의 진보적 교회의 한계는 복음주의에 대한 지나친 거부, 교회에 대한 경시, 현실적 대안의 부재, 그리고 공격성과 무례함이라고 생각한다. 반면 한국의 복음주의적 교회의 한계는 제자도의 부재, 사회윤리의 부재, 지성의 부재, 그리고 관용의 부재(무례한 기독교)라고 본다. 마지막으로 한국의 오순절적 교회의 한계는 말씀의 부재, 십자가의 부재, 공동체성의 부재, 그리고 바른 종말론의 부재라고 본다. 이런 한계를 극복하면서 진보적이고 복음주의적이며 오순절적인 선교적 교회를 세우는 것이 위기 가운데 있는 한국교회의 가장 시급한 과제다.

제2부

더불어숲동산교회의
신학적 비전

선교적 교회가 열매를 맺기 위해서는 신학적 비전이 필요하다. 팀 켈러는 『센터처치』에서 신학적 비전이 너무나 중요하다고 강조한다.[1] 사람들은 리디머 교회의 성공을 본받기 위해서 교리적 입장이나 성경적 원리를 알고 싶어 하지는 않는다고 한다. 대개의 경우 자신의 교회에 적용할 수 있는 프로그램과 방법론을 배우려고 한다. 하지만 정말 중요한 것은 리디머 교회에서 어떤 종류의 사역들을 했느냐가 아니라 그 방법에 도달하기 위해서 무엇을 어떻게 했는가이다. 그런 사역을 실행하기 위해 거쳐야 했던 숙고와 의사 결정 과정이 그 결과보다 훨씬 중요하다. 각종 프로그램들이 실패하는 이유는 그것이 복음에 대한 이해 및 지역 문화의 특성에 대한 성찰로부터 우러나오지 않았기 때문이다. 정말 중요한 것은 교리와 실천의 중간 영역이다. 이 중간 영역은 신학과 문화를 깊이 성찰하는 공간으로, 이를 통해 사역의 모습이 결정된다. 교리적 기초를 하드웨어라고 부르고, 사역 프로그램을 소프트웨어라고 부른다면, 미들웨어가 이 중간 영역인데, 이것이 바로 신학적 비전이다. 교리적 믿음과 사역 방법들 사이에는 어떻게 복음을 특정 문화적 상황과 역사적 순간 안으로 가져갈 것인가에 대한 비전이 있어야 한다. 신학적 비전은 성경 자체에 대한 깊은 성찰에서 오는 동시에 우리를 둘러싼 문화에 대해 우리가 어떻게 생각하는지에 달려있다. 교리적 기초가 "무

---

1 팀 켈러, 오종향 역, 『센터처치』(두란노, 2016), 다음은 프롤로그의 내용이다.

엇을 믿을 것인가?"에 대한 것이고, 사역적 형태가 "무엇을 할 것인가?"에 대한 것이라면, 신학적 비전은 "무엇을 볼 것인가?"에 대한 것이라 할 수 있다. 리디머 교회는 이러한 신학적 비전을 세우기 위해 많은 시간을 보냈다고 한다. 이와 같은 과정을 거쳐 더불어숲동산교회는 신학적 비전을 "하나님 나라의 신학과 십자가의 영성과 성령의 능력을 갖춘 급진적인 제자공동체를 통해 공교회성과 공동체성과 공공성을 회복하는 선교적 교회"로 정했다.

이러한 비전을 한 마디로 압축하면 "페어 처치"(Fair Church)라고 부를 수 있겠다. "페어 처치"는 어떤 교회일까? "페어"는 신뢰, 소통, 협력이라는 사회적 자본을 가능케 하는 근원적 힘이다. 피터 코닝에 의하면 "페어"에는 절차적 공정성과 실질적 공정성이 있다.[2] "페어"라는 단어를 생각하면 대부분 절차적 공정성만을 생각하기 쉽지만 더 중요한 것은 바로 실질적 공정성이다. 실질적 공정성은 첫째로 "평등"(equality)을 의미한다. 곧 모든 사람이 동등한 대접을 받는 것을 의미한다. 재화와 서비스는 인간의 기본 욕구에 따라 골고루 분배되어야 한다. 하지만 나는 공정성이 단지 개인에게 분배되는 것으로 끝나서는 안되고 "공통자본(공공의 것)의 확보"[3]와 "인정의 원리"[4]라는 측면도 추가되어야 한다

---

2   피터 코닝, 박병화 역, 『공정 사회란 무엇인가』(에코리브르, 2011), 62-65쪽.
3   "사회적 공통자본"은 특정 지역에 살고 있는 모든 사람이 풍요로운 경제생활을 영위하고, 우수한 문화를 전개하며, 인간적으로 매력 있는 사회를 지속적이고도 안정적으로 유지하는 것을 가능하게 하는 사회적 장치를 의미한다. 사회적 공통자본은 사회 전체의 공통자산으로서 국가의 통치기구에 속하는 것으로 간주해서 관료적으로 관리하거나 이윤추구의 대상으로 삼아 시장적인 조건에 좌우되게 하는 것이 아니라 사회적으로 관리되고 운영되는 자본을 말한다. 사회적 공통자본에서 나오는 서비스는 사회적인 기준, 즉 시민의 기본적 권리 충족이라는 기준에서 분배된다. 사회적 공통자본은 크게 보아 대기, 삼림, 하천, 바다 같은 "자연환

고 생각한다. 특히 분배의 관점과 인정의 관점이 함께 다루어져야만 진정한 정의가 가능하다. 문화주의와 경제주의를 넘어서려는 낸시 프레이저는 분배와 인정을 사회정의에 관한 두 가지 상이한 관점으로 수용한다. 분배와 인정은 상호 환원 불가능하면서 서로 뒤얽혀 있는 정의의 두 가지 차원이다. "동등한 참여"를 추구하는 "이차원적 정의"는 계급과 신분이 혼성된 이차원적 사회에 만연한 두 가지 차원의 불의, 즉 불평등한 분배와 무시라는 불의에 저항하며 분배와 인정을 실현한다.[5]

둘째로 실질적 공정성은 "형평성"(equity)을 의미한다. 이는 마땅히 받아야 할 것을 주는 것이다. 자신이 노력한 만큼 정당하게 주는 "비례

경", 도로, 상하수도, 전력 같은 "사회적 인프라", 그리고 교육, 의료, 금융, 사법, 행정 같은 "제도자본" 등 3가지 범주로 나눌 수 있다. 우자와 히로후미, 이병천 역, 『사회적 공통자본』(2008, 필맥).

4 악셀 호네트에 의하면 사회적 갈등은 상호인정이라는 상호주관적 상태를 목표로 하는 "인정투쟁"이다. 사회적 갈등의 도덕적 형식을 "인정"으로 보는 그에게 부정의는 "모욕과 무시로서의 불의"이다. "인정"은 인간이 자신의 삶을 성공적으로 실현시킬 수 있는 사회적 조건이자 각 개인이 자기 자신에 대해 긍정적인 관계를 가지게 하는 심리적 조건이다. 호네트는 근대사회가 세 가지 인정영역의 역사적 분화과정을 겪었다고 보는데, 그것은 바로 사랑(친밀성 관계), 권리(동등성 관계), 업적(사회적 서열질서) 영역이다. 인간은 정서적 욕구(사랑), 도덕적 판단능력이라는 자율성(권리), 그리고 자기의 능력과 속성을 통한 기여(업적)라는 개성의 차원을 가진다. 이 각각에 대한 인정 방식은 정서적 배려, 인지적 존중, 그리고 사회적 존경(가치부여)이며, 이것이 충족되었을 때 자기 믿음(자신감), 자기 존중(자존감), 그리고 자기 가치부여(자부심)라는 건강한 자기관계를 갖게 된다. 그에게 정의란 이 세 가지 인정을 통해 각 개인이 한 공동체의 "완전한 구성원"이 되는 것이다. 악셀 호네트, 문성훈·이현재 역, 『인정투쟁』(사월의책, 2011). 이 문제에 대한 기독교적 응답의 가장 탁월할 사례 중 하나가 바로 미로슬라브 볼프의 『배제와 포용』이다. 그는 기독교의 핵심사상을 "포용"으로 보며, 사회적 맥락 안에서 타자를 포용하려는 의지가 없다면 진리와 정의도 불가능하다고 본다. 미로슬라브 볼프, 박세혁 역, 『배제와 포용』(IVP, 2012).

5 낸시 프레이저·악셀 호네트, 김원식·문성훈 역, 『분배냐, 인정이냐?』(사월의책, 2014), 제1부 "정체성 정치 시대의 사회 정의"의 내용이다.

적 평등"이다. 기본 욕구를 공급하고 남은 잉여물은 "공로"에 따라 분배되어야한다. 하지만 이 비례가 지나치게 크지 않아야 하고, 사회적 합의를 통해 이루어져야한다.

셋째로 "상호주의"(호혜성, reciprocity)다. 이는 인간 상호 간의 관계에서 친절과 환대를 베푸는 것이다. 황금률의 정신을 실현하는 것이다. 인간은 각자의 능력에 따라 집단적 생존 조직에 비례적으로 기여할 의무가 있다. 하지만 개인적 기여 차원을 넘어 협동의 경제와 살림의 경제를 함께 이루어가는 기여가 필요하다.

"페어"를 성경적으로 말하면 "공평과 정의"다. 더불어숲동산교회가 말하는 "공정"은 일반적 의미의 공정을 넘어서 "공평과 정의"의 줄임말이다. 한국교회의 윤리는 개인윤리라는 명백한 한계를 가지고 있다. 그러다보니 사회윤리도 자선의 차원 혹은 시혜적 차원을 넘어서지 못하고 있고, 노블레스 오블리주(noblesse oblige)만 외쳐댄다. 도대체 기독교인 중 노블레스가 몇 명이나 되는지 모르겠다. 모두 노블레스가 되기를 원하는 욕망만 있을 뿐이다. 하지만 기독교 윤리는 자선이나 시혜 혹은 노블레스 오블리주가 아니다. 그것은 하면 좋지만 안 해도 큰 문제가 없는 윤리다. 기독교 윤리의 핵심은 "공평과 정의"다. 이것은 반드시 실천해야 하는 의무이며, 이를 행하지 않는 것은 불의다. "공의와 정의"에 대한 성경구절은 아모스의 구절이 가장 많이 알려졌다. "오직 정의를 물 같이 공의를 마르지 않는 강 같이 흐르게 할지어다"(암 5:24). 여기서 공의는 히브리어로 "미쉬파트"(*mishpat*)이고 정의는 "체데크"(*tsedeq*)이다. 다음으로 유명한 구절이 미가서 6:8이다. "사람아, 주께서 선한 것이 무엇임을 네게 보이셨나니 여호와께서 네게 구하시는 것은 오직 정의를 행하며 인자를 사랑하며 겸손하게 네 하나님과 함께 행하는 것이 아니냐."

여기서 정의는 히브리어로 "미쉬파트"이고, 사랑은 "헤세드"(*hesed*)이다.

미쉬파트와 체데크를 바로 이해하는 것은 매우 중요하다.[6] 미쉬파트는 재판을 통해 강한 자들에게는 억제와 견제를 수행하고, 성경에 나오는 4대 취약 계층, 즉 과부와 고아, 나그네와 가난한 자들에게는 억울함을 풀어주고 보호해주는 행위다. 미쉬파트는 성경에 200번 이상 나온다. 정의로 번역된 체데크는 올바른 관계들 가운데 사는 삶을 의미한다. 특히 체데크는 강한 자들에게 시달리는 연약한 자들이 이스라엘이란 계약공동체의 일원으로 살 수 있도록 물질적·사법적 보호와 돌봄을 베푸는 행위, 즉 분배와 인정 모두를 포함하는 실천을 의미한다. 미쉬파트가 교정적 정의라면, 체데크는 기초적 정의라고 할 수 있다. 코닝의 규정과 투박하게 비교하자면, 미쉬파트는 절차적 공정성을, 체데크는 실질적 공정성을 의미한다고 할 수 있다. 사실 체데크가 제대로 이루어지면, 미쉬파트를 이야기할 필요도 없다. 이런 의미에서 아모스 5:24과 미가서 6:8의 말씀은 서로 연결된다. 즉 체데크가 바로 헤세드라는 말이다. 헤세드는 하나님의 무차별적인 은혜와 동정을 의미하며 언약적 사랑을 의미한다. 체데크 또한 적극적이고 공세적인 친절과 계약적 사랑을 의미한다. 헤세드는 반드시 체데크로 드러날 수밖에 없다. 체데크의 핵심에 헤세드가 있다. 따라서 사랑과 정의는 분리된 것이 아니다. 사랑이라는 말을 굳이 하지 않아도 공평과 정의 안에 이미 사랑과 정의가 모두 들어있다. 그래서 성경은 계속해서 공평과 정의를 말하고 있는

---

[6] 팀 켈러, 최종훈 역, 『정의란 무엇인가?』(두란노, 2012)를 참고하라. 복음주의권에서 공평과 정의에 대해 논하는 대형교회 목사가 있다는 것은 정말 놀라운 일이다. 그는 복음주의자답게 은혜 받은 사람만이 정의를 온전히 이룰 수 있다고 말한다. 정의는 하나님의 은혜에 반응하는 행동양식인 것이다.

것이다. 예수 그리스도께서 공생애와 십자가를 통해 공평과 정의를 온전히 이루셨고, 샬롬의 세상을 성취하셨다. 따라서 공평과 정의를 말하지 않고 십자가를 이해할 수 없다. 공평과 정의가 없는 십자가는 가짜 십자가다. 그런 의미에서 교회는 반드시 "페어 처치"가 되어야 한다. "페어 처치"만이 진정한 교회다. 그런데 하나의 교회만으로는 온전한 "페어 처치"가 될 수 없다. 나무 하나로 숲을 이룰 수 없는 것처럼 말이다. 대형교회조차도 하나의 큰 나무일 뿐이다. 교회들이 개교회주의를 넘어 함께 숲을 이루면서 공교회성을 회복할 때 온전한 "페어 처치"가 될 수 있다. 또한 교회들로만 온전한 숲을 이룰 수도 없다. 지역에 있는 다양한 나무들과 같이 어울려서 함께 아름다운 숲을 가꿔나갈 때 "페어 처치"의 온전한 모습이 구현된다.

많은 신학자들이 현대교회의 가장 큰 문제로 복음의 본질과 공공성 상실을 꼽는다. 복음의 본질에 대한 고민은 "교회란 도대체 무엇인가?"라는 교회의 본질과 정체성에 대한 고민을 낳는다. 그리고 복음의 공공성에 대한 고민은 "교회는 이 세상에서 얼마나 설득력 있는 방식으로 존재하는가?"라는 교회의 타당성과 적합성에 대한 고민을 낳는다. 더불어숲동산교회의 신학적 비전 중 공교회성과 공동체성은 교회의 정체성에 대한 고민을 반영하고, 공공성은 교회의 적합성에 대한 고민을 담고 있다. 정체성과 적합성은 구별될 뿐 분리된 것이 아니다. 전통적으로 교회(에클레시아)는 하나(*una*)이고, 거룩(*sancta*)하며, 보편적(*catholica*)이고, 사도적(*apostolica*)이라고 규정되었다. 중요한 것은 교회의 네 가지 특징에 대한 수용이 아니라 그것의 새로운 적용과 실천이다. 네 가지 규정 중 "하나의 보편적인 교회"는 공교회성을 나타내고, "거룩하고 사도적인 교회"는 공공성을 나타낸다고 보아도 크게 무리는 없을 것 같다. 공동체성은 공교회성과 공공성의 기초라고 할 수 있다. 하지만 이 세 가지는 서로 분리될 수 있는 것이 아니라 삼위일체적 통일성 가운데 있다. 세 가지 속성 사이에는 상호침투와 상호내주의 포월성이 있다. 공동체성을 상실한 공교회성은 가톨릭적 공교회성이 되어버리고, 공교회성을 상실한 공동체성은 회중주의적 교회론에 머물게 되며, 공동체성을 상실한 공공성은 세속사회의 자발적 결사체와 동일시되고, 공공성을 상실한 공동체성은 배타적이고 독선적인 공동체가 되기 쉽다. 공공성을 상실한 공교회성은 가족주의적 집단이기주의에 빠지고 공교회성을 상실한 공공성은 세속사회의 제도나 운동과 동일시된다. 따라서 통전적인 복음의 증인 공동체인 선교적 교회는 공동체성과 공공성이 살아있는 공교회성, 공교회성과 공공성이 살아있는 공동체성, 공교회성과 공동체성이 살아있는 공공성을 회복해야 한다. 더불어숲동산교회의 신학적 비전에는 이와 같이 공교회성과 공동체성, 그리고 공공성에 대한 고민이 담겨있다.

1장   하나님 나라의 신학

교회의 본질적인 문제제기에 책임 있게 반응하기 위해서는 성경적인 하나님 나라의 신학이 회복되어야 한다. 기존의 전통적인 구속신학만으로는 공교회성과 공동체성, 그리고 공공성을 회복하기 어렵다. 왜냐하면 구속신학은 대개의 경우 개인적 죄에 대한 문제만을 다루기 때문이다. 개인적 차원만을 다루는 신학으로는 공교회성과 공동체성 그리고 공공성에 대한 문제를 해결할 수 없고, 특히 사회적 이슈와 공공사안에 대한 신학적 비전을 제시하기 어렵다. 그렇게 되면 공론장에서의 소통이나 공공선을 위한 사역이 불가능하고, 교회의 사회적 신뢰도를 회복할 수 없으며, 교회의 본질에 대한 대안을 모색할 수도 없다. 그렇기 때문에 구속신학과 함께 하나님 나라의 신학을 바로 정립할 필요가 있다. 교회는 하나님의 왕적 통치를 통해 하나님의 선교에 동참해야 하기 때문에 하나님 나라의 신학이 반드시 회복되어야 한다. 하나님 나라의 신학이 선교적 교회의 정체성을 규정한다. 또한 반쪽짜리 복음이 아닌 통전적인 복음을 회복하기 위해서도 하나님 나라의 신학을 회복해야 한다. 성경은 "예수님에 관한 복음"과 "예수님이 말한 복음" 모두를 말하고 있다. 예수님에 관한 복음은 주로 구속신학에서 다루고, 예수님이 말한 복음은 주로 하나님 나라의 신학에서 다룬다. 하지만 이제 이 두 가지를 통합적으로 사고할 수 있어야 한다. 예수님에 관한 복음과 예수님이 말한 복음은 타원의 두 초점처럼 분리불가능하기 때문이다. 여기는 구속신학을 수용한다는 것을 기본 전제로 하고, 하나님 나라의 신학이 무엇인지를 소개하고자 한다.

1. '개인 영혼 구원'만이 아니라 '통전적인 전 우주적 회복'까지

성경 전체의 내러티브는 하나님 나라를 이루기 위한 하나님의 구원 이야기이다. 그런데 한국교회의 복음에는 성경 전체의 구원 내러티브가 빠져 있다. 이를 가장 극명하게 보여주는 것이 전도 메시지 안에서 구약의 이야기를 찾아 볼 수 없다는 점이다. 사영리 전도, 전도 폭발, 브릿지 전도 등의 메시지를 보라. 인간이 타락했다는 문장 외에 구약이 언급되어 있지 않다. 이것은 분명 심각한 문제를 내포하고 있다. 예수님은 구약을 성취하러 오신 분이신데, 구약의 구원 내러티브를 모르고 어떻게 예수님의 구원을 이해할 수 있다는 말인가? 그것은 한국교회의 복음이 성경의 구원 이야기를 개인의 영혼 구원 메시지로 축소했기 때문에 발생한 현상이다.

예수님의 비유는 대부분 하나님 나라 이야기였다. 승천하기 직전까지 제자들에게 가르친 것도 하나님 나라였다. 예수님께서 은혜의 해(희년)가 성취되었다고 선포하고, 기득권 세력과의 논쟁이나 대결, 율법을 어기거나 율법의 경계를 넘어섬, 그리고 치유(healing)와 가르침(teaching)과 선포(preaching)를 통해 성취하고, 십자가와 부활을 통해 궁극적으로 성취하신 것은 바로 하나님 나라였다. 그렇다면 예수님은 하나님 나라의 신학을 가르쳤고 바울은 구속신학을 가르쳤는가? 아니다. 사도행전의 마지막 구절을 보라. "하나님의 나라를 전파하며 주 예수 그리스도에 관한 모든 것을 담대하게 거침없이 가르치더라"(행 28:31). 바울에게 있어서 하나님 나라의 신학(예수님이 말한 복음)과 구속신학(예수님에 관한 복음)은 분리할 수 없는 것이었다. 바울은 자신의 서신서에서 "하나님 나라"라는 단어를 10번이나 사용하고 있다. 바울의 복음은 하나님 나라 복음으로 이해할 때 바로 이해할 수 있다. 바울신학에서 핵심적인 개념인 칭의와 성화도 하나님 나라의 범주로 이해할 때만 총체적으로 이해할 수 있고, 그럴 때 기독교 윤리가 개인윤리로 축소되지 않고 사회윤리를 포함하게 된다.[1] 그동안에는 로마서를 개인의 영혼 구원에 관한 신학 명제집으로만 이해했지만, 로마서 안에도 명확한 구원의 내러티브가 담겨 있고, 로마서의 핵심 주제는 전 피조물의 구원과 해방을 이야기라 할 수 있다. 성경은 개인의 영혼 구원이라는 협소한 구원이 아니라 통전적이고 전 우주적인 회복과 완성이라는 비전을 제시한다. 성경은 첫 번째 창조인 천지창조의 이야기로 시작해서 새 창조, 즉 새 하늘과 새 땅의 이야기로 마무리되는 거대한 구원의 내러티브다. 기독교는 새로운 종교를 이야기하지 않고, 새로운 창조를 이야기한다. 다시 한 번 이야기하지만, 이런 하나님 나라의 신학을 말한다고 해서 실존적인 개인 차원의 구원을 부정하는 것도 아니고, 하나님 나라가 예수님의 대속적 죽음을 통해 온전히 성취되는 측면을 부정하

---

1 김세윤·김회권·정현구, 『하나님 나라 복음』(새물결플러스, 2013), 김세윤 박사의 글 "바울의 하나님 나라 복음"을 참고하라.

는 것도 아니다.

2. '공간 개념'에서 '통치 개념'으로

하나님 나라를 공간 개념으로 파악하면서 죽은 후에 가는 내세적 공간으로만 이해하려는 것은 성경에 나온 개념이라기보다 영육 이원론과 성속 이원론에 근거한 헬라적이고 이방적인 사고에서 나온 것이다. 성경적인 하나님 나라는 가는 나라가 아니라 오는 나라이며, 만왕의 왕이신 하나님의 왕적 통치가 주권적으로 성취되는 나라이다. 하나님 나라는 하나님께서 세상의 모든 영역의 통치자요 왕 되심을 의미한다. 나라는 주권, 왕(지도자), 백성, 땅, 언약 등의 개념을 통해 이해할 수 있다. 세부적으로는 정치, 경제, 사회, 문화, 종교 등의 문제와 관련된다. 따라서 하나님 나라 사역은 정치, 경제, 사회, 문화, 교육, 과학 등 인간 삶의 모든 영역에서 하나님의 주권을 회복하고 하나님의 정의를 실현하는 것이다. 복음은 "나"에 대해서만 이야기하지 않고, "나라"에 대해서 이야기한다. 복음은 결코 사적이지 않고 공적인 진리요 실천이다. 교회만이 아니라 역사 전체가 하나님의 선교 현장이다. 따라서 구제와 자선의 차원을 넘어 생명과 평화, 공평과 정의를 이루는 사역이 필요하며, 개인을 제자화하는 것만 아니라 공동체와 사회와 국가를 제자화하는 것이 필요하다.

복음에서 통치는 핵심적인 개념이다. 복음은 "하나님이 통치하신다"는 선언이다. 복음은 이 땅에 하나님 나라를 이루기 위해 통치하시는 하나님의 이야기다. 십자가의 복음은 곧 하나님 나라의 복음이다. 십자가의 복음을 구약에서 가장 잘 보여주는 곳이 이사야 53장의 고난 받는 종에 대한 예언이다. 이사야 53장은 메시아에 의해 이스라엘이 해방된다는 40-55장(제2이사야)의 맥락에서 이해해야 한다. 결론부인 이사야 55장의 메시지는 "네가 알지 못하는 나라" 또는 "너를 알지 못하는 나라"로 표현되는 하나님 나라에 대한 것이다. 복된 소식이란 무엇인가? 이사야 52:7에는 복음의 정의에 대해서 잘 설명한다. "좋은 소식을 전하며 평화를 공포하며 복된 좋은 소식을 가져오며 구원을 공포하며 시온을 향하여 이르기를 '네 하나님이 통치하신다' 하는 자의 산을 넘는 발이 어찌 그리 아름다운가." 여기서 복음은 하나님의 통치를 의미한다. 하나님의 통치는 평화의 통치이며, 하나님이 보시기에 심히 좋았던 창조세계의 회복이며, 노예상태로 붙잡고 있는 모든 것의 종식을 의미한다.[2] 고난 받는 종의 이야기도 이사야 53장이 아니라 52:13에서 시작한다. "보라, 내 종이 형통하리니 받들어 높이 들려서 지극히 존귀하게 되리라"(사 52:13). 이사야 52:13-53:12의 고난 받는 종의 이야기는 하나님의 통치를 완성하는 하나님의 방법을 보여준다. 그분의 통치는 예수님께서 죽음과 부활을 통해 이스라엘의 메시아와 열방의 왕이 되심으로 완성된다. 이것은 시편 89편과 시편 제3권에 대한 응답으로 제시된 것이다. 이처럼 이사야서는 십자가의 복음이 하나님 나라의 복음임을 명확하게 보여준다.

---

2   크리스토퍼 라이트, 한화룡 역, 『하나님 백성의 선교』(IVP, 2012), 270-271쪽.

3. '죽음 이후의 삶'에서 '죽음 이후의 삶 이후의 삶'으로

성경이 말하는 구원의 목적은 죽음 이후의 삶이 아니다. 성경에서 구원의 목적은 죽음 이후의 삶 이후의 삶이다.[3] 그것은 바로 이 땅 가운데 이루어질 새 하늘과 새 땅이다. 물론 죽음 이후의 삶은 존재한다. 하지만 예수님이 말씀하신 낙원은 임시처소일 뿐이다. 궁극적으로 우리가 거할 곳은 새 하늘과 새 땅이다. 그런데 한국교회는 죽어서 내세를 가는 것이 구원의 목적인 것처럼 가르쳤다. 죄 많은 이 세상은 내 집이 아니기에 본향을 바라보며 저 높은 곳을 향하여 날마다 나아가는 삶에 대해 가르쳤다. 이 세상은 헛된 것이요, 불타 없어질 것이기에 오직 영적인 일에만 힘을 써야 하고, 상급을 받기 위해 교회 봉사와 영혼 구원에 해당하는 전도에 힘쓰며 살라고 가르쳤다. 이것은 앞서 말한 것처럼 영육 이원론과 성속 이원론이라는 사상의 영향이다. 한국교회가 가르친 것처럼 이 세상은 사라져 버릴 헛된 것인가? 그렇게 생각한 이유는 베드로후서 3:10을 잘못 해석했기 때문이다. 킹 제임스 성경 시절에는 이 문장의 마지막 동사가 "불타 없어질 것이다"로 되어 있는 그리스어 사본만 있었다. 그러나 이후에 발견된 더 오래된 사본들은 원래의 단어가 "발견될 것이다"로 되어있다. 하나님의 심판하시는 정화의 불이 그 일을 할 때, 땅과 그 위에서 행해진 모든 행위가 진정 어떤 것들인지 완전히 드러나고 발견될 것이다. 같은 단어가 베드로전서 1:7에 나온다. 여기서 파괴하는 불은 하나님의 도덕적인 심판의 불로 이해해야만 하

---

[3] 톰 라이트, 양혜원 역, 『마침내 드러난 하나님 나라』(IVP, 2009), 241쪽, "죽음 이후의 삶 이후의 삶"이라는 용어는 톰 라이트가 이 책에서 사용한 용어이다.

는데, 그것은 모든 악한 것을 파괴할 것이다. 따라서 베드로후서 3:10은 우주의 소멸이 아니라 구속적 정화를 말하는 것이다.[4]

죽음 이후의 삶을 구원의 최종적 목적으로 이해하여 성경에 단 한 번 밖에 나오지 않는 "휴거"(Rapture, 데려감)를 강조하기도 한다. 하지만 휴거는 천상의 나라에서 영원토록 살기 위해 천상으로 올라가는 것이 아니다. 데살로니가전서 4:16-17의 포인트는 만왕의 왕으로 귀환하시는 예수님을 맞이하는 모습이며, 황제의 도시 방문을 영접하는 관습을 반영한다. 강림(재림, 파루시아)은 황제의 도시 방문을 의미하는 말이었으며, 영접(아판테시스)은 한 도시의 유력한 시민들이 군주를 영접하기 위해 나가는 것을 의미한다. 따라서 이 말씀의 강조점은 세상을 심판하고 갱신하고 새롭게 창조하기 위해 황제로서 귀환하는 예수님의 지상 방문을 맞이하는 백성들의 모습에 있으며, 올라가는 것이 포인트가 아니라 맞이하러 나갔다가 영원히 함께 거할 땅으로 주님과 함께 내려오는 것이 포인트다. 주님이 이 땅에 강림하심으로써 새 하늘과 새 땅이 하나 되고, 새로운 창조가 이루어진다. 이것이 하늘에서 뜻이 이루어진 것 같이 땅에서도 이루어지리라는 주기도문의 최종완성이다.

이렇게 새 예루살렘이 이 땅으로 내려와 새 하늘과 새 땅이 완성될 때, 우리의 몸은 부활하여 신령한 몸이 된다. 부활의 몸은 새로운 창조의 일부이다. 예수님의 재림을 통해 새 하늘과 새 땅이 임하면 예수님의 부활로 시작된 새로운 창조가 완성될 것이며, 우리의 몸도 부활할 것이다. 따라서 우리는 첫 열매이신 예수님의 부활로 시작된 새로운 창조를

---

4 크리스토퍼 라이트, 전성민 역, 『크리스토퍼 라이트, 성경의 핵심 난제들에 답하다』(새물결플러스, 2013).

이미 누리고 있으며, 새 하늘과 새 땅이 임함으로써 온전한 창조를 갖게 될 것이다. 우리는 그 사이에 존재한다. 그렇기에 우리가 이 세상에서 사는 동안 이룬 모든 성취는 헛된 것이 아니다. 이 세상은 불타 없어져버리는 일시적인 것이 아니라 불의 공력에 타서 없어지지 아니할 재료로 새롭게 건축된다. 만약 구원의 최종 목적이 죽음 이후의 삶을 의미한다면 우리의 수고는 헛된 것이 될 것이다. 그러나 구원의 최종 목적이 죽음 이후의 삶 이후의 삶이라면, 즉 몸의 부활이자 새 하늘과 새 땅에서의 삶이라면 우리의 수고는 헛되지 않다. 우리의 수고가 몸의 부활과 새 하늘과 새 땅에 고스란히 녹아들 것이기 때문이다. 우리는 이제 이 세상과 오는 세상의 불연속성만 강조할 것이 아니라 연속성 또한 강조해야만 한다.

4. '제국적 질서'에서 '인자의 나라'로

복음은 그냥 하늘에서 떨어진 것이 아니라 구체적인 역사 속에서 성취된 하나님에 관한 기쁜 소식이다. 예수님의 사역은 요한계시록에서 짐승으로 표현하고 있는 로마 제국의 식민통치하에서 이루어졌다. 예수님만을 진정한 황제로 고백한 제자들도 마찬가지다. 사회적 권력은 하나의 사물이라기보다는 폭력을 독점하거나 통제하는 군사적 힘, 노동과 생산을 통제하는 경제적 힘, 조직과 제도를 통제하는 정치적 힘, 그리고 해석과 의미를 독점하려는 이데올로기적 힘이 어우러진 하나의 조합이다.[5] 로마 제국은 강력한 군사력, 경제력, 정치력, 그리고 이데올로기의 힘으로 속국을 다스리고 착취했다. 특히 로마 제국의 이데올로기인 제국신학은 변방의 도시와 마을에까지 영향을 끼쳤다. 다음의 문구를 읽고 누가 떠오르는가? "가장 신적인 왕, 우리는 그분을 만물의 시작과 동등하게 간주해야 하는데, 그분은 만물을 회복하시어 전 세계에 새로운 광채를 주셨기 때문이다. 그분은 우리와 우리 자손들에게 구원자로 보내지셔서 전쟁을 종식시키고 만물의 질서를 잡아주셨으니, 신으로 나타나신 그분의 탄생일은 온 세상을 위해 그분에 관한 복음(유앙겔리온)의 시작이 되었다. 그러므로 그분의 탄생으로 새 시대가 시작될지라."[6] 마치 주님의 탄생을 이야기하는 것 같지 않은가? 실제로 설교 시 이 문구를 소개할 때 아멘으로 화답하는 성도도 있었다. 하지만 이 문구는 황제 아우구스투스를 위한 기념비에 적힌 글이다. 당시 로마 황제는 인간으로부터 경배를 받는 지상의 신이었다. 로마 제국 시대에는 오직 황제만이 하나님의 아들이며, 구원자이며, 주님이며, 세상에 진정한 평화를 가져온 자이며, 자신이 다스리는 속국을 방문하는 자이며, 그의 탄생일은 새로운 시대를 알리는 복음이었다. 로마 황제만이 이 세상을 다스릴 자격이 있는 진정한 왕이다. 그런데 바로 그런 세상에서 그리스도인은 다른 임금 예수를 진정한 황제로 고백했다. 이것은 정말 위험한 정치적 행동이었다. 그래서 그들은 "이 사람들이 다 가이사의 명을 거역하여 말하되 다른 임금 곧 예수라 하는 이가 있다 하더이다"(행 17:7)라고 고소를 당한 것이다.[7]

---

5 존 도미닉 크로산, 이종욱 역, 『하나님과 제국』(포이에마, 2010), 토마스 만의 글을 재인용.
6 리처드 호슬리, 김준우 역, 『예수와 제국』(한국기독교연구소, 2004), 50쪽, 조금 긴 글을 목적에 맞게 약간 줄여서 소개한다.
7 누가복음과 사도행전의 저자인 누가는 이러한 복음의 성격을 좀 더 의도적으로 드러내

요한은 자신이 처한 상황에 대처하기 위해 높아지신 주 예수 그리스도의 현재적 구원 사역을 로마 제국의 정치와의 투쟁에 명시적으로 적용함으로써 진정한 정치적 기독론을 발전시켰다.[8] 하지만 그 싸움은 군사력, 경제력, 이데올로기의 힘이라는 로마 제국과 동일한 방식이 아니라 십자가에 자신의 생명을 내어주는 인자의 방식으로 이루어진다. 하나님 나라는 제국적 질서를 파하고 이 땅에 새로운 질서를 가져온다. 하나님이 다스리는 새로운 질서를 성경은 인자의 나라라고 말한다. 다니엘이 예견한 바 금, 은, 놋, 쇠, 흙으로 이루어진 거대한 신상을 타격하여 부수고 흩어버리는 "손대지 아니한 돌"이시며, 짐승의 나라를 격파하고 그의 권세를 빼앗아 인자의 나라를 세우신 분이 바로 예수 그리스도이기 때문이다. 인자의 나라는 성육신하셔서 공생애를 사시고 십자가에서 죽으시고 부활하사 승천하셔서 모든 이름 위에 뛰어나신 만왕의 왕이 되신 인자가 통치하는 나라다. 인자는 카이사르와 달리 자신을 십자

고 있다. 예수님의 출생 이야기(눅 2:1-14)와 로마에서의 바울의 선포(행 28:30-31)는 수미쌍관법적 구조를 가지고 있다. 누가는 예수의 출생 사건을 이야기하면서 카이사르 아우구스투스의 제왕적인 통치라는 억압적인 배경과 대비시켜 그의 출생 사건을 부각시킨다. 또한 누가는 바울이 예수를 대표하는 사도로서 오랫동안 원했으며, 퀴리오스 카이사르가 다스리는 제국의 심장부 로마에서 하나님의 나라를 전파하며 주 예수 그리스도에 관한 모든 것을 담대하고 거침없이 가르치는 모습을 전해준다. 이렇게 누가복음 2:1-14과 사도행전 28:30-31을 일종의 수미쌍관법적 구조로 구성함으로써 누가는 메시아적인 왕이요 주이신 예수를 카이사르 아우구스투스와 의도적으로 대비시키고 예수가 참된 퀴리오스이자 소테르이며 진정한 하나님의 왕권을 지닌 자라는 것, 그리고 그가 거짓된 퀴리오스이자 소테르인 카이사르의 군사적 정복들에 의해서 이루어진 거짓된 팍스를 대신하게 되리라는 것을 암묵적으로 주장한다. 누가는 갈릴리에서 시작된 하나님 나라 운동이 예루살렘에서의 예수의 죽음으로 끝난 것이 아니라, 그분의 부활과 승천(승귀) 그리고 성령의 임재를 통해, 제국의 심장부인 로마까지 입성하는 모습을 그리고 있다. 김세윤, 『그리스도와 가이사』(두란노아카데미, 2009), 141-144쪽.

8 위의 책, 323쪽.

가에 내어주는 비폭력적이고 자기희생적인 신적 사랑의 힘으로 생명과 평화, 공평과 정의를 성취하셔서 우리를 흑암의 권세에서 건져내어 아들의 나라로 옮기셨다. 인자의 나라는 이사야의 예언처럼 이리가 어린 양과 함께 살며, 표범이 어린 염소와 함께 누우며, 사자가 풀을 먹을 것이며, 어린 아이가 독사의 굴에 손을 넣을 것이고, 칼을 쳐서 보습을 만들고 창을 쳐서 낫을 만들며, 서로 치지 아니하며, 다시는 전쟁을 연습하지 아니하며, 영원히 정의와 공의로 그것을 보전하는 나라다.

그동안 한국교회는 제국의 신학, 즉 제국적 질서를 승인하고 유지시키는 시민종교로 전락하지는 않았는지 성찰해야 한다. 내면의 세계에만 천착하여 참혹한 사회 현실에 눈감지는 않았는지, 혹 현 사회체제를 승인하고 유지하는 역할을 함으로써 지배세력에 편승하지는 않았는지, 혹 힘없고 가난하고 억압받고 상처 입은 사람들을 외면하고 구조적 죄악들을 방조하지는 않았는지 반성해야 한다. 예수님은 거짓 평화인 제국적 질서를 승인하고 유지하는, 제국신학과 유대주의 같은 시민종교와 싸우기 위해 이 땅에 오셨다. 하나님 나라는 시민종교를 통해 승인되고 유지되는 제국적 질서를 근본적으로 파쇄하는 평화의 능력이다. 따라서 그리스도를 따르는 제자들은 제국과 천국의 싸움, 즉 짐승과 싸우는 전쟁 한복판에서 어린 양의 왕권을 증언하고 십자가를 사는 삶을 통해 하나님 나라에 동참해야 한다.

5. '미래적 심판'만이 아니라 '지금 여기'까지

성경에 의하면 하나님 나라는 이미 이루어진 동시에 아직 이루어지지 않았다. 하나님 나라는 이미와 아직의 긴장관계에 있다. 양자 중 어느 것 하나도 부정해서는 안 된다. 이미의 측면을 잃어버리면 절망적이며 타계적이며 수동적인 신앙이 되고, 아직의 측면을 잃어버리면 지나치게 낙관적이고 현실 순응적이며 우상숭배적인 신앙이 되고 만다. 먼저, 하나님 나라가 이미 출범했다는 사실을 기억해야 한다. 대표적인 구절이 누가복음 11:20이다. "그러나 내가 만일 하나님의 손을 힘입어 귀신을 쫓아낸다면 하나님 나라가 이미 너희에게 임하였느니라." 이미 임한 하나님 나라는 우리 가운데 있다. "또 여기 있다 저기 있다고도 못하리니 하나님의 나라는 너희 안에 있느니라"(눅 17:21). 하나님 나라는 우리 안에 있지만 우리가 이루는 것이 아니다. 하나님 나라를 이루는 분은 하나님이며, 그분이 우리에게 그의 나라를 주면 우리는 받고, 그분의 나라가 이 땅에 오면 우리는 들어간다. 그의 나라는 볼 수 있게 임하는 것이 아니며, 점진적이기는 하나 반드시 완성된다. 하나님 나라에는 비가시성과 점진성, 그리고 필연성이라는 속성이 있다. 이런 면에서 이미와 아직 사이에는 연속성이 있다. 이것이 우리에게 진정한 희망을 준다. 우리의 힘으로 이루는 것이 아니라 하나님이 이루시기에 은혜요, 반드시 성취되기에 희망인 것이다. 하나님 나라는 절망 속에서도 희망을 갖게 하며, 미래의 선취로서 현실을 변혁하고 새롭게 창조하면서 지금 여기에 도래하는 역사적 희망이다. 따라서 교회는 불완전하게나마 하나님 나라의 실체를 가시화시켜야 할 사명이 있다. 우리에게 필요한 신앙은 미래의 어느 시점에 있을 심판을 기다리며 이 세상의 파국만을 수동적으로 기다리는 말세적 신앙보다는, 하나님 나라의 미래가 지금 이곳에 침투하여 현실을 변혁하고 새롭게 창조하는 묵시적 신앙이다.

　동시에 하나님 나라는 아직 임하지 않았다. 하나님 나라는 예수님이 재림하실 때 최종적으로 완성되며, 이전과는 질적으로 다른 새 하늘과 새 땅이다. 이런 면에서 이미와 아직 사이에는 불연속성이 존재한다. 이러한 속성은 실용적인 목적과 성공을 위해 사용하는 도구적 이성이 아니라 세상과 타협하지 않고 세상을 넘어서게 하며 새로운 세상을 만들게 하는 비판적 이성을 활성화시킨다. 하나님 나라는 자기충족적이며, 자기완성적이며, 자기복제적이며, 우상숭배적 권력과 부와 지식을 상대화하고 비판하는 능력이다. 그것이 교회든 사회든 현존하는 어떤 체제나 조직이든, 그것을 하나님 나라와 완벽하게 등치시키려는 시도는 우상숭배적이다. 아직 임하지 않은 하나님 나라는 이처럼 우상타파적 신앙을 가능하게 한다. 이처럼 하나님 나라는 진정한 희망과 비판능력을 우리에게 선물한다. 이것이 우리가 먼저 하나님 나라와 그의 의를 구해야 하는 이유 중 하나다.

2장   십자가의 영성

2014년 4월 16일에 발생한 세월호 참사는 십자가적 사건이라 부를 수 있으며, 불의를 해석하는 한국 기독교의 한계와 정체성을 드러낸 사건이라 할 수 있다. 십자가가 짐승의 나라의 실체를 드러냈을 뿐 아니라 거기에 편승하는 율법적 종교의 실체를 드러냈듯, 세월호 참사는 총체적인 죄와 악의 실체뿐 아니라 여기에 대응하지 못하는 한국교회의 신학과 영성의 치우침, 왜소함, 무능력, 권력친화성, 우상성, 허위성을 그대로 드러냈다. 평소에는 존경받던 목회자들의 세월호 참사에 대한 설교가 그래서 그렇게도 지탄을 받았던 것이다. 세월호 참사로 인해 그들의 한계와 정체성이 예리하고 선명하게 드러난 것이다. 지금 한국교회는 번영의 신학과 탐욕의 복음에 물들어 사회의 지탄을 받고 있다. 그렇기에 하나님의 침묵을 사고할 줄 모르고, 무신성의 한 가운데서 탄식하시는 하나님의 아픔에 대해서 사고할 줄 모른다. 자기부인의 영성과 타자를 위한 신앙이 결여되어 있고, 가장 낮은 자들에게 나아가지 못하며, 모순과 아픔이 있는 곳에 서지 못한다. 한마디로 십자가의 신학과 영성이 부재한다. 지금 한국교회가 진정으로 회복해야 할 것은 바로 십자가의 영성이다.

1. '교리적 신념'만이 아니라 '삶의 양식'까지

십자가는 교리적 신념만이 아니라 우리가 살아야 할 삶의 양식이다. 십자가의 핵심은 "무엇"이 아니라 "누구"이다. 우리는 십자가에서 산 사람 예수 그리스도를 발견해야 한다. 그분은 자신이 살았던 삶의 방식대로 살라고 우리를 십자가로 부르신다. 십자가는 세속적 욕망과 경건한 욕망 모두를 못 박아버리고, 오직 하나님 한 분만으로 만족하며, 그의 영광만을 위해 살아가는 참 신자가 되도록 한다. 자기를 부인하고 자기 십자가를 지고 좁은 길을 가는 참 제자가 되도록 한다. 또한 예수님이 싸우셨던 영적 전쟁에 참여하여 피 흘리기까지 싸우는 참 군인이 되게 한다. 하지만 한국교회의 그리스도인들은 십자가를 믿을 뿐 십자가를 살지 않는다. 십자가를 바라볼 뿐 십자가를 따르지 않는다. 십자가의 흔적을 지녀야 할 교회에서 십자가적 삶의 방식이 보이지 않는다. 하나님과 동등 됨을 취할 것으로 여기지 아니하시고 자기를 비워 종의 형체를 입고 죽기까지 순종하신 예수님을 본받는 삶의 방식으로서의 십자가는 없다.

그리스도와 그리스도인이 너무나 다르다. 그래서 사람들은 그리스도는 좋은데, 교회는 싫다고 말한다. 우리 스스로 질문을 던져보아야 한다. 지역교회가 다 사라진다면 교인들 외에 그것을 아쉬워할 다른 사람들이 있을까? 이 시점에서 간디가 우리에게 던진 문제제기에 귀를 기울여야 한다. "우선 당신네 기독교인들과 선교사들을 포함한 모든 서양인들이 오늘부터 예수 그리스도처럼 살아가도록 하십시오. 당신들은 반드시 당신네 종교의 가르침대로 그대로 살아야 합니다. 품위를 떨어뜨리는 행동을 하지 말고 타협을 하지 말 것을 제안합니다." 마르크스는 지금까지 철학이 세상을 해석하기만 했다면, 이제 세상을 변혁해야 한다고 말했다. 이 말은 그리스도인에게도 그대로 적용된다. 이제 우리는 세상을 해석하는 자가 아니라 세상을 변혁하는 자가 되어야 한다. 그것이 바로 십자가의 길이다.

그런 삶은 어떤 삶일까? 히브리서 13:11-13이 그것을 잘 보여준다. 히브리서 기자는 예수님이 속죄제물로 죽으셨다고 말한다. 11-12절에 의하면 속죄제물의 피는 대제사장이 성소에 가지고 들어가고, 그 육체는 영문 밖에서 불사른다. 그러므로 예수님도 자기 피로써 백성을 거룩하게 하려고 성문 밖에서 고난을 받으셨다고 말한다. 예수님은 영문 밖의 그리스도이시다.[1] "영문 밖"은 어떤 곳인가? 제사를 드리고 난 찌꺼기를 버리는 곳이며, 영문 안의 사람들이 버린 분뇨와 쓰레기를 태우는 곳이다. 사람들이 죄를 지어서 돌로 쳐 죽일 때, 영문 밖으로 끌고 가서 죽인다. 영문 밖은 영문 안에 머물 수 없는 죄인들과 병자들이 쫓겨나는 곳이다. 그런데 예수님은 바로 그 영문 밖에서 고난을 당하셨다. 예수님은 하나님의 백성을 거룩하게 하기 위해 영문 밖으로 나가셨다. 가장 부정하고 무가치한 곳으로 가셨다. 거기서 고난당함으로써 그곳을 거룩하게 만드셨다. 그곳을 거룩하게 하시려고 예수님은 영문 밖으로 나가셨다. 아니, 자기 자신이 바로 영문 밖의 사람이 되셨다. 자기 자신이 버려진 똥과 쓰레기가 되셨다. 철저히 부정한 자가 되셨고, 쓸모없는 자가 되셨고, 죄인과 병자가 되셨다. 그리하여 그들을 거룩하게 하셨다.

하지만 여기서 끝나는 것이 아니다. 예수님만이 아니라 주의 제자들도 그렇게 살아야 한다고 말씀하신다. "그런즉 우리도 그의 치욕을

---

1 O. E. 코스타스, 김승환 역, 『성문 밖의 그리스도』(한국신학연구소, 1987).

짊어지고 영문 밖으로 그에게 나아가자"(히 13:13). 주의 제자로 살아가기 위해 우리도 예수님처럼 영문 밖으로 나아가야 한다고 말씀한다. 하지만 많은 사람이 넓은 문, 넓은 길로 나아가려 한다. 한마디로 영문 안으로 들어가려 한다. 하지만 우리가 진정으로 영문 밖에서 고난당하신 예수님을 믿고 따르는 자들이라면 영문 밖으로 나아가야 한다. 영문 밖에 주님이 계신다. 예수님은 십자가에 달리실 때처럼 자신을 영문 밖에 있는 자들과 동일시하신다. 우리의 구원은 바로 영문 밖의 그리스도에게 우리가 어떻게 했느냐에 따라 결정된다. 마태복음 25장에 있는 양과 염소의 비유를 보라. 뭐라고 말씀하시는가? "내가 진실로 너희에게 이르노니 너희가 여기 내 형제 중에 지극히 작은 자 하나에게 한 것이 곧 내게 한 것이니라"(마 25:40). "내가 진실로 너희에게 이르노니 이 지극히 작은 자 하나에게 하지 아니한 것이 곧 내게 하지 아니한 것이니라"(마 25:45). 예수님에게 한 것 때문에 양이 되고, 예수님에게 하지 않은 것 때문에 염소가 된다. 우리가 특별한 악을 행해서 염소가 되는 것이 아니라 지극히 작은 자이신 예수 그리스도에게 하지 않은 것 때문에 염소가 되는 것이다. 우리가 행한 것 때문에 심판을 받는 것이 아니라 우리가 행하지 않은 것 때문에 심판받는다. 우리는 영문 밖의 그리스도에게 나아가고 있는가? 그들을 영접하고 있는가? 그의 십자가를 지고 영문 밖으로 나아가는가? 우리는 "그의 치욕"을 짊어지고 영문 밖으로 나아가야 한다. 그의 치욕이란 무엇인가? 죄인들을 구원하고, 하나님 나라를 성취하고, 하나님의 명예를 회복하고, 하나님의 정의를 이루기 위해 십자가를 짊어지는 치욕이다. 예수님이 영문 밖에 있는 사람들을 위해 나아갈 때, 영광스러운 모습으로 나아간 것이 아니라 치욕스러운 모습으로 나아갔다. 그들과 동일한 처지가 되어 함께 고난과 치욕을 당한 것이다. 이것이 바로 우리가 살아가야 할 모습이다.

2. '권력과 지혜'에서 '약함과 어리석음'으로

한국교회는 세상 나라를 닮아 권력(힘)과 지혜(지식)를 추구한다. 하지만 십자가는 약함과 어리석음의 길이다. "유대인은 표적을 구하고 헬라인은 지혜를 찾으나 우리는 십자가에 못 박힌 그리스도를 전하니 유대인에게는 거리끼는 것이요 이방인에게는 미련한 것이로되 오직 부르심을 받은 자들에게는 유대인이나 헬라인이나 그리스도는 하나님의 능력이요 하나님의 지혜니라. 하나님의 어리석음이 사람보다 지혜롭고 하나님의 약하심이 사람보다 강하니라"(고전 1:22-25). 하지만 사람들은 예수님조차 유대인과 헬라인이 추구했던 바로 그 권력과 지혜를 가진 분으로 이해했다. 예수님 시대의 유대인들뿐 아니라 제자들조차 그러했으니 우리야 오죽하겠는가.

예수 그리스도는 자기 자신을 인자라고 호칭하셨다. 인자는 누구인가? 유대인들에게 인자는 다니엘서의 바로 그 인자였다. 인자는 다윗의 왕권을 가지고 오는 메시아이자 구름을 타고 오셔서 이 세상을 심판하시는 분이었다. 그들에게 그 인자는 권력과 지혜를 갖춘 메시야였다.

마태복음 16장에서 예수님이 제자들에게 "너희는 나를 누구라 하느냐?"라고 물었을 때 시몬 베드로가 대답한다. "주는 그리스도시요 살아 계신 하나님의 아들이시니이다." 베드로의 고백을 듣고 나서 예수님은 첫 번째 수난 예고를 하신다. 이 수난 예고는 제자들이 듣기에 말이 안 되는 것이었다. 이스라엘을 해방하고 온 세계를 심판할 인자가 고난

받는 종이라니 이게 말이 되는가? 고난 받는 종처럼 나약하고 어리석은 메시야가 어떻게 권력과 지혜를 갖춘 대제국 로마의 손아귀에서 이스라엘을 구원한다는 말인가? 그래서 베드로가 예수를 붙잡고 항변한다. 여기서 항변이라는 말은 꾸짖는다는 말이다. 베드로가 예수님에게 그런 나약한 소릴랑 하지 말라고 꾸짖었다는 말이다. 로마보다 더 강력한 군사력, 정치력, 경제력, 그리고 이데올로기적 힘을 가지고 이스라엘을 구원해야지, 나약하고 어리석은 소릴랑 하지 말라는 것이다. 이에 예수님은 베드로에게 단호한 어조로 두 가지 말씀을 하신다. 베드로가 예수님을 넘어지게 하는 자요, 사람의 일을 생각하는 자라는 것이다. 첫째로 베드로는 사람의 일을 생각했다. 여기서 말하는 "사람의 일"은 두 가지 의미를 가진다. 하나는 그가 하나님 나라와 다른 나라를 꿈꿨다는 의미며, 또 하나는 그의 나라를 이루는 방식이 사람의 방식이었다는 말이다. 베드로는 하나님의 일을 사람의 방식으로 이루려 했다. 사람의 방식이란 무엇인가? 바로 제국의 방식, 황제의 방식, 권력과 지혜의 방식, 카이사르의 방식을 말한다. 그가 제국과 같은 나라를 꿈꿨으니 제국의 방식을 생각한 것이다. 베드로를 꾸짖으신 후 예수님은 제자들에게 이렇게 말씀하셨다. "누구든지 나를 따라오려거든 자기를 부인하고 자기 십자가를 지고 나를 따를 것이니라. 누구든지 제 목숨을 구원하고자 하면 잃을 것이요, 누구든지 나를 위하여 제 목숨을 잃으면 찾으리라"(마 16:24-25). 이것은 천국의 방식, 인자의 방식, 약함과 어리석음의 방식, 십자가의 방식을 말씀하신 것이다. 지금도 주님은 우리에게 묻고 계신다. 황제의 길을 가려느냐, 아니면 예수의 길을 가려느냐, 권력과 지혜의 길을 가려느냐? 아니면 약함과 어리석음의 길을 가려느냐? 이런 면에서 정치적 메시아와 종교적 메시아를 대립시키는 한국교회의 이분법은 설 자리가 없다. 예수님은 정치적이면서 종교적인 메시아로 오셨다. 예수님이 정치적 메시아인지 아닌지가 중요한 것이 아니라 어떤 정치적 메시아였는지가 중요한 것이다.

둘째로 베드로는 예수님을 넘어지게 하는 자였다. 넘어지게 한다는 말은 "스칸달론"(scandalon)이다. 요즘 식으로 말하면 스캔들이다. "너는 내게 스캔들을 일으키는 자이다"라는 말이다. "스칸달리조"는 "다리를 절룩거리다, 넘어지게 하다"라는 뜻이며, 명사형인 "스칸달론"은 "넘어지게 하는 것" 혹은 "걸림돌"을 의미한다. 대표적인 경우가 마가복음 9:42이다. "또 누구든지 나를 믿는 이 작은 자들 중 하나라도 실족하게 하면 차라리 연자맷돌이 그 몸에 매여 바다에 던져지는 것이 나으니라." 여기서 실족하게 한다는 말이 "스칸달리조"다. 베드로가 지금 지극히 연약한 자를 실족시키듯 예수님을 실족시키고 있다는 말이다. 그가 권력과 지혜를 추구하느라 약함과 어리석음의 길을 가는 자를 넘어뜨리고 있다는 것이다. 하지만 기독교의 역설은 약함과 어리석음이 권력과 지혜를 이긴다는 것이다. 십자가가 하나님의 능력이요, 하나님의 지혜이며, 하나님의 어리석음이 사람보다 지혜롭고 하나님의 약하심이 사람보다 강하다. 십자가에 못 박힌 그리스도는 유대인들에게 거리끼는 것이다. 여기서 거리끼는 것이 바로 스칸달론이다. 그리스도는 걸림돌이다. 그는 신상과 짐승의 나라를 파쇄하는 뜨인돌이다. 이 세상의 스캔들을 깨뜨리고 해체하는 스캔들이다.[2] 권력과 지혜를 추구하는 베드

---

2 차정식, 『신학의 스캔들, 스캔들의 신학』(동연출판사, 2011), 그는 이 책에서 십자가가 부정적 스캔들을 제거하는 창조적인 스캔들이요 율법적 스캔들을 내파하는 복음적 스캔들이라고 말한다.

로가 예수님을 넘어뜨리려 하지만 약함과 어리석음이 결국 권력과 지혜를 넘어뜨린다. 그리스도인이란 바로 이 진리를 받아들이고 약함과 어리석음의 길을 가는 자들이다. 그렇기에 그리스도인은 "천하를 어지럽게 하는 자"(행 17:6)이다. 스캔들을 일으키는 자들이라는 말이다. 그들은 기존의 스캔들을 해체하는 스캔들, 바로 예수 그리스도라는 스캔들을 따르는 자들이다. 한국교회 그리스도인들은 이 세상에 스캔들을 일으키고 있는가?

3. '개인적 죄'만이 아니라 '정사와 권세'까지

기독교는 한 개인의 내면의 문제만이 아니라 이 세상을 지배하고 있는 정사와 권세의 문제를 핵심적으로 다룬다. 개인적 차원의 죄만이 아니라 공동체적 차원과 사회적 차원과 우주적 차원의 죄를 다룬다. 권세에 대한 신학을 발전시킨 개혁주의 신학자들에 의하면 권세는 크게 세 가지 의미를 지닌다. 첫째, 권세는 영적·인격적·초자연적 존재다. 타락한 권세는 정규적으로 인간의 생활에 영향력을 행사하기 위해 미혹이라는 전술을 사용한다. 그들은 정체를 숨기며 인간 사회에서 활동하는 다른 것으로 자신의 존재를 가장한다. 둘째, 권세는 천사가 주조하는 어떤 제도의 영성이라고 볼 수 있다. 이는 천사가 이 세상을 다스리기 위해 사용하는 정신적 수단이며, 이데올로기를 통한 환상의 제시는 권세의 또 다른 표현이다. 셋째, 권세는 사회적 체제와 구조다. 제도의 영성은 객관적 제도로 실체화된다. 대체로 사람, 정치 및 사회적 제도, 역사적 조건과 정황, 그리고 영적·종교적 제도는 권세의 다른 표현이다.[3]

예수님은 개인적인 죄를 해결하기 위해서만 십자가를 지신 것이 아니다. 그리스도의 사역은 정사와 권세의 정체를 드러내고 멸하는 것이다. "통치자들과 권세들을 무력화하여 드러내어 구경거리로 삼으시고 십자가로 그들을 이기셨느니라"(골 2:15). 십자가는 바로 정사와 권세의 폭력이 쏟아지는 현장이며, 정사와 권세의 총공격이 이루어지는 현장이었고, 동시에 그 악과 죄와 폭력에 대속적이고 비폭력적인 사랑으로 맞서고 생명과 평화 그리고 사랑과 정의의 나라를 이 땅에 새롭게 창조한 현장이었다. 권세의 정체를 밝히 드러낸다는 것은 오직 하나님을 향한 십자가의 순종을 통해 권세를 상대화시키고 절대적 위치에서 끌어내어 우상화를 막는 것이다. 또한 대속적이고 비폭력적인 사랑의 희생으로 폭력의 악순환을 끊고 정사와 권세의 한계를 드러내는 것이다. 정사와 권세를 십자가로 이겼다는 것은 권세의 노예 됨과 속박에서 해방되는 것이다. 권세의 무기인 환상은 기만을 통해 권세 자신이 이 세상의 왕이며, 인간에게 궁극적 확신과 지침, 행복과 의무를 부여하는 자라고 선전한다. 십자가는 바로 이 환상을 파괴한다. 뿐만 아니라 십자가를 통해 죄와 사망은 패배하고, 그리스도는 정치적인 주권뿐 아니라 세상으로부터 인간을 구원하는 주권을 행사하기 시작한다.[4] 그렇기에 우리의 싸움은 혈과 육을 상대하는 것이 아니라 통치자들과 권세들과 이 어둠의 세상 주관자들과 하늘에 있는 악한 영들에 대한 것이다(엡 6:12). 그 권세들은 무장해제를 당했지만 완전히 파멸된 것은 아니다. 그리스도께서 이루신 일로 그분의 지배 아래 놓이긴 했으나, 그 권세들은 여

---

3 민종기, 『한국정치신학과 정치윤리』(한국고등신학연구원, 2012), 29-30쪽.
4 위의 책, 33-34쪽.

전히 존재하므로 그리스도인들은 그것들과 싸우지 않으면 안 된다.[5]

성경적으로 볼 때 흑암의 권세는 세 가지 차원에서 역사한다고 할 수 있다. 흑암의 권세는 세상적이고 정욕적이며 마귀적이다(약 3:15). 마귀를 통해 우리는 외적인 사로잡힘에 빠질 수 있고, 정욕으로 인해 내적인 사로잡힘에 빠질 수 있으며, 세상으로 인해 집단적 사로잡힘에 빠져들 수 있다. 우리는 마귀와의 영적 싸움을 위해 영적 권세를 가지고 전략적 중보기도를 해야 하며, 정욕과의 영적 싸움을 위해 내면적 경건 훈련에 힘써야 하며, 구조적인 악과의 싸움을 위해 공공선을 위한 집단적 실천에 참여해야 한다. 정사와 권세와의 싸움은 다차원적이어야 한다. 그것은 생명과 평화, 공평과 정의를 이 땅에 이루는 정치적 실천을 포함한다.

4. '가해자의 죄를 용서하심'과 '피해자의 탄원을 신원하심'

하나님은 가해자의 죄를 용서하시기 위해 예수님을 이 땅에 보내셨다. 우리 모두 죄인이며 가해자다. 이것을 깨달아야 십자가의 은혜를 맛볼 수 있다. 사도 바울은 다메섹 도상에서 다음과 같은 예수님의 음성을 듣는다. "사울아, 나는 네가 핍박하는 예수라." 무슨 말인가? 사울이 가해자라는 말이다. 사울이 예수님에게 고난과 수치를 지우는 죄인이라는 말이다. 그는 자신이 가해자라는 사실을 깨닫고 주께로 돌아왔다. 베드로도 사울도 루터도 자신이 죄인임을 깨달았을 때 주께로 돌아왔

---

5 레슬리 뉴비긴, 홍병룡 역, 『다원주의 사회에서의 복음』(IVP, 2007), 376쪽.

다. 자신의 죄를 대신 지신 예수님의 은혜를 경험했기 때문이다. 하지만 성경에서 말하는 십자가의 또 다른 면을 놓친다면 온전한 십자가의 영성을 회복할 수 없다.

십자가는 가해자의 죄와 죄책에 대한 용서와 화해만이 아니라 피해자의 상처와 수치에 대한 치유와 회복을 선물한다. 피해자의 상실과 억울함을 풀어주고, 악의 실체를 드러내며, 사랑의 능력으로 승리하시는 정의의 하나님이 십자가에서 영광스럽게 드러난다. 하나님은 십자가를 통해 피해자의 탄원을 신원해 주신다. 현실 기독교의 가장 큰 실수 중 하나는 가해자의 죄가 사해지는 것만을 강조했을 뿐, 피해자의 수치와 상처와 탄원에 대해서는 귀를 기울이지 않았다는 데 있다. 대다수 교회는 십자가가 가해자의 죄만을 해결하는 것이 아니라 피해자의 탄원 또한 해결한다는 사실을 외면하고 있다. 왜 이렇게 되었는가? 하나님이 정의의 하나님이라는 사실을 심각하게 고려하지 않았기 때문이다. 하나님께서 죄인과 가난한 자와 피해자의 편에 서신다는 것을 잊었기 때문이다. 예수님도 십자가에서 희생자로, 피해자로, 죄인으로 죽으셨다는 것을 외면했기 때문이다. "여호와의 말씀이니라. 보라, 때가 이르리니 내가 다윗에게 한 의로운 가지를 일으킬 것이라. 그가 왕이 되어 지혜롭게 다스리며 세상에서 정의와 공의를 행할 것이며, 그의 날에 유다는 구원을 받겠고 이스라엘은 평안히 살 것이며, 그의 이름은 여호와 우리의 공의라 일컬음을 받으리라"(렘 23:5). 여기서 예수님의 사역은 정의와 공의를 실현하는 것이며, 그로 인해 "여호와 우리 공의"라는 이름을 얻게 된다고 말한다. 진정한 신과 거짓 신의 차이가 무엇인가? 우리의 기도에 응답을 하는가, 안 하는가? 역사에 영향을 끼치는가, 안 끼치는가? 우리에게 축복을 주는가, 안 주는가? 이런 것이 아니다. 참된 신과 거짓 신의 차이는 바로 정의다.[6] 우상도 우리의 기도에 응답하고, 역사에 영향을 끼치고, 축복을 준다. 그러나 정의는 행하지 않는다. 오직 하나님만 정의를 행하시고, 불의를 행하는 자들을 심판하신다. 공평과 정의를 실현하는 왕이 바로 야웨 하나님이시다. 그분의 이름은 정의이시다. 그분이 죽음과 악과 사탄을 심판하셨기 때문이다.

예수님은 십자가에서 "나의 하나님, 어찌하여 나를 버리셨나이까?"(시 22편)라고 하나님께 탄원했다. 십자가는 "하나님이 없다"라고 밖에 말할 수 없는 무신성의 자리 한 가운데서 함께 고난당하는 하나님을 계시한다. 동시에 이 외침은 죄인의 편에, 가난한 자의 편에, 피해자의 편에 서서 하나님께 탄원을 올려드리는 것이다. 예수님은 십자가에서 버림받은 자가 되어 그들의 고통과 신음과 절규와 억울함과 비탄과 절망을 짊어지셨다. 그리고 그것이 하나님께 받아들여졌음을 온 세상에 선포하셨다. 십자가의 자기희생적 사랑으로 그 모든 고통과 신음과 억울함과 비탄과 절망을 패배시켰다. 십자가는 피해자들의 탄원을 신원하여 주신 하나님의 정의로운 행위인 것이다. 예수님이 자신을 인자라고 하셨는데, 그 인자를 통해 하신 일이 무엇인가? "옛적부터 항상 계신 이가 와서 지극히 높으신 이의 성도들을 위하여 원한을 풀어 주셨고 때가 이르매 성도들이 나라를 얻었더라"(단 7:22). 인자는 피해자들의 탄원을 신원하여 주셨다.

하나님은 의로운 자의 고난과 죽음 그리고 무고한 자의 핏소리를 헛되게 하거나 잊지 않으신다. 하나님은 바로 그들의 부르짖음을 들으

---

6 위르겐 몰트만, 곽혜원 역, 『하나님의 이름은 정의이다』(21세기교회와신학포럼, 2011), 179쪽.

시고 신원하여 주신다. 하나님은 심지어 살아서 부르짖는 소리만이 아니라 죽어서 부르짖는 소리까지 들으신다. 창세기에서 하나님은 이렇게 말씀하신다. "네 아우의 핏소리가 땅에서부터 내게 호소하느니라"(창 4:10). 이처럼 아벨의 피는 하나님께 부르짖고 호소하고 탄원한다. 하나님은 무고한 자들의 핏소리를 들으신다. 결코 그들의 핏소리를 외면하지 않으시고 잊지 않으신다. 예수님은 마태복음 23:35에서 자신을 죽이려고 모의하는 이들을 향하여 이렇게 말씀하신다. "그러므로 의인 아벨의 피로부터 성전과 제단 사이에서 너희가 죽인 바라갸의 아들 사가랴의 피까지 땅 위에서 흘린 의로운 피가 다 너희에게 돌아가리라." 사가랴는 역대하 24장에서 유다왕 요아스에 의해 성전 뜰에서 살해당한 제사장 여호야다의 아들이다. 따라서 "아벨의 피로부터 사가랴의 피까지"라는 말은 구약의 첫 번째 책 창세기에서 구약의 마지막 책 역대기까지, 즉 구약 전체에 걸친 모든 무고한 자의 피를 말한다. 다시 말하면 이 세상의 모든 의로운 자들의 피를 말한다. 예수님은 "의로운 피"를 흘리게 한 자들에게 책임을 물으시고 정의로운 심판을 행하시겠다고 말씀하신다.

불의하고 억울하고 무고하게 죽어간 자들의 피를 흘리게 한 죄는 공동체를 파괴한다. 아벨의 피를 흘리게 한 죄는 형제공동체를 파괴했고, 사가랴의 피를 흘리게 한 죄는 이스라엘 공동체를 파괴했다. 불의하고 억울하고 무고하게 죽어간 자들의 피는 이토록 비참하고 파괴적이기 때문에, 그들은 자신들의 억울함을 풀어주고, 공동체적인 파괴를 회복시켜달라고 하나님께 호소하고 탄원한다. 그 "흘린 의로운 피"는 아벨의 피에서 스가랴의 피까지 이제껏 울부짖어왔다. 불의하게 흘린 피는 울부짖기를 멈추지 않는다. 김회권 교수의 말처럼 그 "흘린 의로운 피"는 새로운 계약 공동체를 탄생시키는 계약 갱신으로서의 피흘림이 되기를 기다리고 있다.[7] 그 피는 죄 갚음의 통과의례를 요구하는 영적 부채다. 이 영적 부채가 갚아짐으로써만 공동체는 새 언약의 공동체가 될 수 있다. 곧 하나님의 정의가 실현되어야만 새 언약의 공동체가 세워질 수 있다.

하나님은 어떻게 이 영적 부채를 갚으시며 새 언약의 공동체를 세우셨는가? 바로 십자가를 통해서다. 십자가는 우리의 죄에 대한 영적 채무를 대신 갚으심으로써 가해자의 죄를 용서하는 능력이지만 동시에 무고한 피해자의 호소와 탄원에 대한 영적 채무를 대신하여 짊어짐으로써 피해자를 회복시키고 새로운 공동체를 세우는 능력이다. 예수님도 아벨과 사가랴처럼 불의하고 억울하게 죽으셨다. 그러나 그분은 단지 피해자가 아니라 하나님의 아들로서 피의 값을 짊어지고 죽으셨다. 예수님은 비폭력적이고 자기희생적인 사랑으로 의로운 피의 값을 대신 짊어지심으로써 그 피를 흘리게 한 정사와 권세의 정체를 밝히 드러내고 그들을 정죄하고 패배시켰다. 그렇게 함으로 의인 아벨의 피로부터 성전과 제단 사이에서 죽임당한 사가랴의 피까지 의로운 피의 영적 부채를 청산하셨고, 그들의 무고함을 푸셨으며, 그들을 원상회복시키셨다. 그들의 피가 잊혀지거나 무의미하지 않다고 선포하심으로써 그 피를 흘리게 한 책임을 가해자들에게 돌리시고, 언약을 갱신시켜 새 언약의 공동체를 창조하셨다. 예수님의 피는 무고한 피해자가 흘린 피의 호소와 탄원에 대한 죄 갚음이요, 언약 갱신을 통해 새 언약 공동체를 만드는 피흘림이

---

7   김회권, "광주항쟁의 성서신학적 조명", 복음과상황 엮음, 『광주항쟁과 한국교회』(두레시대, 1992), "흘린 의로운 피"와 "아벨보다 나은 피"에 관한 내용은 김회권의 글에서 옮겨왔다.

요, 모든 불의와 억울함을 끝장내는 하나님의 화해이다. 그래서 그의 피는 아벨보다 더 나은 피다. "새 언약의 중보자이신 예수와 및 아벨의 피보다 더 나은 것을 말하는 뿌린 피니라"(히 12:24).

　우리가 왜 세월호 유가족들을 비롯하여 이 땅의 상처 입은 자들의 아픔을 잊지 않으려고 하는가? 하나님께서 잊지 않으시기 때문이다. 십자가 안에서 그들의 무고한 죽음이 받아들여졌기 때문이다. 십자가에서 그들의 영적 부채가 청산되었기 때문이다. 십자가 안에서 그들의 피는 언약 갱신을 통해 새 언약의 공동체를 만드는 의로운 피로 인정받았기 때문이다. 그리스도인이란 아벨보다 나은 피인 하나님의 아들 예수가 흘린 의로운 피에 참여하는 자들이다. 그리스도인은 이 땅의 무고한 자들의 핏소리를 듣고, 십자가의 능력으로 신원하는 능력과 화해의 능력을 발하는 자들이다. 그렇기 때문에 우리는 절대로 가인처럼 반응할 수 없다. "내가 내 아우를 지키는 자니이까?", "내가 세월호 유가족들을 지키는 자니이까?", "내가 이 땅에 상처 입은 자들의 부르짖음과 무슨 상관입니까?" 이렇게 말하는 사람을 그리스도인이라 부르기 어렵다. "내가 내 아우를 지키는 자니이까?"라는 말은 예수의 피흘림에 대한 전면적 부정이기 때문이다.

5. '죄책감'과 '수치심'의 통합

　한국 기독교는 아담이 타락한 후의 반응인 부끄러움과 두려움을 죄책감이라는 차원에서 접근했다. 이것은 매우 깊은 신학적·사회학적 통찰을 우리에게 제공한다. 하지만 이 땅의 참사와 고통의 문제와 관련하여 우리가 관심을 기울여야 하는 것은 바로 수치심이다. "내가 잘못했다. 내가 잘못된 행위를 했다"라는 자신의 행위에 대한 판단이 죄책감이라면, 수치심은 "나는 잘못됐다. 내 존재가 잘못된 존재다"라는 자신의 존재에 대한 판단이다. 이는 매우 치명적이다. 인간은 타락 후 하나님을 향하여는 두려움을, 동료 인간을 향하여는 수치심을 느꼈다. 수치심은 모멸감을 만들어낸다. 현대 사회는 오만과 모멸의 사회다.[8] 어느 교수가 말한 것처럼 의식주는 풍부해졌지만, 그것을 얻는 방법은 빈궁한 시대보다 더 가혹해졌다. 그리고 이 수단의 가혹화와 절대화는 행복을 빼앗아갔다. 가혹한 인정투쟁에서 승리하면 오만에 빠지고, 패배하면 모멸에 빠진다. 이것이 구조화되어 아래를 향하여는 오만을, 위를 향하여는 모멸을 느끼는 사회가 되어버렸다. 모두가 모멸이 아닌 오만의 자리를 차지하기 위해 생존과 성공의 사다리를 오르려고 목숨을 걸고 있다. 수치심은 폭력을 만들어낸다. 폭력이 자신을 향하면 자살이고, 타인을 향하면 살인이 된다. 우리 사회는 증오와 폭력의 사회. 수치심을 감추고 싶은 마음, 낮은 자존감을 회복하는 비폭력적 수단의 결핍, 폭력적 충동을 제어하는 정서적 역량의 결핍, 이런 요인들로 인해 폭력이 나타난다. 그리고 그 폭력 앞에 의인들과 무고한 자들, 연약한 자들과 소외된 자들이 노출된다.

　　예수님은 우리의 죄책만이 아니라 우리의 수치를 해결하기 위해 십자가에서 죽으셨다. 십자가의 핵심에는 수치가 있다(마 26:67-69; 막 15:16-19; 마 27:39-44). 예수님은 십자가에서 죄책만 짊어지신 것이 아니라 수치를 짊어지셨다. 따라서 수치심을 만들어내는 오만과 모멸의

8　　김찬호, 『모멸감』(문학과지성사, 2014).

사회, 증오와 폭력의 사회는 십자가를 통해 이루신 하나님 나라에 대한 반역이다. 십자가를 통해 이루신 하나님 나라는 수치가 아니라 명예회복이고, 폭력이 아니라 평화가 이루어지는 나라다. 그리스도인은 바로 이 문제를 해결하도록 부름 받았다. 하지만 소극적인 차원에서만 수치심을 다룬다면, 기독교의 복음이 자칫 심리학적 치유로 축소될 우려가 있다. 좀 더 깊고 적극적인 차원의 수치심을 다룰 필요가 있다.

창세기 3장에서 인간이 벗었으므로 부끄러웠다는 말씀을 인간 상호간에 느낀 감정이 아니라 하나님과의 관계에서 느낀 것으로 해석할 수 있지 않을까? 인간은 참 왕이신 하나님의 대리통치자로서 땅을 다스리고 정복하라는 왕명을 받았다. 인간과 하나님은 이 왕명으로 묶인 언약적 관계다. 그런데 인간이 선악과를 따먹음으로 이 왕명을 어겼다. 명예와 수치라는 관점에서 보면 언약과 동맹을 깨뜨리고 왕명을 어긴 것은 왕에게 수치를 준 것이다. 왕의 명예를 실추시킨 사건이다. 인간은 왕의 명예를 실추시킨 자신을 발견했다. 그래서 명예를 더럽힌 자기 자신에 대해서 수치를 느낀 것이다. 성경은 단순히 인간이 수평적 차원에서만 수치를 느낀 것으로 보지 않고, 수직적 차원에서도 수치를 느낀 것으로 본다. 성경에서는 죄책과 수치가 하나로 연결되어 있다. 인간은 우선적으로 하나님 앞에서 수치를 느끼는 존재다.

명예를 더럽힌 것에 대해서 수치를 느꼈다는 것은 인간이 윤리적 존재라는 것을 의미한다. 수치를 느낄 때 인간은 명예를 회복하고자 한다. 수치를 모르는 인간은 결코 윤리적 존재가 될 수 없다. 벗었으므로 부끄러워 옷을 만들어 입은 사건은 잘못된 방법으로나마 명예를 회복해보고자 하는 윤리적 존재의 절망적 시도라 할 수 있다. 거기에는 긍정적인 의미가 담겨 있다. 성경도 이 행위를 긍정적으로 받아들이고 있다. 하나님은 그들의 나뭇잎 치마를 걷어치운 것이 아니라 가죽 옷을 입히셨다. 가죽 옷을 입히셨다는 것은 예수님이 십자가에서 피 흘리신 사건을 예표한다. 즉 나를 대신하여 수치를 당하신 예수님의 수치를 입히신 것이다. 예수님은 왕명을 어기고 하나님의 명예를 실추시킨 우리의 수치를 짊어지시고 십자가에서 죽으셨다. 하나님의 명예를 실추시켰다는 수치심으로 인해 하나님의 명예를 회복시키고 싶지만 그럴 능력이 없어서 실패한 우리의 실패를 짊어지셨다. 그분은 실패의 수치심을 짊어지면서까지 하나님의 말씀과 뜻에 순종하여 하나님의 명예를 회복시켰다. 한 사람의 불순종으로 죄가 세상에 들어왔으나 한 사람의 순종으로 의가 이 세상에 들어왔다. 십자가는 실추된 하나님의 명예를 회복시킨 영예로운 행위다.

예수님은 이렇게 온갖 멸시와 천대를 받고 수치를 당하고 십자가에서 죽으셨지만 부활하셨다. 그리스도의 부활은 예수를 죽인 세력이 불의한 세력이며, 죽임 당하신 그리스도가 의롭다는 것을 만천하에 드러낸 사건이다. 부활은 예수님이 짊어진 수치가 사실은 수치가 아니라 가장 명예로운 행위임을 승인한 사건이다. 예수님은 십자가에서 수치를 당하심으로써 하나님의 명예를 회복시키셨다(빌 2:9-11). 이렇게 하나님의 명예를 회복시키고 싶은 수치심이야말로 진정한 윤리적 삶을 가능케 한다. 예수님은 진정한 윤리적 삶이란 타인의 수치를 짊어지며 살아가는 삶을 통해 하나님의 명예를 높이는 것임을 보여주셨다. 이런 윤리적 삶을 통해 폭력에 의해 고난당하는 모든 이에게 하나님의 정의가 존재하게 될 것이다.

그리스도인은 이 세상의 아픔을 수치로 접근해야 한다. 어떤 참사가 일어났고, 누군가는 그로 인해 고통을 겪고 있다고 가정해보자. 우리는 어떻게 반응하는가? 개인적인 죄책감으로 인해 동정과 연민으로 반응하지 않는가? 그래서 그리스도인들은 무슨 사고가 터지기만 하면 모금운동을 한다. 하지만 윤리적 차원을 새롭게 하려면 동정과 연민의 정체를 깊이 사고해야 한다. 진은영 작가의 말처럼 고통 받는 사람들에게 연민을 느끼는 한 우리는 상대를 열등한 존재로 느끼는 것이다.[9] 그래서 고통의 상황이나 근본적인 원인은 놔두고 그 열등한 존재에게 시혜를 베풀려 한다. 그리고 그 열등한 존재가 가질 수 있는 최소한의 것을 베푼다. 이것이 바로 자선의 행위에 내장되어 있는 시혜의 논리다. 그러므로 동정과 연민에는 어떤 무능력이 깃들어 있다. 총체적인 죄악과 구조적인 죄악을 바꿀 수 없기 때문에 동정과 연민으로 개개인을 시혜적 차원에서 도울 수밖에 없다는 무능력 말이다. 더욱 교묘한 것은 수전 손택의 말처럼 "고통 받는 사람들에게 연민을 느끼는 한 우리는 우리 자신이 그런 고통을 가져온 원인에 연루되어 있지는 않다고 느끼게 된다. 우리가 보여주는 연민은 우리의 무능력함뿐만 아니라 우리의 무고함도 증명해 주는 셈이다. 따라서 연민은 어느 정도 뻔뻔한 반응일지도 모른다. 특권을 누리는 우리와 고통을 받는 그들이 똑같은 지도상에 존재하고 있으며 우리의 특권이 그들의 고통과 연결되어 있을지도 모른다는 사실을 숙고해 보는 것, 그래서 전쟁과 악랄한 정치에 둘러싸인 채 타인에게 연민만을 베풀기를 그만두는 것, 바로 이것이야말로 우리의 과제다."[10] 그녀의 말처럼 연민과 동정은 어느 정도 뻔뻔한 반응일지도 모른다. 무능함과 무고함이 깃들어 있는 연민과 동정은 최소치의 시

---

9 김애란 외, 『눈먼 자들의 국가』(문학동네, 2014), 이번 문단은 전은영 작가의 글에 기대고 있다.
10 수전 손택, 이재원 역, 『타인의 고통』(이후, 2005), 154쪽.

혜를 베풀고 나서 빨리 그 관계를 청산하고 싶어 한다. 그래서 손쉬운 보상 문제를 그토록 끈질기게 들먹이는 것이다. 반면 수치를 느끼는 자는 고통스러운 상황을 바꿀 수 있는 역량이 자기 안에 있음을 알며, 그 역량을 미처 사용하지 못한 자기 자신을 부끄러워한다. 그래서 그는 고통스러운 상황과 근본적인 원인을 제거하기 위해 자기 역량의 최대치를 사용하려 한다. 그것이야말로 고결하고 명예로운 존재가 되기 위한 길이라고 생각한다. 수치를 느끼는 자는 그 고통스러운 상황을 만들어 낸 죄에 자기 자신이 연루되어 있다고 느낀다. 이 세상의 불의를 보고 자기도 거기에 연루되어 있기에 책임이 있다고 느낀다.[11] 그래서 수치를 느낀 자만이 의분을 느낄 줄 알고, 수치를 느낀 자만이 죄와 싸운다.

성경은 단지 개인적 차원의 죄책감이라는 문제만을 다루지 않는다. 성경은 수치적 죄책감을 다룬다. 하나님의 명예를 실추시킨 것에 대한 수치심이야말로 십자가의 순종을 가능케 하는 적극적 윤리의식이다. 따라서 수치의 십자가를 통해 구원받은 백성은 단지 동정과 연민으로 모금운동이나 보상운동을 시혜적 차원에서 하지 않고, 자신 또한 그 죄악에 연루되어 있다는 것을 깨닫는다. 그리고 그들은 하나님의 명예를 실추시킨 이 땅의 불의와 우상숭배, 그리고 총제적인 죄악과 구조적인 악과 전면전을 하며, 십자가의 방식으로 자기를 비폭력적이며 자기

---

11 칼 야스퍼스는 제2차 세계대전에 대한 독일인의 죄에 대해 논하는 책에서 죄의 개념을 네 가지로 구별한다. 형사적 죄, 정치적 죄, 도덕적 죄, 그리고 형이상학적 죄이다. 수용소에서 살아남은 자들이 느끼는 "살아남은 자의 슬픔(죄책)"으로 드러나는 연대성의 죄(형이상학적인 죄)라는 개념이 가능하다면 직접적으로 형사적 죄를 짓지 않았다 해도 이 세상의 참사에 대한 죄의 책임에서 벗어날 수 있는 사람이 과연 있을까? 칼 야스퍼스, 이재승 역,『죄의 문제: 시민의 정치적 책임』(앨피, 2014).

희생적인 사랑으로 내어준다. 이것이 세월호 유가족들과 함께하며 보상이 아니라 진상규명을 외치는 이유이다. 참사의 진상을 규명해야 죄와 악의 실체가 드러나고, 정의가 실현되며, 이 땅을 안전사회, 평화사회, 평등사회로 바꿀 수 있기 때문이다. 우리는 무고한 고통 앞에 설 때마다 죄책감으로 인한 동정과 연민이 아니라 수치심으로 인한 정의로운 싸움에 헌신해야 한다.

3장 　　　　　　　　　　　　　　　　　　　성령의 능력

하나님 나라는 하나님이 주체시다. 하나님이 주체가 되기 원하셔서 우리에게 보내신 분이 성령이다. 하나님의 일은 창조의 영이시며 생명의 영이시며 진리의 영이시며 자유의 영이시며 일치의 영이시며 평화의 영이며 거룩한 영이신 성령께서 하시는 일이다.

1. '시스템과 프로그램과 지식'에서 '성령의 나타나심과 능력'으로

하나님 나라는 말에 있지 않고 능력에 있다(고전 4:20). 사람의 지혜와 방법이 아니라 성령의 나타나심과 능력으로 하나님 나라는 이루어진다(고전 2:4-5). 하나님 나라는 인간의 강점과 성공을 통해 이루어지는 것이 아니라 하나님의 은혜로 이루어진다. 한국교회 강단에서 자기의 장점을 살리라는 메시지를 많이 듣는다. 자신의 재능과 힘, 경험과 지식으로 하나님의 일을 열심히 하라고 말한다. 일리가 있는 말이나 근본적인 의미에서 말하면 하나님의 일은 재능, 힘, 경험, 지식으로 하는 것이 아니다. 오직 성령의 나타나심과 능력으로 하는 것이다. 우리는 시스템과 프로그램과 방법론을 추구한다. 다른 교회에서 성공했다 하면 그대로 가져다가 자신의 교회에 이식한다. 총동원 전도축제가 성공하면 모든 교회들이 분기마다 전도축제를 따라하고, 찬양과 경배 운동이 성공하자 모든 교회의 강단에 현대식 악기들과 음향시스템이 구축되었다. 열린예배가 성공하자 부족한 인적·물적 자원으로도 한사코 따라하려 하고, 셀교회가 유행하자 교회의 토양도 고려하지 않고 셀교회로 전환하고, 이제 선교적 교회마저도 하나의 프로그램과 문화사역 차원에서 받아들이려 한다. 물론 시스템과 프로그램과 방법론은 필요하다. 하지만 절대로 놓쳐서는 안 되는 것이 있다. 그 모든 사역의 주체가 성령이라는 사실이다. 성령의 불 없이 영적 열매를 맺을 수 없다. 성령 없이도 외형적으로 성공하고 성장할 수는 있다. 하지만 그것은 모래 위에 쌓아올린 집처럼 풍랑이 일면 쓸려 사라지는 것들이다. 우리 세대에서 성공하고 성장하는 것보다 중요한 것은 세대를 이어가면서도 영적 부흥을 이어가는 것이다. 그것은 오직 성령을 통해 가능하다.

그렇다면 성령은 어떻게 임하며, 언제 임할까? 성령의 능력이 우리의 신실함, 우리의 헌신, 우리의 장점, 우리의 성공, 우리의 재능에 대한 보상으로 주어질까? 아니다. 성령의 능력은 우리의 무능과 연약함, 우리의 실패와 좌절에 대한 하나님의 선물로 주어진다. 성령은 보상으로 주어지는 것이 아니라 선물로 주어진다. 오순절 성령이 언제 임했는가? 제자들이 예수님을 위해 목숨을 걸고 십자가에까지 나아갔을 때 성령이 임했는가? 그들이 자신의 재능을 믿고 강력한 조직을 만들 때 임했는가? 아니다. 그들은 예수님을 배반했고 흩어졌다. 그들은 철저히 실패했다. 하지만 예수님은 그들을 포기하지 않았고 부활 후 그들을 찾아가 새로운 선교적 사명을 주셨다. 그 사명은 성령의 능력 없이는 감당할 수 없기에 위로부터 능력이 임할 때까지 예루살렘에서 기다려야 했다. 자신들의 비굴함과 연약함과 무능과 죄성을 철저히 깨닫고 성령이 아니고서는 아무것도 할 수 없다는 마음으로 간절히 기도했을 때 비로소 성령이 임했다. 제자들의 강점과 성공에 대한 보상이 아니라 그들의 약함과 실패에 대한 선물로 성령이 임한 것이다. 오직 깨어진 심령 가운데 성령의 능력은 임한다. 그렇게 성령이 임하여 우리를 사로잡을 때만 선교적 사명이 가능해진다.

2. '개인적 성령의 역사'와 '공동체적 성령의 역사'의 균형

성령은 본질적으로 개인의 영이 아니라 공동체의 영이다. 본질적으로 개인에게 신비체험을 주는 영이 아니라 교회를 세우는 영이다. 개인적으로 산에 가서 기도하거나 은사를 체험하는 것의 위험성이 여기에 있다. 그런 체험은 교회를 깨뜨리는 경우가 많다. 그러나 공동체적 성령의 체험은 공동체를 세운다. 공동체적 성령은 사랑을 통해 역사하여 공동체를 세우기 때문이다. 오순절의 성령 체험은 공동체적 체험이었다. 그것은 성령의 코이노니아가 이루어진 결과다. 바벨의 분열을 극복하고 다양성 안의 일치라는 코이노니아가 성령에 의해 창설된 것이다. 성령에 의해 유대인과 헬라인, 남자와 여자, 종과 자유인이 하나가 되는 새로운 백성이 세워졌고, 희년이 성취되는 유무상통의 공동체가 세워졌다. 성령은 기억을 통해 십자가와 부활을 공동체에 현실화시킨다. 성령은 예수님이 떠나도 함께 있다는 것을 알게 하는 영인 동시에 십자가와 부활을 기억나게 하는 영이다. 성령은 십자가의 사건과 십자가의 자리를 기억하게 한다. 십자가가 말로 표현할 수 없는 고통이며 기억할 수 없는 고통의 자리임을 기억하게 한다. 하지만 십자가가 하나의 진리 사건이고 패배가 아닌 승리이며, 부활은 그것의 승인이요 새 하늘과 새 땅의 선취인 동시에 첫 열매임을 기억하게 한다. 성령은 십자가와 부활을 지금 여기서 누리며 사는 새 언약의 공동체, 예수님의 피로 언약을 갱신한 새 언약의 공동체를 세우는 영이다. 기억을 통해 공동체를 다시 하나 되게 하되 완전히 새로운 공동체를 창출하는 영이다.

성령은 삼위일체의 관계성과 사회성을 공동체와 세상에 드러내는 영이다. 성령은 공동체를 세우고 사회를 새롭게 하는 영이다. 성령이 임하면 새로운 공동체적 상상력과 사회적 상상력이 생긴다. 기독교의 신은 삼위일체 안에서 서로 사랑하고 참여하는 사회적 하나님이요, 참여적 하나님이다. 삼위일체 교리는 하나님 안에 사회가 있고, 관계의 동등성이 있으며, 인간은 그러한 신적 삶을 공유하도록 부름 받았다는 주장이다. 삼위일체 신학은 인간의 이성과 경험의 영역을 넘어서기 때문에 신비주의적이고, 성육신을 포함하기에 유물론적이며, 사귐의 관계를 보여주기에 사회적인 신학이다.[1] 삼위일체 하나님을 놓치면 군주적 단일신론에 빠지게 되고, 힘을 추구하는 종교가 되고, 근본주의와 극우주의에 빠지게 된다. 성부 하나님께서 성자 하나님을 보내시고, 성부 하나님과 성자 하나님께서 성령 하나님을 이 세상에 보내셔서 삼위일체 하나님의 본성을 세상에 드러내셨다. 공동체적 성령은 철저히 사회적 하나님을 공동체와 세상에 드러낸다. 이것이 삼위일체 하나님을 통해 성령을 이해해야 하는 중요한 이유 중 하나이며, 선교적 사명의 핵심이다.

---

1   케네스 리치, 신현기 역, 『사회적 하나님』(청림출판, 2009), 65-69쪽.

한국교회는 그동안 성령을 너무 협소하게 이해했다. 성령은 정의의 영이요, 평화의 영이며, 사랑의 영이고, 창조세계를 보전하고 새롭게 하는 영이다. 따라서 성령의 사역을 영혼의 중생이나 은사 혹은 개인적 성화에 한정할 것이 아니라, 역사 속에 정의를 심고 평화를 심고 사랑의 공동체를 만들며, 더욱 중요하게는 전체 피조세계를 구원해 하나님의 평화를 만드는 데까지 확장할 필요가 있다.[2]

3. '능력과 은사'와 '인격과 성품'의 균형

선교적 사명을 감당하려면 성령 충만을 받아야 한다. 한국교회는 성령 충만을 능력과 은사로만 생각하는 경향이 있다. 하지만 성경이 성령 충만을 말할 때는 능력적인 면과 인격적인 면, 은사적인 면과 성품적인 면을 함께 이야기한다.[3] 성경에서 성령 충만을 말할 때는 두 가지 단어를 사용하고 있다. 하나는 "플레스테이스"(동사 "핌플레미"의 수동분사형)이고, 다른 하나는 "플레레스"(혹은 동사 "플레로")이다. 플레스테이스는 성령의 외적인 역사를 가리킬 때 사용되며, 일시적이며 즉각적인 행동이 따른다. 이 단어는 "임하다"라는 말과 호응을 이룬다(행 2:4; 4:8, 31; 9:17; 10:44; 13:9; 19:2). 이 단어는 주로 기적과 표적을 동반하는 권능의 사역이 나타날 때, 예언하고, 하나님의 황홀한 임재 가운데 찬양을 할

---

[2] 김명용, "한국 교회와 성령운동", 숭실대학교기독교사회연구소 엮음, 『새롭게 하시는 성령과 한국교회』(한울, 1991), 110쪽.
[3] 잽 브래드포드 롱·더글러스 맥머리, 홍석현 역, 『성령의 능력으로 사역하라』(홍성사, 1999). 은사와 열매에 관한 토레이 신부의 성령론은 이 책 속에 나온 내용을 참고했다.

때, 그리고 방언의 역사가 나타날 때 사용된다. 이것은 마치 건전지가 충전되었다가 소모되듯이, 스폰지에 물이 채워졌다가 빠져나가듯이 반복해서 일어나는 충만이다. 반면 플레레스(플레로)는 성령의 내적인 역사를 가리키며, 보통 속이 푹 젖을 때까지 지속적으로 충만해지는 것을 의미한다. 이러한 충만은 특정 순간에 발생하는 것이 아니라 마치 누룩이 밀가루 반죽에 스며드는 것처럼 느리고 점진적인 존재의 상태를 가리킨다. 나무의 진액이 꽉 찰 때, 나무가 점진적으로 자라고 열매를 맺게 되는 것과 같은 원리다. 이것은 주로 직분의 자격을 나타낼 때나 구원을 주시고 그리스도인다운 성품을 빚으시는 성령의 역사를 나타낼 때 사용한다. 플레스테이스는 위로부터 임하는 성령의 역사를, 플레레스는 안에서 내주하는 성령의 역사를 나타낼 때 사용된다고 말할 수 있으며, 플레스테이스는 은사와 능력과 관련해서, 플레레스는 열매와 성품과 관련해서 사용하고 있음을 알 수 있다. 플레스테이스가 충만하면 "난 사람"이 되고, 플레레스가 충만하면 "된 사람"이 된다. 하나님은 우리가 두 가지 성령 충만을 모두 받기를 원하신다. 그분은 우리가 인격적으로는 성숙하지만 능력 없이 살거나, 능력은 있는데 인격적으로 미성숙하기를 원치 않으신다. 난 사람이 되는 동시에 된 사람이 되기를 원하신다. 성경은 이 둘 사이의 균형을 이야기하지만 굳이 우선순위를 정하자면 열매가 더 중요하다. 능력이 없어도 사랑이 있으면 공동체를 세우지만, 능력은 많은데 열매가 부족하다면 공동체가 깨지기 때문이다. 은사로 모으고 인격으로 흩는 경우가 얼마나 많은가? 하지만 반드시 능력적인 면과 인격적인 면, 은사적인 면과 성품적인 면을 통합해야 한다.

4. '탐욕적이고 반지성적인 성령운동'에서 '진리와 예수의 영'으로

성령은 진리의 영이다. 한국교회의 성령운동은 이런 측면이 극히 약하다. 성령운동에 말씀과 진리가 없다. 말씀과 진리가 없는 성령운동은 "깨어짐"이 없는 성령운동으로 흘러 십자가의 복음을 탐욕의 복음으로 만들며, "깨우침"이 없는 성령운동으로 흘러 반지성주의를 조장한다. 하지만, 진정한 성령의 역사는 깨어짐과 깨우침이 있는 성령의 역사를 만든다. 말씀과 진리를 경시하는 성령운동의 영향으로 신학과 신학적 성찰을 경시하는 태도가 나타났고, 성도들은 더 이상 어려운 설교를 들으려 하지 않는다. 이런 반지성주의는 신학도와 목회자의 무책임한 양산과 교육과정의 질적 저하를 불러왔고, 많은 이단들을 출현시키는 계기를 마련했다. 지적 수준이 떨어져도 강력한 은사가 나타나면 그 지도자는 카리스마적 리더십을 갖게 되고, 성도는 우민화에 빠지게 되고, 조직은 신본주의를 가장한 비민주적인 문화가 지배하게 되었다. 이제는 진리가 회복되는 성령운동이 일어나야 한다. 말씀에서 출발하여 말씀을 폭넓게 배우고 실천하는 훈련이 있어야 한다. 지적 만족을 채우거나 개인적 차원의 적용을 넘어서는 제자훈련이 필요하다. 한국교회의 제자훈련은 성령의 역사에 무지했고 한국의 성령운동은 말씀의 역사에 무지했다. 그리고 양자는 모두 개인적 차원의 성령과 말씀에 머물러 있었다. 이제 성령운동은 공동체적 차원을 회복하여 공동체적 인격을 경험하는 제자훈련, 더 나아가 사회적 차원의 말씀 적용을 실천할 수 있는 제자훈련운동이 되어야 한다.

성령은 또한 예수의 영이다. 성령의 사역 가운데 가장 중요한 것은 예수 그리스도의 영광을 나타내는 것이다(요 16:14). 예수를 더 사랑하고, 예수만을 높이며, 예수만을 드러내는 삶을 살도록 하며, 예수의 삶을 본받게 하고, 예수의 십자가와 부활의 능력을 나타내는 것, 이것이 바로 진정한 성령의 역사다. 기독교의 진리는 인격으로서의 진리다. 인격으로서의 진리가 아니라면 진리는 지식으로 전락한다. 지식은 사람을 변화시킬 수 없다. 오직 진리만이 사람을 변화시킬 수 있다. 우리는 그리스도를 통해서만 인격으로서의 진리를 경험한다. 따라서 예수 그리스도가 사라진 성령운동은 인격적 변화가 없고 삶의 변화가 없는 교회를 양산한다. 예수의 영이신 성령이 임할 때 예수님처럼 살아가는 제자공동체가 세워질 수 있다. 성령운동이 이것을 잃어버렸기에 사회적 다원주의나 약육강식 및 적자생존 같은 힘의 논리를 추구하고, 합리성과 효율성과 실용성을 추구하는 기업의 경영논리가 적용되며, 힘과 크기를 하나님의 축복으로 여기는 교회가 되어버렸다. 박하와 회향과 근채의 십일조는 드리되 정의(의)와 긍휼(인)과 신실함(신)은 버린 종교가 되어버렸다(마 23:23). 반드시 예수 그리스도의 인격이 나타나는 성령의 역사가 회복되어야 한다.

5. '제도와 관습에 갇힌 성령'에서 '선교의 영'으로

그리스도인은 구약이 이스라엘의 구원을 말하고 신약은 이스라엘과 이방인 모두의 구원을 말한다고 생각하는 경향이 있다. 그렇지 않다. 구약과 신약 전체가 하나님의 선교를 말하고 있다. 예수님은 자신이 구약 성경이 예언한 메시아라고 말하는 것에서 한 걸음 더 나아가 구약의 선교적 중심임을 말씀하신다. 누가복음 24:45-47은 이렇게 기록되어 있다. "이에 그들의 마음을 열어 성경(구약)을 깨닫게 하시고 또 이르시되 이같이 그리스도가 고난을 받고 제 삼일에 죽은 자 가운데서 살아날 것과 또 그의 이름으로 죄 사함을 받게 하는 회개가 예루살렘에서 시작하여 모든 족속에게 전파될 것이 기록되었으니." 이 말씀에 의하면 선교에 대한 메시지는 신약에서 주장된 새로운 사상이 아니라 이미 구약의 핵심사상임을 알 수 있다. 바울도 동일하게 말한다. "하나님의 도우심을 받아 내가 오늘까지 서서 높고 낮은 사람 앞에서 증언하는 것은 선지자들과 모세가 반드시 되리라고 말한 것밖에 없으니 곧 그리스도가 고난을 받으실 것과 죽은 자 가운데서 먼저 다시 살아나사 이스라엘과 이방인들에게 빛을 전하시리라 함이니이다 하니라"(행 26:22-23). 모세와 선지자의 증언은 그리스도와 선교에 대한 것이다. 따라서 십자가에 달려 죽으시고 부활하신 예수님의 제자들은 구약과 신약 모두를 메시아적이고 선교적으로 해석해야 한다.[4] 하나님은 이스라엘을 거룩한 나라와 제사장 나라로 부르셨고 그들에게 선교적 사명을 주셨다. 열방에 빛이 되는 것, 하나님의 구속적 축복을 세상의 모든 열방에게 가져다주는 것, 그것이 바로 이스라엘에게 주신 사명이다. 그런데 그들은 하나님의 선한 뜻에 순종하지 않았다. 그래서 예수님께서 이스라엘이 실패한 것을 이루려 이 땅에 선지자와 제사장과 왕으로 오셨다. 따라서 성령이 예수의 영이라는 말은 메시아의 영인 동시에 선교의 영이라는 의미다.

성령은 또한 예수님이 성취하신 선교를 이 땅에 실현하기 위해 보냄 받은 영이다. 성령은 우리의 유익과 욕망을 채워주기 위해 오신 것

---

[4] 크리스토퍼 라이트, 한화룡 역, 『하나님의 선교』(IVP, 2010), 35-37쪽.

이 아니라 우리로 증인의 삶을 살도록 돕기 위해 오셨다. 선교의 영은 세상으로 보냄 받은 자들 가운데서 역사하는 영이다. 성령은 우리에게 증인으로서의 삶을 살도록 우리 가운데서 역사한다. "제자들이 나가 두루 전파할 새 주께서 함께 역사하사 그 따르는 표적으로 말씀을 확실히 증언하시니라"(막 16:20). 성령은 선교의 영이기에 세상으로 보냄 받은 자들 가운데서 역사하는 영이며, 세상 한 가운데서 이미 선교하는 영이다. 『선교적 교회』에서 주장하듯, 교회는 하나님의 통치를 구체화하고 증명하는데, 이 또한 성령의 활동을 통해서 이루어지며, 하나님의 선교는 세속사를 통해서 그리고 세속사 한 가운데서 펼쳐지는 성령의 활동이다. 이 세상은 하나님께서 성령을 통해 계속적으로 활동하는 장소이며, 성령을 통해 이루어지는 구원은 세상 안에서, 세상에 속해서, 세상을 위해서 작용한다.

    성령은 질서의 하나님이지만 제도와 관습에 갇히는 분이 아니다. 바람이 어디로 와서 어디로 가는지 알 수 없듯 성령도 그러하다. 우리가 바람을 통제할 수 없듯 성령도 그러하다. 성령은 불고 싶은 대로 부는 바람과 같다. 성령은 기존 제도와 관습을 새롭게 하실 뿐 아니라 새로운 제도와 관습을 창조하는 영이다. 어떤 제도와 관습도 성령의 권세와 능력을 통제해서는 안 되고 통제할 수도 없다. 선교의 영은 단지 모방하는 영이 아니라 참여하게 하는 영이다. 밴 겔더에 의하면 모방은 "하나님께서 행하신 것"을 강조하는 경향이 있지만, 참여는 하나님께서 "지금도 행하고 있는 것"과 "계속해서 행하실 것"으로 우리를 초대한다.[5]

---

[5] 크레이그 밴 겔더·드와이트 J. 샤일리, 최동규 역, 『선교적 교회론의 동향과 발전』(CLC, 2015), 212쪽.

로마서 8장에 의하면 창조의 영이신 성령은 모든 만물과 인간 안에서 탄식하는 영이기에 우주와 역사 한 가운데서 종말을 선취하며, 그 종말을 지금 여기서 계속적으로 이루어가신다. 또한 성령의 창조성을 부여받은 자들로 하여금 신실한 증인의 삶을 창조적으로 살도록 하신다. 교회는 성령을 통해 하나님의 계속적 창조와 구속적 선교에 창조적으로 참여한다.

4장   급진적 제자공동체

한국교회가 침몰하고 있다는 소리를 자주 듣는다. 왜 한국교회가 이렇게까지 되었을까? 그것은 한국교회가 제자도를 잃어버렸기 때문이다. 한국교회가 영적 능력과 사회적 신뢰도를 회복하기 위해서는 제자도를 회복해야 한다. 90세에 세상을 떠난 세계적인 복음주의 신학자 존 스토트는 죽음을 앞둔 88세에 절필을 선언하며 마지막 책을 썼는데, 그 책의 제목은 "급진적 제자"(The Radical Disciple)였다(한국에서는 『제자도』라는 제목으로 출간).[1] 영어로 Radical은 "근본적인"이라는 뜻과 함께 "급진적인"이라는 의미를 동시에 가지고 있다. 근본으로 돌아가면 급진적이 될 수밖에 없다는 의미를 담고 있다. 왜 그가 생을 마치기 전에 절필을 선언하며 제자도에 대한 책을 썼을까? 그의 절절한 음성을 들어보라. "나는 이 땅에서의 순례 여정의 끝이 가까워 오는 지금 내 생각이 어디까지 이르렀는지 여러분과 나누고 싶다. 그것은, 하나님은 자기 백성이 그리스도처럼 되기를 바라신다는 것이다. 그리스도를 닮아가는 것이 하나님의 백성을 향한 하나님의 뜻이다." 기독교가 제자도를 회복하지

---

1   존 스토트, 김명희 역, 『제자도』(IVP, 2010).

않으면 희망이 없기에 그는 이 책을 쓴 것이다.

내가 삼수를 하고 나서 꿈에 환상을 보고 이과에서 문과로 전환하여 1989년 신학대학에 갔을 때는 아직 이념투쟁과 민주주의를 위한 투쟁, 그리고 부패척결과 사회 부조리를 해결하기 위한 사회투쟁이 심각했었다. 당시는 김지하의 시처럼 타는 목마름으로 "민주주의여, 만세"를 불렀던 시대였다. 신학교에서조차 데모하는 풍경을 목격하던 때였다. 왜 사람들이 데모를 하는지 알기 위해 스스로 공부하다가 읽었던 『아름다운 청년 전태일』의 충격은 아직도 선연하다. 새로운 시각으로 한국사를 공부하고 철학과 사회과학을 공부하니 사회의 부조리에 눈이 열리기 시작했다. 그러면서 사회의 모순과 부조리, 그리고 구조적인 악에 아무런 대응도 하지 않고 도리어 기득권자들의 편에 서서 유익만 누리는 기독교의 모습이 보이기 시작했다. 그 당시 시대의 물음에 제대로 된 답을 주지 못하는 기독교를 멀리한 것은 어쩌면 당연했다. 기독교의 고리타분한 교리보다는 칼 마르크스의 사상이 더 옳은 것처럼 보였다. 사회변혁과 교회갱신이라는 화두를 가지고 예장 합동 교단에서 신학을 공부한다는 것은 그리 쉽지 않았다. 하나님을 인격적으로 만났기에 신앙을 버릴 수는 없지만 기독교만은 버리고 싶다는 마음이 강력하게 손짓할 때, 나를 다시 기독교로 선회하게 했던 사람은 바로 본회퍼였다. 그의 『나를 따르라』와 『옥중서간』이 나를 기독교로 돌아오게 했다. 그로 인해 제자도가 살아 있는 기독교를 알게 된 것이다.[2]

그는 현실의 기독교가 값비싼 은혜를 "값싼 은혜"로 만들었다고 비판한다. 값싼 은혜는 싸구려로 팔리는 상품과 같은 것으로서 값도 대가도

---

2   결국 신학대학교 졸업논문은 "본회퍼의 기독교의 비종교화"였다.

없는 은혜다. 하지만 값비싼 은혜는 대가를 지불하는 은혜다. 대가를 요구하지 않는 기독교는 아무런 가치가 없다. 하지만 값비싼 은혜는 밭에 숨은 보물과 같다. 이 보물을 사려는 사람은 집에 돌아가 자신이 가진 전 재산을 기쁨으로 팔아 값을 지불한다. 장사꾼이 전 재산을 내어줄 수 있는 귀한 진주, 이것이 값비싼 은혜다. 전부를 버리고, 자기 생명까지 버리고, 예수님을 선택하는 것이 복음이다. 나를 따르라는 부름 앞에 예수의 제자는 신앙고백 대신 행동으로 순종해야 한다. 모든 것을 버리고 따라야 한다. 주님께서 우리를 부르실 때는 와서 죽으라고 부르시는 것이다. 따라서 우리는 자기를 부인하고 자기 십자가를 짊어지고 주님을 따라야 한다. 팔복의 마지막이 무엇인가? 주를 위하여 핍박받는 것이다. 성경은 진정한 복이 바로 핍박받는 것이라고 말씀하신다. 우리가 진정으로 제자가 되지 않으면 진리를 알 수 없다. 진리를 아는 것과 제자가 되는 것 중 어느 것이 먼저인가? 요한복음은 이렇게 말한다. "그러므로 예수께서 자기를 믿은 유대인들에게 이르시되 '너희가 내 말에 거하면 참으로 내 제자가 되고, 진리를 알지니 진리가 너희를 자유롭게 하리라'"(요 8:31-32). 제자가 되는 일이 진리를 아는 일에 선행한다. 제자가 되지 않으면 진리를 알 수 없다. 제자가 되지 않으면 그저 정보를 얻을 수 있을지 몰라도 살아있는 진리는 얻을 수 없다.

1. '소비자 중심적 복음'에서 '복음의 급진성과 불온성'으로

한국교회는 진정한 제자도를 상실했다. 한국교회의 목회자와 성도들은 자기를 부인하고 자기 십자가를 지고 예수님을 따르며 약함과 어리석음의 길을 가는 자가 아니라, 넓은 문, 넓은 길, 인정받고 축복받는 길, 자기만족과 행복을 추구하는 길, 권력과 부를 탐하는 길, 번영과 성공만을 추구하는 길을 가고 있다. 그들은 하나님을 작고 젠틀하게 만들고 싶어 한다. 그래야 자신의 마음대로 통제할 수 있기 때문이다. 그 결과 하나님을 애완견 하나님, 산타클로스 하나님, 자동판매기 하나님으로 만들어버렸다. 하나님이 자신을 통치하도록 하는 것이 아니라 자신이 하나님을 통제하려 한다. 현대 소비자들은 하나님을 자기 취향에 맞게 길들이려 한다. 자신을 하나님의 취지에 맞춰 조정하고, 그분의 뜻에 순종하려 하지 않는다. 소비자 중심적 교회는 하나님을 다루기 쉽고 다가가기 쉬운 대상으로 만든다. 급진적 변화를 요구하지 않는 신, 나의 요구를 들어줄 수밖에 없는 신, 내 마음대로 조정할 수 있는 신, 나의 형통과 축복을 보장해 주는 신으로 하나님을 만들어 버린다. 이렇게 내 손 안에 있는 작은 신은 하나님이 아니라 우상이다. 하늘에 계신 아버지가 아니라 땅의 신들이다. 인간을 만든 하나님이 아니라 인간이 만든 하나님이다. 왕이신 하나님이 아니라 종과 같은 하나님이다. 이처럼 제자도가 사라지면 기독교는 우상숭배적 종교로 전락한다.

초기 교회는 현대인의 종교와 달랐다. 그들에게는 급진성과 불온함이 있었다. 사도행전 17:6을 보면 그들의 별칭은 "천하를 어지럽게 하던 이 사람들"(개역개정) 혹은 "세상을 소란스럽게 하는 자들"(공동번역)이었다. 영어성경(KJV)은 이 말씀을 "세상을 전복하는 자들"(These that have turned the world upside down)로 번역했다. 복음에 정복당한 사람들은 이 세상의 가치와 질서에 동화되지 않는다. 복음은 이 세상의 질서를 근본적으로 뒤집는다. "세상을 소란케 하는 자들"이라는 별칭을 가지고 있는 자들이 전한 복음은 체제전복적인 급진성과 세상을 소란케 하는 불온함이 있었다. 왜냐하면 복음 자체이신 예수가 급진성과 불온함을 가지고 사셨기 때문이다. 그분의 존재 자체가 급진적이고 불온했다. 인간이면서 하나님의 아들이라니! 하나님의 아들이 육신을 입고 이 땅으로 오셨다니! 그분은 성전체제를 근본적으로 무너뜨리셨고, 안식일을 의도적으로 어기셨으며, 왕과 제사장과 사두개인과 바리새인을 혹독하게 비난하셨고, 그들과 대결하기를 마다하지 않으셨다. 그분은 세리와 창녀와 병자와 사마리아인과 죄인들의 친구였기에 너무나 급진적이고 불온한 존재였다. 그분은 가만히 놔두면 안 되는 존재, 즉 십자가에서 죽을 수밖에 없는 존재였다. 하지만 그는 부활했다. 악한 권세가 그를 죽음에 가둘 수 없었다. 그는 다시 부활해서 자신의 제자에게 성령을 부어주시고 자신처럼 살도록 하셨다. 자신의 이야기를 기억하는 공동체, 그 이야기를 자신의 삶에 적용하는 공동체, 산상수훈의 윤리를 급진적으로 살아내는 공동체, 자신처럼 십자가에 달려 죽을 수밖에 없는 공동체를 창설한 것이다. 이것이 바로 복음의 능력이 살아있는 기독교요, 급진적인 기독교요, 불온한 기독교요, 로마를 정복한 기독교다. 하지만 현대교회는 이런 급진성과 불온함을 상실해 버렸다. 목숨을 걸고 황제를 부인하고, 다른 임금이신 예수를 선포함으로써 세상을 소란케 한 불온하고 전복적이고 급진적인 제자들이 한국교회에는 없다. 예수님처럼 핍박받고 고난당하는 제자는 사라지고 로마 제국과 유대 당국의 권력에 순응하고 적응하는 신자들만 교회에 넘쳐난다. 그렇기에 기독교가 경건의 모양은 있으나 경건의 능력을 상실한 것이다. 지금까지 한국교회의 교인은 월요일부터 토요일까지 세상 사람들과 다를 바 없이 살고, 세상에 어떤 영향력도 주지 못하며, 일요일에만 종교적 의무를 다하는 선데이 크리스천에 불과했다.

2. '믿음과 행위의 분리'에서 '온전한 순종과 열매'로

기독교의 복음이 반쪽짜리 복음이 되어버렸다. 이제는 반쪽짜리 복음이 아니라 온전한 복음을 증거해야 한다. 예수 그리스도께서 "구주"(Savior, 그리스도)가 되실 뿐만 아니라 우리의 임금이며 "주"(Lord, 주)가 되신다는 사실을 온전하게 선포해야 한다. 예수님은 죄인을 구원하실 뿐 아니라 온 우주를 통치하시는 분이다. 사도행전에서 베드로가 선포한 복음을 보라. "너희가 십자가에 못 박은 이 예수를 하나님이 주와 그리스도가 되게 하셨느니라"(행 2:36). 이것은 마태복음 16장의 고백과 다르다. 가이사랴 빌립보에서의 고백은 "그리스도" 뿐이었다. 그런데 십자가와 부활 그리고 승천을 경험한 베드로는 예수를 "주"와 "그리스도"로 고백하고 있다. 십자가와 부활을 통과한 베드로에게 온전한 복음이 정립된 것이다. 그에게 이제 예수는 주와 그리스도이시다. 여기서 그리스도보다 주가 앞서 고백되고 있다는 사실에 주목하자. 귀신들도 예수님이 그리스도라는 사실을 알고 베드로처럼 신앙고백을 했다. "여러 사람에게서 귀신들이 나가며 소리 질러 이르되 '당신은 하나님의 아들이니이다'"(눅 4:41). 그러나 귀신들은 예수님을 주라고 고백하지 못한다. 귀신들에게는 그리스도와 주가 같지 않다. 그들에겐 예수가 그리스도는 될지 몰라도 주는 되지 못한다. 귀신들에게 그리스도는 예수지만 주는 사탄이다. 이처럼 예수님이 그리스도라는 것을 인지적으로 안다는 것만으로 진정한 믿음이라고 할 수 없다. 예수를 주와 그리스도로 인정해야 한다. 그를 주로 고백한다는 것은 그의 통치를 온전히 받아들이는 것을 말하며, 그의 명령에 절대적으로 순종하는 것을 의미한다. 믿음과 순종은 별개가 아니다. 귀신은 절대로 이것을 할 수 없다. 오직 그리스도인들만이 예수님을 주와 그리스도라고 동시에 고백할 수 있다. 제자는 하나님의 통치를 인정하기 때문에 십자가를 지는 자들이다. 그들은 정사와 권세를 밝히 드러내고, 그것을 패배시키며, 하나님의 정의를 하나님의 사랑의 방식으로 이루기 위해 십자가를 짊어지는 자들이다.

우리의 신앙은 믿음만이 아니라 행함으로 온전해진다. 믿음은 오직 행함으로만 증명된다. 복음은 선물인 동시에 과제이며, 은혜인 동시에 사명이기에 진실한 믿음과 진실한 열매를 동시에 요구한다. 따라서 믿음이 인지적 동의 차원에 머물면 안 된다. 믿음은 반드시 행함을 동반해야 한다. 그동안 "그리스도를 믿어 은혜로 구원받는 것"이 너무나 중요하다 보니 갈라디아서 2:16에 나오는 "예수 그리스도의 믿음"(pistis christou)을 "예수 그리스도를 믿는 것"(Faith in Jesus Christ)으로 해석했다. 그리스어의 소유격을 목적격으로만 해석한 것이다. 이렇게 번역하다 보니 예수 그리스도를 믿는 우리의 믿음이 중요하게 되었고, 예수 그리스도를 믿는 믿음이 마치 구원의 통로가 되는 것처럼 여겨져, 믿음이라는 것이 또 하나의 공로처럼 되었다. 번영신학에서는 "무엇을 믿어야 하느냐"는 믿음의 내용이 중요한 것이 아니라 믿는 행위 자체가 중요하고, 진정한 믿음보다는 "믿음을 믿는 것"이 중요하다.[3] 믿으면 무엇이든지 이루어진다는 믿음의 능력을 믿음의 내용보다 중요하게 여기는 것이다. "예수 그리스도를 믿음"도 마찬가지다. 진정으로 예수 그리스도를 믿는다는 것이 무엇인지가 중요한 것이 아니라 단순히 행함이 아닌 믿음으로 구원받는다는 명제를 믿는 것이 더 중요해졌다. 그러다 보니 믿음과

---

3   행크 해네그래프, 김성웅 역, 『바벨탑에 갇힌 복음』(새물결플러스, 2010), 이 책은 번영신학의 본질을 파헤친 탁월한 책이다. 이 책의 제2부 "믿음을 믿음"을 참고하라.

행함이 분리되어 버렸고, 믿음 안에 있는 제자도의 요소가 제거됐다. 행함이 없는 믿음이 논리적으로 가능해진 것이다.

하지만 "예수 그리스도의 믿음"을 목적격적 소유격이 아니라 주격적 소유격으로 번역하면 그 의미가 달라진다. "예수 그리스도의 믿음"이 "예수 그리스도께서 보이신 믿음"(Faith of Jesus Christ)으로 해석되기 때문이다.[4] 그렇다면 예수 그리스도께서 보이신 믿음은 도대체 무엇인가? 예수 그리스도의 믿음은 통치와 충성이라는 관점에서만 제대로 이해될 수 있다. 예수 그리스도의 믿음은 하나님의 통치 방식과 그분의 뜻에 대한 완전한 신뢰와 순종과 충성이다. 믿음은 곧 신뢰이자 순종이며 충성이다. 따라서 예수 그리스도의 믿음은 하나님에 대한 예수 그리스도 자신의 신실함이 된다. 그는 십자가에 달려 죽는 그 순간까지도 하나님을 향한 신실함을 보여주셨다. 아니, 십자가에 달려 죽으심으로써 하나님을 향한 신실함을 보여주셨다. 우리는 우리가 가진 믿음의 능력 때문이 아니라 바로 이 예수 그리스도의 믿음 때문에 값없이 구원을 얻는다. 그런데 이 선물은 우리로 하여금 하나님의 뜻을 십자가적 방식으로 성취하도록 도전한다. 예수 그리스도의 믿음을 믿는다는 것은 그의 믿음에 참여하는 것이다. 예수 그리스도의 순종, 곧 예수 그리스도의 믿음으로 구원을 받는다는 것은 우리가 그의 믿음 안으로 들어가고 그 믿음이 우리 안으로 들어와서 우리가 그리스도의 믿음, 즉 그리스도의 순종으로 반응하는 삶을 살게 된다는 것을 의미한다. 믿음으로 믿음에 이르게 되는 것이다(롬 1:17). 그리스도의 믿음으로 말미암아 우리가 진정한 믿음에 이르게 된다. 물론 예수 그리스도의 믿음을 목적격과 주격

---

4 김영석, 우진성 역, 『바울의 삼중신학』(삼인, 2015), 141-142쪽.

모두로 해석할 수 있는 통전적인 믿음이 중요하다. 그리스도를 믿는 믿음과 그리스도께서 보이신 믿음에 참여하는 믿음은 서로 분리될 수 없기 때문이다. 미로슬라브 볼프는 이렇게 말한다. "예수 그리스도와의 인격적 동일화가 없다면, 그가 누구인지에 대해서 인지적으로 설명하는 것은 공허할 뿐이다. 그러나 예수 그리스도가 누구인지에 대한 인지적 설명 없이는 예수 그리스도와의 인격적 동일화는 맹목적이다."[5]

 예수 그리스도 그분은 우리의 구세주이자 우리의 주님이시다. 진실한 믿음과 진실한 열매는 분리될 수 없다. 그렇다면 칭의와 성화도 분리될 수 없다. 한국교회의 구원론에는 칭의와 성화가 분리되어 있다. 신학적으로는 분리되지 않는다고 주장하지만 실제 신앙생활에 있어서는 완전히 분리되어 있다. 한국교회에서는 법정적 칭의 개념만이 전부인 것처럼 가르친다. 자연스럽게 성화는 칭의 다음에 오는 부차적인 것으로 여겨진다. 왜 그런가? 성화는 구원에 전혀 영향을 끼치지 못하기 때문이다. 성화된 삶을 살면 좋겠지만 믿음으로 구원을 이미 받았으니 꼭 그렇게 살지 않아도 된다. 여기에는 자기를 부인하고 자기 십자가를 지는 삶을 반드시 살아야 하는 제자도나 그의 나라와 의를 구함으로써 진정한 삶의 열매를 맺어야 한다는 윤리의식이 결여되어 있다. 이런 구원론 때문에 한국교회는 오직 영혼 구원에만 목을 매게 되었고, 윤리가 없는 기독교, 삶의 변화가 없는 기독교, 공적 영역에 대한 대안이 없는 기독교가 되어버렸다. 이런 구원론은 결국 야고보서의 말씀을 과소평가하게 되는데, 이는 행함이 없는 믿음은 죽은 믿음이며, 의롭다하심을 받는 것이 단지 믿음만이 아니라 행함으로도 된다는 사실을 무시하게

---

5 미로슬라브 볼프, 황은영 역, 『삼위일체와 교회』(새물결플러스, 2012), 252쪽.

된다. 또한 "각 사람의 행위대로 심판하시는 이를 너희가 아버지라 부른즉 너희가 나그네로 있을 때를 두려움으로 지내라"(벧전 1:17)는 베드로의 말씀도 과소평가하게 된다. "내가 이미 얻었다함도 아니요 온전히 이루었다함도 아니라. 오직 내가 그리스도 예수께 잡힌 바 된 그것을 잡으려고 달려가노라"(빌 3:12)라고 말한 바울이 우리에게 "두렵고 떨림으로 너희 구원을 이루라"(빌 2:12)고 한 말씀도 과소평가하게 된다. 한국교회는 구원의 확신만을 심어주려고 하지, 두렵고 떨림으로 구원을 이루라고 말하지 않는다.

하나님의 아들 예수 그리스도께서 자기 생명을 십자가에 내어줌으로 이루신 구원이 이렇게 값쌀 리 없다. 이제 칭의와 성화를 다시 생각해야 한다. 김세윤 교수에 의하면 칭의와 성화는 "하나님의 백성 됨"이라는 같은 실재를 말하는 동의어로서(고전 6:11), 그 실재를 서로 다른 그림언어로 표현한 것이다.[6] 칭의는 우리가 이제 죄로부터 벗어나 하나님과 의로운 관계를 갖게 되었다는 것이고, 성화는 세상의 오염으로부터 정화되어 하나님과 거룩한 관계를 갖게 되었다는 것이다. 바울은 인간의 근본 문제를 하나님께 불순종한 죄로 보고 율법과 관계하여 구원론을 펼칠 때는 칭의의 개념을 사용하나, 인간의 근본적인 문제를 세상의 오염으로 보면서 율법의 문제와 연결하지 않고 구원론을 펼칠 때는 성화의 개념을 사용한다. 따라서 칭의 뒤에 성화의 단계가 있다는 식으로 말할 것이 아니라, 칭의나 성화 둘 다 하나님과 올바른 관계에 들어감을 동일하게 말하는 것으로 이해해야 한다. 칭의 다음 성화가 아니라

---

6 김세윤, 『칭의와 성화』(두란노, 2013), 칭의와 성화와의 관계, 진입과 머무름에 관한 논의는 이 책의 내용에 의지한 것이다.

칭의와 성화가 동시에 시작되는 것이다. 칭의와 성화 모두 "이미" 이루어졌지만 "아직" 온전히 이루어지지 않았기에 종말론적 완성을 향해 나아가는 과정에 있다. 칭의와 성화 모두 이 과정 속에서 하나님의 뜻을 좇아 삶으로 죄를 짓지 말고 의를 행하며, 세상의 오염을 피하고 거룩하고 순결한 삶을 살아야 한다는 요구를 각각 그 자체 내에 담고 있는 것으로 이해해야 한다.

성경은 구원에 대해서 말할 때 진입(getting in)과 머무름(staying in)을 동시에 말한다. 이 머무름을 사도 바울은 "서 있음"이라고 표현한다. 진입은 하나님의 은혜로 말미암아 하나님과 회복된 관계로 진입하였음을 의미한다. 이렇게 하나님의 백성 됨에 진입한 자는 그 은혜에 머물러 그 안에 굳게 서고 주님의 재림을 통하여 하나님의 영광을 얻을 때까지 그리스도의 부르심에 순종하며, 고난 속에서도 믿음과 소망을 가지고 인내하며 살아간다(롬 5장; 고전 15:1-2; 엡 6:13). 사도 바울은 단지 우리가 은혜로 구원받아 하나님의 백성으로 진입한 것만을 강조한 것이 아니라, 그 안에 머물러 서서 두렵고 떨림으로 구원을 이루어가는 것도 강조한다. 하나님의 은혜로 시작된 구원을 계명에 대한 순종과 열매 맺는 삶을 통해 완성해야 한다고 바울은 말한다. 그 믿음의 순종과 삶의 열매가 심판의 기준이 된다. 바울은 순종과 열매가 없는 삶을 살게 되었을 때의 결과를 준엄하게 경고한다(고전 10:12; 롬 11:22; 골 1:22-23). 이런 말씀 앞에서 두려움과 떨림을 가지지 않을 사람이 누가 있겠는가? 두려움과 떨림이 없는 복음은 반쪽짜리 복음이요 싸구려 복음이다.

그렇다면 "두렵고 떨림으로 너희 구원을 이루라"는 말은 우리 힘으로 구원을 얻으라는 말인가? 그렇지 않다. 순종과 열매가 없으면 구원을 이룰 수 없지만 그것을 자기 힘으로 성취하라는 말이 아니다. 그렇게 말하면 행위구원이 되어버린다. 우리는 하나님의 계명에 대한 철저한 순종과 하나님의 말씀을 듣고 행하여 열매 맺는 삶을 반드시 살아야 한다. 하지만 그것은 내 힘으로 하는 것이 아니라 주님의 은혜와 성령의 능력으로 하는 것이다. 우리 안에 성령께서 내주하신다. 제자의 길을 가는 것은 나의 힘과 능력으로 되는 것이 아니다. 오직 성령의 능력으로 되는 것이다. 우리 힘으로 할 수 없는 것을 성령의 능력으로 가능케 하시려고 하나님과 예수님은 성령을 우리에게 선물로 주신 것이다. 우리는 불가능하나 성령은 가능하시다. 물론 이것이 지금 여기서 완전한 삶을 살게 된다는 것을 의미하지는 않는다.

3. '교회와 세상의 분리'에서 '위대한 명령과 위대한 계명의 통합'으로

한국교회는 교회와 세상, 현세와 내세, 신앙의 영역과 비신앙의 영역을 분리시키는 이원론적 사고방식과 비역사적이고 내세주의적 신앙관을 버리고 위대한 명령과 위대한 계명을 통합해야 한다. 모든 족속을 제자 삼고 땅 끝까지 증인이 되라는 위대한 명령(대위임령)과 이웃을 내 몸과 같이 사랑하며 선한 일을 행하라는 위대한 계명을 받은 제자 공동체는 이미와 아직의 도상에 있는 순례자들의 공동체로서 종말론적 희망을 품고 온전히 하나 되어 서로 사랑하는 선교 지향적 공동체를 세워가야 한다. 위대한 명령과 위대한 계명은 서로 분리된 것이 아니라 하나다.

세계적인 복음주의 신학자 존 스토트는 『현대 기독교 선교』에서 복음전도와 사회참여의 통합을 주장한다.[7] 그는 그동안 선교와 전도를 구분하지 않고 구두 선포로서의 전도를 선교로 이해한 전통적인 견해와, 샬롬을 사회개혁 프로그램과 동일시하고 복음전도를 약화시킨 에큐메니칼 진영을 모두 지양한다. 복음전도와 사회참여는 어떤 관계일까?

첫째는 사회활동을 복음전도의 수단으로 간주하는 방법이다. 이렇게 될 때 사회활동의 대상자들은 자신이 수단화되는 것을 경험하게 되고 섬김의 진실성을 느끼지 못한다. 둘째는 첫 번째보다 나은 관점인데, 사회참여를 복음전도의 표현 혹은 복음의 가시화로 간주하는 것이다. 사회참여는 전도의 성례라 할 수 있다. 그것이 메시지를 가시적으로 만들기 때문이다. 사회참여가 전도를 위한 준비가 아니라 이미 전파 자체인 것이다. 세 번째가 가장 성경적인 관점이라고 할 수 있는데, 그것은 바로 사회참여가 복음전도의 동반자라는 것이다. 복음전도와 사회참여는 동반자로서 서로에게 소속되어 있으면서도 독립적이다. 양자는 각자의 위치에 독립적으로 서 있으면서도 상호 협력적이다. 양자는 각기 다른 편의 수단이거나 그것의 표현이 아니다. 각기 그 자체가 하나의 목적이기 때문이다. 양자 모두 순수한 사랑의 표현이다. 사랑은 그 자체를 정당화할 필요가 없다. 사랑은 그것이 요청되는 곳이면 어디서나 봉사의 형태로 그 자체를 표현할 뿐이다. 선교는 세상의 빛과 소금으로서 존재하는 교회의 이중적 사명을 수행한다. 그리스도는 자기 백성을 땅에 보내 소금이 되게 하시며, 그 백성을 세상 속으로 보내 빛이 되게 하신다. 따라서 기독교의 선교는 복음전도와 사회참여를 포괄한다. 선교는 하나님께서 자기 백성을 세계 속으로 보내어 수행하게 하시는 모든

---

[7] 존 스토트, 김명혁 역, 『현대 기독교 선교』(성광문화사, 1981).

일을 포괄하는 말이다. 이는 위대한 계명과 위대한 명령을 아우르는 통전적인 개념이라 할 수 있다.

하지만 복음전도와 사회참여를 아우를 뿐 아니라 복음전도의 내용 자체를 좀 더 풍성하게 할 필요가 있다. 전도는 단지 기쁜 소식을 선포하는 것에 머물지 않는다. 마태복음 28:18-20의 위대한 명령에서 주동사는 "제자 삼으라"이다. 제자 삼기 위해 세례를 주고 주님께서 분부한 "모든 것"을 가르쳐 지키게 하는 것이다. 세례를 준다는 것은 개인의 중생이라는 의미도 있지만 공동체적 차원, 즉 새 언약의 공동체이자 종말론적 공동체로의 편입이라는 의미가 있으며, 모든 것을 가르쳐 지키게 하는 것은 진정한 제자 공동체가 되도록 다른 지체를 섬긴다는 의미다. 땅 끝까지 이르러 증인이 된다는 것은 다른 이를 제자 삼는 것을 의미한다. 제자도의 핵심은 다른 이를 제자 삼는 것이다. 사과나무 열매는 단순히 사과 열매들이 아니라 또 다른 사과나무다. 이것이 진정한 사과나무 열매. 제자가 또 다른 제자를 낳고 자라게 할 때, 진정한 제자의 열매가 열리는 것이다. 더 나아가 제자 삼는 사역은 내 제자가 다른 제자를 양육하는 것을 돕는 데까지 나가야 한다. 그런 의미에서 제자의 진정한 열매는 자신의 제자가 또 다른 제자를 양육하는 것이다. "또 네가 많은 증인 앞에서 내게 들은 바를 충성된 사람들에게 부탁하라. 그들이 또 다른 사람들을 가르칠 수 있으리라"(딤후 2:2).

새 언약의 공동체이자 종말론적 공동체로의 참여가 제자 삼기의 핵심이라는 주장에는 더 큰 신학적 함의가 있다. 그레고리 비일은 『성전 신학』에서 대위임령을 성전 신학의 관점으로 해석한다.[8] 이 책에 의하

---

8   그레고리 K. 비일, 강성열 역, 『성전 신학』(새물결플러스, 2014).

면, 마태는 복음서를 쓸 때 역대기의 구조를 그대로 가지고 온다. 역대기의 초반부는 족보로 시작하고 마지막은 성전 건축 명령으로 끝난다. 마태복음 1장의 족보는 역대상 초반부의 족보를 따르고 있고, 마태복음의 마지막 절들인 대위임령은 역대하 마지막 구절을 그대로 따르고 있다. 그렇다면 마태가 제자 삼으라고 할 때 그 의미는 성전을 건축하라는 명령이다. 성전 건축이란 무엇을 의미하는가? 이 책의 부제 "하나님의 임재와 교회의 선교적 사명"이 그 의미를 정확하게 표현한다. 제자 삼는다는 것은 세상 사람들을 하나님의 백성으로 삼아 하나님이 임재하는 하나님의 성전이 되도록 하는 일이며, 온 세상이 하나님이 임재하는 에덴 동산, 즉 하나님의 성전이자 새 예루살렘이자 새 하늘과 새 땅이 되도록 하는 선교적 사명이다. 이것은 창세기 1:28의 명령과 연속선상에 있다. 왕 같은 제사장으로 살아가는 삶이 곧 성전 건축이다. 우리 힘으로 이루는 것이 아니라 십자가와 부활을 통해 이루신 것을 증언함으로써 그리고 하나님 나라와 그의 의를 위해 죽도록 충성하는 신실한 증인이 됨으로서 성전을 건축하는 것이다. 선교가 복음전도와 사회참여를 포괄하는 것이 아니라 위대한 명령 자체가 이미 복음전도와 사회참여를 포괄하는 명령이다. 그리고 성전 건축은 이 모든 의미를 포괄한다.

크리스토퍼 라이트에 의하면 성경에 나오는 명령법은 항상 직설법에 근거한다. "야웨 하나님이 하신 일은 이것이다." 그다음에 율법이 그에 상응하는 명령법을 표현한다. "그렇다면 이제 그런 사실들에 비추어 너희는 이렇게 행동해야 한다"는 것이다. 기본적으로 은혜가 율법보다 우선한다. 대위임령 역시 동일한 양식을 가지고 있다. 직설법이 나온 다음 명령법이 나온다. "하늘과 땅의 모든 권세를 내게 주셨으니"라는 직설법이 먼저 나온다. 십자가에 달려 죽으시고 부활하신 예수의 정체성과 권위는 우주론적 직설법이자 선교명령에 권한을 부여하는 근거다. 그렇다면 선교적 해석학은 단지 "위대한 명령"(Great Commission)에 순종하라고 요구하거나 "위대한 계명"(Great Commandment)의 선교적 함의를 성찰하는 것으로 만족하지 않는다. 그 둘의 배후에서 위대한 "의사소통"(Great Communication), 곧 하나님의 정체성, 세상에서 역사하시는 하나님의 행동, 그리고 모든 피조물을 위한 하나님의 구원 목적을 발견하는 것이다.[9] 하나님이 먼저 선교하신다. 하나님이 먼저 성전을 건축하신다. 하나님이 먼저 제자를 삼으신다. 위대한 명령과 위대한 계명은 하나님의 선교를 위한 위대한 의사소통에 근거한다.

4. '사제주의적 권위주의'에서 '은사적 평등 공동체'로

기독교 용어 중 가장 왜곡된 것 하나를 뽑으라고 한다면 바로 평신도라는 말일 것이다. 현재 널리 사용되고 있는 평신도라는 말은 제사장적 특권을 가지고 전문적으로 교회 일을 하는 성직자와 대비되는 뜻으로 쓰이고 있다. 흔히 성직자 혹은 교역자가 교회의 일을 하고, 그보다 계급이 낮은 평신도는 교역자를 도와 교회 일을 돕는 자라고 생각한다. 그러나 이것은 명확한 성경 왜곡이다. 성경적으로 볼 때 평신도는 현대 교회가 구분하고 있는 성직자와 평신도를 모두 포함한 하나님의 백성 전체를 의미하는 단어다. 성직자를 포함해서 그리스도 안에 있는 모든 성도는 평신도다. 평신도, 즉 하나님의 백성 전체는 "왕 같은 제사장

---

9 크리스토퍼 라이트, 한화룡 역, 『하나님의 선교』(IVP, 2012), 70-72쪽.

이요 거룩한 나라요 그의 소유된 백성"(벧전 2:9)이기 때문이다. 성직자와 평신도의 구분은 성경에서 나온 것이 아니라 고대 그리스-로마의 영향으로 나뉜 것이다. 그리스-로마의 행정 제도에는 두 계층이 있었는데, 한 계층은 "클레로스"(kleros) 곧 행정관들이었고, 다른 계층은 "라오스"(laos) 곧 무식하고 교육받지 못한 시민들이었으며, 여기서 평신도를 뜻하는 laity라는 말이 나왔다. 그 후 교회가 교권화되면서 성직자와 평신도라는 두 개의 계급이 형성되었다. 은사주의에서 사제주의로 전환이 일어난 것이다. 그러나 이것은 성경적으로 볼 때 전혀 맞지 않다. 성경에서는 모든 성도가 제사장이요, 성직자요, 평신도요, 하나님의 백성이라고 말하기 때문이다.

성직자와 평신도가 나뉘어지다 보니 하나님의 일(혹은 교회의 일)은 모두 성직자가 하고, 평신도는 단지 구경을 하거나 소수의 헌신자만 성직자가 하는 일을 돕는다고 생각한다. 일반적인 교회의 경우, 20%의 성도만 봉사를 하고, 80%는 구경꾼에 불과하다. 마치 축구경기를 구경하는 구경꾼처럼 말이다. 감독과 선수에 해당하는 사람들만 열심히 뛰고 나머지 성도들은 구경꾼이다. 이러다 보니 성직자 혹은 소수의 헌신자들만 접시돌리기를 하고 있다. 이쪽 접시가 떨어지려 하면 얼른 가서 돌려주고, 저쪽 접시가 떨어지려 하면 서둘러 쫓아가서 돌려주는 일을 반복한다. 그러다가 결국엔 탈진한다. 평신도가 하는 일의 가치를 제대로 인정해주지 않는 것도 문제다. 교회에서 하는 일은 낮은 등급의 일이라고 생각하고 세상에서 하는 일은 주님의 일과 상관없는 세속적인 일로 치부한다. 이것은 성경적으로 잘못된 것이다. 평신도의 사역은 성직자와 마찬가지로 동일한 소명에 근거하고, 하나님 나라를 이 땅에 이루며, 그리스도의 몸된 교회를 온전하게 세우는 사역이라는 인식의 전환이 필요하다. 모두가 한 마음 한 뜻으로 서로 협력하면서 동일한 가치를 이루어 가는 사역이라는 인식이 필요하다. 평신도의 정체성과 가치, 그리고 평신도의 사역이 회복되지 않으면 진정한 교회로 세워질 수 없다.

물론 이런 잘못된 평신도 개념에 반기를 든 종교개혁이 있었다. 그러나 첫 번째 종교개혁은 온전하지 않았다. 바른 구원관을 확립하고 성경을 평신도에게 돌려준 혁명적인 사건이 종교개혁이었지만 그럼에도 아쉬운 것이 많다. 첫 번째 종교개혁은 교회론 보다는 구원론(개인적 차원)에 치중했다. 그렇다 보니 갱신에 부적합한 교회 구조를 만들어 냈다. 그것은 단지 설교자가 사제를 대체했을 뿐이다. 신학교육도 가톨릭의 신학 체제를 그대로 수용했다. 안수를 통해 성직자를 세우지만 평신도 사역을 공인하는 절차는 전무하였고, 적절한 평신도 영성을 가르치거나 촉구한 적도 거의 없었다.

이러한 첫 번째 종교개혁의 한계를 넘어 제2의 종교개혁이 일어나고 있다. 첫 번째 종교개혁이 성경을 평신도에게 돌려주었다면, 제2의 종교개혁은 사역을 평신도에게 돌려주는 것이다. "그가 어떤 사람은 사도로, 어떤 사람은 선지자로, 어떤 사람은 복음 전하는 자로, 어떤 사람은 목사와 교사로 삼으셨으니 이는 성도를 온전하게 하여 봉사의 일을 하게 하며 그리스도의 몸을 세우려 하심이라"라는 에베소서 4:11-12의 말씀처럼 교회 지도자는 성도를 온전하게 하는 일에 힘써야 한다. 교회 지도자는 성도를 구비시키는 사역을 하고, 이렇게 온전하게 된 성도가 봉사의 일을 하며 교회를 세우는 것이다. 성직자나 소수의 사람들이 교회를 세우는 것이 아니라 모든 성도가 봉사를 하며 교회를 세우는 일에 동참해야 한다. 모든 성도가 사역자다. 물론 교회를 세우는 일은 단지 교회 내의 일만을 말하는 것이 아니라 선교적 사역 전체를 포괄한다.

이런 원리에 의해 교회 내 조직문화는 위계적 권위주의 구조가 아니라 평등적 민주주의 구조로 나아가야 한다. 종종 카리스마적 리더십을 가진 교회 리더가 자신의 독점적 권력을 정당화하기 위해 신본주의를 주창하는 경우가 있는데, 이것은 무지의 소치다. 성경은 민주주의를 지지하지 않고 신본주의를 주장한다고 말하는 대부분의 사람은 군주적·독재적·독점적 권력구조의 최상층에 자리 잡고 있는 사람임을 알 수 있다. 신본주의는 민주주의의 반대어가 아니다. 신본주의의 반대어는 인본주의다. 신본주의와 연결되어 있는 단어가 신정정치다. 신정정치 역시 군주제적 제도를 정당화하는 것으로 많이 사용되고 있다. 하지만 이 또한 무지의 소치다. 신정정치 자체는 특정한 정치체제를 지칭하는 단어가 아니다. 성경에 나오는 특정한 모델을 우리가 반드시 따라야 할 모델로 받아들여서도 안 되지만, 성경에서 말하는 신정정치의 근사치적 모델은 사사 모델이다. 사사 모델은 상비군이나 왕정체제를 거부한다. 오직 필요에 따라 성령의 기름부음이 임하면 부르심에 따라 사역을 하고 다시 원위치 하는 제도다. 신정정치를 부르짖는 이들이 흠모해 마지않는 왕정체제는 하나님이 왕으로 통치하는 것을 반대한 자들이 요구한 반역적 제도다. 하나님이 마지못해 허락하기는 했지만 기본적으로 왕정체제란 신정정치를 거부하는 체제인 것이다.

교회는 그리스도의 몸이요, 교회의 머리는 그리스도다. 이것만큼 민주주의적인 정의가 없다. 주님 외에 그리스도의 몸을 이루는 그 어떠한 지체도 머리 역할을 할 수 없기 때문이다. 머리는 오직 그리스도 한 분 뿐이다. 나머지는 지체일 뿐이다. 유기체적 모델은 특정한 조직 형태의 불변성을 전제한다는 점에서 한계를 가지고 있으나 위계적 조직구조를 반대한다는 점에서는 장점을 가지고 있다. 몸의 비유를 통해 사도 바울이 말하고 싶었던 것은 교회가 다양성 안의 일치, 일치 안의 다양성, 상호의존성과 상호책임성의 성격을 가지고 있으며, 은사 공동체이자 민주 공동체라는 것을 보여주기 위함이다. 교회가 교회다우려면 다양한 부류의 사람들과 다양한 은사를 가진 사람들이 교회의 주체가 될 수 있도록 해야 하며, 권력이 민주적으로 분산되고 다원적 균형을 이루며, 민주주의적 소통과 합의가 이루어져야 할 것이다. 더군다나 참여와 소통, 개방과 공유의 정신을 가지고 있는 웹 2.0세대에게 교회의 비민주성은 시대에 뒤떨어진 조직이라는 인상을 줄 수 있고, 결국에는 교회를 멀리하게 된다는 사실을 인식할 필요가 있다.

하지만 평신도 신학과 민주주의적 구조를 이야기할 때 주의할 것 두 가지가 있다고 생각한다. 하나는 민주주의가 민원주의로 전락하지 않도록 상호책임성과 자율·자립·자치에 근거한 협동의 정신을 살리는 것이다. 책임성과 자율적 협동이 없는 민주주의는 하향평준화와 방종을 낳을 수 있다. 또 하나는 교회의 지도자가 특정한 기능(직무)을 담당하도록 서임될 때, 특정한 권위(직분)도 따른다는 사실을 인식하는 것이다. 심지어는 폐위가 가능한 한시적이고 일시적인 권위가 부여될 때에도 지도자의 권위가 따르지 않으면 기능을 제대로 수행할 수 없고, 공동체는 무질서에 빠질 위험이 있다.

5. '약화되고 왜곡된 교회의 표지'에서 '바르고 정당한 교회의 표지'로

전통적으로 교회의 표지는 세 가지다. 바른 말씀의 선포, 바른 성례전의 시행, 그리고 정당한 권징의 실행이다. 바른 말씀의 선포는 증언과 예언의 사역으로서 예언자적 사역을 나타내며, 바른 성례전의 시행은 치유와 회복의 사역으로서 제사장적 사역을 나타낸다. 그리고 정당한 권징의 실행은 훈계와 징계의 사역으로서 왕적 사역을 나타낸다. 물론 이 또한 서로 분리된 것이 아니기에 통합적으로 사고해야 한다.

첫째는 바른 말씀의 선포다. 하나님의 말씀은 가감 없이 바르게 선포되어야 한다. 한국교회의 설교는 솜사탕같이 달콤한 설교 일색이다. 누가 들어도 편안하고 듣기 좋아할 만한 메시지를 선포한다. 교회 성장에 방해가 될 만한 메시지나 성도들을 불편하게 할 메시지는 선포되지 않는다. 성경 본문의 메시지와 상관없이 어떠한 본문에서도 자기계발을 위한 메시지나 "긍정의 힘"과 같은 메시지를 선포한다. 어디에서도 예언자적 외침을 들을 수 없다. 물론 성경에는 잠언과 같은 책도 있기에 그것 자체가 잘못된 것이라고 할 수 없으나 설교가 지나치게 편중되어 있는 것은 부인할 수 없다. 한국교회 강단의 가장 큰 문제 중 하나는 예언서에 대해 설교하지 않는 것이다. 성경에서 가장 많은 부분을 차지하고 있는 것이 예언서인데도 말이다. 그런데 우리는 예언자적 관점으로 설교하는 것을 거의 들어보지 못했을 뿐 아니라 예언서를 강해하는 것도 거의 듣지 못했다. 한국교회는 예언서를 예수 그리스도에 대한 약속의 근거자료 정도로만 인용할 뿐 제대로 설교하지 않는다. 왜 이렇게 되었을까? 사람들이 예언서의 메시지를 싫어하기 때문이다. 한국교회는 성도들이 싫어하는 설교를 하지 않는다. 성도들이 싫어할 설교를 하면 교회에 오지 않기 때문이다. 이미 종교 소비자가 되어버린 성도들을 교회에 끌어들이려면 그들이 듣기 좋아하는 말만 해야 한다. 또한 설교를 하는 목사들도 예언자적 기능을 상실했다. 예언자로서 훈련을 받아본 적이 없다. 그동안 목사들은 오직 제사장적 기능만을 위해 목회를 했다. 목회자의 기능은 원래 제사장보다 예언자에 가까운데 이것에 대해 배워본 적이 없다. 목회에 성공하는 방법을 배웠을 뿐 예언자로서 살아간다는 것이 무엇인지에 대해서 배우지 않았다. 그렇기에 예레미야 같은 심정으로 설교하는 사람을 볼 수가 없다(렘 23:29). 또한 거짓과 진리를 가르고, 세상 나라와 하나님 나라를 가르고, 영과 육을 가르는 말씀을 듣기 어렵다(히 4:12-13). 따라서 한국교회가 회복되기 위해서는 강단에서 예언자적 설교와 선포가 되살아나야 한다.

둘째는 바른 성례전의 시행이다. 세례는 주와 함께 죽고 주와 함께 살아 새 사람이 되고, 새 언약 공동체의 일원이 되었음을 알리는 예식이며, 중생과 공동체로의 편입을 의미한다. 성찬은 물질과 세상에 대해 긍정하는 "성육신의 신앙", 우리를 위해 자신을 내어주신 구원자 예수를 인정하는 "구원의 신앙", 그분을 먹고 마심으로 그분처럼 살아가는 "본받음의 신앙", 주의 죽으심을 전하는 "증언의 신앙", 그리고 그리스도 안에서 한 몸을 이루는 "일치의 신앙"을 의미한다. 특별히 마지막 신앙의 내용이 매우 중요한데, 성찬이 제사장적 사역인 것은 성찬을 통해 서로 섬기고 용서하고 수용하고 하나가 되기 때문이다. 성례전의 본질은 하나됨이요, 이를 위한 희생과 용서라 할 수 있다. 사실 희생(sacrifice)과 성례전(sacrament)은 동일한 어근을 가지고 있다. 희생은 단순히 어떤 결핍과 손해를 감수하는 것이 아니라 자신의 내어줌과 죽음으로 상대를 살리고 거룩하게 하는 것이다. 진정한 희생은 자신에게 상처 입힌 사람을 용서하는 것이다.

아미쉬 공동체는 자신을 살해한 사람을 용서하는 모습을 통해 세상에 감동을 전해주었다. 그런데 그들의 힘은 성찬에서 나온다. 그들은 일년에 두 번 특별 만찬을 행한다. 여덟 시간 동안 말씀을 듣고 빵과 포도주를 나눈다. 그때 주제가 바로 용서다. 그들은 이렇게 고백한다. "만찬의 의미는 용서입니다. 용서하지 않는 태도를 지니고 있다면 만찬식에 참여할 수 없습니다." 만약 두 사람이 서로 용서하지 않는다면 예배는 참여할 수 있지만 만찬에는 참여할 수 없다. 아미쉬 내에 심각한 의견의 불일치가 있거나 동료를 용서하지 못한 경우가 있으면 몇 주나 몇 달 동안 만찬을 연기하기도 한다. 이처럼 바른 성례전의 시행은 단지 종교적 예식을 집전하는 것이 아니라 온전한 희생과 용서를 통해 하나 되는 공동체를 이루는 것이다.

셋째는 정당한 권징의 실행이다. 이것은 현대 교회에서 거의 불가능해졌다. 어떻게 권징을 할 수 있겠는가? 조금만 불편하거나 마음에 안 들면 옆에 있는 교회로 옮겨버리는데 말이다. 교회가 종교 소비자의 선택으로 결정되는 한 권징은커녕 권면도 어렵다. 한국교회는 훈계와 징계를 통한 왕적 사역이라는 것이 거의 불가능하게 되었다. 그렇기에 진정한 공동체도 불가능하다. 훈계와 징계가 없는 공동체라는 것이 가능한가? 훈계와 징계는 언약공동체일 때에만 가능한데, 그것이 불가능하다는 것은 공동체를 이룰 수 없다는 것을 의미한다. 한국교회에서는 상호이익을 전제로 하기에 언제든지 파기할 수 있는 임시적 계약은 가능해도 상호희생을 전제로 한 공동체적 언약은 불가능하다. 이것이 한국교회가 교회의 본질을 잃어버린 중요한 요소이자 시급히 회복해야 할 교회의 표지다.

5장　　　　　　　　　　　　　　　　　　　　　　　　　공교회성

한국교회의 특징은 개교회 중심주의라는 것이다. 수많은 문제들이 바로 이 개교회 중심주의로부터 발생한다. 개교회 중심주의는 개교회를 완전한 하나의 교회로 보는 회중주의적 시각을 의미하는 것이 아니라 개교회가 스스로의 생존과 발전만을 궁극적인 목적으로 삼는 사고방식을 말한다. 개교회 중심주의는 개교회 자체가 성도들의 신앙생활과 가치관의 중심을 차지하고, 성도들의 신앙의 에너지와 열정을 개교회 안으로 축소하고 제한하며, 개교회의 유지와 성장과 확장에 쏟도록 한다. 개교회 중심주의는 성도들을 성숙한 그리스도인이 되게 하거나 성숙한 시민으로 성장하는 것을 돕고 다양한 삶의 현장과 연결시켜 주는 일을 하지 못한다. 이로 인해 메가처치 현상이 발생했다. 메가처치 현상은 단지 메가처치가 있거나 많다는 것을 말하는 것이 아니라 작은 교회든 큰 교회든 메가처치를 추구하는 현상을 말한다. 즉 메가처치가 광범위한 사회적 영향력까지 갖게 되는 현상을 말한다. 메가처치의 문제점에 대해서는 탁월한 소장 신학자인 신광은의 『메가처치 논박』에 잘 분석되어 있다.[1]

1　신광은, 『메가처치 논박』(정연, 2009), 이 책은 개척 직전에 읽은 책인데 교회의 방향성

신광은은 메가처치 현상이 나타나는 사회적 조건을 다음과 같이 제시했다. 첫째로 모든 것을 평준화하고, 양과 수로 승부하는 대중의 출현, 둘째로 흥분, 자극, 세련미, 추상성, 익명성 등의 특징을 나타내며 무제한 확장 가능한 공간으로의 도시의 폭발, 셋째로 규모의 한계를 극복하게 해주며 목표하는 바를 가장 효율적으로 달성할 수 있게 해주는 방법들의 총화인 테크놀로지, 넷째로 모든 것을 상품으로 만들며 수요와 공급의 법칙에 지배받게 하는 시장 경제의 출현 등이다. 이로 인해 교회 안에는 신앙에 대해 선택권을 가진 고객(소비 주체)이 탄생했으며, 교회는 고객의 필요를 만족시켜주는 다양한 상품을 제공하며 서로 경쟁하는 기업이 되었다. 결국 자본과 시장의 논리에 굴복하게 되었다. 이로 인해 종교시장에서 엄청난 경쟁력을 가지고 대박을 터트린 메가처치들이 나타나게 되었다. 물론 내적인 원인으로는 대부흥 운동과 세계 선교 운동 그리고 교회 성장학의 발달 등이 있겠다. 신광은은 규모의 문제가 교회의 본질과 관련되었다고 강력히 주장한다. 외적 크기는 내적 본질과 본질적으로 연관되어 있다. 너무도 지당한 말이다. 힘과 크기와 배치와 방향의 문제가 본질적인 문제와 연관되어 있지 않다면 도대체 무엇이 본질적인 문제라는 말인가? 크기와 상관없이 교회가 건강하기만 하면 되는 것 아니냐는 문제제기를 많이 하는데, 그는 그런 주장이 본질을 간과한 것이라고 일축한다. 교회가 유기체라면 유기체는 특정 크기 이상으로 자라지 않는 성장의 한계를 가지기 때문에 어느 크기 이상으로 커질 수 없다. 하지만 메가처치는 무한대의 성장을 추구한다. 무한히 확장하

을 정하는 데 매우 중요한 역할을 했다.

려는 암세포의 특징을 나타낸다. 메가처치는 세상과 구별된 거룩이 아니라 상대를 압도하여 통제하는 신성화를 추구하며 탐욕주의와 업적주의에 빠져 있다. 이것은 성경에서 말하는 하나님 나라의 가치와 질서에 위배된다.

메가처치 현상의 중심에는 개교회 중심주의가 있다. 결국 이 개교회 중심주의를 해결하지 않으면 안 된다. 개교회 중심주의를 벗어나기 위해서는 공교회성을 회복해야 한다. 여기서는 "하나의 교회"(una ecclesia)와 "보편적인 교회"(ecclesia catholica)를 합하여 "공교회성"이라고 지칭한다. 일반적으로 하나의 교회나 보편적인 교회 중 하나를 공교회성으로 이해하곤 하지만 나는 이 둘을 동시에 볼 수 있어야만 공교회성을 온전히 이룬다고 본다. 원래 하나의 교회였던 기독교가 1054년 서방 교회와 동방 교회로 분열되었고, 이후에 종교개혁을 통해 구교와 신교가 나뉘었으며, 개신교 내에서 수많은 교단이 분열을 거듭했다. 지금은 심지어 탈 교단화된 메가처치가 가장 이상적인 교회로 취급받는 기현상까지 일어나고 있다. 예수님은 "아버지여, 아버지께서 내 안에 내가 아버지 안에 있는 것 같이 그들도 다 하나가 되어 우리 안에 있게 하사 세상으로 아버지께서 나를 보내신 것을 믿게 하옵소서"(요 17:21)라고 그토록 간절히 기도했건만, 그리스도의 몸된 교회는 처절하게 갈라지고 말았다. 참혹한 풍경이다. 온 몸의 지체들이 찢겨진 채 따로따로 돌아다니는 형국이라니. 하나의 보편적인 교회를 회복하지 못한다면 나중에 우리 주님을 무슨 낯으로 본단 말인가?

최근에 신광은의 두 번째 메가처치 비판서인 『메가처치를 넘어서』를 읽었는데, 고무적인 것은 앞의 책이 주로 분석과 비판이었다면, 이 책은 메가처치의 대안을 소개하고, 공교회성과 공동체성의 회복을 제시하고 있다는 점이다.² 이런 교회론은 이전에 주장했던 작은 교회론을 넘어서는 대안이라 생각한다. 그는 공교회성을 강조하는 가톨릭 교회는 개별 교회의 자유를 제어해 메가처치 현상을 막았고, 공동체성을 강조하는 재세례파 교회는 개별 신자의 자유를 제어해 메가처치 현상을 막았다고 말한다. 그렇다면 한국교회는 양자의 대안을 넘어서는 어떤 대안을 가져야 하는가? 그것은 공교회성과 공동체성을 동시에 이루는 대안이어야 한다. 하지만 나는 여기에 공공성의 회복이 반드시 추가되어야 한다고 생각한다. 그래야 하나님의 선교에 동참하는 선교적 교회의 비전을 통전적으로 이해할 수 있고, 기독교 내적인 대안만이 아니라 사회적 관계 속에서 교회의 적합성에 대한 대안을 제시할 수 있기 때문이다.

우리의 경우 이제 겨우 더불어숲동산교회 사역 1기를 마친 상태이기 때문에 공교회성에 대한 활동은 미미한 상태라 할 수 있다. 공동체성과 공공성을 회복하는 선교적 교회의 사역에 집중했기 때문이기도 하고, 한 교회가 개척 6년 내에 공교회성의 회복에 관한 사역을 펼치기에는 한계가 있기 때문이다. 지금까지는 주요 절기헌금의 절반을 지역의 연약한 교회를 돕는 데 사용하고, 연합활동이나 기독교 기관을 지원하는 데 사용하는 일을 했을 뿐이다. 아마도 공교회성 회복이 사역 2기의 중요한 과제 중 하나가 될 것이다. 하지만 교회적 차원이 아닌 개인적 차원의 연합활동은 꾸준히 해왔고, 교인들에게 설교와 교육을 통해 끊임없이 공교회성을 강조해왔다. 개인적 차원에서도 개척 후 4년 동안 매주 금요일마다 큰숲형제교회 모임에 참여했으며, 3년 전부터 교

---

2   신광은, 『메가처치를 넘어서』(포이에마, 2015).

회 2.0목회자운동에 동참하여 실행위원으로 섬기고 있다. 2년 전부터는 선교적 교회 네트워크(MCNK) 모임에 동참하여 실행위원으로 섬기고 있고, 화성 내 건강한 교회의 회복과 연합을 위한 화목회(화성 목회자 모임의 준말) 모임에 참여하고 있으며, 여러 네트워크와의 강단 교류, 그 외 연합활동을 통해 미약하게나마 공교회성에 기여하려 했다.

공교회성 회복은 한 교회의 차원을 넘어서는 이야기라 많은 에너지와 노력이 필요하다. 앞으로 이 사역을 위해 해야 할 일들을 간략하게 제시해 보면 다음과 같다. 첫째, 먼저 개교회 중심주의에서 하나의 보편적인 교회로 강조점을 옮겨야 한다. 둘째, 경쟁적 성장주의에서 지역연합중심의 동반성장으로 바뀌어야 한다. 셋째, 교단 간 분열에서 전 교단 차원의 연합운동으로 바뀌어야 한다. 넷째, 개교회와 교단 중심주의에서 기독교 생태계 복원으로 강조점이 옮겨져야 한다. 다섯째, 정체된 고정적 조직이 아니라 끊임없이 개혁하는 교회가 되어야 한다. 새 포도주는 새 부대에 담아야 한다. 생명력 있는 교회의 특징은 끊임없는 개혁이다. 개혁된 교회는 끊임없이 개혁하는 교회다. 한국 기독교가 정체되고 고착되어 역사적 퇴물이 되지 않기 위해서는 본질을 붙들면서 시대의 변화에 능동적으로 반응하는 교회가 되어야 한다.

6장　　　　　　　　　선교적 교회(Missional Church)

보통 "선교적 교회"라는 개념을 쓸 때 사용하는 단어는 "미셔널"(missional)이다. 엄밀한 의미에서 이 단어는 신조어가 아니지만, 최근에 이 단어에 새로운 의미를 부여해서 선교적 교회(missional church)를 설명하곤 한다. 이 개념은 교회 자체가 갖고 있는 선교적 사명을 나타내려고 만든 단어라 할 수 있다. 선교적 교회라는 말 속에는 교회의 선교적 활동(missions)이 아니라, 교회 자체가 하나님의 선교(Mission)의 산물이라는 함의가 담겨 있다. 그동안 많은 사람들이 선교를 단순히 교회가 주관하는 프로그램 중 하나로, 교회의 다양한 활동 중 하나로, 소수의 관심 있는 사람들만 참여하는 활동으로, 특정한 소명을 받은 선교 단체의 활동으로 축소하거나 환원해서 이해했다.[1] 선교를 주로 보내는 사명으로 이해한 것이다. 일단 해외로 선교사를 파송하면 선교사가 그곳에 교회를 세우고, 파송 교회가 재정을 지원하는 형식으로 선교를 이해한 것이다. 하지만 선교적 교회 담론은 이러한 기존의 선교 인식을 근본적으로 바꿔 놓았다. 선교는 예수 그리스도의 교회 자신이며, 교회

1　대럴 구더 편저, 『선교적 교회』, 18쪽.

는 선교를 위해 존재한다. 교회보다 선교가 먼저이고, 교회는 선교의 산물이다. 교회 자체가 선교적 목적을 위해 세상으로 보냄 받은 하나님의 백성이며, 선교의 산물이자 선교의 도구로서 존재한다. 교회가 선교를 수행하는 것이라기보다 하나님께서 교회를 통해 선교하시는 것이다. 그런 의미에서 교회는 "선교하는 교회"(church with mission)가 아니라 "선교적 교회"(missional church)다. 하지만 Missional과 Church 어느 한 쪽만 강조를 해서는 안 된다. Missional만 강조하면 교회의 가치를 잃어버리고, Church만 강조하면 교회의 목적을 잃어버린다. 그래서 요하네스 블라우는 이렇게 말했다. "세상에 보냄을 받지 않은 교회는 교회가 아니고, 그리스도의 교회가 하는 선교가 아니면 선교가 아니다." 레슬리 뉴비긴 또한 이렇게 말했다. "선교하지 않는 교회는 본질을 잃어버린 교회이며, 교회의 참 모습을 갖지 못한 선교도 신적 사도성을 바르게 표현하지 못한다고 말해야 한다."[2] 한편, 무엇이 선교적 교회가 아닌지를 통해 간접적으로 선교적 교회를 이해할 수도 있다.

① 선교적 교회란 타문화 선교에 집중하는 교회를 의미하는 것이 아니다. 타문화 선교도 너무나 중요하지만 선교적 교회는 단지 선교적 방법을 논하는 것이 아니다.
② 선교적 교회는 교회 외적인 전도 프로그램에 집중하는 교회가 아니다. 선교적 교회는 예수님처럼 우리의 이웃과 지역사회 안

---

[2] 찰스 E. 벤 엥겐, 임윤택 역, 『하나님의 선교적 교회』(CLC, 2014), 43쪽에서 재인용. 이 책은 전통적인 교회론의 용어들을 선교적 교회론으로 재해석한 탁월한 책이다.

으로 들어가 그들 곁에서 함께 살아갈 것을 요청한다. 이것은 하나의 프로그램을 말하는 것이 아니라 교회의 존재방식을 말하는 것이다. 우리는 이러한 삶의 현장 속으로 들어가 성령이 어떻게 우리를 하나님의 백성으로 만들어 가시는지 발견해야 한다.

③ 선교적 교회는 교회성장이나 교회의 효율성을 위한 또 하나의 전략이 아니다. 사람들을 교회 건물 안으로 끌어들이는 매력적인 교회가 되는 것을 말하는 것이 아니다.

④ 선교적 교회는 효과적으로 전도하는 교회를 말하는 것이 아니다. 선교적 교회는 단지 개인을 예수님께로 인도하는 수단이 아니라 불신자들에게 하나님 나라를 소개하고 그들을 하나님 나라로 초대하는 것이다.

⑤ 선교적 교회는 분명한 비전과 목적의 사명선언서를 가지고 있다고 되는 것이 아니다.

⑥ 선교적 교회는 이 시대에 뒤떨어지고 비효율적인 교회 양식을 바꿔 더 넓은 문화 속에서 적합한 양식을 만들어 내도록 교회를 바꾸는 것도 아니다. 선교적 교회는 적합성에 대한 관심을 뛰어넘어 그리스도인들이 어떻게 매일의 삶 속에서 주변의 문화와 연관을 맺느냐 하는 것에 관심을 가지고 있다.

⑦ 선교적 교회는 초기 교회로 회귀하려는 운동이 아니다. 우리는 후기 기독교세계(post-Christendom) 시대를 살아가고 있으며, 성령의 도움으로 이 시대와 장소에 적합한 교회 양식을 만들어야 한다.

⑧ 선교적 교회는 전통교회에 흥미를 느끼지 못하는 사람들에게 새로운 양식의 교회를 제공하기 위한 프로그램이 아니다. 선교적

교회는 포스트모던 세대를 끌어들이는 것 이상의 어떤 것이다.[3]

그렇다면 선교적 교회는 어떤 특징을 가질까? 선교적 교회론에 관한 가장 탁월한 책 중 하나인 『선교적 교회론의 동향과 발전』은 먼저 발간된 『선교적 교회』를 명확하게 정리하고 평가하는 동시에 거기서 충분히 발전되지 않은 개념들과 해결되지 않은 신학적 이슈들, 그리고 검토되지 않은 이슈들을 다룬다. 책의 공동 저자인 밴 겔더와 샤일리는 선교적 교회의 핵심 주제를 네 가지로 정리한다.

① 하나님은 교회를 세상으로 보내시는 선교적 하나님이다. 이 생각은 선교의 출발점을 교회로부터 하나님께로 이동시킨다. 핵심은 교회가 선교를 소유하는 것이 아니라 하나님의 선교가 교회를 소유하는 것이다.

② 세상에서 이루어지는 하나님의 선교는 하나님의 통치(나라)와 관련이 있다. 이 생각은 교회가 하나님의 통치(나라)에 직접적으로 연결되어 있음에도 불구하고, 이 세상에서 행하시는 하나님의 활동을 교회의 선교보다 크게 만든다.

③ 선교적 교회는 기독교세계 이후의 포스트모던적이고 세계화된 상황에 참여하기 위해 보냄 받은 성육신적 사역을 지향한다. 이 생각은 모든 교회가 그들의 지역 상황에 참여하기 위해 선교적 태도를 취할 것을 요구한다. 이런 선교적 참여는 회중이 행하는

---

3 앨런 록스버러·스캇 보렌, 이후천·황병배·이은주 공역, 『선교적 교회 입문』(한국교회선교연구소, 2014), 42-46쪽.

모든 것의 방향을 결정한다.

④ 선교적 교회의 내적 삶은 선교에 참여하고 제자로 살아가는 모든 신자에게 초점을 맞춘다. 즉 모든 신자를 사역자로 여긴다. 세상에서 이루어지는 하나님의 선교에 충분히 참여하기 위해서, 모든 제자가 양육되어야 한다는 점에서 그들의 영적 성장은 일차적인 관심이 된다.[4]

또한 그들은 선교적 교회론을 가능케 하는 성경적·신학적 개념을 6가지로 정리한다.

① 교회의 선교들(missions)/선교(mission): 우리는 교회론과 선교학을 연결함으로써 교회의 선교들과 선교의 역사적 이분법을 극복해야 한다.
② 삼위일체론적 선교학: 우리는 선교를 이해하기 위해 삼위일체론으로부터 시작해야 한다. 왜냐하면 삼위일체론을 통해 선교하시는 하나님, 곧 보내시는 하나님을 알 수 있기 때문이다.
③ 하나님의 선교(*Missio Dei*, 미시오 데이): 선교에 대한 우리의 이해는 하나님의 선교 개념을 통해 교회 중심적 관점에서 신 중심적 관점, 특히 뉴비긴에 의해 분명하게 설명된 관점으로 재구성된다.
④ 하나님의 통치(나라): 예수의 메시지는 "이미"와 "아직"으로 이해되는 하나님의 통치에 초점이 맞춰져 있다.
⑤ 교회의 선교적 본질: 하나님은 선교하시는 하나님이며, 하나님

---

4 크레이그 밴 겔더·드와이트 J. 샤일리, 『선교적 교회론의 동향과 발전』, 28쪽.

의 선교는 하나님의 통치(나라)를 드러내기 위해 세상으로 보내진 교회를 수반한다. 따라서 교회는 본질적으로 선교적이다.

ⓖ 선교적 해석학: 하나님의 선교에 담긴 온전한 의도를 이해하기 위해 선교적 해석학을 사용할 필요가 있다.[5]

밴 겔더와 샤일리가 제시한 선교적 교회의 정의와 내용을 종합해 보면, 일단 하나님 나라에 대한 거시적인 관점과 튼튼한 신학적 근거가 돋보인다. 곧 하나님의 통치와 다스림 속에서 교회와 선교의 관계를 유기적으로 잘 설명하고 있다. 또한 선교적 교회는 오늘날 우리들이 처한 상황을 후기 기독교세계로 분석하면서 교회의 본질과 선교적 사명을 새롭게 설정하고 있다.

하지만 이러한 선교적 교회론에 대한 분석과 설명은 다분히 서구적인 상황 속에서 나온 일종의 상황신학이라 할 수 있다. 한국적인 맥락에서 그들의 논의를 그대로 수용하는 데에는 무리가 있을 수밖에 없다. 따라서 오늘날 우리들의 상황과 심정에 적합한 선교적 교회론을 연구하고 적용해야 한다. 아직은 걸음마 단계에 있는 한국의 선교적 교회론은 그 이론에 있어서나 실천에 있어서 미숙할 수밖에 없는 것이 현실이지만, 최근에 지역교회에서 선교적 교회론을 실천하려는 움직임들이 일어나고 있다. 한국일 교수는 한국교회 현장에서 배우는 선교적 교회의 8가지 실천원리를 다음과 같이 정리한 바 있다.[6]

---

5 앞의 책, 32-35쪽.
6 한국일, "선교적 교회의 실천적 모델과 원리: 한국교회 현장에서 배우는 선교적 교회", 한국선교신학회 엮음, 『선교적 교회론과 한국교회』(대한기독교서회, 2015), 360-369쪽.

① 신학적 기초: 신학적으로 삼위일체 하나님의 선교에 근거해 복음적이며 에큐메니칼적 신학의 통합과 균형을 이룬다.
② 지역사회와의 관계: 지역사회를 전도의 대상으로 생각하기 전에 먼저 함께 더불어 살아가는 이웃으로 인식하고 관계를 맺는다.
③ 필요성의 원칙: 지역교회는 지역사회의 필요성을 발견하고 그것을 접촉점으로 삼아 지역사회 안에 선교적 교회를 실현한다.
④ 지역교회의 목표: 지역사회를 하나님 나라의 실현의 현장으로 만드는 것이다.
⑤ 선교적 교회의 동력: 교회는 지역사회에서 가장 많은 자원을 갖추고 있는 곳이다.
⑥ 선교적 교회의 구조: 교회 조직을 교회의 내부적 활동을 넘어서 지역사회와 함께하는 선교적 구조로 전환한다.
⑦ 평신도 신학: 성도가 지역교회와 사회를 연결하는 다리 역할을 할 수 있도록 준비시키며 파송한다.
⑧ 목회자 리더십: 목회자의 선교적 목회 리더십이 중요하다.

선교적 교회론에 대한 신학적 논의는 이 책에서 가장 중요한 부분에 해당하기 때문에 구체적으로 그 내용을 설명해 보도록 하겠다. 먼저 선교적 교회론이 후기 기독교세계에 요청되는 본질적 교회론임을 밝히고, 외향성과 수용성과 수평성에 해당하는 선교적 교회의 세 가지 특징에 대해 논하며, 균형 있는 선교적 교회론이 되기 위해 어떤 특징을 붙들어야 하는지 설명하도록 하겠다.

1. '기독교세계'Christendom에서 '후기 기독교세계'post-Christendom로

선교적 교회는 근본적인 패러다임 전환을 말한다. 미국 사회는 20년 전부터 기독교세계(Christendom)의 해체를 심각하게 겪고 있다. 이제 한국 사회도 그 길을 그대로 따라가고 있다. 기독교세계는 4세기 이후 서구 사회를 지배해 온 종교문화를 말한다.[7] 이는 로마 황제 콘스탄티누스에 의해 시작된 기독교가 제국의 공인 종교가 된 결과로 생겨난 문화 현상이다. 중세까지 교회와 국가는 한 쪽이 다른 한 쪽을 지탱하며 거룩한 문화를 떠받쳐온 두 개의 기둥이었다. 기독교세계는 그 자체로 뚜렷한 정체성을 발전시켰는데 그 정체성이 교회와 국가 모두를 이해하는 모체를 제공했다. 기독교세계는 전 시대를 풍미하는 유일한 거대담론이었다. 이 거대담론은 교회와 국가만이 아니라 그 영향력이 미치는 모든 개인과 사회구조까지 규정했다. 그러나 이제는 시대가 바뀌었다. 기독교세계는 해체되고, 후기 기독교세계 시대가 도래했다.

그런 의미에서 나는 세속화론에 대한 반발로 제기되는 "탈세속화론"으로는 이 시대의 과제를 감당할 수 없다고 생각한다. 탈세속화론을 주장하는 사람들의 글을 모아놓은 『세속화냐 탈세속화냐』를 보면 역사적으로 세속화론이 예측한 종교의 축소는 오지 않았다.[8] 도리어 세속화론이 등장한 이후 종교는 세계적 차원에서 더 큰 부흥을 맞이하였다. 탈세속화론을 주장하는 사람들은 근대화와 세속화를 동류적 현상이라고 간주하던 모던적 개념에 심대한 오류가 있다고 지적한다. 적어도

---

7 마이클 프로스트, 이대헌 역, 『위험한 교회』(SFC, 2009), 14-15쪽.
8 피터 버거 외, 김덕영·송재룡 공역, 『세속화냐 탈세속화냐』(대한기독교서회, 2002).

"반세속화"의 흐름은 세속화만큼이나 현대 세계의 중요한 현상이라는 것이다. 하지만 그들도 탈세속화에 대한 예외가 존재한다고 말한다. 바로 유럽이다. 세속화론에서는 종교국가라고해도 과언이 아닌 미국이 세속화의 예외라고 주장하지만, 탈세속화론에서는 미국이 아니라 유럽이 탈세속화의 예외라고 말한다. 전 세계 차원에서는 종교가 부흥했지만, 유럽에서는 종교가 축소되는 모양새를 보이기 때문이다. 그들은 작금의 유럽적 현상을 세속화라고 부르기보다는 종교의 제도적 위상에 전환이 일어나고 있는 것으로 보는 게 타당하다고 말한다. 유럽 사람들은 "덜 종교적"이기보다 "다르게 종교적"이고, "세속적"이기보다 "탈교회화된" 사람들이라고 볼 수 있다는 말이다.

과연 그런가? 어느 정도 설득력은 있지만 적실성이 부족하다고 본다. 유럽은 충분히 세속화되었고, 충분히 "신 없는 사회"가 되었다. 필 주커먼이 쓴 『신 없는 사회』에서 말하고 있는 것처럼,[9] 유럽 특히 북유럽은 이미 신 없는 사회가 되었고, 보수적인 기독교인들이 주장하는 것과 다르게 이런 신 없는 사회가 종교적인 국가들보다 훨씬 더 제 기능을 발휘하고 있다. 사람들이 건실한 법을 만들어 지키고 있고, 도덕과 윤리로 이루어진 합리적 제도를 잘 따르고 있으며, 서로에 대해 예의 바르게 대하고, 대체로 편안하게 죽음을 맞이하고 있으며, 행복하고 만족스러운 삶을 살고 있다.

심정적으로는 탈세속화론을 지지하고 싶은 마음이 없지 않으나 그

---

9   필 주커먼, 김승욱 역, 『신 없는 사회』(마음산책, 2012). 그는 유럽이 "신 없는 사회"가 된 이유 여섯 가지를 제시한다. 게으른 독점, 안전한 사회, 일하는 여자들, 문화적 방어 욕구의 결여, 교육, 그리고 사회민주주의가 그것이다.

렇게 하기에는 몇 가지 동의하기 어려운 지점들이 있다. 탈세속화론에서 주장하는 종교의 부흥은 대부분 제3세계나 한국 기독교처럼 미국의 종교를 수용한 나라 혹은 발전 도상에 있는 나라들이 대부분이다. 자본주의가 전 세계로 확장되는 것과 맞물려 종교가 확장된 것이다. 그러나 작금에 자본주의는 위기를 맞고 있다. 2007-2008년 세계 금융 위기는 1929년의 경제 대공황에 버금가는 세계적 수준의 경제적 혼란을 초래했다. 기독교와 자본주의의 선택적 친화력으로 인해 자본주의의 위기와 맞물려 종교 또한 위기를 맞을 것이라고 추측할 수 있다. 『세속화냐 탈세속화냐』가 나온 1990년 대 말까지만 해도 기독교의 위기가 본격화되지 않았다. 하지만 지금은 탈세속화의 강력한 사례인 미국조차 기독교의 위기를 말하고 있다. 가장 종교적인 나라라고 하는 미국조차 기독교세계는 가고, 후기 기독교세계가 왔다고 한다. 다른 말로 하면 미국이 선교지가 되었다는 말이다. 그로 인해 등장한 새로운 교회론이 바로 선교적 교회 아니던가? 과연 미국조차 유럽의 길을 가지 않으리라는 보장이 있을까?

또한 탈세속화의 증거로 제시되는 종교의 부흥이 세속화에 대항하는 반응이라고 주장하지만, 오히려 이런 현상은 탈세속화론의 근본적 한계를 보여준다. 중동이나 미국에서 일어난 새로운 근본주의의 발흥이라는 것도 결국은 진정한 대안이 될 수 없기 때문이다. 또한 세속화에 대항하는 반응이라는 것도 결국 힘을 잃게 되기 때문이다. 그것의 증거가 바로 미국과 한국 기독교의 감소 추세다. 물론 기독교의 위기 상황에서 과거의 부흥을 돌아보고 부흥의 근원적 힘을 회복하려는 시도들을 폄하할 마음은 없다. 하지만 과거의 부흥 방식만으로는 오늘날 기독교의 위기를 극복할 수 없다. 과거에 부흥이 일어난 사회는 최소한 종교적인 사회였다. 하지만 지금은 점점 더 비종교적 사회로 변해가고 있다. 근본적으로 새로운 고민이 필요한 시기다.

기독교의 본질적인 정체성은 세상 속에 있으나 세상에 속하지 말아야 하는 것이기에 세속화에 대항 할 수 있는 근원적 동력은 지녀야 한다. 세속화의 과정을 두려워하지 말고, "예언자적 상상력"을 가지고 세상보다 앞서 새로운 유토피아적 비전을 제시하며, 새로운 "사회적 상상력"을 제시해야 한다. 그런 의미에서 신 없는 사회, 후기 기독교세계인 유럽에서 일어난 선교적 교회 움직임에 관심을 기울여야 한다.[10] 기독교세계 시대의 교회론으로는 후기 기독교세계 시대에 제대로 대응할 수 없다. 기독교세계 시대의 교회론을 고수하면서 선교의 방법과 기획을 바꾸는 것으로는 진정한 대안을 만들 수 없다. 패러다임의 근본적인 전환 없이는 교회의 근본적인 전환도 없다. 선교적 교회론은 바로 이러한 후기 기독교세계 시대에 가장 적합한 교회론이라 할 수 있다.

후기 기독교세계에서 선교적 교회는 "유수자 마인드"를 품어야 한다. 베드로전서 2:11-12에서는 그리스도인의 정체성을 "나그네"와 "행인"(거류민)이라고 말한다. 한 마디로 자발적인 "유수자"(the exiled people)란 말이다. 유수자 마인드를 요즘 유행하는 인문학적 용어로 재번역하자면 "유목민적 정신"이라고 할 수 있다.[11] 그리스도인이 나그네요, 거류민이며, 유수자라면, 정착민 같은 고정과 멈춤, 정착과 소유, 적

---

10 죽어가고 있던 영국 국교회에 성장과 새로운 활력을 불어넣고 있는 교회가 바로 선교적 교회들이다. 그들은 이런 운동을 교회에 대한 "새로운 표현들(Fresh Expressions)"이라고 말한다. 잉글랜드 성공회 선교와 사회문제 위원회에서 저술한 『선교형 교회』(비아, 2016)에 잘 소개되어 있다.
11 유목민에 대한 내용은 이진경의 『노마디즘 2』(휴머니스트, 2002), 12장을 참고했다.

응과 안주를 위한 삶이 아니라 유목민처럼 이동과 변화, 생성과 창조, 탈주와 횡단을 위한 삶을 살아야 한다. 세상에 살지만 세상에 속하지 않은 나그네요 유수자야말로 진정한 그리스도인이라 할 수 있다. 초기 교회 그리스도인들은 로마라는 강대국에 정착하면서 이 세상의 것을 소유하기 위한 삶을 산 것도 아니고, 반대로 이 세상을 부정하고 거부하면서 일탈하거나 도피하는 삶을 산 것도 아니다. 그들은 홈 패인 공간을 탈주하고 횡단하여 창조적이고 급진적인 대안을 만들어 낸 사람들이다. 그들은 하나님 나라의 가치, 즉 세상의 가치를 무화시키고 상대화시키며 하나님의 성품을 드러냄으로써 새로운 가치를 창조한 자들이다. 선교적 삶을 산다는 것은 이처럼 기존의 가치를 따라가는 것도 아니면서 그것을 부정하는 것도 아닌, 탈주와 횡단을 통해 끊임없이 새로운 것을 창조하는 삶을 사는 것이다. 그리스도인은 나그네요 유수자요 유목민이면서 동시에 예수 그리스도처럼 "낯선 자"다. 예수는 하나님인가, 인간인가? 그는 도무지 우리가 이해할 수 없는 낯선 자였다. 따라서 그리스도의 길을 가는 그리스도인 또한 낯선 자요, 지각불가능한 자요, 포착불가능한 자다. 이것이 바로 고린도후서 6:8-10에서 말하는 그리스도인의 정체성이다. "속이는 자 같으나 참되고 무명한 자 같으나 유명한 자요 죽은 자 같으나 보라, 우리가 살고 징계를 받는 자 같으나 죽임을 당하지 아니하고 근심하는 자 같으나 항상 기뻐하고 가난한 자 같으나 많은 사람을 부요하게 하고 아무 것도 없는 자 같으나 모든 것을 가진 자로다."

2. '제도적 교회'에서 '성육신적 교회'로

마이클 프로스트와 앨런 허쉬는 선교적 교회의 성육신적 특징에 대해서 다음과 같이 말한다.[12]

① 선교적 교회는 사람들을 끌어 모으기보다는 사람들 속으로 들어가 성육신적 사역을 한다. 성육신적 교회는 불신자들이 복음을 받아들이기 위한 거룩한 장소를 따로 만들지 않는다. 오히려 각자의 삶의 자리로 흩어져 그리스도를 모르는 사람에게 현존하는 그리스도가 됨으로써 사회의 틈을 만들고 갈라진 곳에 스며든다.
② 선교적 교회는 이원론적 영성이 아닌 메시아적 영성을 추구한다. 세상을 거룩한 것과 속된 것으로 나누지 않고, 그리스도처럼 세상과 그 안에 거주하는 하나님의 처소를 총체적이고 통합적으로 본다.
③ 선교적 교회는 리더십 형태의 측면에서 계급적 구조보다는 사도적 구조를 채택한다. 사도적 리더십은 에베소서 6장에서 바울이 자세히 묘사한 5중 모델을 인정하는 리더십을 말한다. 이것은 전통적인 교회의 피라미드식 계층 구조를 버리고, 일반적으로 중요시하는 목양 및 가르치는 은사 외에도 전도와 사도적 은사와 예언의 은사를 자유롭게 인정하는 성경적이고 수평적인 리더십 공동체를 말한다.

---

12 마이클 프로스트·앨런 허쉬, 지성근 역, 『새로운 교회가 온다』(IVP, 2009), 33쪽.

이러한 세 가지 특징을 살짝 변경해 보면, ①은 선교적 교회의 정체성과 방향을 나타내므로 성육신적 교회라 칭하고, ②은 현대 문화에 대한 수용을 드러내므로 이머징 교회라 칭할 수 있다. 또한 ③은 선교적 교회의 조직적 특징을 드러내므로 유기체적 교회라 칭할 수 있다.

후기 기독교세계의 선교적 교회는 "구원 방주적 신앙"(오라)에서 "성육신적 신앙"(가라)으로 나아간다.[13] 효율성을 추구하며 안으로 끌어오는 것이 아니라 모험 정신을 갖고 밖으로 뻗어 나가는 것이다. "와 보라!"가 아니라 "그들에게 가라!"가 구호다. 프로스트와 허쉬에 의하면 "성육신적"이라는 말의 첫 번째 의미는 "동일시"다. 성육신은 전체 인류와의 심오한 동일시를 포함한다. 둘째는 "지역성"을 의미한다. 일을 실제로 하려면 지역에 맞게끔 하라는 뜻이다. 셋째는 "함께함"이다. 임마누엘이신 주님의 성육신은 하늘의 사건인 동시에 땅의 사건이다. 주님은 우리와 함께하면서 우리 각 사람을 개인적으로 만나신다. 선교적 사역은 반드시 지역사람들과 인격적 교제를 이루어야 한다. 넷째는 인간의 형상을 지닌 하나님을 의미한다. 교회는 예수님이 하나님과 같이 된 것이 아니라 하나님이 예수님과 같이 됐다는 사실을 기억해야 한다. 교회는 예수님을 통해 하나님이 드러나듯이 교회를 통해 하나님이 드러나도록 해야 한다.

프로스트와 허쉬에 의하면 성육신적 교회는 다음 네 가지 특징을 갖는다. 첫째는 근접 공간이다. 이것은 그리스도인과 비그리스도인이 근접하여 서로 의미 있게 상호 작용할 수 있는 장소나 행사를 말한다. 둘째는 공동 프로젝트다. 기독교 공동체와 지역 공동체가 함께 할 수

---

13 앞의 책 2부 내용이다.

있는 프로젝트 개발을 가치 있게 여긴다. 셋째는 영리 사업이다. 지역 공동체 안에 세워지는 서비스 산업을 통해 대안적 영리 사업을 실천한다. 마지막으로 자생적 신앙 공동체다. 토착적인 신앙 공동체가 하부 문화와의 상호작용으로부터 자생적으로 생겨나야 한다. 이 네 가지 특징을 한 마디로 정리하면 상황화라 할 수 있다. 상황화는 복음이 모든 시대와 문화에 유효하다는 믿음과 특정한 시간의 문화적 옷을 입어야 한다는 필요성을 인정하는 것이다. 록스버러와 보렌에 의하면 중요한 질문은 "어떻게 우리가 외적으로 강한 교회가 될 것인가?" 혹은 "어떤 종류의 개척 전략을 개발해야 하는가?" 혹은 "우리가 어떻게 지역교회를 세워갈 것인가?"가 아니다. 그것은 교회와 전략에 대한 질문일 뿐이다. 중요한 질문은 "지금 하나님께서 이 세상에서 하시는 일이 무엇인가?" 그리고 "지금 하나님께서 이 세상에서 하고 싶어 하시는 일은 무엇인가?"이다.[14]

3. '전통적 교회'에서 '이머징 교회'로

메시아적 시각으로 세상을 본다는 것은 앞서 말했듯이, 세상을 거룩한 것과 속된 것으로 나누지 않고, 세상과 그 안에 있는 하나님의 처소를 총체적이고 통합적으로 본다는 것을 의미한다. 이런 생각으로 새로운 교회운동을 일으킨 그룹이 "이머징 교회"(emerging church) 운동이다. 이머징 교회의 발흥 자체가 모더니티를 넘어선 현대의 포스트모더

---

14 앨런 록스버러·스캇 보렌, 『선교적 교회 입문』, 92, 126쪽.

니티를 끌어안기 위한 성격이 강하기 때문에, 그 한계도 분명하지만 메시아적 정체성을 분명하게 드러낸다는 점에서 배울 것이 많다. 물론 선교적 교회가 이머징 교회는 아니다. 하지만 선교적 교회는 메시아적 교회라는 측면에서 이머징 교회를 수용한다. 그렇다면 오늘날 이머징 교회를 주장하는 이유가 무엇일까? 댄 킴벌은 『그들이 꿈꾸는 교회』에서 그 이유를 이렇게 말한다.[15]

① 교회는 보수적인 정치와 타협하는 제도적 종교다.
② 교회는 남을 판단하기를 좋아하며 부정적이다.
③ 교회는 현대 여성들을 숨 막히게 할 정도로 가부장적이다.
④ 교회는 일방적으로 타종교가 모두 잘못됐다고만 주장한다.
⑤ 교회는 성경을 문자적으로 이해하는 근본주의자들이다.

한마디로 사람들이 예수는 좋아해도 교회는 싫어하기 때문이라고 말한다. 깁스와 볼저는 이머징 교회의 세 가지 핵심 원리를 복음, 성화, 공동체로 제시한다. 복음은 단순히 예수를 믿는 것에서 끝나지 않고 예수를 따라 살기를 동반한다. 성화는 성품의 변화에서 끝나지 않고 세속 영역을 변화시킨다. 마지막으로 이머징 교회는 교회를 전통적인 제도로 보지 않고 하나님의 가족으로 본다. 이를 기초로 한 이머징 교회의 여섯 가지 실천 원리는 첫째로 낯선 자 영접하기다. 궁휼과 환대의 문화로 나와 다른 사람들을 환영한다. 둘째는 넓은 마음으로 섬기기다. 개인의 욕구를 만족시키려는 소비자 문화를 버리고 대안사회를 만든

---

15 댄 킴벌, 차명호 역, 『그들이 꿈꾸는 교회』(미션월드라이브러리, 2008), 5장의 요약이다.

다. 탈현실적인 영성에서 현실적 영성으로, 사적 복음에서 공적 복음으로, 소극적인 봉사에서 적극적인 사회참여로의 전환을 의미한다. 셋째는 생산자로 참여하기다. 공동체를 소비자에서 생산자로 바꾸는 것이다. 넷째는 창조된 존재로서 창조하기다. 그동안 기독교는 진과 선을 강조했지만 미(아름다움)를 강조하지 못했다. 하지만 이제 창조성의 실현을 강조해야 한다. 사진작가 함철훈의 말처럼 만인제사장만이 아니라 만인예술가가 되어야 한다. 다섯째는 몸으로 인도하기다. 섬김의 리더십으로 몸(공동체)을 세운다. 마지막으로 고대 영성과 현대 영성의 융합이다.[16]

선교적 교회는 교리적이고 신학적인 예수만이 아니라 역사 속에 계신 예수 또한 중요하게 생각한다. 세상을 거룩한 것과 속된 것으로 나누어 보지 않고, 그리스도처럼 세상과 그 안에 있는 하나님의 처소를 총체적이고 통합적으로 본다. 따라서 전통적인 교회의 구조와 시스템을 유지하기보다는 이머징 교회의 비전과 실천을 수용할 필요가 있다. 그렇다면 이머징 교회의 정신을 어떻게 구체적으로 수용해야 하는가? 먼저 교회는 소통의 종교가 되어야 하며 세상과 대화를 더 많이 해야 한다. 이것이 가장 중요하다. 이머징 교회는 현대인들과의 소통을 통해 세워지는 교회다. 둘째로 교회는 건물이 아니라 성도들의 모임이므로 성도들을 존중해야 한다. 셋째로 교회는 프로그램보다 기도와 묵상에 더 집중하고 예수님에 대해 더 많이 가르쳐야 한다. 넷째로 교회는 사랑의 공동체가 되어 하나님 나라를 가시적으로 보여줘야 한다. 마지

---

16 에디 깁스·라이언 볼저, 김도훈 역, 『이머징 교회』(쿰란출판사, 2008).

막으로 교회는 소외된 사람들과 지역사회를 섬겨야 한다.[17]

4. '조직적 교회'에서 '유기체적 교회'로

선교적 교회는 위계적 조직이 아닌 수평적 리더십을 통해 민주적이고 은사 중심적인 자발적 공동체를 세우는 것에 집중한다. 프로스트와 허쉬는 에베소서에 나오는 5중 사역을 적극적으로 수용하는 사도적 교회를 주장한다.[18] 단 5중 사역을 직분으로 보기보다는 기능으로 이해한다. 즉 사도적 기능은 새로운 선교 사역을 개척하고 감독하는 것으로, 예언자적 기능은 주어진 상황 속에서 영적 실재들을 분별하며 그것을 제 때에 적절한 방식으로 전달하는 것으로, 복음 전도자의 기능은 사람들이 믿음과 제자의 삶으로 반응할 수 있도록 복음을 전달하는 것으로, 목사의 기능은 하나님의 백성들을 인도하고 양육하며 보호하고 돌보는 것으로, 마지막으로 교사의 기능은 계시된 하나님의 지혜를 잘 전달하여 어떻게 순종할지 배우도록 하는 것이다. 이처럼 5중 사역을 기능으로 이해함으로써 리더십의 형태를 재조정하고 교회 사역의 매트릭스를 구체적으로 묘사할 수 있게 되었다. 특히 리더십의 유형을 비교하는 대목이 재미있는데, 사도적 기능을 기업가형으로, 예언자적 기능을 질문하는 유형으로, 복음 전도자의 기능을 모집가형으로, 목사의 기능을 인간주의형으로, 교사의 기능을 조직가형 리더십 유형으로 분류한다. 이

---

17 댄 킴벌, 『그들이 꿈꾸는 교회』, 10장의 요약이다.
18 마이클 프로스트·앨런 허쉬, 『새로운 교회가 온다』, 제4부 10장의 내용이다.

런 5중 리더십 유형이 서로에게 영향을 주면서 선교적 사역을 감당하는 은사 중심적 유기체 조직을 만들어 간다.

또한 아래로부터 자발적으로 일어나는 다양한 공동체의 모습으로 교회가 세워져야 한다. 교회가 다양한 공동체를 관리하는 것이 아니라, 다양한 공동체 자체가 곧 교회라는 인식이 필요하다. 일치 가운데 다양한 사역과 리더십이 아래로부터 자발적으로 일어나는 운동이 되어야 한다. 죠셉 마이어즈는 『유기적 공동체』에서 자발적 공동체가 생겨나는 환경을 조성하는 것이 매우 중요하다고 강조한다.[19] 교회는 살아 있는 유기체이기 때문에 인위적인 계획이나 프로그램이 아니라 자발적인 유기적 질서를 따른다. 교회를 건강하게 세우기 위해서는 종합계획이나 정교한 전략이 아니라 건강한 환경 속에서 지속적이고 신뢰할 만한 사귐이 필요하다는 뜻이다.

마이어즈는 유기적 공동체의 10가지 특징을 소개하는데, 그중 몇 가지 중요한 내용을 소개하면 다음과 같다. 먼저 계획이 아니라 환경에 반응하는 유기적 질서가 중요하다. 이를 위해 "어디로 가지?"라는 물음을 "무엇을 바라는가?"로 바꿔야 한다. 다음으로 공동체에 소속되기 위한 패턴을 한 가지가 아니라 다양한 방법으로 실행할 수 있도록 도와줘야 한다. 또한 대표자가 중요한 것이 아니라 참여하기를 원하는 개인이 중요하다는 사실을 기억해야 한다. 사람들은 자신이 목표를 이루는 수단이 아니라 자기가 꼭 필요한 일이라는 확신을 가질 때, 자신의 모든 삶을 헌신하고 참여한다. 그리고 목표를 측정하는 것보다 과정을 측정하는 것을 중요하게 여겨야 한다. 최종 결과로 판단하는 것이 아니라

---

19 죠셉 마이어즈, 배성민·박삼종 공역, 『유기적 공동체』(SFC, 2010).

과정 속에서 의미를 찾고 우리들의 이야기를 함께 써가는 것이 중요하다. 그 외에도 지위를 중요하게 여겨 소수에게 집중하기보다 여러 사람들에게 공유하고 순환하도록 하고, 계획을 통제하기 위해 사람들에게 협조를 구하기보다 모두 함께 창의성을 발휘하도록 해야 한다. 또한 사람들의 행동을 법에 의해 제한하려하기보다 은혜로 다양한 방법을 시도할 수 있도록 도와줘야 한다.

5. '양극단의 교회'에서 '깊이 있는 교회'로

선교적 교회의 세 가지 특징을 강조하다보면 전통적인 교회 자체를 부정하거나 그들의 신앙 유산을 부정적으로만 보게 될 우려가 있다. 이것은 매우 주의해야 할 지점이다. 선교적 교회라는 근본적인 패러다임 전환을 추구하되 전통 교회의 본질적 이점을 수용할 필요가 있다. 그런 면에서 짐 벨처의 『깊이 있는 교회』는 매우 유용한 통찰력을 제공해 준다.[20] 그는 이머징 교회와 전통적인 교회를 넘어서는 제3의 길을 제시한다. 양쪽 교회를 모두 경험해 본 저자는 양자의 극단적인 대립 양상을 우려하며 둘의 장점을 수용한다. 그의 제안을 통해 선교적 교회 운동을 하면서 조심해야 할 지점들을 간접적으로 배울 수 있다.

벨처는 깊은 진리, 깊은 전도, 깊은 복음, 깊은 예배, 깊은 설교, 깊은 교회론, 깊은 문화 등 7가지 주제로 깊이 있는 교회를 풀어간다. 지나치게 포스트모더니즘을 수용한 이머징 교회의 한계를 넘어서기 위해

---

20 짐 벨처, 전의우 역, 『깊이 있는 교회』(포이에마, 2011).

서는 정초주의(근본주의)가 아닌 정초(기초)의 중요성을 강조한 깊은 진리가 필요하고, 바깥 집단에서 안쪽 집단으로 들어오기 위해 믿음의 결단이 중요함을 보여주는 깊은 전도가 필요하다. 하나님 나라만 강조하고 대속의 은혜를 무시하는 이머징 교회와 다르게 복음-공동체-선교-샬롬의 순서를 중요하게 여기는 깊은 복음이 필요하다. 예배에 문화적이고 예술적이며 고대적인 감수성을 수용하다가 전통을 무시하게 된 예배보다는 성경과 전통과 문화, 이 세 가지를 아우르는 깊은 예배가 필요하다. 진리와 실재를 제시하지 못하고 그저 대화로 전락해버린 이머징 교회의 설교는 성경의 권위를 인정하며 은혜의 원리를 보여주는 설교, 동시에 스타일에 있어서는 명령법과 직설법을 적절하게 활용하는 깊은 설교가 필요하다. 또한 지나치게 문화에만 집중하고 제도를 부정적으로 바라보는 이머징 교회의 문화 이해를 넘어서기 위해 정치·경제·사회 전 영역에 대한 개혁적이고 창조적인 접근을 강조하는 깊은 문화가 필요하다. 벨처의 진단이 얼마나 정확한지에 대한 논의는 뒤로 하더라도 선교적 교회를 세워가다가 한쪽으로 치우치거나 실수할 수 있는 지점들은 매우 잘 지적해 주었다.

그렇다면 그가 말하는 깊은 교회는 어떤 교회인가? 벨처는 이머징 교회가 제도주의를 비판하다가 제도 자체를 버린 것은 아닌지 묻는다. 이머징 교회는 기존의 조직 교회와 다르게 사람들을 연결하고 격식 없는 교제를 통한 의사소통 구조를 중요시하기 때문에 주로 가정 교회를 추구한다. 정기 모임을 따로 정하지 않고 지속적으로 소통하며 관계를 중심으로 모이기 때문에 정형화된 틀이 없다. 자연스럽게 모임이 제한적이며 안수직이 없는 게 특징이다. 벨처는 이머징 교회의 이러한 특징이 조직 교회의 장점을 지나치게 부인하는 행위이며, 전통주의가 종족주의에 빠진 것에 대한 반작용이라고 지적한다. 이머징 교회는 느슨한 네트워크만을 추구하다가 책임과 권징과 권위를 회피하게 됐고, 결국 과격한 개인주의를 극복하지 못하는 결과를 초래했다. 벨처는 성경과 선교만을 교회론의 기초로 보는 유기적 교회 모델과 성경과 율법적 전통만을 강조하는 전통 교회 모델의 장점을 수용하면서도 여기에 위대한 전통을 추가하고자 한다. 성경과 전통과 선교를 통합하는 깊은 교회론이 필요하다는 말이다. 깊은 교회론은 유기적 교회가 지닌 약점을 보완하기 위해 위대한 전통을 긍정적으로 수용한다. 오랜 전통은 하나님이 주신 선물이다. 말씀과 성례, 찬송과 헌금, 공동체와 목자, 교제와 봉사 등 제도와 직무가 필요한 전통을 충분히 전유하면서도 유기적 교회가 될 수 있다는 것이다.

교회가 공동체이면서 조직이라는 것을 인식하기 위해서도 이러한 주장에 귀 기울일 필요가 있다. 공동체가 가지고 있는 역동성과 조직이 가지고 있는 안정감을 모두 아우르는 선교적 교회가 되어야 한다. 또한 지나치게 기성 교회를 비난하거나 전통, 제도, 형식을 가볍게 여기는 실수를 범하지 말아야 한다. 선교적 교회 운동을 할 때 우리가 반드시 기억해야 할 것은 우리 대부분이 기성교회의 열매들이라는 사실이다. "나쁜 어머니도 어머니는 어머니다"라고 말하는 분들의 호소에 깊은 마음으로 공감하면서 선교적 교회를 세워가야 한다. 새로운 대안을 세우기 위해 기성 교회에 대한 치밀한 분석과 비판도 필요하지만, 그것을 애정 가운데 수행했으면 좋겠고, 무엇보다 비판의 대상들에게 비춰진 우리들의 교회와 자아가 사랑으로 가득한 대안운동이었으면 좋겠다.

7장 소결론

2부에서는 그동안 내부적으로 정리한 더불어숲동산교회의 "신학적 비전"에 대해 소개했다. 더불어숲동산교회의 신학적 비전은 "하나님 나라의 신학과 십자가의 영성과 성령의 능력을 갖춘 급진적 제자 공동체를 통해 공교회성과 공동체성과 공공성을 회복하는 선교적 교회"다. 이것은 이론적 영역과 실천적 영역으로 나뉜다. 이론적 영역은 "하나님 나라의 신학과 십자가의 영성과 성령의 능력을 갖춘 급진적 제자 공동체"이고, 실천적 영역은 "공교회성과 공동체성과 공공성을 회복하는 선교적 교회"다. 이러한 신학적 비전은 어떤 책이나 교본에서 나온 것이 아니다. 오히려 한국 사회와 한국교회가 교차하는 지점에서 치열하게 고민하는 가운데 정리된 신학적 비전이다. 이러한 신학적 비전의 가장 중요한 특징은 "신학의 성육신화"다. 이것은 어쩌면 이 책 전체의 방향성과 관련된 것이다.

교회가 성육신적 교회가 되어야 하는 것처럼 신학도 성육신적 신학이 되어야 한다. 시대와 역사와 삶과 동떨어진 피안적이고 반역사적이며 종교적이고 추상적인 신학이 아니라, 시대와 역사와 삶 한 가운데로 성육신한 신학이 되어야 한다. 성속이원론, 영육이원론, 공사이원론, 신행이원론 등 성경적 사고와 상관없는 이원론적 사고방식이 성경의 참뜻을 왜곡하지 않도록 해야 한다. 추상적이고 피안적이고 반역사적인 복음이 아니라 실제적이고 역사적이며 현실 대안적인 복음이 필요하다. 이런 통전적인 복음의 회복을 위해서는 영혼구원만을 외치는 복음이 아니라 구약과 신약을 관통하는 하나님 나라의 복음이 되어야 한다. 그럴 때만 성경에 나타난 "새 하늘과 새 땅"의 비전을 지금 여기에서 실현할 수 있다.

언젠가 로마서를 묵상하다가 너무나 놀란 적이 있다. 그동안 로마서는 단지 유대교의 율법주의에 대한 비판과 그에 대한 대안으로 복음의 원리를 제시한 신학적 명제집인 줄 알았는데, 그게 아니라 오히려 종교적 율법과 이 세상의 법 모두와 이 세상의 운영 원리에 대한 급진적인 대안을 제시하는 혁명적인 책이라는 것을 알게 된 것이다. 이 세상의 법과 운영원리는 무엇인가? 로마서에 의하면 "보상의 원리"다(롬 4:4). 보상의 원리야말로 기업의 논리, 법의 논리, 자기계발의 논리, 긍정의 논리, 승자의 논리다. 그렇다면 이것을 근본적으로 내파하는 복음의 원리는 무엇인가? 바로 "은혜의 원리"요 "정의의 원리"(롬 4:5)다. 여기서 말하는 "의"는 단지 개인적이고 종교적인 "올바름"(righteousness)만을 의미하는 것이 아니라 "정의"(justice), 즉 "공평과 정의"를 포함한다. 법의 정의를 이루기 위한 인간적 노력(공로)으로는 결코 "하나님의 올바름과 정의"를 이룰 수 없고 오직 값없이 주어지는 은혜(선물)로만 법의 정의를 넘어서는 "하나님의 올바름과 정의"를 이룰 수 있다. "그리스도 예수 안에 있는 속량으로 말미암아 하나님의 은혜로 값없이 의롭다 하심을 얻은 자 되었느니라"(롬 3:24). 이 얼마나 놀라운 선언인가? 오직 법의 정의를 초과하고 보상의 원리를 넘어서는 은혜의 원리를 통해서만 올바르고 정의로운 세상이 세워지며, 그런 세상이 십자가를 통해 출범했다. 이것이야말로 이 세상의 법과 운영원리를 근본적으로 뒤집어엎는 체제전복적인 선언 아닌가? 이러한 "복음의 원리", "은혜의 원리", 그리고 "정의의 원리"가 실현된 공동체가 바로 사도행전 2:42-47에 나타난, 그리스도만을 왕으로 고백하고 십자가를 증언하는 선교적 공동체였다. 심지어 자기 소유를 자기 것이라고 주장하지 않고 물질을 유무상통하며, 필요에 따라 사용하는 평등공동체가 형성되었고, 헬라인과 유대인, 종과 자유자, 남자와 여자가 하나가 되는 코스모폴리타니즘적인 공동체가 이루어졌다. 복음의 힘은 이처럼 놀라운 것이다.

오늘날 그리스도인들은 개인적 의로움을 얻었을 뿐 세상에서는 철저히 탐욕을 추구하고, 마치 하늘에 사는 사람처럼 종교적인 영역에 안주하면서도 "세상" 한 가운데서는 철저히 "세상적인 것"에 동화되어 살아가는 속물이 되어버렸다. 세상마저 성경에 관심을 갖기 시작했는데 현실의 교회는 성경의 정신과 상반된 방향으로 나아가고 있다. 로마서에 은혜를 받고 나서 시간이 흐른 후 현대 철학자들이 바울에 대해 쓴 글들을 읽으면서 너무나 놀랐다. 모더니즘의 한계를 극복하기 위해 등장한 포스트모더니즘조차 명백한 한계를 보이자, 포스트모더니즘의 한계를 넘어서기 위한 기획으로 지젝, 아감벤, 바디우, 데리다 등 일단의 현대 철학자들이 바울에게 관심을 갖고 글을 쓰기 시작했다. 그들의 글을 읽고 놀란 이유는 내가 은혜 받은 내용과 너무나 흡사했기 때문이며, 전통적인 교수들의 교리적인 글보다 그들의 글이 훨씬 더 성경에 가깝게 느껴졌기 때문이다. 성육신적인 신학을 하지 않으면 이제 성경조차 이 세상에 빼앗길지도 모르겠다는 생각이 들었다.

기독교는 마치 그리스 신화에 나오는 안타이오스와 같은 운명을 가졌다고 할 수 있다. 바다의 신 포세이돈과 땅의 여신 가이아의 아들이자 땅에 닿으면 힘이 무한하게 솟는 거인 안타이오스는 천하무적이었다. 하지만 그 힘의 비결을 알아낸 헤라클레스가 그를 허공에 들어 올려 땅에 닿을 수 없도록 만든 후 목을 졸라서 죽였다. 혹 신학을 성육신화하지 못한 기독교가 땅에 닿지 못하고 허공을 떠다니는 신학을 하여 안타이오스처럼 힘을 잃을 수밖에 없었던 것은 아닐까? 이제 기독론의 하위 분야로서의 성육신이 아니라, 신학의 방향 자체가 성육신화되어야 한다. 그렇지 않으면 기독교는 힘을 완전히 잃어버릴 것이다. 더불어숲동산교회의 신학적 비전은 이런 성육신적 신학을 통해 만들어진 것이다.

제3부

공공성을 회복하는 선교적 교회

세상이 점점 더 괴물 같아지는 것 같다. 지금 이 글을 쓰는 기간에도 사고로 혹은 자살로 많은 사람이 죽어간다. 2016년 5월 구의역 스크린도어 사고로 숨진 김 군(19세)의 어머니가 기자회견에서 밝힌 바에 따르면, 메트로 설비 차장이 찾아와 보고를 안 한 김 군의 과실이라며 책임을 떠넘겼다고 한다. 보고를 하지 않고 규정을 지키지 않아 사고의 책임이 김 군에게 있다는 것이다. 누구나 현실을 뻔히 아는데 어떻게 그렇게 말할 수 있을까? 장남의 책임감으로 대학은 나중에 가겠다며 공고에 갔고, 이후에 취직해 7개월 동안 일하면서 적은 월급을 쪼개 적금을 부어 백만 원씩 다섯 번 입금하면서도 동생에게 용돈을 줬던 젊은 청년. 유품으로 돌아온 갈색 가방 속에는 비닐에 쌓이지도 않은 숟가락과 뜯지도 않은 사발면이 들어 있었다고 한다. 그런 아이에게 책임감이 강하라고, 지시하는 대로 고분고분해야 한다고, 상사가 얘기하는 것 잘 들어야 되는 거라고 말한 것이 너무나 후회되고 한이 된다는 어머니의 말을 듣고 있으니 너무나 마음이 아팠다. 아이를 기르면서 항상 책임감 강하고 떳떳하고 반듯하라고 가르쳤는데, 이제 둘째 아이에게는 절대 그렇게 가르치며 키우지 않겠노라고, 우리 사회는 책임감이 강하고 지시 잘 따르는 사람에게 남는 것은 개죽음뿐이라고, 첫째를 그렇게 잃었는데 둘째 아이도 그렇게 잃을 수 없노라고, 정말 첫째 아이를 그렇게 키운 게 지금, 미칠 듯이, 미칠 듯이 후회가 되노라고 통곡하는 어머니의 기자회견을 들으며 눈물을 흘리지 않을 수 없었다. 우리 사회는 어찌 이토록 괴물 같은 사회가 되어버렸는가? 우리는 어찌 이토록 타자에게 매정한 괴물이 되어버렸는가?

엄기호는 『단속사회』에서 인간, 동물, 속물, 유령, 괴물을 다음과 같이 구분한다.[1] 인간은 질문하는 존재다. 살았으나 죽은 삶을 살아가는 사람이 있다. 질문 없이 살기 때문이다. 인간은 질문이 생길 때 그 질문의 해답을 찾아가는 과정을 통해 진정성 있는 삶을 살게 된다. 따라서 정해진 범위 안에서만 사유하고, 그 선택 이상의 삶에 대해 질문하지 않는 사람은 진정성 있는 삶을 살 수가 없다. 동물은 질문을 하지 않는 존재를 말한다. 동물은 주어진 대로 조화를 이루며 산다. 동물은 자연과 불화를 일으키지 않는다. 동물에게는 질문이 없기 때문에 오직 현재 안에서 만족하며 산다. 만족만을 알 뿐 진정한 행복은 모른다. 동물에게는 오직 풍요와 안전만이 중요하다. 모험을 하지도 불화를 겪지도 질문을 하지도 않는다. 새로운 미래에 대한 소망이 아니라 현재적 욕망으로 인한 소비만이 중요하고, 삶의 의미가 아니라 오직 재미만을 추구한다. 속물은 질문이 있는 척하는 존재다. 척 하느라 매우 바쁜 존재를 말한다. 적절한 질문이 없으면서도 질문이 있는 것처럼 행동하고, 해답을 찾고 있는 것처럼 보이기에 열심히 사는 것 같지만, 실제로는 스스로를 위장할 뿐이며 질문을 가진 사람처럼 연기할 뿐이다. 이런 존재는 아무 가치가 없는 일에 목숨을 거는 경우가 많고, 자신을 드러내고 전시하고 과시할 뿐 진정한 삶은 없다. 마치 동물원의 동물과 같다. 유령은 질문을 할 수 없는 자들이다. 이 사회에는 얼굴을 가지고 있지만 얼굴을 드러낼 수 없는 자들이 얼마나 많은가? 장애인들이 대표적이다. 또한 소

---

1 엄기호, 『단속사회』(창비, 2014).

수자들이 그렇다. 김 군도 마찬가지다. 이처럼 비가시화된 존재로 살아가야 하는 사람들이 너무나 많다. 이들이 자신의 존재를 드러내기 위해 질문을 던지면, 사회는 그들을 응징한다. 또한 질문이 허락되지 않는 존재로 학생을 예로 들 수 있다. 그들은 언제나 가만히 있어야 한다. 가만히 있으라는 말에 순응하느라 죽어간 세월호의 아이들은 죽기 전에 이미 유령이었던 것이다. 이 얼마나 참혹한 사회인가? 그래서 괴물은 질문을 파괴하는 자들이다. 성경적으로 말하면 이 세상의 정사와 권세와 어둠의 세상 주관자들과 하늘에 있는 악한 영들에게 붙들린 자들이다. 이들은 타인을 유령으로 만드는 자들이다. 타인의 고통을 외면하고, 그 고통을 불가피한 희생이라고 말하는 순간 우리는 괴물이 된다. 오늘날 우리는 이익은 위로 가고, 위험은 아래로 분배되는 시대를 살고 있다. 경제적 양극화보다 심각한 것은 위험의 양극화다. 아니, 경제적 양극화가 위험의 양극화를 초래한다.

그런데도 사회는 모든 책임을 피해자들에게 돌리고 있다. 이 사회는 모든 삶의 결과가 개인의 선택에 의한 열매라고 주장한다. 자기계발서에서 지속적으로 부추기는 적극적 사고방식과 긍정의 힘처럼 모든 실패와 불행을 개인의 책임으로 돌리고 있다. 하지만 그것은 문제가 많은 메시지다. 이원석은 자기계발을 강조하는 모든 이론과 사상이 "거대한 사기극"에 불과하다고 날카롭게 지적한다.[2] 그는 자기계발을 두 가지 패러다임으로 설명한다. 하나는 신비적 패러다임이고, 다른 하나는 윤리적 패러다임이다. 윤리적 패러다임은 근면의 힘을 신뢰하며 원하는 바와 관련하여 외부의 환경을 탓하지 말고 스스로의 성실한 노력으

---

2 이원석, 『거대한 사기극』(북바이북, 2013), 21-22쪽.

로 돌파할 것을 촉구한다. 반면 신비적 패러다임은 상상의 힘을 신봉하며 원하는 것에 대한 자신의 노력을 내려놓고 간절히 바라기만 하면 이루어진다고 강변한다. 전자가 자신의 의지를 활용해 노력할 것을 강조한다면, 후자는 자기의 생각을 가지고 쟁취할 것을 촉구한다. 그는 신비적 패러다임이 유행하는 것은 윤리적 패러다임으로도 생존과 신분 상승의 해법이 보이지 않는 신자유주의의 영향 때문이라고 말한다. 또한 윤리적 패러다임의 변종으로 심리적 패러다임이 등장했다고 말한다. 바로 "아프니까 청춘이다"와 같은 메시지를 말한다. 세상을 근본적으로 변혁하는 것이 아니라, 그저 마취제를 놓고 처방을 제시하는 것처럼 인간의 정서적 차원까지도 자기계발의 영역으로 끌어들인다는 것이다.

이원석의 주장 중 관심을 끄는 것은 이 모든 자기계발 패러다임의 근원에 기독교 정신이 있다는 점이다. 그의 주장을 증명이라도 하듯이 실제로 자기계발의 선두주자는 모두 목사들이다. 빈센트 필, 로버트 슐러, 조엘 오스틴 등이 바로 그들이다. 한국도 예외는 아니다. 한국에서도 기독교인이 쓴 『꿈꾸는 다락방』이나 신부가 쓴 『무지개 원리』는 삽시간에 베스트셀러가 됐다. 또한 한국교회의 강단을 장식하고 있는 메시지는 대부분 적극적 사고방식이나 긍정의 힘과 같은 자기계발 메시지다. 오순절주의 교회들은 주로 신비적 패러다임을, 복음주의 교회들은 주로 윤리적 패러다임을 사용하고, 양자 모두에게서 심리적 패러다임이 나타나고 있다. 실제로 선포되는 메시지는 양념처럼 곁들인 성경 구절 몇 개를 제외하면 자기계발서의 내용과 다를 바가 거의 없다.

젊은 시절 제레미 리프킨이 쓴 『엔트로피』와 에른스트 슈마허가 쓴 『작은 것이 아름답다』를 읽고서 사회체제의 변혁만이 아니라 인간문명의 변혁이 필요하다는 문제의식을 갖게 됐고, 자연스럽게 동양철학을 공부하게 되었다. 그러면서 차츰 독서의 범위를 넓혀 동양고전만이 아니라 현대물리학이나 포스트모더니즘도 공부하게 되었는데, 그에 대한 자연스러운 귀결로 동양적 영성을 접하게 되었다. 명상이나 비파사나뿐 아니라 동양적 영성의 아류인 뉴에이지도 잠깐이지만 심취하게 되었다. 초대형 베스트셀러『시크릿』에 소개되는 다양한 인물들을 그때 대부분 접했다. 그러다가 그 한계를 명확하게 깨닫고 기독교적 영성을 추구하게 되었을 때 접한 것 중 하나가 바로 조용기 목사의『4차원의 영성』이었다. 처음 그 책을 읽고 나서 굉장히 놀랐다. 왜냐하면 기독교적인 용어 몇 가지만 빼면, 내가 읽었던 뉴에이지에 관한 책들과 글자 하나 틀리지 않고 거의 똑같았기 때문이다. 뉴에이지 영성이나 4차원의 영성이 동종성을 가지고 있으며, 개인의 탐욕을 만족시켜주는 영성이라는 판단을 어렵지 않게 할 수 있었다.

적극적 사고방식과 긍정의 힘 같은 메시지가 갖는 문제점은 무엇일까? 많은 이야기를 할 수 있겠지만 가장 기본적인 것들만 살펴보자. 첫 번째 문제는 모든 실패와 비극의 책임을 개인에게 돌린다는 데 있다. 긍정적 사고방식은 모든 것을 개인의 문제, 특히 마음의 문제로 환원한다. 실패는 실패할 수밖에 없는 내면의 태도를 가졌기 때문이고, 성공은 성공할 수밖에 없는 내면의 태도를 가졌기 때문이라는 것이다. 세상을 지배하는 것은 마음의 힘이기 때문에 마음의 태도를 어떻게 갖느냐에 따라 성공과 실패가 결정된다. 한국교회는 이것을 믿음이라는 말로 살짝 바꾸었을 뿐이다. 여기에는 모든 것을 개인의 책임으로 돌리는 과도한 책임전가의 논리가 숨어 있다. 지금 우리가 겪고 있는 실패나 질병이나 고난이 모두 개인의 능력이 부족해서 또는 게으르거나 부정적인 생각을 가졌기 때문에 나타난 결과일까? 개인보다 더 큰 어떤 구조나 상황, 또는 시스템이나 거시 경제의 문제로 발생한 것은 아닐까? 이것을 모두 개인의 문제로 환원하는 것은 이미 절망 속에 빠져 있는 자에게 또 다른 부담을 주는 가학적 행위다. 그들을 스스로 실패를 자초한 자로 몰아붙이고 있는 것이다. 하지만 어려움을 겪고 있는 주변 사람들을 보면 대부분 열심히 살아가는 사람들이다. 그들이 게으르거나 부정적이거나 믿음이 없어서 어려움을 겪고 있는 것이 아니다. 그것을 개인의 책임 문제로 환원할 것이 아니라, 사회와 공동체가 함께 책임을 지고 헤쳐 나가야 할 과제로 보아야 한다. 하지만 긍정적 사고방식과 자기계발 담론들은 모든 것을 개인의 책임으로 돌린다. 교회도 마찬가지다. 교회조차도 성도들의 실패나 고난이나 비극을 개인의 믿음이 부족해서 발생한 것이라고 말한다. 믿음의 강조가 위로와 격려를 주는 것 같지만, 그 속에는 은폐된 정죄가 숨어 있다. 모든 문제를 개인적 차원으로 환원시킴으로 구조적인 죄나 시스템의 오류라는 차원을 도외시하고 공동체적 대안 자체를 불가능하게 만든다. 이것이 바로 기독교의 복음이 지닌 공적 차원을 상실한 한국교회의 문제점이다.

적극적 사고방식이 가진 두 번째 문제는 지나친 낙관주의이고, 이것은 현실에 대한 비판적 시각을 상실하게 만든다. 무모한 낙관주의는 한순간에 무서운 결과를 초래할 수 있다. 잘나가던 형국이 갑작스러운 파국을 맞이하는 이유가 여기에 있다. 비판적인 시각을 상실했기 때문에 모든 것을 좋게만 보다가 문제를 방치하게 되고, 그것이 축적되어 한꺼번에 터지는 것이다. 2008년 천문학적인 정부보조금으로 위기를 간신히 모면한 전 세계 금융위기는 서브프라임 모기지 위기였고, 그것을 유발한 기업이 바로 컨트리 와이드였다. 그 기업의 CEO 앤절로 모질로는 동기유발 강사로 유명하다. 그는 항상 모든 것이 잘 될 거라는 말만 했다. 당시 선임 부사장인 애덤 마이클슨이 모질로에게 집값이 계속 오르지 않을 거라고 말했을 때, "당신은 걱정이 너무 많고 부정적이어서 문제야"라는 핀잔만 늘어놓았다고 한다.[3] 비판적 시각은 긍정적 사고방식이 아니라 정의라는 감각이 있어야 가능하다. 정의라는 시각을 가질 때 불의에 분노하고 총체적 대안을 사고하게 된다.

이 시대는 분노가 필요한 시대다.[4] 한병철이 말한 것처럼 "분노는 현재에 대해 총체적인 의문을 제기한다. 분노는 어떤 상황을 중단시키고 새로운 상황이 시작되도록 만들 수 있는 능력이다."[5] 분노는 구조적 악에 대한 서사적 해석인 동시에 새로운 대안을 만들고자 하는 변혁적 감정이다. 그래서 분노는 대안을 만드는 힘이다. 앞에서 말한 것처럼 기독교인은 주님의 이름이 바로 정의라는 사실을 깊게 인식한 사람들이다. 예수님을 따르는 사람들은 공평과 정의를 통해 이 사회에 대한 비판적 시각을 가질 수밖에 없다. 그러한 시각을 가져야만 사회가 바뀐다.

세 번째로 적극적 사고방식이나 긍정의 힘은 사람들에게 무력감을 심겨줘 생존과 탐욕만을 추구하게 만든다. 적극적 사고방식이나 긍정의 힘을 설파하는 이들의 마음 깊은 곳을 들여다보면, 그곳에는 부정적인 것을 직면할 용기가 부재하다는 것을 알 수 있다. 부정적인 것을 직면할 용기가 없으니까 부정적인 것은 애써 외면하고 긍정적인 것만 보자고 말한다. 왜 이런 용기가 부재할까? 자신들의 실천을 통해 불의한 상황을 바꿀 수 없다는 무력감이 그 안에 숨어있기 때문이다.[6] 그들이

---

3 바버라 에런라이크, 전미영 역, 『긍정의 배신』(부키, 2011), 257쪽.
4 스테판 에셀, 임희근 역, 『분노하라』(돌베개, 2011).
5 한병철, 김태환 역, 『피로사회』(문학과지성사, 2012), 50쪽.
6 바버라 에런라이크, 『긍정의 배신』, 92쪽.

사회의 불의에 대한 저항에 뛰어들지 않는 이유는 내면 깊은 곳에 무력감이 숨어있기 때문이다. 아무 것도 바꿀 수 없다는 무력감은 결국 현상유지에 복무할 뿐이다. 그런 무력감은 안정을 추구할 뿐 사회를 근본적으로 바꾸려고 노력하지 않는다. 결국 생존과 탐욕만을 추구하는 삶을 살게 된다. 그런데 기독교조차 그런 무력감을 내장한 채, 생존과 탐욕과 성공만을 추구하는 종교가 되어 버렸다. 원래 기독교는 무기력한 종교가 아니다. 이 세상의 부정적인 것에 직면하면서도 예언자적 상상력으로 새로운 대안을 제시할 수 있는 종교가 바로 기독교다.

월터 브루그만은 『예언자적 상상력』에서 기독교가 지닌 예언자적 상상력을 소개한다.[7] 그는 하나님께서 출애굽을 통해 제국의 정적인 승리주의와 억압과 착취의 정치로부터 단절을 성취했다고 말한다. 하지만 솔로몬이 평등의 경제를 풍요의 경제로 바꾸고, 정의의 정치를 억압의 정치로 바꿨으며, 자유의 종교를 접근성의 정치, 즉 인간이 아무런 제약 없이 마음대로 접근하고 인간 자신의 목적을 이루기 위해 통제할 수 있는 신으로 만들어버렸다. 실현가능한 배부름의 체제라고 부를 수 있는 왕정 체제는 경탄할 만한 신비를 죽이고, 원가를 따지는 경영학적 사고방식에 지배당한다. 또한 이런 체제는 낙관주의적 국가종교에 의해 정당화되고, 이웃을 우리 역사 속에서 생명을 나누어 주는 존재로 보지 못하도록 만든다. 이에 대해 예언자들은 성령에 사로잡혀 예언자적 비판과 활성화를 감행한다. 예언자적 상상력은 우선 예언자적 비판으로 나타난다. 예언자적 비판은 두렵고 거대한 힘에 맞서 싸우기 위한 상징을 제공하고, 하나님의 임재가 가져오는 두려움과 공포를 공개적

---

[7] 월터 브루그만, 김기철 역, 『예언자적 상상력』 (복있는사람, 2009).

으로 표현하며, 우리를 억누르고 좀먹는 실질적인 죽음의 운명을 은유적이면서도 구체적으로 비판하는 것이다. 단지 꾸짖거나 비난하는 것이 아니라 종말의 공포를 공개적으로 드러내고, 인간이 만들어낸 체제가 종말론적 파국을 맞이할 것임을 애통의 언어로 선언한다. 한편으론 피지배자뿐 아니라 지배자들조차 현재의 상황에서 벗어날 길이 없다는 절망과 무기력의 희생자들이다. 하지만 예언자적 비판은 단순히 비판에만 머물지 않고 희망의 언어를 통해 예언자적 활성화를 제시한다. 예언자적 활성화는 공동체의 가장 뿌리 깊은 기억으로 돌아가 새로운 사회를 꿈꾸도록 희망의 상징을 되살려내며, 통상적인 현실 인식을 거부하고 하나님의 약속을 통해 성취되는 체제전복적 희망을 공적으로 표현한다. 또한 우리의 상황을 재규정하는 참된 새로움을 경탄의 언어로 선포한다. 이것이 바로 기독교에 내재되어 있는 예언자적 영성이다. 예언자적 영성을 가진 목자는 첫째, 자기들이 하는 일은 다른 일이요 다른 방식으로 이루어진다는 사실을 아는 대안 공동체를 세우는 데 힘쓴다. 둘째, 설교만이 아닌 상담을 통해, 교육만이 아닌 예전을 통해, 어떤 상황에서도 빛을 밝혀 줄 수 있는 생명의 말씀을 전한다. 셋째, 무감각을 꿰뚫고 들어가 우리를 사로잡고 있는 죽음의 세력에 맞서게 해준다. 넷째, 절망을 넘어서 새로운 미래를 믿고 받아들일 수 있게 해준다. 이것이야말로 지금 한국교회에 만연해 있는 탐욕의 복음과 번영의 신학을 극복하는 예언자적 영성이요 예언자적 상상력이다.

　　마지막으로 적극적 사고방식이나 긍정의 힘과 같은 사고방식이 가져오는 가장 큰 문제는 죄에 대해서 둔감해진다는 점이다. 어느 목회자가 『적극적 사고방식』의 저자인 로버트 슐러 목사의 세미나에 참석했다고 한다. 첫 시간에 로버트 슐러 목사는 처음 교회를 개척했을 때 주일마다 사용하던 노천극장으로 참가자들을 데리고 가서 매우 자랑스러운 표정으로 이렇게 말했다고 한다.

> 이 자리에서 첫 예배를 드리던 주일에 나는 유명한 빈센트 필 목사님을 모셔서 설교를 부탁했습니다. 그 목사님이 강단에 올라서더니 하시는 말씀이 "만일 예수님이 이 자리에서 말씀하신다면 무엇이라고 하실까요? 여러분을 향해 죄인이라고 부를까요? 천만에요. 그는 평생 어떤 사람을 앞에 놓고 그렇게 부르신 일이 없었으니까요?"라고 하는 것이었습니다. 그 말에 크게 깨달은 바가 있어 나도 강단에서 절대로 죄인이라는 용어를 쓰지 않기로 마음먹었습니다. 사람들이 듣기 싫어하는 말을 설교자가 입에 담는 것은 지혜롭지 못한 것입니다.[8]

이건 정말 심각한 문제다. 데이비드 웰스는 『용기 있는 기독교』에서 이 부분을 적나라하게 다룬다.[9] 그는 현대 교회가 반드시 붙잡아야 하는 한 가지 진리와 진실한 인격을 도외시했다고 말한다. 현대 교회는 근대사회가 만들어 놓은 사적 영역과 공적 영역의 분리라는 전략에 갇혀 오직 사적 영역에만 국한된 종교로 전락했다. 그로 인해 기독교에서도 인간의 자아가 중요해지기 시작했고 하나님은 작아지기 시작했다. 하나님은 오직 자아를 통해 접근하는 신이고, 우리에게 치료의 혜택을 듬뿍 주는 신에 불과하다. 말 그대로 오직 "안에" 계신 하나님이다. 웰스는 기독교가 "밖에" 있는 하나님, "위에" 있는 하나님, 그리고 거룩하

---

8 옥한흠, 『내가 얻은 황홀한 구원』(국제제자훈련원, 2002), 167쪽에서 재인용.
9 데이비드 웰스, 홍병룡 역, 『용기 있는 기독교』(부흥과개혁사, 2008).

신 하나님을 회복해야 한다고 말한다. 그래야 죄와 심판에 대한 사고가 가능하기 때문이다. 죄와 심판에 대해 말할 수 없는 기독교는 기독교가 아니다.

문제는 웰스가 미국제 복음주의와 마케팅 교회에 대해 비판한 것이 한국교회에도 그대로 적용된다는 점이다. 한국교회는 이제 더 이상 죄와 회개에 대해서 말하지 않는다. 더 이상 십자가에 대해서 말하지 않는다. 더 이상 심판에 대해서 말하지 않는다. 오직 부와 성공과 형통과 건강에 대해서만 이야기한다. 달콤한 약속만 내뱉는 솜사탕 복음을 전하고 있다. 하나님은 오직 지지자요 개인적 조력자이며 사소한 일을 챙겨주는 자상한 분일 뿐이다. 하나님을 인간의 종으로 만들 뿐이다. 기도를 거부하는 하나님은 있을 수 없다. 더군다나 심판하는 하나님은 있을 수 없다. 언제나 평안만을 이야기하고 재앙은 없다고 이야기할 뿐이다. 어떤 희생도 진정한 헌신도 요구할 수 없게 되었고, 고난을 감내하는 것과 진정한 가치를 추구하는 것, 그리고 죄와 악의 싸움에 대해서도 말할 수 없게 되었다. 이런 기독교를 벗어나지 않으면 미래는 없다.

더구나 죄라는 인식이 없으면 진정으로 윤리적 삶을 살 수 없다. 우리를 진정으로 윤리적인 사람으로 만드는 것은 무엇일까? 이번 주제와 관련하여 말하면 진정한 윤리란 자신이 죄인임을 인정하는 데서 시작된다고 말할 수 있다. 진정한 윤리는 자신이 직접적으로 행한 잘못을 깨닫고 고치는 데 있지 않다. 진정한 윤리는 자신이 행하지도 않은 어떤 잘못들에 대해 책임지는 데 있다. 자신이 행하지도 않은 잘못까지도 책임지는 것은 자신이 죄인임을 깨닫는 데서 온다. 그리스도인의 영적 감수성은 자신이 행하지 않은 죄에 대해서 죄책을 느끼고 그것에 대해 책임을 지는 것에서 나타난다. 또 하나, 진정한 윤리는 타인의 고통에 대한 반응에서 시작된다. 인도의 위대한 선교사였던 스탠리 존스는 상처 입은 어린 양을 우주의 중심으로 고백하는 종교가 바로 기독교라고 말했다. 기독교는 상처 입은 모든 영혼을 이 세상의 중심에 서게 하는 종교다. 기독교인은 타인의 고통 속에서 자신의 죄를 보는 인간이다. 자신이 가한 위해가 아니라도 타인의 고통에 대해 죄책을 느낄 줄 아는 인간이다. 그러한 죄책을 느끼는 존재만이 타인의 고통에 대해 책임 있게 반응한다. 타자의 고통에 책임 있게 응답하는 존재야말로 진정으로 윤리적인 존재라 할 수 있다. 기독교인은 타인의 고통을 자기 것으로 인수하여 함께 고통을 짊어지는 자이며, 타인의 죄책까지 인수하여 대속적 삶을 사는 자들이다.

이제 기독교는 개인의 영혼이나 내면적인 문제만을 다루는 종교가 아니라 통전적인 복음과 복음의 공공성을 회복하는 종교로 거듭나야 한다. 교회는 예언자적 상상력을 회복하여 사적 영역만이 아니라 공적 영역에 대한 복음적 대안을 제시할 수 있어야 한다. 다시 말해, 공공성을 회복하기 위해 노력해야 한다. 지역과 사회에서 공공성을 회복하기 위해 활동하는 사람들과 소통하고 협력하며 함께 사역할 줄 알아야 한다. 공론장에서도 통하는 언어를 생산해내고 그러한 언어로 신앙을 표현할 수 있도록 훈련해야 한다. 또한 교회는 타자를 위한 교회가 되어 이 세상에서 몫 없는 자들의 몫을 찾아주어야 한다.

1장 '세속적이면서 종교적인 교회'에서 '거룩하면서 사도적인 교회'로

한국교회는 세속화를 경계하면서도 세속 사회를 너무나도 닮았다. 교회와 세속의 차이가 거의 없다. 아니, 세속보다 수준이 떨어지는 교회가 되어 버렸다. 연일 매스컴에 오르는 교회의 비리와 사건사고는 차마 들을 수 없을 정도다. 개인의 연약함으로 인한 실수나 죄라면 모를까, 전반적인 교회 문화와 교양 수준이 떨어지기 때문에 이런 사건이 발생하고 있다는 것이 더 큰 문제다. 아이러니는 현대교회가 세상을 닮았으면서도 세상과 동떨어진 종교적 세계에 갇혀 있다는 점이다. 가치와 욕망의 측면에서는 철저히 세상을 닮아버렸지만, 형태와 소통에 있어서는 철저히 세상과 단절된 모습을 보이고 있다. 한편에서는 세속주의적 공리주의와 기복주의적 실용주의를 통해 세상과 타협하고 적응하며 세상을 욕망한다. 다른 한편에서는 근본주의적 경건주의와 이원론적 내세주의를 통해 세상과 대립하고 불통하며 세상으로부터 격리된다. 문화적으로는 세상을 욕망하면서 종교적으로는 세상과 소통할 줄 모르는 배타적 폐쇄 회로에 갇힌 교회가 된다. 모순처럼 보이는 두 가지 측면은 사실 서로를 필요로 한다. 근본주의적 경건주의는 문화적 배타성 속에 숨어 개인적 덕성이나 내면적 성숙에만 몰입하게 하며, 이원론적 내세주의는 세상을 경멸하며 세상의 이슈에 눈감고 방관자적 초월주의를 정당화한다. 바로 그 영성을 통해 세상을 변화시킬 책임은 면제되고, 세상을 욕망하고, 세상과 타협한다. 세상에 대한 배타성과 막연한 경멸은 세상 속에서 그리스도인으로서 어떻게 살아야 하는지 고민하지 않고, 세상에 대한 분석과 대안 제시에 둔감하게 만든다. 자연스럽게 종교적인 영역 안에 침잠하게 만들고 세상 속에서는 오직 생존과 성공만을 추구하게 만든다. 경멸하는 바로 그것을 소유하려는 탐욕에 사로잡히게 된다. 종교적 경건에 대한 보상으로서 세상에서의 성공이 주어지는 것처럼 생각한다. 경건성과 속물성의 기괴한 동거가 시작된다. 세상 한가운데서 하나님 나라의 가치를 추구하며 하나님 나라를 이루며 산다는 것이 무엇인지 전혀 고민하지도 않고 그것을 위한 희생적 분투도 하지 않는다.

백소영 교수는 한국교회가 "세속으로부터 구별되려는 경건"과 "세상에서 성공하려는 욕망"이 한 존재 안에 공존하는 "경건한 능력자"를 추구한다고 말한다.[1] 경건한 능력자란 정치적인 면(권력)에서는 "경건한 지도자"를, 경제적인 면(부)에서는 "경건한 부자"를 의미한다. 경건한 지도자는 정교분리 원칙을 통해 이룩하려는 "뉴잉글랜드식 신정 민주주의"의 양대 축인 정치 지도자 모세와 종교 지도자 아론을 의미한다. 제도적 측면에서는 정교분리 원칙을 지키되 서로 긴밀하게 관계하는 모세와 아론의 협력관계가 바로 뉴잉글랜드식 신정 민주주의다. 개신교는 개인 경건과 사회 참여의 기조를 모두 가지고 있을 뿐 아니라 모세와 아론의 협력관계라는 묘한 관계설정 때문에 생존전략의 형태로 정

---

1 백소영, 『세상을 욕망하는 경건한 신자들』(그린비, 2013).

치화와 탈정치화를 반복하면서 정치적 선택을 한다. 그렇다면 경건한 부자는 누구를 말하는 것일까? 베버에 의하면 이윤 추구를 위한 자본 축적이 목적인 자본주의는 그것을 충족시키기 위해 개인의 노력을 통한 자립을 조장할 수밖에 없다. 그런데 그런 자본주의 정신이 개신교의 현세적 금욕주의와 선택적 친화력을 갖는다. 선택적 친화력이란 양자 간의 코드가 맞아 시너지 효과를 내는 것을 말하며 어떤 사회집단과 특정 이념이 서로 딱 들어맞아 서로를 갈구하고 찾는 과정을 말한다.[2] 개신교가 의도적으로 그런 현상을 계획하지 않아도 양자의 선택적 친화력이 의도치 않은 결과를 만들어내는 것이다. 자본주의와 개신교 사이에는 선택적 친화성이 있고, 개신교는 개인의 경건과 사회 참여를 긍정하는 종교이기에 경건한 부자는 어쩌면 당연한 귀결이라 할 수 있다. 하지만 이제 경건한 신자요 세속 사회의 직업인인 개인에게 남겨진 것은 부와 성공이라는 생존의 목표뿐이다. 신앙인은 공적 영역과 사적 영역이 철저히 분리된 근대 사회에서 신앙에 있어서는 지극히 영적이고 사적이지만 공적 영역에서는 자유 경쟁을 체화시킨 사람일 뿐이다. 백소영 교수는 결론부에서 기독교가 변하기 위해서는 최우선적으로 개신교적 경건 실천과 세속적 욕망 사이에 견고하게 작용했던 친화성을 해체해야 한다고 말한다. 하나님 나라의 도래란 개인의 성공이 아닌 세계 공동체적 질서를 재편하는 능력이며, 이미 현재에 와 있으나 아직 도래하지 않은 유토피아의 능력이기에 그리스도인이 신앙의 이름으로 살아야 하는 "사이"는 "경건과 욕망 사이"가 아니라 하나님 나라의 "이미와 아직 사이"라고 말한다. 참으로 우리 모두가 경청해야 할 지적이다.

---

2   김광기, 『뒤르켐 & 베버 : 사회는 무엇으로 사는가』(김영사, 2007), 125쪽

따라서 교회는 거룩하고 사도적인 교회가 되어야 한다. 공공성을 회복하는 교회는 거룩하고 사도적인 교회다. 공공성을 회복하기 위해서는 먼저 거룩한 교회를 회복해야 한다. 세상의 의보다 낫지 않은 의는 거짓 의다. 교회가 하나님 나라는 아니지만 하나님 나라의 표지이며, 보증이며, 전조이며, 맛보기다. 그렇기에 교회는 대조사회다. 교회는 세상과 달라야 한다. 교회됨은 세상의 가치와 욕망과의 거리를 통해 이루어질 수 있다.

또한 사도적 교회가 되어야 한다. 교회는 대조사회일 뿐 아니라 대안사회이자 대항사회로서의 정체성을 분명하게 드러내야 한다. 우리는 구별된 자로서 세상으로 보냄 받은 자들이다. 사도성은 수위권이나 정통성을 의미하기보다 "보냄 받음"을 본질로 한다. 사도성을 회복한다는 것은 보냄 받은 교회가 된다는 의미다. 교회는 하나님의 선교에 참여하도록 세상으로 보냄 받았다. 세상과 담을 쌓고 종교적 세계에 함몰되는 것이 아니라 세상으로 보냄 받은 교회가 되어 세상과 소통하고 세상을 섬기고 세상을 변혁시키는 교회가 되어야 한다. 교회는 세상의 빛이며 세상의 소금이다. 빛이기에 드러날 수밖에 없고 그 빛을 보고 세상 사람들이 몰려든다. 소금이기에 자신을 드러내지 않으면서 하나님이 창조하신 세계의 맛을 회복시킨다.

2장   '사적 신앙'에서 '공적 신앙'으로

　　김진호는 『시민 K, 교회를 나가다』에서 신자들이 교회를 이탈하는 현상과 교회의 위기를 깊이 있게 다룬다.[1] 그는 한국교회의 다양한 문제들, 즉 설교, 교회 매매, 긍정의 힘, 공격적 선교, 풍요의 신학 등을 다룬다. 하지만 이 모든 것의 이면에 있는 교회 성장 둔화의 요인은 민주화와 소비 사회화다. 민주화는 시민의 등장과 얽혀있다. 국가의 성공이 곧 자신의 성공이라는 자의식 속에서 국가가 부여한 역사적 사명을 내면화한 수동적 주체가 국민이라면, 국가와 거래하고 교섭하면서 자신에게 유리한 민주적 제도를 도모하는 주역이 바로 시민이다. 권위주의적 잔재의 청산을 향한 열정으로 가득한 시대가 바로 민주화 시대였고, 교회는 권위주의적 시대감각을 가장 잘 체현하고 있었기에 주요한 청산의 표적이 됐다. 한국교회의 퇴조에 소비 사회화도 한몫을 했다. 소비 사회로의 이행기에 부상한 존재는 개인이다. 자본은 숨겨진 개인의 취향을 개발하라고 속삭이며, 그 취향을 위해 시간을 개성 있게 활용하라고 충동질한다. 사적 욕망이 분출했고 그러한 욕망들이 한바탕 놀이를

1　김진호, 『시민 K, 교회를 나가다』(현암사, 2012).

벌이는 공간인 대중문화가 출현했다. 그러나 교회에게 대중문화는 공포의 대상이었기 때문에 거부감을 가지고 배타적으로 대하였다. 교회의 시간은 너무 느렸고 권위주의 시대의 국민을 너무 빼닮은 성도들의 모습은 시민들이 교회를 떠나는 원인이 됐다. 시간이 지나면서 시민들은 교회에 투사했던 기대를 철회했다. 나는 후자보다 전자의 영향이 더 크다고 생각한다. 왜냐하면 소비 사회화를 거부하기만 한 것이 아니라 이에 발 빠르게 적응한 강남교회 패러다임이 존재하며, 이 패러다임 또한 현재 위기를 맞고 있는데, 그 위기의 이면에는 바로 시민의 등장이 있기 때문이다. 어떤 이의 지적처럼 한국 기독교는 국가와는 조화로운 관계를 가지려 했던 반면, 시민사회와는 갈등과 반목의 관계를 가졌기 때문에 공적 영역과 공론장에서 공신력이 추락하고 있다고 할 수 있다.

따라서 한국교회는 공공성을 회복해야 한다. 이를 위해 먼저 선행되어야 할 것은 복음의 공공성 회복이다. 레슬리 뉴비긴은 공적 진리로서의 복음을 주창했는데, 류태선 목사에 따르면, 뉴비긴의 신학적 인식론은 근대 서구의 이원론적 인식론에 대한 비판에서 출발했다.[2] 근대 서구의 세계관은 첫째로 이원론적 세계관인데, "아는 것"과 "믿는 것", "사실과 가치", "공적 세계와 사적 세계", "이성의 보편적 진리와 역사의 우연적 진리"가 분리되어 있다. 둘째는 계몽주의와 진보의 이념이며, 셋째는 세속화의 이념과 다원주의다. 이러한 영향으로 기독교는 오직 사적인 세계에서 개인의 믿음과 가치를 추구하는 상대적인 것으로 전락했다. 이것이 바로 기독교가 세상에서 영향력을 상실한 근본적인 이유다. 따라서 기독교의 위기를 극복하기 위해서는 공적 진리로의 복음을

---

2 류태선, 『공적 진리로서의 복음』(한들, 2011), 2장의 내용이다.

회복해야 한다. 복음은 공공의 장에서 선포되고 적용되어야 할 사실로서의 진리다. 복음은 개인적이고 인격적인 결단으로의 초대인 동시에 총체적인 사회생활을 위해서도 사실로 인정되어야 하는 공공의 진리다. 공적 진리로서의 복음은 예수 그리스도의 삶과 사역, 죽음과 부활을 중심으로 일어난 일련의 사건들을 통해 인간의 총체적 상황을 바꾸는 무엇인가가 발생했으며, 모든 인간 문화 각각에 대해 의문을 제기하지 않을 수 없게 되었다는 선언이다.[3] 따라서 공적 진리로서의 복음을 선포하고 살아야 하는 교회는 공공선을 위해 복음에 대한 공적 선언과 공적 실천에 참여해야 한다.

1. 공공신학이란 무엇인가?

복음의 공공성 회복은 주로 공공신학에서 다룬다. 한국교회에서 공공신학은 맥스 스택하우스를 통해 소개됐다.[4] 혹자는 스택하우스가 세계화를 긍정하면서 미국적인 사고방식을 보여주는 현대판 제국신학의 전형이거나 자본주의 신학의 전형이라고 비판하기도 하지만, 사사화된 복음만을 선포하는 한국교회에 그의 공공신학은 그 자체로 신선한 도전이었다. 공공신학이란 기독교적 신념과 교리, 교회의 존재와 사역에 대한 공적 접합성에 관심을 갖는 신학이라 할 수 있다. 공공신학의 특징을 정

---

[3] 레슬리 뉴비긴, 김기현 역, 『복음, 공공의 진리를 말하다』(SFC, 2008), 8, 62쪽.
[4] 본인 역시 다음 세 권의 책을 통해 공공신학을 처음 접하게 되었다. 문시영, 『공공신학이란 무엇인가?』(북코리아, 2007), 새세대교회윤리연구소, 『공공신학 어떻게 실천할 것인가』(북코리아, 2008), 기독교윤리실천운동, 『공공신학』(예영커뮤니케이션, 2009).

리해보면, 첫째, 공공신학은 성경적인 토대와 정통 신학 위에 세워진 기독교 신학의 한 분야다. 둘째, 공공신학은 정치, 경제, 사회, 문화 등 공적인 영역에서 신학적 개념이나 사고방식이 하나의 담론을 형성하도록 이론적·실천적 토대를 구축하는 신학이다. 셋째, 공공신학은 종교 공동체뿐 아니라 더 넓은 사회를 포괄하는 문제, 즉 공적 문제에 대한 신학 담론을 추구하는 신학이다. 넷째, 공공신학은 교회 내의 사람뿐 아니라 교회 밖의 사람들도 이해하고 확신하며 설득력을 가질 수 있도록 의도된 신학, 즉 지구적 시민사회를 위한 보편성을 지향하는 신학이다. 다섯째, 공공신학은 타학문 분야의 다양한 도구와 자료와 방법을 활용하는 학제적인 연구를 수행하며, 공공신학자는 이중 언어를 구사해야 한다.[5]

후기 기독교세계 시대에 공공신학은 어떤 의미일까? 앞서 규정한 공공신학의 특징을 보면 이미 공공신학 자체가 후기 기독교세계의 특징을 가지고 있다는 것을 알 수 있다. 공공성에 대한 담론 자체가 특정한 종교나 사상이 체제 전체를 지배하는 일극체제가 아니라 다양한 종교와 사상이 합리성과 타당성, 그리고 보편성과 포용성을 주장하며 각축하는 다극체제(다원주의 사회)를 전제로 하는 것이기 때문이다. 김승환의 말처럼 공공신학이 후기 기독교세계의 특징을 가지고 있다면, 스튜어트 머레이가 지적하는 다음의 특징을 주목해야 할 것이다.[6] 첫째, 중심에서 주변으로의 이동이다. 기독교세계에서는 기독교 이야기와 교회들이 그 사회의 중심에 있었지만, 후기 기독교세계에서는 주변으로

---

5 류태선, 『공적 진리로서의 복음』, 356쪽.
6 김승환, "공공신학의 방향과 한국교회 과제"에서 재인용. http://blog.naver.com/mabrothers/220585049954.

자리를 옮길 것이다. 둘째, 주류에서 소수로의 이동이다. 다수를 차지하던 그리스도인들은 소수자의 위치로 전환될 것이다. 셋째, 정착자에서 일시 체류자로의 이동이다. 기독교의 동질화된 문화와 사회의 편안함에서 이방인, 유랑자, 순례자로서 살아갈 것이다. 넷째, 특권층에서 다원성 속으로의 이동이다. 기독교는 사회의 특권층으로 지배세력을 형성했으나 앞으로는 다원화된 사회에서 여러 공동체 가운데 그저 하나로 자리매김 할 것이다. 다섯째, 지배자의 삶에서 증인으로서의 삶이다. 사회를 통제하는 역할에서 예수를 따름으로 증인의 삶을 살아갈 것이다. 여섯째, 현상유지에서 선교의 자리로의 이동이다. 다수를 차지하던 시대는 지나가고 소수의 위치에 머물면서 그리스도인의 선교적 삶이 강조될 것이다. 일곱째, 기관에서 운동으로의 이동이다. 제도적 기관으로 주된 역할을 하던 시대에서 하나의 운동으로서 분투하는 삶을 살 것이다. 공공신학은 확실히 기독교의 지배적인 위치를 포기하고 다원화된 사회의 한 일원으로서의 위치를 고수하고 있다.

좀 더 논의를 진행해 나가기 위해 공공성의 의미를 간단히 언급해야 할 것 같다. 공공성에는 세 가지 요소가 있는데 인민, 공공복리, 그리고 공개성이다.[7] 인민이란 국정에 참여할 수 있는 자유민을 뜻한다. 이 개념은 국민의 의미로 오랫동안 사용되었으나 지금은 시민의 의미로 사용된다. 공공복리는 문자 그대로 보면 특정 개인의 복리가 아니라 공동체 구성원 모두의 복리, 특수한 복리가 아니라 일반적 복리라 할 수 있다. 하지만 이렇게만 이해하면 특정한 공공복리의 개념을 상위의 가치 혹은 절대적 가치로 고양시킴으로써 사적 개인의 권리가 공공복리

---

7 조한상, 『공공성이란 무엇인가』(책세상, 2009), 1장의 내용이다.

와 충돌할 수 있는 가능성 자체를 배제할 수 있다. "공익이 사익에 앞선다"는 말은 전체주의적 공공복리로 이해될 수 있다. 그동안 전체주의적 폭력은 공공의 이름으로 자행되었다는 사실을 직시할 필요가 있다. 따라서 공공복리는 현실적인 상황에서 서로 충돌할 수밖에 없는 사람들 사이의 이해관계 안에서 언제나 가변적일 수 있다는 것을 전제해야 한다. 결국 공공복리의 실체는 미리 정해져 있지 않으며, 오로지 각자 공공복리라고 주장하는 수많은 특정 이익이 있을 뿐이다. 이러한 주장 가운데 어떤 것이 공공복리에 적합한 것인지에 관한 합의의 과정이 이어진다. 여기에서 세 번째 요소인 공개성이 중요해진다. 공공복리 역시 특정인에게만 이익이 되는 것이 아니라 공동체의 구성원 누구에게나 이익이 되는 것으로 합의되고 확인되어야 한다. 그것이 모두를 위한 이익인지 아니면 특정인만을 위한 이익인지 판단하기 위해서는 공개성이 필수적이다. 또한 공개성에도 일정한 요건이 있어야 한다. 즉 사람들은 공개된 정보를 바탕으로 공개된 절차에서 자유롭게 의견을 교환함으로써 자신과 타인의 주장이 진정 올바른지 판단하고 결정할 수 있어야 한다. 당연히 이러한 과정에 참여하는 사람들의 지위에 있어서는 자유와 평등이 전제되어야 할 것이다. 요컨대 자유롭고 평등한 사람들의 의사소통이라는 요건이 공개성의 의미에 부가되어야 한다. 그렇기에 공공성에 대한 논의는 공론장에 대한 이해가 필수적이다.

2. 공론장이란 무엇인가?

공공신학을 말할 때 반드시 이해해야 하는 것이 공론장이다. 찰스

테일러에 의하면 공론장은 사회 구성원들이 다양한 미디어를 통해 서로 만나고, 공통의 이해관계가 걸린 문제를 토론하며, 그것에 대해 공통의 의견을 형성할 수 있는 공간, 즉 하나의 공통 공간이다.[8] 테일러에 의하면 공론장의 가장 중요한 특징은 정치적인 것으로부터 독립해 정치권력을 견제할 수 있는 정치 외적 연합체라는 것이며, 초월적 틀을 거부하고 오직 공동행위에 의해서만 구성되는 연합체라는 급진적 세속성이다. 하지만 공론장에 대한 개념 정의보다 중요한 것은 공론장을 사회이론의 중요한 담론으로 만든 하버마스가 그것에 주목하게 된 계기라고 생각한다. 그러므로 공론장이 나오게 된 계기를 먼저 살펴보자.

합리론과 경험론을 종합한 칸트의 비판 3부작은 "순수이성 비판", "실천이성 비판", 그리고 "판단력 비판"이다. 제목에서 알 수 있듯이 근대는 비판의 시대였다. 하지만 지금의 시대는 근대의 위기, 즉 포스트모던 시대이며 해체의 시대이고 다원주의의 시대이며, 그것은 결국 비판의 위기로 그 모습을 드러낸다. 이 비판의 위기에 대한 해답은 무엇일까? 근대의 이성 개념이 너무 협소했기에 이성을 새롭게 복원함으로 해답을 제시하려 했던 사람이 바로 하버마스다. 그는 마르크스의 노동 개념은 도구적 이성과 전략적 합리성 밖에 주장할 수 없었다고 비판하며, 폭넓은 합리성, 포괄적 합리성, 그리고 의사소통적 합리성을 회복하여 위기를 극복하려 한다. 새로운 패러다임의 합리성을 통해 이성을 구하려는 것이다. 하버마스가 이성을 위기에서 구하기 위해 던진 질문은, "과연 서구 근대의 형성을 이끈 이성이 도구적 이성의 얼굴만 하고 있

---

[8] 찰스 테일러, 이상길 역, 『근대의 사회적 상상: 경제·공론장·인민주권』(이음, 2010), 6장의 내용이다.

을까?"였다. 그가 서구 근대 이성의 새로운 얼굴을 찾기 위해 주목한 것은 바로 부르주아 공론장이다. 공론장은 이성이 자연과 타자에 대한 폭력과 착취만을 조장하는 것이 아니라 사회적 문제를 해결하도록 사람들을 서로 소통하게 하는 민주적 힘이다.[9] 부르주아는 절대주의 국가와 중상주의를 넘어서는 자유방임적 시장 경제라는 새로운 모델을 주장했다. 그렇다면 강력한 왕권을 상대로 부르주아는 어떻게 정치적 투쟁에서 승리할 수 있었을까? 가장 먼저 경제력을 들 수 있겠지만 역사적으로 보면 그보다 더 근본적이고 강력한 정치적 기반이 있었는데, 그것이 바로 하버마스가 고찰하고자 했던 부르주아 공론장이다. 살롱, 커피하우스, 독서클럽 등으로 대표되는 부르주아 공론장은 국가적 사안들을 논의하는 부르주아 사회의 토론 공간을 뜻한다. 애초에 문학과 예술을 논하는 공간으로 시작한 공론장은 점차 국가적 결정에 영향을 미치는 정치적 공간으로 진화했다. 부르주아 사회의 사적 개인들은 공론장을 통해 공권력에 영향을 미치는 "공중"으로 전환된다. 이렇게 부르주아는 사적 개인이면서 동시에 공중으로 등장한다. 이러한 공론장에 근대 민주주의의 원리가 내재되어 있다. 즉 모든 정치적 주체는 자유롭고 평등한 존재이고, 권력의 정당성은 피치자의 의지로부터 유래하며, 합리적 토론을 통해 형성된 여론이 모든 정치적 결정의 궁극적 원리라는 점이다. 하지만 근대 제국주의 국가가 시작되면서 국가와 기업이 사회적 기능을 대체하고 공론장은 붕괴되어 버린다. 이는 곧 권력에 대해 비판하고 토론하는 주체로서의 공중이 소멸하고 그들이 합의해서 만든 여론

---

9 하상복, 『푸코 & 하버마스: 광기의 시대, 소통의 이성』(김영사, 2009), 2장의 내용을 요약한 것이다. 박영도, 『비판의 변증법: 성찰적 비판문법과 그 역사』(새물결, 2011)도 참고했다.

이제 기능을 하지 못한다는 것을 의미한다.

하버마스에 따르면 사회적 영역은 크게 둘로 구분된다. 하나는 "체계"(System)이고, 다른 하나는 "생활세계"(Lebenswelt, Life-world)다. 체계는 본질적으로 사회를 유지하기 위한 핵심적인 두 기능, 즉 행정과 경제를 담당하고 있다. 그 속에서는 물질의 생산 기능과 생산된 물질들의 분배 기능이 작동한다. 그리고 생활세계는 사회 구성원들의 사회화, 통합, 문화 전승을 담당하는 영역으로 교육, 문화, 종교적 기능들을 들 수 있다. 하버마스가 문제 삼고 있는 것은 바로 "생활세계의 식민지화"이다. 생활세계의 식민지화는 화폐와 권력매체를 통해 조절되는 경제체계(시장)와 관료적 행정체계(국가)의 자기보존 명령이 상호이해 메커니즘을 통해 조정되며, 의사소통 행위를 통해 생산 및 재생산되는 생활세계(사회)가 지배당하는 현상을 말한다.[10] 이것은 체계가 가지는 도구적이고 기능적인 합리성이 생활세계의 의사소통적 합리성을 잠식하는 것이기도 하다. 이것을 극복하기 위해서는 서로 경쟁하는 결사체들과 생활형식들이 비판과 수정의 과정을 거치면서 합의를 도출하고, 공존의 지혜를 배우는 공론장에서 "의사소통적 합리성"을 구현해야 한다.

이것이 가능하도록 하는 공론장의 가장 중요한 특징 두 가지는 바로 공개성과 접근가능성인데, 이는 정보가 모든 사람들에게 공개되어야 하고, 누구든지 어떤 권력의 감시나 억압으로부터 자유롭게 공론장에 접근할 수 있어야만 한다는 의미다. 공개성과 접근가능성을 가진 공론장에서 보편 화용론을 통한 의사소통 행위는 반드시 최소한의 조건을 갖추어야 한다. 첫째, 화자의 말이 청자에게 이해 가능해야 한다(이

---

10 박영도, 『비판의 변증법: 성찰적 비판문법과 그 역사』, 538-539쪽.

해 가능성). 둘째, 화자의 말이 명제적 차원에서 거짓이 아니어야 한다(진리성). 셋째, 아무리 화자가 참된 명제를 전달했다고 하더라도 그 말이 효과가 있으려면 화자와 청자 사이에 형성된 관계에 부합해야 한다(적합성). 넷째, 화자는 진실한 자세로 말을 해야 한다(진실성). 하버마스는 이러한 네 가지 조건을 "타당성 요구"로 정의한다. 하버마스는 타당성 요구를 둘러싼 토론이 원활하게 작동하는 생활세계의 정치화를 통해 현대사회의 위기를 극복해야 한다고 말한다. 결국 사회 통합 차원에서 새로운 권력 분립이 요구된다. 견제와 균형의 관계에 있어야 할 것은 입법, 행정, 사법부라는 국가기관 내지 이들의 권력이 아니라, 화폐(시장), 권력(국가), 언어적 연대성(생활세계)이라는 사회적 자원이다. 이것은 연대성이 지니는 사회적 통합력이 화폐와 권력이라는 체계 통합적 운행 매체에 대항할 수 있어야만 한다는 의미다. 하버마스는 주체철학 담론을 극복한 의사소통적 이성 개념을 통해 언어적 연대성의 잠재력을 왜곡 없이 온전하게 현실화하려 한다. 또한 연대성에서 행정 권력을 거쳐 시장으로 향하는 민주적 권력 순환을 도모하고, 이를 통해 후기자본주의의 자유의 아이러니를 극복하고자 한다.[11]

3. 선교적 이중 언어

공공신학이 설득력이 있으려면 공론장에서도 소통할 수 있는 담론을 생산해야 한다. 공공신학의 실천에 대한 해명이 공론장의 타당성 요

---

11 앞의 책, 584쪽.

구를 견디면서 세상을 설득할 수 있어야 한다. 한국교회는 과연 공론장에서 의사소통적 합리성을 가진 언어로 소통하고 있는가? 현실을 돌아보면 그렇지 못한 것 같다. 기독교가 많은 말들을 쏟아놓고 있는데 반해 계속 돌아오는 것은 욕설과 비방이다. 왜 그럴까? 김동춘 교수에 의하면 첫째, 기독교는 아무리 사적인 신앙 언어일지라도 그것이 공론장에서 공적 담론으로 연결된다는 사실을 파악하지 못하고 있다.[12] 사적인 신앙 언어가 공적 영역에서는 어떻게 이해되는지를 파악하지 못하고 있다는 말이다. 이것은 복음을 사적으로만 이해해온 한국교회의 한계다. 둘째, 교회는 교회 밖의 사람들과 너무 동떨어진 언어구조와 사유체계와 가치지향점을 가지고 있어서 비상식적이고 무례하며 공격적인 사익집단으로 비친다. 이것을 극복하기 위해서 그리스도인과 비그리스도인, 교회 안과 교회 밖, 종교적인 언어와 세속적인 언어 사이의 공동기반을 구축하지 않으면 안 된다. 공론장에서는 합리성과 타당성을 갖춘 설득력이 중요하기 때문에 막연하고 신비한 차원의 개인 언어가 아니라 공론장에서 통하는 공적 언어를 가져야 한다. 셋째, 신앙은 초합리적이지만 비합리적인 것이 아니다. 따라서 신앙은 합리적 설득력을 가져야 하는데 한국교회는 이것이 부족하다. 번영신학과 탐욕의 복음으로 인한 신비주의적 추구가 비합리성을 양산하곤 한다. 이를 극복하기 위해 축복 추구형 종교에서 의미 추구형 종교로 전환되지 않으면 안 된다. 내 개인의 문제를 해결해주는 종교에서 세상의 공적 문제를 해결해주는 종교, 즉 시민교양의 기독교로 전환되어야 한다.

---

12   김동춘, "왜 개신교 신앙언어는 공공성과 충돌하는가?" 조석민 외 6인, 『세월호와 역사의 고통에 신학이 답하다』(대장간, 2014).

그렇다고 신앙의 모든 언어가 공적 언어로 표현될 수 있다는 말이 아니다. 복음의 특이성을 일반적인 공적 언어로 모두 담아낼 수 없을 뿐만 아니라, 특이성 자체가 이미 세속적 보편성과는 다른 보편성을 전제하기 때문에 공적 언어에 대한 비판성을 가지고 있다. 세속주의와 공론장조차도 가치중립적일 수 없기 때문에 그것의 요구를 무조건 충족시키는 것도 옳지 않고, 공공선을 위한 주장을 공론장에서 사용하는 공적 언어로만 표현하라는 것도 폭력이 될 수 있기에, 신앙의 언어로 공적 이슈를 다루는 것을 허용해야 한다는 주장 역시 정당하다. 특히 미로슬라브 볼프는 이것을 강하게 주장한다.[13] 그는 기독교가 광장에서 자신의 목소리로 말할 수 있어야 한다고 말한다. 볼프는 먼저 자발성, 차이, 다원주의, 상대적 자족이라는 특성을 가지고 있는 현대사회를 분석하면서, 그리스도인이 현대사회와 관계 맺는 세 가지 방식, 즉 자유주의적 프로그램인 "적응", 후기 자유주의 프로그램인 "순응 방향의 반전", 그리고 분리주의 프로그램인 "세상으로부터의 철수"가 모두 옳지 않다고 본다. 가장 좋은 방법은 "내부적 차이"다. 내부적 차이란 "떠나지 않으면서 다르게 사는 것", 즉 문화를 은유법을 사용하듯 사용하는 것, 다른 것을 의미하도록 만드는 것, 안에서부터 전복시키는 것, 다른 목적을 위해 사용하는 것, 그리고 떠나지 않으면서 동화를 피하는 것 등이다. 이렇게 세상에 참여하면서 기독교는 보잘 것 없는 희망에서 벗어나 의미 있는 삶을 살게 하고 갈등을 해결하며 다른 사람과 더불어 살도록 신앙의 지혜를 나눈다. 지혜를 나눈다는 것은 증인의 삶을 사는 것인데, 증인은 폭군이나 상인이나 교사나 산파가 아니다. 지혜를 나눌 때 중요

---

13 미로슬라브 볼프, 김명윤 역, 『광장에 선 기독교』(IVP, 2014).

한 것은 자신의 목소리로 말하는 것이다. 종교가 지닌 고유한 특이성을 포기하지 말라는 말이다. 그동안 자유민주주의는 특정 종교관을 사적인 영역으로 밀어내면서 특이성에 앞서 보편성을 내세웠고, 모든 종교를 관통하는 "공통의 빛"을 주장했다. 하지만 모든 종교를 아우르는 공통된 핵심이란 존재하지 않는다. 모든 종교는 서로 간에 건널 수 없는 간극이 존재한다. 따라서 종교마다 자신의 신앙의 중심에서 나오는 정체성을 포기하지 않고 광장에서 말할 수 있어야 한다. 다만 그 정체성은 투과성이 있는 경계여야 하며, 서로 배우고 풍성해지며 새로운 가능성을 꿈꿀 수 있어야 한다. 모든 종교는 순전한 사랑과 함께 진리 추구와 상호 이해를 위한 해석학적 호의를 베풀고 서로 선물을 교환해야 한다.

볼프의 이러한 제안에 전적으로 동의한다. 하지만 자신의 목소리로 말하기보다 앞서야 할 것이 공적 언어로 말하는 능력을 갖추는 것이다.[14] 그것이 외국어로 여겨질 정도로 낯선 것이라 할지라도 먼저 그것을 익혀야 대화가 가능하고 또 설득과 타협이 가능하다. 외국어를 익힌다고 해서 자국어를 잊는 것도 아니고, 전하려고 하는 메시지를 잃는 것도 아니다. 선교적 교회는 선교사가 자국어만이 아니라 선교지의 언어를 익히듯 이중 언어를 능숙하게 구사할 줄 알아야 한다. 자국어와 외국어의 차이, 외국어로 메시지를 전하는 것의 한계, 그리고 외국어로 표현될 수 없는 메시지의 특이성을 명확히 인식해야 한다. 그러면서도 외국

---

14 "후기 세속사회"에 나타나고 있는 "세속의 종교적 전회"나 "종교의 공적 재등장" 현상에 대해 적극적으로 수용하고 있는 하버마스도 종교와 세속의 상호학습과 협업을 위해서는 종교가 사용하는 용어를 공론장에서도 통용될 수 있는 언어로 번역할 것과 상대의 진리를 인정하는 자세로 대화할 것을 요청하고 있다. 위르겐 하버마스·요제프 라칭거, 윤종석 역, 『대화, 하버마스 대 라칭거 추기경』(새물결, 2009).

어를 쓰는 사람들에게 배우는 자세로 외국어를 익혀야 하며 외국어의 장점도 제대로 알아야 한다. 한국교회의 상황에서는 더욱 그렇다. 아예 공적 언어를 사용할 줄도 모르는데 일방적으로 자기 목소리로 말한다면, 기독교는 더 이상 동등한 대화상대자로서 공론장에 나설 수 없다.

3장   '불평등과 부정의'에서 '페어라이프'로

더불어숲동산교회는 화성시 봉담읍 동화리에 터를 잡으면서 화성시 전체에 대한 비전을 가지고 있었다. 바벨론에 포로로 잡혀간 이스라엘을 향하여 하나님께서는 그 도시의 평안을 빌라고 하셨다. 아브라함이나 모세나 다윗 때가 아니라 바벨론 포로기 때처럼 디아스포라로 살았던 초기 교인들도 동일한 비전을 품고 있었다. 사도행전의 이야기가 도시에서 도시로 이어지는 이야기임은 잘 알려진 사실이다. 성경의 이야기는 동산에서 시작해 도시로 끝난다. 그리스도인은 다른 시민권을 가지고 도시 한복판에서 살아가는 거류민이요 나그네다. 따라서 도시의 평안을 빌어야 하며 도시를 섬겨야 한다. 하지만 동시에 도시는 정사와 권세가 강력하게 통치하는 곳이기에 우리는 하나님의 도시를 그곳에 가져와야 한다. 역동적인 대항문화를 통해 도시를 변화시키고 섬겨야 한다. 팀 켈러는 도시 사역 교회의 7가지 특징을 다음과 같이 말한다.[1]

---

1   팀 켈러, 『센터처치』, 366쪽.

① 도시의 감수성을 존중한다.
② 문화적 차이에 각별한 민감성을 가진다.
③ 이웃과 정의에 헌신한다.
④ 신앙과 직업을 통합한다.
⑤ 전도에 대해 복합적 접근을 한다.
⑥ 도시 사람들에게 매력적이면서 도전적인 설교를 한다.
⑦ 예술과 창조성을 중시한다.

이러한 특징을 가진 교회는 그 도시에 대한 비전을 가지고 있다. 우리도 마찬가지다. 화성시가 지속가능한 생태도시, 시민사회가 살아 있는 아래로부터의 지방자치도시, 마을만들기를 통해 지역공동체가 살아나는 공동체도시, 마을공동체교육이 이루어지는 교육도시, 새로운 실험들이 창발적으로 일어나는 창조도시, 공정무역과 공정여행이 활성화되는 공정도시가 되는 것에 우리 교회가 큰 역할을 감당하는 비전을 가지고 있다.

지역교회는 지역과 소통하고 지역을 섬기는 교회가 되어야 하기 때문에 반드시 교회가 위치한 도시에 대한 비전을 가지고 있어야 한다. 지난 6년간 이러한 비전을 위해 노력했는데, 그 결과 2016년 9월 26일에 협성대학교에서 "화성, Fair City를 꿈꾸다"라는 주제로 열린 "마을과 도시 열린 컨퍼런스"로 작은 열매를 맺게 됐다. 이 컨퍼런스는 우리 교회의 더불어숲 페어라이프 센터와 따복 공동체 지원센터, 마을만들기 화성 시민네트워크, 화성시 사회적 공동체 지원센터, 그리고 화성시 지속가능 발전협의회가 공동으로 주관했다. 1부 "마을과 도시 열린 컨퍼런스"는 독일, 인도, 일본 등에서 온 강사들과 한국 강사들로 꾸며졌고, 2부 "Talk 콘서트"는 채인석 화성시장과 지금의 남이섬을 일구고 현

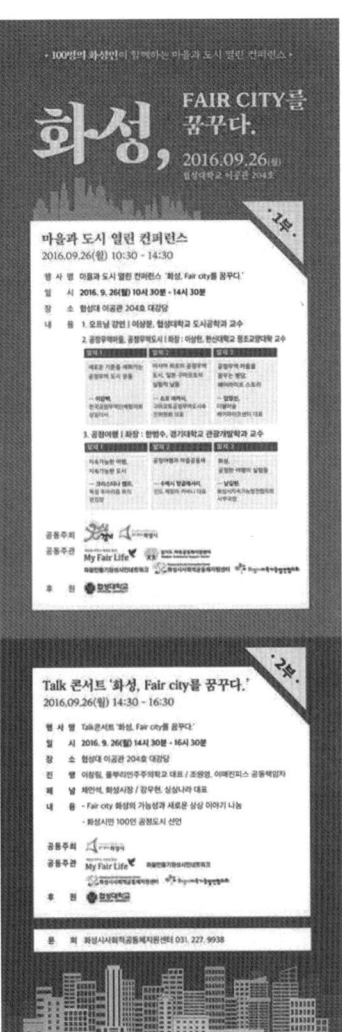

재 제주 남이섬을 일구고 있는 상상나라 강우현 대표가 패널로 참여했다. 일방적으로 강연을 듣는 시간이 아니라 5명의 시민 제안자들이 현장에서 우러나오는 경험과 제안을 하면, 패널들이 실제적인 대안을 제시하는 형식으로 꾸려졌으며 최종적으로는 "화성시민 100인 공정도시 선언"까지 이끌어냈다. 사람들에게 화성시는 도시가 아니라 시골이라는 인식이 강했는데, 이곳에서 이런 컨퍼런스를 열 수 있었다는 것 자체가 기적과도 같았다. 원래 기획했던 모든 순서를 다 실현하지는 못했지만, 많은 우여곡절 끝에 성황리에 끝난 컨퍼런스로 인해 참가자와 스태프 모두가 "페어 시티"에 대한 새로운 비전을 가지게 됐다. 이제 제2기는 도시에 대한 비전을 구체화하는 사역을 하게 될 것이다.

하지만 개척교회가 처음부터 너무 큰 비전을 제시하면 허황되고 모호하여 집중된 사역을 할 수 없기에 지역교회가 우선적으로 할 수 있는 사역으로 마을만들기 비전을 붙들었다. 지역의 네트워크 자원을 풍부하게 가지고 있는 공동체가 바로 교회이기 때문에 교회야말로 마을만들기 비전에 가장 적합한 모임이라고 할 수 있다. 그런데도 교회가 지역과 아무 상관없는 조직이 되다보니 지역이 교회를 필요로 하지 않게 된 것이다. 선교적 교회가 제기하는 매우 중요한 질문 중 하나는 이것이다. "교회가 그 지역에서 사라진다면, 그 지역은 무엇으로 그 교회가 존재하지 않는다는 사실을 알 수 있는가?" 아마도 건물이 사라진 것 혹은 교회로 인해 겪어야 했던 불편함이 사라진 것 외에는 인식할 수 있는 것이 거의 없을 것이다. 지역의 변화를 위해 지역과 소통하며 지역을 섬기지 않았기 때문이다. 내가 처음 교회를 개척하고 예배 처소를 찾으면서 가졌던 가장 강렬한 감정은 사람들이 교회를 너무 싫어한다는 것이다. 공간을 내어주려 하지 않았다. 자신들이 사는 동네에 체육관이나 도서관이 들어오면 지역 주민들이 얼마나 반기는가? 하지만 교회가 들어오는 것은 한사코 반대한다. 교회가 체육관이나 도서관처럼 지역에 유익을 주지도 않고 공적인 공간으로서 기능하지 않기 때문이다.

무엇이 마을만들기인가? 마을만들기란 지역 내에 살고 있는 지역 주민들이 행복하고 건강하고 지속가능한 마을을 만들고자 실천하는 다양한 공동 활동을 모두 일컫는 말이다. 마을만들기 활동은 지역 주민들이 자율적으로 협동하여 경제, 사회, 문화, 복지, 환경 등 모든 차원에서 지역의 고유한 유무형의 자원을 통해 삶의 질 향상과 건강하고 행복한 공동체와 시민사회의 건설을 모색하는 주민자치운동이다. 그렇다면 왜 마을만들기인가? 조한혜정 교수는 위험사회의 대안은 다시 마을이라고 말한다.[2] 국가와 시장, 심지어는 핵가족이 더 이상 개인을 지켜줄 수 없는 위험사회에서 살아남으려면, 마을 밖에서 주저하지 말고, 괜히 서성대지 말고, 미련을 남겨두지 말고, 안전한 마을 안으로 들어가라고 당부

---

2   다음 책들을 참고하라. 조한혜정 편저, 『가족에서 학교로 학교에서 마을로: 돌봄과 배움의 공동체』(또하나의문화, 2006), 조한혜정, 『다시, 마을이다: 위험 사회에서 살아남기』(또하나의문화, 2007), 조한혜정, 『자공공: 우정과 환대의 마을살이』(또하나의문화, 2014).

한다. 아이들을 안전하게 키울 수 있는 마을, 다양함이 존중되는 마을, 강도 높은 노동에 시달리던 노동자가 휴식하고 치유받을 수 있는 마을, 이렇게 사람과 생명에 대한 존중이 있는 곳을 만들어야 한다고 간곡하게 제안한다. "이제 우리 사회는 '토건 국가'에서 '돌봄 사회'로 적극적 선회를 해야 한다. 거대하고 거창한 구호의 시대를 지나, '관계의 소중함'과 '작은 것의 아름다움'을 알아갈 때가 온 것이다. 다양한 사람들과 함께 모여서 노는 것이 곧 많은 창의적 활동으로 이어지는 창조적 공유 지대가 있는 마을만들기를 해야 한다."[3]

우리 교회가 마을만들기 운동을 하면서 붙들었던 캐치프레이즈는 세 가지다. 첫째, "마을이 곧 복지다." 마을에 특정한 복지를 베푸는 것이 아니라 마을 자체를 회복하는 것이 복지라는 말이다. 예를 들어, 돈을 들여 아이들을 보호하는 어떤 안전시스템을 만드는 것이 아니라 마을이 회복되면 아이들이 안전해진다. 현대 사회는 파괴된 공동체를 보수하려고 외부에서 자원을 끌어와 다양한 프로그램과 시스템을 만든다. 하지만 지나치게 높은 비용과 낮은 효율성으로 인해 제대로 효과를 보지 못하고 있다. 만약 마을이 회복된다면 그런 비용이 필요 없고 그 자체가 복지인 것이다. 그런 의미에서 마을만들기는 관계만들기에 다름 아니다. 마을공동체를 회복하는 것이다. 마을만들기가 결과보다 과정을 중시하는 이유는 그 과정에서 상호학습과 협력의 문화가 구축되어 마을공동체가 만들어지기 때문이다.

둘째, "마을 안에 다 있다." 외부에서 자원을 가져오는 것은 진정한

---

3   정기석 마을연구소 소장 글 "위험사회의 대안은 '다시, 마을이다,'" http://www.pressian.com/news/article.html?no=118324.

마을만들기가 아니다. 마을만들기에 필요한 자원은 마을 안에 다 있다. 주민 스스로가 주도하는 상향식의 방법론(내발적 발전론)은 마을만들기의 가장 큰 원칙이다. 내발적 접근법은 일정 지역의 특정한 자연적, 인적, 문화적 자원들이 지속가능한 발전의 가장 핵심적인 요소라는 가설에 기반하고 있다.[4] 그러므로 마을만들기를 잘 하려면 밖에서 어떤 자원을 끌어들이기보다 이미 마을 안에 있는 자원을 발굴하는 것이 중요하다. 이미 있는 돈, 에너지, 먹거리, 사람 등 유한한 자원을 순환시켜 시너지 효과를 만들 수 있는 관계망이 무엇보다 중요하다.[5] 마을 안에 다 있다는 말은 단순히 마을 안에 있는 것을 발굴하는 정도가 아니라 그것을 순환시켜 새로운 마을생태계를 만들어내는 것을 말한다. 마을생태계를 회복시켜 새로운 공통의 자원을 창출하는 것이 마을만들기의 핵심이라고 할 수 있다.

셋째, "마을은 사는 곳이 아니라 상상하는 곳이다." 마을은 단지 한 지역 안에 사는 사람들의 집합이 아니다. 마을은 단지 주어진 곳에 기거하는 것도 아니다. 마을은 새로운 만남이다. 만남을 통해 일어나는 창발이며 변용이다. 마을은 고정된 무엇으로 나타나는 것이 아니라 새로운 상상을 통해 만들어가는 것이다. 마을은 고정된 실체가 아니라 네트워크와 새로운 상상력이 만나 끊임없이 새롭게 생성되는 곳이다. 마을만들기는 이렇게 새로운 상상을 통해 마을의 본질을 드러낸다. 마을의 공론장이 상상마당이 되게 해야 한다.

4 　구자인 외 3인, 『마을만들기, 진안군 10년의 경험과 시스템』(국토연구원, 2011), 17쪽.
5 　위성남 외 6인, 『마을하기, 성미산 마을의 역사와 생각』(국토연구원, 2013), 252쪽.

1. 왜 교회가 마을만들기를 해야 하는가?

그러면 왜 교회가 마을만들기를 해야 하는가? 교회는 기본적으로 지역교회(local church)다. 그리스도가 특정한 시간과 공간 속에서 성육신하셨듯이 그리스도의 몸인 교회 또한 특정한 시간과 공간으로 성육신해야 한다. 교회는 하나님 나라의 기쁨을 누리도록 부름 받은 공동체인 동시에 하나님 나라를 증언하도록 세상에 보냄 받은 공동체다. 세상 한 가운데로 보냄 받았다는 것은 일차적으로 지역으로 보냄 받았다는 것을 의미한다. 그래서 교회는 지역교회인 것이다. 세계를 품는 그리스도인이 되라는 도전을 종종 받게 되는데, 지구화 시대의 실천방식은 세계적으로 사고하고 지역적으로 실천하는 것이다. 그래서 이 시대의 핵심 키워드가 바로 글로벌과 로컬의 합성어인 글로컬(glocal)이다. 추상적인 세계는 존재하지 않는다. 세계 어디를 가도 우리는 특정한 지역으로 가는 것이다. 더군다나 지구화 시대의 지역은 글로컬하다. 먼저 자기 지역에서 세계를 품지 못하는데 어떻게 세계로 나가 지역을 품겠는가? 교회는 지역을 먼저 품어야 한다.

크리스토퍼 스미스와 존 패티슨이 쓴 『슬로처치』는 교회가 지역성을 회복해야 함을 강력하게 주장한다.[6] 이 책은 선교적 교회가 왜 지역성을 가져야 하고 왜 지역을 섬겨야 하는지 설득력 있게 제시하고 있다. 저자들은 현대교회가 효율성, 측정 가능성, 예측 가능성, 그리고 통제성을 특징으로 하는 맥도널드화되었다고 비판한다. 교회의 본질은 맥도널드화와 완전히 반대다. 맥도널드화를 불가능하게 하는 교회의

---

6 크리스토퍼 스미스·존 패티슨, 김윤희 역, 『슬로처치』(새물결플러스, 2015).

가장 본질적인 요소는 바로 지역성 혹은 정주성이다. 교회는 지역에 뿌리를 내리고 지역공동체와 연결되어야 한다. 2부에서 나는 진정한 제자는 열매를 맺는 자들이며, 사과나무의 진정한 열매는 단지 사과 열매가 아니라 또 하나의 사과나무라고 말했다. 열매를 맺기 위해 가장 중요한 것은 바로 죽음과 뿌리내림이다. 한 알의 밀이 죽어 썩지 않으면 열매를 맺을 수 없다. 그러나 죽기 위해서는 땅에 뿌려져야 한다. 그리고 그 땅에 뿌리를 내려야 한다. 오랜 시간 느리게 뿌리를 내리고 자라야 열매를 맺을 수 있다. 교회야말로 이렇게 정주하여 느리게 뿌리를 내리고 연결됨으로써 열매를 맺는다. 교회는 자신의 현장에 신실하게 뿌리를 내리고 거기에 사는 특정한 사람들이 경험하고 알 수 있는 방법으로 그리스도를 드러내는 신자들의 공동체다.

슬로처치는 그 지역의 향미를 드러내야 한다. 슬로처치는 지역의 고유한 맛과 향을 담아내는 믿음의 공동체. 그렇게 뿌리를 내리고 꽃과 열매를 맺어 향과 맛을 낼 때, 사람들은 편안함을 느끼고 거기에 머무를 만한 어떤 가능성을 보게 된다. 하지만 현대 교회는 철저히 탈성육신화되고 탈현장화된 조직이 되어버렸다. 어떤 지역에 가도 교회가 똑같다. 맥도널드화되었기 때문이다. 지역성과 현장성을 잃어버렸기 때문이다. 교회가 그 지역과 소통하고 그 지역을 섬기지 않는다. 교인들은 관광지를 빠르게 지나치는 관광객처럼 교회를 스쳐지나가고, 영화를 관람하는 관객처럼 예배를 보고는 신속히 빠져나간다.

안식월 동안 여러 교회를 방문해보았다. 공통적으로 느낀 점은 대부분의 교회들이 지역성을 거의 담보하지 못한다는 것이다. 초지역적인 성도들이 자동차를 끌고 와서 예배를 보고 신속히 빠져나간다. 광고 시간에 그 지역을 위해 섬기는 사역이나 지역공동체를 회복하는 사역을 소개하는 교회는 거의 없었다. 이들은 모두 지역교회가 아니었다. 사람들을 교회로 끌어 모을 뿐 교회가 사람들에게 나아가지 않는다. 교회가 지역에 뿌리를 내리지 못하고 지역과 연결되지 않는다. 참으로 안타까운 일이다. 교회는 지역에 뿌리를 내리고 연결되어 지역 고유의 맛과 향을 내야 한다. 그런 면에서 교회의 본질적인 사역은 마을만들기가 되어야 한다.

2. 현장에 답이 있다

더불어숲동산교회는 2009년 12월 겨울, 개척멤버들과 함께 서울 마포의 성미산마을을 탐방하며 마을만들기 비전을 함께 나누었다. 농촌의 마을만들기 대표 사례가 진안이라면, 도시의 마을만들기 대표 사례가 성미산마을이라고 생각했기 때문이다. 성미산은 그때보다 지금 더 유명해졌다. 박원순 시장은 보궐선거에서 "희망서울" 10대 선거 공약 중 하나로 단순히 숫자를 나열하는 복지가 아닌 공동체를 통한 복지를 만들겠다고 주장했다. 성미산 마을공동체와 같은 마을단위 공동체를 활성화하기 위해 "마을공동체 복원 종합계획"을 수립하고, 마을생협, 반찬가게, 재활용센터, 동네찻집, 보육시설 등 마을형 기업을 육성했다. 성도들과 함께 공동육아 어린이집, 대안학교, 마을도서관, 마을극장, 생협, 카페, 빵집, 반찬가게, 마을방송국, 마포는대학, 공동주택 등을 방문하면서 하나의 공동체가 깨어 있기만 해도 마을이 얼마만큼 변화될 수 있는지를 몸으로 배웠고, 변화될 화성에 대한 꿈을 함께 꾸면서 가슴이 두근거렸다. 한 가지 안타까웠던 것은 그 유명한 공동체가 형성된 마을 안에 많은 교회들이 있었지만 그 교회들은 지역과 전혀 소통하지 못했다는 것이다. 교회만큼 지역에 뿌리내려 강력한 네트워크를 보유하고 있는 곳도 드문데 그것을 전혀 활용하지 못하고 있는 것이다. 오직 교회 안에서만 모든 에너지를 소모하고 있을 뿐이다.

탐방을 다녀온 후 우리는 화성 봉담 지역을 조사하기 시작했다. 단순히 교회성장학의 방법론적 적용이 아니라 하나님의 일하심을 발견하기 위해서였다. 우리가 멈추어도 하나님은 항상 일하고 계신다. 우리가 느끼지 못할 뿐이다. 그런데 우리는 마치 하나님이 일하고 계시지 않는 것처럼 도와달라고 기도한다. 아니다. 하나님은 항상 일하고 계신다. 온 인류가 하나님께 돌아올 때까지 그리고 새 하늘과 새 땅이 온전히 이루어질 때까지 쉬지 않고 일하시는 분이시다. 개척을 하면서 묵상했던 성경 말씀 중 가장 강력하게 다가왔던 구절은 "하나님이 일하시니 나도 일한다"는 예수님의 고백이었다. 예수님의 사역은 하나님이 이미 시작하신 일에 동참하는 것이었다. 예수님은 자의로 사역하지 않으셨다. 하나님이 일하실 때만 일하셨다. 영적인 일은 자기의 계획대로 실용적이고 효과적인 방법을 통해 어떤 성과를 내는 것이 아니다. 영적인 일은 하나님이 이미 하시고 계신 일에 동참하는 것이다. 하나님은 이미 이 세계 가운데서 일하시고 계신다. 이것이 바로 하나님의 선교다. 교회의 사역이라는 것은 교회가 주체가 되어 하나님의 일을 주도하는 것이 아니다. 교회의 사역은 이미 이 세계 가운데서 일하고 계시는 하나님의 사역에 동참하는 것이다.

하나님은 이미 현장에서 일하신다. 카토 토키오가 말했던가? "혁명은 일으키는 것이 아니라 눈앞에 일어나는 것이다"라고.[7] 하나님의 혁명은 이미 현장에서 일하고 있다. 이런 정신을 보여주는 사자성어가 하나있다. "우문현답." 일반적으로 어리석은 질문에 현명한 대답을 한다는 뜻이다. 하지만 선교적 교회는 그것을 이렇게 푼다. "우리의 문제는 현장에 답이 있다." 왜냐하면 하나님이 현장에서 이미 일하고 계시기 때문이다. 그렇다면 이미 일하고 계시는 하나님의 사역을 분별할 필요가 있다. 선교적 영성에서 가장 중요한 것 중 하나가 바로 이러한 영적 분별력이다. 이렇게 분별을 하고 나면 그분의 부르심을 위해 조정하고 결단해야 하는 것이 무엇인지 성찰하고, 우리 안에 있는 자원을 살피고, 은사와 자원에 맞는 사역들을 만들어간다. 이런 이유로 우리는 먼저 현장을 조사했다. 어떻게 사람을 끌어모을 것인가라는 마케팅적 접근방식이 아니라, 어떻게 지역에 뿌리를 내리고 지역을 섬길 것인가라는 선교적 접근으로 조사했다. 그 지역의 역사적 요소, 물리적 요소, 그리고 영적 요소들을 조사했다. 그리고 화성에 대한 자료들을 모았다. 감사하게도 개척할 때에 맞춰 화성시가 두꺼운 화성백서를 발행해 화성의 상황을 정확하게 파악할 수 있었다. 또한 마을 분들에게서 불만의 목소리를 들었다. 현장에서 불만 워크숍을 한 셈이다.

당시 봉담읍은 면적 42.7km(화성시의 5.1%), 인구수는 60,625명, 세대수는 21,477세대였다. 동화리에 약 5,000세대, 주변 지역이 약 5,000세대, 외곽 지역이 5,000세대, 그 외 나머지 세대가 넓은 지역에 흩어져 있었다. 화성시는 2001년부터 10년간 인구 2만 명에서 5만 명 이상으로 성장해 전국 인구증가율 1위를 차지한 이주자의 도시였다. 그렇기에 30-40대(특히 30대)의 인구 비중이 높고, 20살 이하(특히 10살 이하) 아이들이 많다는 특징이 있다. 현장을 조사하는 중 주로 마주치는 사람

---

7 정희진, 『정희진처럼 읽기』(교양인, 2014), 220쪽에서 재인용.

은 외식을 하거나 장을 보기 위해 유모차를 끌고 나온 젊은 아주머니들이었다. 동화리 아파트 7개 단지 중 1-4단지가 임대아파트이고, 주변은 논밭으로 이루어져 있다. 우리 자녀들이 이런 말을 했다. "봉담은 도시 같은데 도시가 아니고, 농촌 같은데 농촌이 아니에요." 정확한 표현이다. 더군다나 문화시설이 거의 없다. 영화관 하나 없어서 대부분 수원까지 나가 영화를 보고 쇼핑을 하는 문화소외지역이다. 과거 읍의 형태를 고스란히 지니고 있는 지역 내에 봉담도서관이 하나 있고, 체육센터가 건립 중이었다. 고등학교가 하나 밖에 없어서 아이들이 자라면 다른 도시로 이사를 간다. 화성 내에 있는 공장이나 회사에 나가는 남편들에게 봉담은 베드타운일 뿐이며 성공을 위해 잠시 머무는 징검다리 같은 곳이다. 불만을 조사해보니 이런 의견들이 모아졌다.

"문화생활이 불편해요." "뭘 배우고 싶어도 아무 프로그램이 없어요." "도서관에 가려면 차를 타야 해요." "유모차로 다니기 힘들어요." "아이들과 함께 갈 곳이 없어요." "청소년들이 갈 곳이 없어요." "학원도 수원까지 가야 해요." "재래시장이 없어 마트만 가야 해요." "금방 이사 가니 정을 붙이기 힘들어요." "지역공동체가 죽어 있어요." "고등학교가 하나밖에 없으니 한 시간씩 통학해야 해요." "마을버스가 40분에 한 대 다녀요."

우리의 할 일이 명확해졌다. 우선 어린이를 위한 공간에 초점을 두면서 어린이 도서관을 시작했다. 멀리 차를 타고 가야 하는 거대한 도서관이 아니라 유모차를 끌고 올 수 있고 아이들이 걸어서 올 수 있는 도서관, 동네 사람들이 서로 친밀한 관계를 맺을 수 있는 꾸리찌바의 지혜의 등대 같은 작은 도서관을 세우기로 한 거다.[8] 다음은 카페인데, 도서관의 여러 활동이 인정되어 정식으로 시에 등록이 된 "작은 도서관, 책놀이터"와 함께 쌍을 이루는 것이 바로 "카페 맑은 샘"이다. 뒤에서 설명하겠지만 지역 주민들에게 하나님 나라의 가치가 들어 있는 모습을 보여주고자 공정무역 카페로 운영하였다. 아이들을 도서관에 맡기고 아주머니들은 카페에서 차를 마시거나 지역 주민들을 위한 다양한 워크숍에 참여할 수 있도록 했다. 자발적 기부와 공유로 만든 마을 서재 "책의 정원"은 마을의 공유공간으로 어른들이 와서 편안하게 책도 읽고 담소도 즐길 수 있는 공간이다. 때로는 마을을 위한 회의 공간으로도 활용하고, 대안 모색을 위한 인문학 콘서트도 진행할 수 있는 공간이다. 이것의 모델은 시부야 대학이다. 일본에서 가장 큰 캠퍼스를 가진 대학은 시부야 대학이라는 말이 있다. 마을 전체가 바로 대학이기 때문이다. 시부야 대학은 "노는 것이 가장 즐거운 도시는 배우는 것이 가장 재미있는 도시가 된다"는 슬로건으로 2006년 일본에서 만들어졌다. 시부야 대학에는 특정 캠퍼스와 강의실이 없다. 때로는 쇼핑몰 오모테산도힐즈, 명치신궁, 도쿄한즈 본사 사옥, 요요기공원의 가로수길, 오디토리움, 와인바가 교실이 되기도 한다. 이렇게 시부야의 각 기관과 기업, 그리고 주민들의 협조를 얻어 현재 약 250개의 강의실을 확보했다고 한다. 캠퍼스가 없는 대신 시부야 대학에서는 지역주민 누구나 학생이 될 수 있고 선생이 될 수 있다. 지역 내의 사람, 공간, 커리큘럼을 연결시켜 다양한 강좌를 진행한 것이다. 시부야 대학은 역동적이고 자발적인 교육 생태계를 지향한다. 배우고 싶은 마음을 가진 자들이 모여 서로 배우고 가르치는 배움터를 만들어가고 있다. 또한 지역의 자

---

8 도시에 대한 비전을 세울 때 읽었던 초창기의 저서 중 가장 재미있게 읽은 책이다. 박용남, 『꿈의 도시 꾸리찌바』(이후, 2002). 녹색평론사가 2009년에 개정증보판을 냈다.

원을 적극 활용하여 지역밀착형 평생교육을 실천한다. 주변의 모든 자원이 곧 교육의 소재이자 대상이라는 인식 아래 인적, 물적, 자연적 환경을 활용해 교육 프로그램을 개발하고 있다. 2006년부터 시작한 시부야 대학 수업은 2012년까지 700개 이상의 수업이 진행되었고 수업의 내용으로는 "자신이 원하는 직업 발견하기", "사진 찍는 방법", "여행수업", "축제 춤" 등 딱딱하고 진지한 수업에서부터 가볍게 즐길 수 있는 수업까지 다양하다. 또한 강의에 참가했던 사람들이 수업 이후에 흩어지는 것이 아니라 서클을 만들어 추가적으로 활동을 하기도 한다. 이러한 배움의 장을 통해 참가자들은 새로운 인간관계를 만들기도 한다. 놀라운 것은 이 대학을 창립한 학장 사교 야스아키가 1979년생이라는 거다. 한 젊은이에 의해 죽어가던 시부야 지역이 되살아나고, 수많은 사람들이 탐방을 오는 지역으로 바뀐 것이다. "마을 서재, 책의 정원"도 그런 역할을 하고자 했다.[9]

공정무역 카페와 어린이 카페, 그리고 마을 서재를 총괄하는 부서는 "페어라이프 센터"(FairLife Center)다. 이 센터는 개척 2년 후 정식으로 "마을만들기 NGO"로 등록이 되었다. 공식명칭은 "더불어숲 페어라이프 센터"다. 우리는 "페어라이프"가 이 시대를 대표하는 핵심 키워드가 될 것이라고 예상했다. 놀랍게도 그해 가을부터 이명박 정권이 갑자기 이 사회를 공정사회로 만들겠다며 "공정"이라는 화두를 꺼냈다. 더욱 놀란 것은 그 해 5월에 발간된 『정의란 무엇인가』가 서점계에서 돌

---

[9] 또 하나, 얼 쇼리스의 "클레멘트 코스" 같은 희망의 인문학을 개설하기 원했다. 클레멘트 코스는 노숙자, 빈민, 죄수 등 최하층 빈민들에게 정규 대학 수준의 인문학을 가르치는 코스다. 얼 쇼리스, 고병헌 역, 『희망의 인문학』(이매진, 2006).

풍을 일으킨 것이다. 이것은 곧 한국 사회가 "페어" 혹은 "정의"에 목말라 있다는 반증인 동시에 하나님께서 한국 사회를 바꾸시길 원한다는 증거이기도 하다. 더욱이 "페어라이프"가 이 시대를 대표하는 핵심 키워드가 될 것이라는 예상을 증명하기라도 하듯 "더불어숲 페어라이프 센터"의 가치를 공유하는 움직임이 일어났다. 화성의 (사)아시아다문화소통센터에서 "페어라이프"라는 키워드를 함께 쓰길 원해 2016년 11월 말에 정식 협약식을 맺었다. 2011년부터 시작된 (사)아시아다문화소통센터는 1기 비전을 "플랫폼", 2기 비전을 "커뮤니티"로 잡았는데, 2017년부터 시작되는 3기 비전은 "페어라이프"로 잡았다고 한다. 심지어는 병점역 근처 센터 바로 옆에 있는 2층 공간에 아시아 이주노동자들이 직접 운영하는 "아시아공동체 밥집 & 카페, 바다건너"를 새롭게 오픈하면서 영어 이름을 "Asia FairLife Community"라고 지었다. 더불어숲 페어라이프 센터에서 추구하는 가치인 페어라이프가 앞으로의 사역과 방향을 총괄하는 비전으로 너무나 적절한 키워드이기에 (사)아시아다문화소통센터에서 그것을 사용하고 싶다는 의향을 전해온 것이다. 얼마 전 아시아 최초의 공정무역도시인 일본 구마모토 시의 아카시 쇼코가 페어라이프라는 키워드가 너무 좋다며 구마모토 시의 공정무역 사역에 사용하고 싶다고 해서 허용한 것에 이어 두 번째 일이다. 이제 페어라이프가 좀 더 광범위하게 사용될 것으로 예상되므로 공식적으로 협약을 맺어 "더불어숲 페어라이프 센터"가 추구하는 가치와 동일한 방향으로 나아가도록 독려할 필요가 있다고 생각했다. 이렇게 (사)아시아다문화소통센터가 더불어숲 페어라이프 센터의 첫 번째 협약 단체가 되었다. 앞으로 여러 단체와 협약을 맺는 일이 확산되어 페어라이프의 가치가 이 땅에 더욱 확산되는 일이 많아지기를 기대해본다. 이렇게 우리는 "마을만들기 NGO, 페어라이프 센터"를 통해 공공성을 회복하는 선교적 사명을 감당하였다.

3. 왜 NGO인가?

현대사회는 크게 국가, 시장, 그리고 시민사회라는 세 개의 섹터로 이루어져 있다.[10] 물론 세 개의 섹터가 명확하게 분리되는 것은 아니다. 경계가 애매하거나 양쪽 모두의 성격을 지닌 단체들도 있기 때문이다. 예를 들어, 각종 공기업은 국가와 시장 사이에, 언론기관·노동조합·협동조합은 시장과 시민사회 사이에, 정당과 공립학교는 국가와 시민사회 사이에 있다고 할 수 있다. 때론 세 개의 섹터가 상호작용을 하기도 한다. 예를 들어, 국가는 시장에 규칙 제정과 공적 투자를, 시장은 국가에 세금과 상품생산을 제공한다. 시장은 시민사회에 의식 형성과 상품생산과 기부금을, 시민사회는 시장에 감시와 수요 창출과 노동력을 제공한다. 국가는 시민사회에 결정과 여론 형성과 지원을, 시민사회는 국가에 권력 견제와 서비스 생산과 충성을 제공한다.

과거에는 국가와 시장의 영역에 대한 중요성만 강조되었다. 하지만 국가와 시장의 한계가 명확하게 드러나면서 현대사회는 시민사회의 역할이 매우 강화되고 있다. 특히 한국 사회에서는 1987년에 형식적 민주주의가 이루어진 후, 실질적 민주주의에 대한 욕구가 분출하면서 점

---

10 박상필, 『NGO학: 자율·참여·연대의 동학』(아르케, 2011), 시민사회와 NGO에 대한 개념은 이 책에 의존했다.

차 시민사회의 역할이 강화되고 있다. 박상필과 유용원은 시민사회의 가치와 활용을 다음과 같이 8가지로 정리했다.[11]

① 민주주의의 발전(인권의 옹호, 생활정치의 실현, 참여 민주주의의 활성화)
② 복지사회의 구축(정부 실패의 대응, 사회적 경제의 활성화, 거버넌스의 강화)
③ 신뢰사회의 형성(부패의 척결, 공정 사회의 확립, 사회자본의 확대)
④ 공동체성의 강화(공동체의 복원, 사회적 약자의 보호, 자원 활동의 활성화)
⑤ 국가 품격의 증대(다원성의 수용, 문화국가의 건설, 국제 협력의 강화)
⑥ 평화통일의 성취(교류의 확대, 공진화의 전략, 주변국의 협력)
⑦ 아시아 문명의 개척(신사상의 정립, 평화공동체의 형성, 허브 국가의 구축)
⑧ 대안사회의 모색(근대성의 성찰, 새로운 생활과 제도, 주체와 환경의 통합)

시민사회에는 위와 같이 다양한 역할을 담당하는 다양한 단체들이 있다. 시민사회의 각종 단체 중에서 NGO는 공공성을 담지하는 가장 대표적인 결사체이고 가장 역동적으로 시민사회의 가치를 대변한다. 전통적으로 NGO는 시민의 자발적 참여, 회원가입의 비배타성, 자원봉사 활동에 의한 사업 수행, 그리고 공익 추구라는 네 가지 조건을 충족

---

11 박상필·유용원, 『한국 시민사회 프로젝트』(한울, 2012).

하면 된다고 생각했다. 하지만 시민 스스로 만든 재단이나 서비스 제공형 NGO와 같이 기관형 조직인 경우도 있고, 싱크탱크형 NGO나 자조그룹처럼 회원 가입에 어느 정도 배타성을 요구하는 경우도 있다. 또한 자원봉사자가 아닌 상근자에 의해 사업이 수행되는 경우도 많으며, 직능 단체나 종교 단체와 연대하여 활동하는 경우도 많기 때문에 개념 정의가 확대될 필요가 있다. 이렇게 확대된 NGO의 개념으로 보면 시민사회에서 NGO의 역할은 압도적이다. 또한 NGO는 생활세계의 식민지화를 방어하기 위해 적극적으로 시민운동을 전개하기도 한다. 바야흐로 제3섹터의 시대요, NGO의 시대인 것이다. 더구나 오늘날 국가의 재구조화 속에서 거버넌스(협치)가 활발해짐으로 NGO의 역할이 더욱 강화되고 있다. 거버넌스는 사회를 통치하는 양식을 가리킨다. 1970년대까지만 해도 이것은 정부와 거의 같은 의미로 사용되다가 1980년대가 되면서 정부의 비효율성과 부패에 대한 비판이 점증하면서 주로 중앙정부와 지방정부 간의 권한 배분과 갈등 조정에 관한 제도나 양식을 지칭하게 되었다. 그러다가 1990년대가 되면서 정부의 역할이나 운영방식에 대한 근본적인 변화가 일어나게 되고, 거버넌스는 사회문제를 해결하기 위해 정부와 다양한 민간 영역의 행위주체가 함께 권위와 책임을 공유하는 사회적 조정 메커니즘 또는 제도를 의미하게 되었다. 거버넌스 시대에 NGO는 교회가 사회에 참여하고 지역을 섬기는 매우 중요한 창구가 된다. 우리 교회 또한 NGO를 설립했기 때문에 여러 사역을 할 수 있었다.

    나는 일반 시민단체가 NGO를 할 때 보다 교회가 NGO를 할 때 훨씬 유리하다고 생각한다. 박상필 교수는 한국의 NGO가 지닌 실제적인 문제를 6가지로 지적한다.[12] 첫째, 시민 참여가 부족하다. 둘째, 전문성이 부족하다. 셋째, 정치 이데올로기에 과도하게 집착하고 있다. 넷째, 재정이 부족하다. 다섯째, 민주주의가 제대로 작동하지 않는다. 마지막으로 중앙(서울)에 너무 집중되어 있다. 하지만 이상의 문제를 해결하는 데도 교회는 탁월하다. 먼저, 교회는 교인 참여가 탁월하다. 매주 한 곳에 상당한 인원이 모이고 자발적 헌신으로 봉사하는 조직이 또 있을까? 교회의 행사와 프로그램이 지역을 섬기는 활동으로 전환된다면 엄청난 영향력으로 나타날 것이다. 둘째, 교회에는 다양한 전문성과 은사를 가지고 있는 인적 자원이 풍부하다. 더군다나 한국교회 성도들은 자신의 전문성과 은사를 통해 섬기기를 마다하지 않는다. 셋째, 교회는 특정 이데올로기에 경도되지 않는 특징이 있다. 교회는 좌와 우를 아우르는 공동체다. 넷째, 교인들의 재정적 헌신이 탁월하다. 세상은 1% 나눔 운동을 하고 있지만 교회는 기본이 십일조다. 10% 나눔 운동이다. 물론 그것이 거의 교회 내의 공간과 활동에 투여되고 있기 때문에 이것을 극복할 필요가 있다. 다섯째, 과거와 다르게 많은 교회에서 매우 민주적인 운영이 이루어지고 있다. 자율·자치·자립의 원리야말로 교회 운영의 핵심원리다. 마지막으로 각 지역에 많은 교회가 있고 강한 지역 네트워크를 가지고 있다. 교회는 철저히 지역 중심적이다. 이런 특성을 살린다면, 사회적 자본의 확충, 협동의 경제학 실현, 마을만들기 등에 큰 도움을 줄 수 있다.

---

12   앞의 책, 194-195쪽.

4. 왜 페어라이프인가?

그렇다면 왜 페어라이프인가? 이것은 두 개의 질문으로 나눌 수 있다. 왜 "페어"인가? 그리고 왜 "라이프"인가? 첫 번째 질문은 2부 서두에서 이미 다루었으므로 두 번째 질문에 대한 답을 하도록 하자. 왜 라이프인가? 그동안 "정치적인 것"은 국가나 체제와 관련된 거대담론의 성격이 강했다. 하지만 이제는 다층적이고 자율적인 공론장이 활성화되면서 시민 스스로 정치의 주체가 되어 다양한 층위에서 각종 사회문제에 대한 의견을 제시하게 됐다.[13] 정치가 단지 제도라는 틀 안에서만 맴돌지 않고 정부 바깥에서 다양한 사회적 이슈를 다루는 것으로 발전한 것이다. 이와 같은 정치적인 것의 확장은 정치의 주제가 확장되어 사회관계 속에 내재하는 다양한 모순과 갈등, 억압과 저항, 요구와 선호를 정치 토론의 장으로 들어오게 만들었다. 이렇게 다양한 삶의 주제를 공론장으로 불러들이면 "생활정치"(life politics)가 활성화될 수 있다. 생활정치란 삶의 질이나 정체성과 관련된 다양한 주제를 활발하게 토론하고 이를 정치에서 실현하는 것을 말한다. 생활정치가 구현되지 않으면 정치는 생활의 미시적인 문제를 다루지 못해 공허한 이념 논쟁으로 변질되고, 일상적 삶의 주제를 다루는 "연성 정치"보다 안보나 군사와 같은 "강성 정치"에만 집중하게 된다. 그렇게 되면 자연스럽게 시민들은 정치에 무관심해진다. 사회 구성원이 정치에 무관심해지면 물질적 만족에 집착하게 되고, 이것은 감각적 쾌락으로 이어져 결국 퇴폐적인 사회를 초래한다. 자연스럽게 삶의 질은 저하된다. 해방의 정치가 억압이

---

13 앞의 책, 4장 2절 "생활정치의 실현" 참조.

나 불평등에서의 해방에 방점을 찍는다면, 생활정치는 자아실현에 방점을 찍는다. 자아실현은 생활 속에서 타자의 윤리를 실천하고 개인의 잠재력을 개발하며 창의성을 발휘하는 것과 밀접한 관련이 있다. 따라서 공론장에서는 자아실현과 관련된 생활정치를 다루어야 한다.

다른 한편으로 공공성에 대한 개념 확장이 라이프의 중요성을 더욱 부각시켰다. 일반적으로 공공성을 말할 때, 한나 아렌트가 말한 공공성을 경유한다. 아렌트는 사회적인 것과 정치적인 것을 나눈다.[14] 아렌트는 인간의 삶을 "비오스"와 "조에"로 나눈다. 비오스는 탄생에서 죽음에 이르는 개체의 삶이고, 유례가 없는 것이다. 이 개인적 삶의 유례없음이 공공적 공간에서의 복수성을 구성한다. 공공적 공간은 비오스의 공간, "정치적 삶"이 생겨나는 공간이다. 한편 조에는 생물학적 생명을 의미한다. 사람들은 조에의 위상에서는 동물로서의 인간 모두에게 공통되는 생명을 살고 있다. 조에의 공간이 바로 "사회적인 것"이다. 이렇게 아렌트는 비오스의 다의성과 조에의 일의성을 서로 대비하고, 그것을 정치적인 것과 사회적인 것의 대비로 확장한다. 인간이 진정으로 인간다운 것은 조에적인 삶, 즉 사회적인 삶(일상적 삶)에서 나타나는 것이 아니라 공공성을 추구하는 정치적인 삶(공적인 삶)에서 나타나는 것이다.

이러한 아렌트의 주장에 대해 사이토 준이치가 몇 가지 문제점을 지적한다. 첫째, 공공성의 영역에서 조에를 배제함으로써 공공적 공간을 신체성이 결여된 공간, 구체성이 결여된 공간, 사적인 생활의 영역을 다룰 수 없는 공간으로 만들었다는 것이다. 둘째, 조에를 단순히 인간 모두가 동일하게 욕망하는 동물적 삶으로 만듦으로써 욕구의 다의

---

14 사이토 준이치, 윤대석·류수연·윤미란 역, 『민주적 공공성』(이음, 2009).

성을 사고하지 못하도록 하고 조에와 관련된 것을 공적인 영역이 아니라 행정 권력이 다루도록 내버려 둔다는 것이다. 이렇게 정치적인 문제와 사회적인 문제를 구분하는 아렌트의 공공성은 정치적인 정의만을 말한 뿐, 사회적인 정의의 문제를 사고하지 못하도록 만든다. 가장 심각한 문제는 현대의 권력, 즉 행정 권력과 시장 권력이 "조에", "사회적인 것", "생명에 대한 관심" 그리고 "일상의 영역"에서 강력하게 작동하고 있다는 것이다. 푸코가 지적한 것처럼 현대의 권력은 생명과 일상에 작동하는 "생체 권력"이다. 그런데 아렌트의 공공성은 이 부분을 제대로 다루지 못했다. 그렇기 때문에 이제는 우리의 신체와 관련된 생명의 영역, 생존의 영역, 그리고 일상의 영역을 공공성의 영역에서 진지하게 다뤄야 한다.

5. 페어라이프의 8가지 키워드

위에서 말한 것처럼 우리는 "페어"와 "라이프"가 중요한 시대에 살고 있다. 이제 "페어라이프"의 시대다. 다시 강조하지만 "페어라이프"(fair-life)는 공평과 정의를 일상의 삶에서 실현하는 것을 의미한다. 페어라이프는 자신과 이웃, 지구의 행복을 조화시키는 공정하고 지속 가능한 삶의 방식이다. 그리고 우리는 그것을 마을만들기 차원에서 적용했다. 그렇다면 페어라이프를 구체적으로 어떻게 실천할 것인가? 우리는 페어라이프를 구성하는 8가지 키워드를 만들었다.[15]

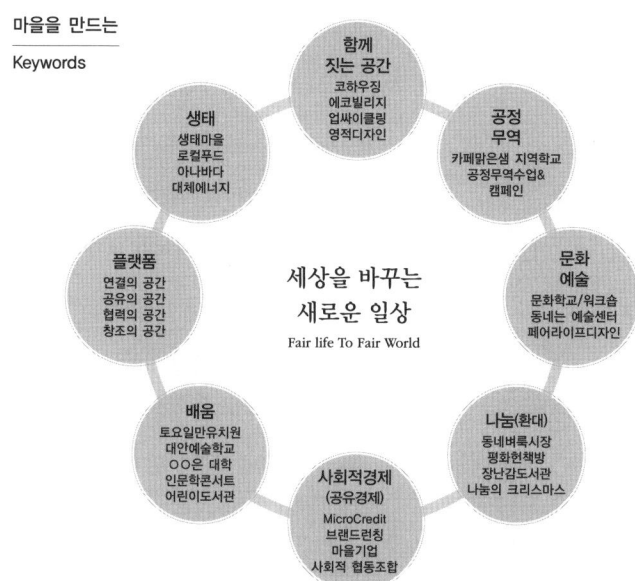

1) 함께 짓는 공간

첫 번째 키워드는 "함께 짓는 공간"이다. 첫 번째 키워드를 공간으로 잡은 이유가 있다. 존재하는 모든 것은 공간과의 관계를 통해서만 실존한다. 안숙영은 공간이 가지고 있는 사회적·관계적 성격을 이렇게 설명한다.

---

15 키워드 작업은 매우 중요하다. 단 하나의 키워드를 통해 사물과 사태의 핵심을 꿰뚫기도 하고 다른 것들과의 명확한 차별화를 통해 정체성과 방향과 가치를 분명하게 드러내기도 한다. 키워드를 통해 하나님의 선교가 시대의 트렌드를 어떻게 만들어가는지 파악할 수 있고, 차별성 있는 비전과 전략과 사역을 분명하게 보여줄 수 있다. "네이밍 기법"을 통해 사태와 사물의 핵심을 보여주는 키워드를 뽑아내는 일은 선교 사역을 위해 매우 중요하다.

공간은 단지 물리적 공간 이상의 의미를 갖는다. 공간은 항상 사물과 사건으로 가득 차 있으며, 이러한 사물과 사건과의 관계를 통해 생성, 유지, 소멸되기 때문이다. 따라서 공간이란 그 자체로 존재하는 실체라기보다 어떤 활동의 특성을 규정하고, 다시 그에 따라 성격이나 의미를 부여받는 관계성이라 할 수 있다. 이러한 관계성으로 공간은 기본적으로 '사회적 공간' 혹은 '관계적 공간'으로서의 성격을 가지며, 계급, 젠더, 섹슈얼리티, 인종, 연령, 장애와 같은 다양한 사회관계를 매개로 사회 내 권력과 억압 그리고 자원배분이 일어나는 장소로서의 의미를 갖는다.[16]

공간의 문제는 삶의 질, 생활정치, 사회정의 및 인권의 문제와도 맞물리는 중요한 문제다. 따라서 이 문제를 더 깊이 논하기 위해서는 공간과 주권의 상관관계를 탐구해야 한다. 왜냐하면 공간에서도 우리의 주권을 회복할 필요가 있기 때문이다. 오정진에 의하면 공간 주권은 주권자인 시민이 각자의 차이로 차별을 겪지 않고 행복을 추구할 수 있는 자유의 공간 및 열린 공간을 만들며, 그에 동등하게 접근하고 활용하는 것을 의미한다.[17] 그동안 한국 사회의 공간 운영 원리는 독과점적 사유화, 불평등한 위계화, 지속가능성을 무시한 토건개발화, 시민의 의견이나 권리가 무시된 비민주성, 공간의 공공성 부재였다고 할 수 있다. 그동안 한국 사회에서 공간은 사유화되고 위계적으로 배치되었으며 "아파트 공화국"이라 불릴 만큼 지나치게 토건개발 중심적이었다. 이를 극

---

16 안숙영, "젠더, 공간 그리고 공간의 정치화," 강현수 외, SSK 공간주권 연구팀 엮음, 『공간주권으로의 초대』(한울아카데미, 2013), 98-99쪽.
17 오정진, "공간과 주권의 만남을 위하여," 위의 책, 19쪽.

복하기 위해 공간에 주권을 적용할 필요가 있는데, 우선 공간에 대한 개인의 권리를 넘어 집단의 공간 주권으로, 국가의 영토 주권에서 시민 주권으로, 나아가 포함-배제의 주권에서 열린 공동체의 주권으로 옮겨 가야 한다. 이렇게 공간에 주권을 적용하게 되면 주권적 공간 구성 원리는 공공성, 민주성, 인간성, 그리고 생태성으로 전환된다. 구체적인 실천 방안으로 첫째로 공간에 대한 감수성 증진, 둘째로 대안적 공간 만들기, 셋째로 공간 주권 회복을 위한 투쟁의 전개, 마지막으로 조건 없이 무구하게 주어지는 타자에 대한 환대와 조용히 머무는 친구의 우정이 공간을 통해 드러나야 한다. 우리는 교회 공간이 이런 대안 공간이 되길 원했다.[18]

또한 매체가 메시지라는 인식이 중요하다. 마샬 맥루한은 전달하는 내용보다 매체의 독특한 특성 자체가 더 큰 영향을 미친다고 말한다. 예를 들어 문자 시대에서 인터넷 시대로 바뀌면서 인터넷이라는 매체는 그 자체로 강력한 메시지를 던져준다. 요즘 시대를 웹 2.0의 시대라고 한다. 인터넷과 모바일 그리고 다양한 플랫폼과 SNS로 말미암아 참여, 공유, 개방의 정신이 아니고서는 살아남을 수 없는 시대가 되었다. 사회 시스템, 삶의 방식과 사고방식 자체를 바꿔놓은 것이다. 웹 2.0 시대는 경제 구조를 근본적으로 바꿔놓았다.[19] 틈새시장이 더 중요해진

---

18 김승환은 "공적 공간으로서의 도시교회"라는 글에서 발렌타인의 주장을 소개하며 공간의 공공성은 다양성, 개방성, 관계성, 참여성이 보장되는 곳이어야 하는데 종교적 공간도 이네 가지 특징을 다른 어떤 공간보다 잘 드러내므로 "공적인 공간"이라고 말한다. 그는 교회의 공간이 만남과 소통의 공간, 치유와 화해의 공간, 그리고 창조와 희망의 공간이 되어야 한다고 말한다. http://www.goo.gl/ADLwYu. 다음 책 또한 참고하라. 질 밸런타인, 박경환 역, 『공간에 비친 사회, 사회를 읽는 공간』(2014, 한울).
19 김국현, 『웹 2.0 경제학』(황금부엉이, 2007).

"롱테일 법칙", 자발적 참여를 통한 "집단지성", 서비스 사업인 3차 산업의 중요성, 사용자들이 참여하고 데이터를 축적하는 구조, 풍요 다음에 오는 디자인에 대한 갈증 등이 웹 2.0시대 경제의 특성이다. 정치도 마찬가지다.[20] 참여, 공유, 개방의 정신 때문에 의제 설정의 민주화가 이뤄지거나 대중의 지혜를 모으는 전자 민주주의 시대가 열렸다. 생산자이면서 소비자인 프로슈머 유권자들이 출현하여 정치에 막강한 영향력을 끼치게 되었다.

그렇다면 교회도 교회 공간 자체가 하나의 메시지가 되도록 해야 한다. 매체를 통해 어떤 말과 행동을 하느냐도 중요하지만 그 매체가 말과 행동을 규정하게 된다는 것을 인식해야 한다. 예를 들어, 말로는 선교적 교회를 이야기하는데 교회 공간은 선교적 교회와 상관없다면 그곳에서 선교적 사역을 기대하기는 어렵다. 우리는 늘 우리의 존재 자체, 우리가 사용하는 모든 말, 우리가 하는 모든 사역, 우리가 몸담고 있는 모든 공간에 하나님 나라의 가치가 담겨 있어야 한다. 교회 공간과 관련해서 말하자면, 아무 말을 하지 않아도 공간 자체가 하나님 나라의 메시지를 전달해야 한다는 말이다.

공간 자체가 그 공동체의 정체성을 보여준다는 것을 알아야 한다. 예를 들어, 교회와 사찰의 차이가 무엇일까?[21] 쉽게 설명하자면, 교회는 "경기장"의 이미지를, 사찰은 "미술관"의 이미지를 보여준다. 경기장은 매우 크다. 많은 사람을 한 번에 모을 수 있는 큰 행사를 위해 지은 공간

---

20 강원택, 『한국 정치 웹 2.0에 접속하다』(책세상, 2008).
21 유현준, 『도시는 무엇으로 사는가』(을유문화사 2015), 7장 "교회는 왜 들어가기 어려운가".

이다. 또한 경기가 열리는 특별한 시간대만 들어갈 수가 있고, 경기가 끝나면 신속하게 빠져나온다. 하지만 미술관은 크지 않아도 좋다. 많은 사람이 아니라 혼자 혹은 몇몇 사람이 걸어 다니면서 관람한다. 대부분의 시간대에 열려 있고 천천히 산책하듯 관람한다. 교회 공간을 보라. 경기장 같다. 많이 수용할수록 좋다. 개인을 상대하는 것이 아니라 대중을 상대한다. 특정한 시간대만 열어놓고 특정 프로그램이 끝나면 신속히 빠져나오기 바쁘다. 위압감을 가진 공간인 동시에 입출입이 자유롭지 못하다. 하지만 사찰을 보라. 미술관처럼 출입이 자유롭고 산책하듯이 돌아다닐 수 있다. 많은 사람이 아니라 혼자 혹은 소수의 사람이 천천히 관람하기도 하고 한적한 곳에서 쉬기도 한다. 혹 큰 행사를 할 때면 건물과 건물 사이에 모여 행사를 치르고 흩어진다. 교회 공간은 위압적이고 부담스러운 공간이지만 사찰은 자유롭고 편안한 공간이다. 선교적 사명을 감당해야 하는 교회가 훨씬 더 폐쇄적인 것은 아이러니다. 백화점 안에 있는 매장과 단독 매장 중 어느 매장이 매출이 높을까? 당연히 백화점 안에 있는 매장이다. 백화점 안의 매장은 사람들이 산책하듯 돌아다니다가 편안하게 옷을 고를 수 있다. 그렇지만 단독 매장은 사지 않고 그냥 나오기 부담스러워 들어가는 것 자체를 꺼려한다. 한국교회는 단독 매장과 같은 공간이다. 한국교회의 공간이 과연 선교적인가? 공간 자체가 그런 메시지를 주는가? 불신자가 언제든지 편안하게 들어올 수 있는 공간인가? 이미 한국교회의 공간은 선교적인 메시지를 주는 데 실패했다.

그래서 우리는 공간 자체가 선교적 메시지를 전해야 한다고 생각했다. 새로운 대안가치가 공간 속에서 드러나야 했다. 우리가 붙든 키워드는 협동, 공유, 생태였다. 3층에서 10층으로 예배 처소와 페어라이프 센터 공간을 옮길 때 이것을 염두에 두었다. 우리는 교인들에게 교회의 모

든 공간은 우리의 것이 아니라 이 지역사람들의 것이라고 이야기했다. 교회 내적 기능을 위한 공간이 아니라 지역 주민들이 함께 공공성을 회복하는 공간이요, 함께 만들어가는 공유의 공간이라고 말했다. 우리끼리 모이는 데 얼마나 유익한가가 아니라 선교적 사명을 실천하고 마을만들기를 통한 지역공동체 형성을 위해 무엇이 필요한가라는 질문을 던진 것이다. 동시에 교인들도 유용하게 쓸 수 있고 공간에 대한 자부심을 가질 수 있는 공간을 세팅하기 위해 힘썼다. 예를 들어, 조금 불편해도 우리가 사용하기 좋은 식당 공간이 아니라 다양한 요리 워크숍이 가능한 공간으로 꾸몄다. 인문학 콘서트가 열리거나 여러 소그룹 모임이 가능한 마을서재와 카페, 어린이 도서관이 서로 분리된 것 같으면서도 연결되도록 만들었다. 이곳에서 다양한 시민 주체들의 만남과 소통이 일어나고 지역공동체를 회복시키는 사역들이 일어나길 원했다. 가끔 탐방하러 오신 분들이 이런 말을 한다. "이 교회가 뭘 하려는지 굳이 설명하지 않아도 공간만 봐도 알겠네요."

또한 비용을 최소화하면서도 미적 가치를 극대화할 수 있도록 했다. 우리는 아름다움을 추구했다. 부르디외에 의하면 우리의 취향은 타고난 것이 아니라 계급과 계층의 영향으로 할당된 것이라고 한다.[22] 트로트를 좋아하는 트럭 운전기사와 클래식을 좋아하는 전문직 종사자의 취향이 타고난 걸까? 그렇지 않다. 그들이 접하고 누릴 수 있는 문화자본과 상징자본의 차이, 즉 구별짓기에 의해 만들어진 취향일 뿐이다. 우리는 화성시에 사는 사람들이 서울 사람들보다 더 높은 수준의 취향과 미적 감각을 갖길 원했다. 우리에게 할당된 취향이 아니라 우리가 새롭게 생성하는 취향을 갖길 원했다. 우리 교회를 방문하는 사람들이 가끔 이런 말을 한다. "왜 이런 공간을 화성에 만들었나요? 서울에 만들었으면 대박 났을 텐데." 바로 이것이다. 이런 감성을 새롭게 분할하는 것이 우리의 전략이다. 우리의 미적 감각과 취향과 감성이 새로워지고 그것이 삶을 풍요롭게 만들기를 원했다. 왜 교회 공간을 이렇게 사치스럽게 하느냐고 문제제기하는 성도들도 있었다. 아니다. 사치스러운 것이 아니라 미적인 감응이 일어나는 공간을 만든 것이다. 그렇다고 돈을 많이 들여 그렇게 한 것도 아니다. 우리는 이것을 일반적인 공간을 만드는 비용으로도 가능하게 했다.

보통 공간을 계약하고 나면 건축이나 인테리어를 전문업체에 맡기고 성도들은 기도만 한다. 그러나 우리는 공간을 세팅하는 과정에 성도들이 참여하여 협동을 통한 주인 의식을 갖자고 했다. 그래서 전문가가 아니어도 할 수 있는 작업들을 성도들이 함께 했다. 페인트칠을 하고 직접 목공 작업과 철골 작업을 했다. 자신의 은사를 발휘하여 방수 처리나 선팅 작업 혹은 공간 디자인에 참여 했으며, 그냥 청소만 하는 것으로도 큰 도움이 됐다. 인테리어 하시는 집사님이 말하기를 아마도 성

---

22   홍성민, 『취향의 정치학』(2012, 현암사).

도들의 노고를 비용으로 환산하면 4000-5000만 원 정도는 될 거라고 한다. 함께 작업하는 과정에서 공동체가 만들어지고 또 자신의 수고가 깃들었기에 공간에 대한 주인 의식을 갖게 된다. 교회 이전을 하고 나서 각자 자기가 닦고 칠하고 못 박은 공간을 보면서 "저기가 내가 작업한 부위야"라며 함께 기뻐했다.

무엇보다 생태적 가치가 드러나도록 했다. "리싸이클링"을 넘어 "업싸이클링" 컨셉으로 공간을 세팅했다. 리싸이클링이 기존에 버려진 제품을 재활용하는 것이라면, 업싸이클링은 새로운 디자인과 가치가 더해져서 전혀 새로운 제품이나 공간이 되도록 하는 것이다. 예를 들어, 우리는 행사 때 사용하고 남은 플래카드를 그냥 버리는 것이 아니라 새롭게 가공하여 시장바구니나 앞치마로 만들었다. 공간도 마찬가지다. 공간에 맞게 유리를 잘라 사용하는 것이 아니라 3층에 있던 유리에 맞도록 공간을 만들었다. 10층에 있는 유리의 95%는 기존에 있던 유리다. 탁자도 타일과 버려진 목재를 사용해 새롭게 가공하고, 공사 중 나온 목재를 활용해 문과 벽과 강단을 꾸몄다. 10층 엘리베이터 문이 열리면 버려진 목재와 철골로 꾸며진 게시판과 좌석이 나온다. 성도들이 직접 자르고 붙여서 만든 것이기에 전 세계에 단 하나밖에 없는 작품이다. 이렇게 하면 생태적 가치를 실천하는 동시에 비용도 줄일 수 있다.

2) 공정무역

두 번째 키워드는 "공정무역"이다. 처음 교회를 개척할 때 카페를 연 이유는 선교적 사명을 감당하기 위해서였다. 그때는 카페교회가 유행하던 때가 아니지만 성육신적 교회론을 추구하는 교회였기에 우리에게 카페는 너무나 자연스러운 선택이었다. 선교적 사명을 감당하기 위해 필요한 장소가 바로 제3의 장소다. 프로스트는 사회학자 래이 올덴버그의 "세 번째 장소"에 관한 이론을 소개한다.[23] 첫 번째 장소는 가정이고, 두 번째 장소는 일터다. 세 번째 장소는 사람들이 정기적으로 방문하여 친구, 이웃 그리고 누가 되었든 그 곳에 나타난 사람들과 함께 친밀한 이야기를 나눌 수 있는 축제의 장소다. 카페, 마을회관, 미용실, 잡화점, 술집 등과 같이 우리가 일상에서 들를 수 있는 곳이다. 사람들이 만나 우정을 나누고, 특정 이슈에 대해 토론하며, 모르는 사람과 함께 상호작용을 나눌 수 있는 환경이다. 이는 사회학자들이 "사회적 응축"이라고 부르는 곳으로, 사회공동체가 개발되고 응집력과 정체성이 유지되는 곳이다. 올덴버그는 세 번째 장소가 잘 기능하기 위해서는 다음과 같은 몇 가지 본질적 요소들이 필요하다고 말한다. 세 번째 장소는

첫째, 자유롭고 저렴한 비용으로 출입할 수 있는 장소여야 한다.
둘째, 절대적으로 필요한 것은 아니지만 음식과 음료수는 매우 중요한 요소다.
셋째, 근거리에 있어서 가기 쉬운 곳이어야 하며, 사람들이 일상적으로 출입할 수 있는 장소로 인식되는 곳이어야 한다.
넷째, 많은 사람들이 집에서 나와 편안하게 출입할 수 있는 곳이어야 한다.
다섯째, 일단의 사람들이 매일 정기적으로 가는 곳이어야 한다.
여섯째, 사람들이 환영을 받고 편안한 곳이라고 느끼는 곳이어야 하며, 쉽게 대화를 나눌 수 있다고 생각하는 장소여야 한다.

23　마이클 프로스트, 이대헌 역, 『위험한 교회』(SFC, 2009), 116-118쪽.

일곱째, 사람들이 그 곳을 방문할 때마다 오랜 친구들 뿐 아니라 새로운 친구를 만날 수 있다고 기대되는 장소여야 한다.

선교적 사명을 실천하기에 이보다 더 적합한 장소가 있을까? 또 카페만큼 "세 번째 장소"로서 적합한 곳이 있을까? 하지만 화성시 봉담에는 어린 자녀를 둔 젊은 부부가 많다. 그들이 아이들과 함께 일반 카페에 가기에는 부담이 많다. 그래서 우리는 아이들과 함께 올 수 있는 "작은 어린이 도서관"을 한 공간 안에서 운영한다. "키즈 카페"는 아이들과 함께 갈 수 있다는 장점이 있지만 일반 카페와 같은 분위기를 낼 수가 없다. 그래서 우리는 어린이 도서관에 아이들을 맡기고, 부부나 엄마들의 모임은 카페에서 할 수 있도록 공간을 이중으로 만들었다. 또한 카페 내에 다양한 소그룹실을 만들어 작은 규모의 모임을 할 수 있도록 꾸몄다. 동네 아주머니들의 친교 모임이나 학부모 모임, 워크숍이나 회의 혹은 스터디 모임 등이 이곳에서 이루어지고 있다.

우리는 카페 자체에 하나님 나라의 가치가 담겨 있어야 한다고 생각했다. 앞서 말한 것처럼 우리의 존재 자체, 사용하는 말, 사역, 그리고 공간 자체에도 하나님 나라의 가치가 담겨 있어야 한다. 그렇다면 카페를 하되 일반적인 카페를 할 것이 아니라, 그 카페 자체가 어떤 메시지를 줄 수 있어야 한다고 생각한다. 복음적 메시지가 카페에도 드러나야 한다고 생각했다. 또한 일방적인 것이 아니라 그 자체로 어떤 물음을 일으켜야 한다고 생각했다. "이게 뭐죠?" "왜 이런 걸 하시죠?" 이런 의미에서 우리는 처음부터 "공정무역 카페"로 시작했다. 공정무역이야말로 하나님 나라의 가치를 담고 있다고 보았기 때문이다.

 자유무역이 공정한지는 다음과 같은 두 가지 질문을 해보면 된다.[24] 첫째, "과연 누가 이익을 얻는가?" 둘째, "누가 책임을 지는가?" 일반적으로 첫 번째 질문의 답은 "이미 부와 권력을 손에 쥐고 있는 사람들"이고, 두 번째 질문의 답은 "아무도 책임지지 않는다"이다. "비교 우위 이론"과 "국제적 분업"으로 무장한 자유무역의 현실은 그들이 주장하는 바와 다르다. 자유무역의 문제점에 대해서는 장하준 교수가 쓴 『그들이 말하지 않는 23가지』에 잘 나와 있다.[25] 비교 우위 이론은 역설적이게도 비교 열위의 국가가 비교 우위를 추구하지 못하도록 하는 이론에 불과하다는 것을 알게 될 것이다. 비교 우위론은 선진국이 자신의 비교 우

---

24 데이비드 랜섬, 장윤정 역, 『공정한 무역, 가능한 일인가?』(이후, 2007), 23쪽.
25 장하준, 김희정·안세민 공역, 『그들이 말하지 않는 23가지』(부키, 2010).

위를 유지하기 위해 후진국으로 하여금 지속적으로 가격과 이윤이 하락하는 일차 상품에 매달리도록 하는 허구적인 이론이다. 역설적이게도 메이저 다국적 곡물 기업들은 모두 제1세계에 있다. 선진국 중심의 무역체제로 말미암아 후진국들은 계속 빚더미에 앉게 되고, 가난한 농민과 노동자들은 빈곤의 악순환에 빠지게 된다. 이에 대한 저항운동 겸 대안운동이 바로 공정무역 운동이다.

공정무역은 대화와 투명성, 존중에 기초하여 국제 무역에서 공평하고 정의로운 관계를 추구하는 거래 파트너십이다. 특히 저개발국가에서 경제 발전의 혜택으로부터 소외된 생산자와 노동자들에게 더 나은 거래 조건을 제공하고 그들의 권리를 보호함으로써 지속가능한 발전에 기여한다. 한국의 대표적인 공정무역 단체인 "아름다운 커피"에서 제시하는 공정무역의 다섯 가지 원칙은 다음과 같다.

① 생산자 단체로부터 직접 구매: 정보력, 기술력, 협상력 향상
② 투명하고 장기적인 거래 파트너십: 단기 이익 보다 장기적 파트너십 기반, 안정적인 수입원 보장
③ 공정무역 최저 보장 가격: 생산자들과 노동자들에게 지속가능한 가격과 임금을 보장
④ 공동체 발전기금(소셜 프리미엄): 지역 공동체의 발전을 위한 프로젝트에 직접 투자 결정
⑤ 사회적·환경적 기준: 인간적 권리를 보장하고 환경과 건강을 해치지 않는 지속가능한 생산방식

공정무역 운동은 세 가지 차원, 즉 빈곤퇴치(국제개발협력), 사업(사

회적 경제를 통한 지속가능한 이익 창출), 그리고 사회운동(시민참여, 무역정의)이 연계된 운동이다. 특히 석유 다음으로 무역량이 많은 커피와 관련된 공정무역 운동이 활발하게 일어나고 있다. 한국에서는 이것이 "착한 소비 운동"과 맞물려 있기 때문에 중요한 운동으로 자리매김하고 있다. 내가 쓴 돈이 그 상품을 만든 노동자와 공동체에 실제적인 유익이 간다는 사실 하나만으로 소비자들의 윤리적 소비 욕구를 자극하고 있는 것이다.

사실 공정무역 운동은 노예무역 폐지 운동을 하던 영국의 그리스도인들이 공정한 무역을 고민하다가 시작된 운동이다. 나 역시 공정무역을 처음 접한 것은 프란스 판 데어 호프의 책을 통해서였는데, 막스 하벌라르는 19세기 네덜란드 문학 작품인 『막스 하벌라르』의 주인공으로서 네덜란드의 식민지였던 인도네시아 원주민들의 권리를 위해 열정적으로 투쟁한 인물이다.[26] 호프는 불공정한 거래를 타파하고자 멕시코 커피 재배 농부들이 만든 협동조합(UCIRI)에 "막스 하벌라르"라는 이름을 붙였다. 세계적으로 유명한 공정무역 커피 브랜드이며 최초의 공정무역 인증제를 만든 호프는 가톨릭 신부였다. 죽음의 위협 속에서 그가 세운 공정무역 커피 이야기는 감동적이다. 그런데 오늘날 교회는 공정무역이란 단어 자체를 들어보지도 못하고, 오히려 일반 사회에서 이러한 운동을 하고 있다. 안타까운 일이다. 이제 교회가 공정무역에 앞장서야 한다. 교회만큼 공정무역 운동을 하기 적합한 곳도 없다. 실제로 영국 같은 나라에서는 교회가 중심이 되어 공정무역을 진행하고 있다.

---

26 프란스 판 데어 호프·니코 로전, 김영중 역, 『희망을 거래한다: 가난한 사람들의 무역회사 막스 하벌라르』(서해문집, 2004).

영국은 국민의 70%가 공정무역 마크를 알고 있고, 4명 중 1명은 공정무역 제품을 구매한다고 한다. 영국에는 4,000개 이상의 공정무역 교회가 있다. "공정무역 교회"는 영국에서 시작된 "공정무역 마을만들기 운동"의 일환으로 탄생했는데, 공정무역을 증진하기 위해 목표를 달성한 교회에 공정무역 교회의 지위를 부여한다고 한다. 공정무역의 빠른 확산에 영국 교회들이 지대한 공을 세우고 있는 것이다. 한국교회도 이런 역할을 했으면 좋겠다.

공정무역 카페를 한다는 것이 쉽지는 않았다. 교인들조차 공정무역이라는 말을 처음 들어보았고 지역 사람들 또한 마찬가지였기 때문이다. 왜 공정무역 카페를 해야 하는지 시시콜콜한 부분까지 설명해야 했고, "예수님이라면 이 땅에 오셔서 커피를 마실 때 어떤 커피를 마시겠는가?"라는 질문을 만들어보기도 했다. 그 개념을 받아들이기까지 많은 우여곡절을 겪어야 했다. 일반적으로 구매, 교육, 기부, 그리고 캠페인을 통해 공정무역 운동에 참여하게 되는데, 우리 교회도 "공정무역 카페 맑은 샘"에서 공정무역 제품을 판매하였고, 공정무역 워크숍을 통해 인식의 확대를 꾀했다. 5월 14

일 "세계 공정무역의 날"을 기해 길거리에 나가 "공정무역 캠페인"을 벌였다. 스승의 날을 앞두고 있다 보니 선물용 상품의 판매도 많았다. 그렇게 노력한 결과 이제는 지역주민들이 공정무역에 대해 물으면 카페 담당자들과 봉사자들이 자연스럽게 대답을 해 준다.

공정무역 캠페인이 본격적으로 지역사회와 소통하며 열매를 맺기 시작한 것은 2015년에 처음으로 시작된 "공정무역 교실"을 통해서다. 공정무역 교실은 "아름다운 커피"와 함께 "공정무역 시민대사"를 양성하는 교육 과정이다. 보통 이 과정을 밟기 위해서는 서울까지 올라가야 한다. 하지만 이 공정무역 교실은 지역 스스로 기획하고 인원을 모으면서 진행한 최초의 사례다. 이 과정을 마치고 나면 지역의 중·고등학생들을 대상으로 강의할 수 있는 자격증이 생긴다. 이 과정을 통해 자격증을 취득한 시민대사들은 지역의 학생들에게 공정무역에 대한 강의와 워크숍을 진행할 수 있다. 또한 아이들은 스스로 공정무역 캠페인을 기획하고 실행하면서 공정무역을 알린다. 특히 이 과정 중에 세계자본주의를 배우고, 바나나값 나누기 게임 같은 것을 통해 무역이 얼마나 불공정한지도 배우게 된다. 윤리적 소비를 하며 산다는 것이 어떤 의미인지를 알게 된다. 이 과정에 참여했던 한 집사님은 강의를 듣고 나서부터 쇼핑을 함부로 할 수 없게 되었다고 고백한다. 더군다나 평범한 주부들이 지역의 강사가 되어 아이들과 소통하며 지역문화를 바꾸는 모습은 정말 경이로운 경험이었다. 이 과정에 참여한 권사님과 집사님 그리고 성도님 모두 많은 변화를 경험했다. 삶의 방식에 대한 변화만이 아니라 실질적으로 지역을 섬기는 사역을 할 수 있다는 기쁨이 매우 컸다.

이것이 지역 학교의 "자유학기제" 수업과 연결되어 진행될 때는 더욱 열정이 넘쳤다. 보통 자유학기제 수업은 소그룹으로 진행되기 때문에 수업을 준비하는 교사들이 지역 내에 있는 여러 단체나 프로그램을 섭외하느라 보통 애를 먹는 것이 아니다. 그런데 우리 교회에서는 한 번에 120명의 아이들을 받아 전체 오리엔테이션과 소그룹별 수업과 워크숍을 진행했기 때문에 교사들의 노고를 덜 수 있었고 아이들의 반응도 너무 좋았다. 내년에도 꼭 부탁한다고 신신당부하는 교사들과 수업 후 아이들에게서 받은 편지를 담당 집사님이 자랑하는 모습이 아직도 눈에 선하다. 제1회 공정무역 교실을 통해 총 20명이 소비자에서 공정무역 운동의 주체가 되었고, 그중 11명이 공정무역 시민 강사가 되어, 지역 내 9개 학교에 파견됐다. 그들이 총 330명의 학생들을 대상으로 공정무역 수업을 진행하였다.

    2016년에는 우리 부부가 안식월로 자리를 비운 가운데 제2회 공정무역교실을 진행했다. 고무적인 일은 제1회가 주로 우리 교인들이 주도한 것이었다면, 제2회는 멀리 수원과 동탄, 그리고 판교에서 소문을 듣고 참여하는 사람들도 있었다는 점이다. 그것은 우리의 운동이 주변 시민들에게 알려지고 저변화되었다는 것을 보여주는 신호였다. 제2회는 1회의 노하우를 전수받은 데다가 열정과 창발성이 뛰어난 사람들로 이루어져 창의적인 아이디어들이 번뜩였다. 게다가 이런 노력들이 인정받아 9월 28일에는 페어라이프 센터와 아름다운커피가 "공정무역 시민대사 콜라보 프로젝트"로 공식 협약을 맺었고, 제2기 공정무역 교실을 마친 분들을 정식으로 공정무역 시민대사로 임명하는 협약식을 가졌다. 2015년부터 지역에서 자발적으로 시작된 작은 움직임이 이렇게 아름다운 열매를 맺게 된 것이다. 이제 아름다운커피와 정식으로 협약을 맺음으로써 공정무역 시민대사 브랜드를 공유하고, 교육진행 및 컨텐츠를 제공받게 되었다.

3) 문화예술

"삶을 가꾸고, 마을을 일구며, 세상을 돌보는 공동체"를 추구하는 페어라이프 센터는 작은 마을에서 개인의 삶뿐 아니라 세상을 아름답고 지속가능하게 일구는 새로운 일상의 레시피를 만드는 희망의 플랫폼이다. 이를 위해 새로운 일상의 레시피를 만드는 다양한 문화예술 워크숍을 진행한다. 왜 우리는 문화예술에 주목할까? 물론 앞서 말한 생활정치라는 면에서 삶과 가장 밀접한 관련이 있는 문화예술을 주목하는 것은 당연한 것이다. 하지만 다른 측면에 대해서도 살펴볼 필요가 있다.

아도르노에 의하면 문화산업이라고 일컫는 대중문화와 대중예술은 인간의 정신 속에 동일성의 원리를 실현시키는 가장 강력한 수단이다.[27] 예를 들어, 아이돌만 해도 매우 다양한 것처럼 보이지만 그 사람이 다 그 사람 같고, 그 곡이 다 그 곡 같다. 영화도 흥행공식이 따로 있어서 대개 플롯이 비슷하다. 인생의 깊이를 느낄 수 있게 하는 것이 아니라 뻔한 스토리를 통해 재미만을 만끽하게 한다. 흥행에 성공하고 유행을 만들어내는 것이 특정한 타입으로 도식화되고 표준화된다. 개성을 표방하지만 인기를 끌기 위해 만들어진 사이비 개성화일 뿐이다. 이렇게 표준화되고 획일화된 문화산업의 산물을 소비자는 별다른 노력 없이 기계적이고 수동적으로 쉽게 소비할 뿐이다. 적극적이고 반성적인 사유를 위축시키기 때문에 우리의 감성과 상상력은 마비되고 순간적인

---

27 신혜경, 『벤야민 & 아도르노: 대중문화의 기만 혹은 해방』(김영사, 2009), 베버과 아도르노에 대한 언급은 이 책을 참고했다.

자극에 몰두하게 된다. 동화책을 읽는 아이보다 TV를 시청하는 아이들이 도리어 참을성이 없고, 생각이 얕고, 상상력이 결핍되어 있는 것과 비슷하다. 이 시대의 문화가 표준화된 사이비 개성을 강요하고 우리는 거기에 동화된다. 이렇게 우리는 동일성에 저항하며 비동일성과 차이를 추구하는 힘, 현실의 힘과 억압에 저항하는 힘, 그리고 새로운 가치와 세상을 상상하는 힘을 잃고 현실에 안주하는 순응적 인간이 되고 만다.

그렇다면 대중문화와 결별하고 무조건 고급문화 혹은 순수예술을 추구해야 하는 것인가? 그렇지 않다. 만약 그것이 해법이라면 우리는 또 다른 위계질서를 만들게 된다. 아도르노보다 벤야민에 주목하는 이유가 여기에 있다. 벤야민도 대중문화의 부정성을 충분히 인식한다. 하지만 그는 대중문화가 가지고 있는 어떤 가능성에 더 주목한다. 예를 들어 그는 영화가 대중에게 충격과 각성을 불러일으킴으로써 대중을 자율적으로 사고하고 반성할 수 있는 새로운 집단적 주체로 만든다고 판단한다. 그는 세상을 새롭게 하는 예술의 사회적 기능을 말한다. 현대 문화와 기술에 잠재적으로 내포된 유토피아적 가능성을 본 것이다. 능동적이고 비판적인 사고능력을 가진 새로운 집단적 주체들이 현대 문화와 기술이 열어놓은 새로운 유희와 해방의 공간을 만들고, 문화운동을 일으킬 수 있다는 것이다.

세상이 우리를 동일화의 원리 아래로 사로잡지 못하도록 이 세상의 가치를 창조적으로 전복하는 새로운 문화운동을 일으켜야 한다. 엘리트와 영웅들이 만들어놓은 문화를 향유하고 소비하는 것이 아니라 "스스로 함께" 예술적·사회적 상상력을 훈련하고 감성의 피부를 확장함으로써 삶의 격조를 만드는 문화 생산자가 되어야 한다. 즉 새로운 일상의 레시피를 만들어가는 문화 게릴라가 되어야 한다. 모든 사람이 숭고

함의 감각이라고 하는 예술의 민주화를 이루어 새로운 세상을 창조하는 유희를 경험해야 한다. 고급문화와 대중문화의 이분법을 넘어서 "생활문화" 속에서 새로운 의미와 재미를 생산하고 새로운 지역공동체를 만들어 예술의 사회적 기능을 실현해야 한다. 우리는 페어라이프 센터를 통해 정서적 자원이 축적되어 마음의 힘이 자라고 삶의 모든 영역과 실천이 예술로 승화되어 스스로 함께 기획하고 연출하고 실현하는 새로운 문화예술 공동체가 세워지길 원했다.

우리는 개척 초반부터 우리의 일상과 관련된 문화학교와 워크숍을 진행했다. 피자 만들기, 과자 만들기, 피크닉 도시락 등 다양한 요리 워크숍과 레이스 케이프, 패치워크, 세라믹 페인팅, 퀼트, 자수, 포크아트, 틸다 인형 만들기, 릴라 인형 만들기, 애물단지 리폼워크숍, 에코인형,

롤 페인팅, 친환경 세제 만들기, 공정무역커피 워크숍, 동네공정여행, 우리동네 테드, 로컬푸드, 업싸이클링 디자인, 아트스쿨, 뮤직스쿨, 동네 예술극장 등 다양한 수업을 만들었다. 문화학교의 핵심은 단지 워크숍의 참가자가 되는 것이 아니라 누구나 강사가 되고 학생이 되어 "서로 배움"이 일어나는 것이다. 문화예술은 훈련이나 학습이 아니라 배움 속에서 일어나야 하며, 무엇보다 서로 배움이 일어나야 문화공동체가 만들어진다. 이러한 서로 배움의 과정을 통해 일상을 새로운 가치로 변화시키는 지역공동체가 만들어진다. 교회에 나오지 않는 사람들도 강사가 되어 서로 배움의 과정에 참여한다. 수강생이 카페인 줄 알고 왔다가 교회라는 사실에 놀라 교회에 대한 인식을 바꾸는 경우도 많았다. 이렇게 연결된 사람들이 다른 사람들을 데려와 네트워크가 확장되기도 하고, 그렇게 "약한 고리"를 통해 관계의 외연이 넓어지면서 전도의 기회가 생기기도 했다. 이런 사역을 하는데 거창한 계획이나 자원이 필요한 것도 아니다. 우선 교회 안에 있는 자원으로 시작하면 된다. 특별한 것을 하려하지 말고 이미 있는 자원을 통해서 시작하면 점점 더 외연이 넓어지고 다양한 참여가 일어난다. 중요한 것은 마인드와 가치다. 왜 이것을 하는가? 무엇을 위해 이것을 하는가? 이것이 분명하면 하나님께서 사람을 붙여주신다. 정말 신기했던 것은 우리가 사는 곳이 구나 동이 아닌 읍과 리인데도 필요하면 하나님이 사람을 보내주셨다. 누군가는 우리 교회가 디자인만 보면 2만 명 교회라고 이야기한다. 하나님이 전문 디자이너를 성도로 보내주셨기 때문에 이런 사역을 감당할 수 있었다. 신기하게도 필요하면 하나님이 그 필요를 채울 사람을 보내주신다. 갈릴리에서 무슨 선한 것이 나겠느냐고 했지만 예수 그리스도께서 나셨던 것처럼, 봉담에 무슨 자원이 있겠느냐 했지만 선한 사람들을 하나님이 보내주셨다. 메튜 바넷이 들은 하나님의 음성을 우리의 것으로 고백할 수밖에 없다. "만일 네가 아무도 원하지 않는 사람들에게 다가간다면, 나는 너에게 모두가 원하는 사람을 보내 줄 것이다."[28]

4) 나눔(환대)

나눔은 기독교에서 본질적인 가치라 할 수 있다. 마태복음 26:11에서 주님은 분명하게 "가난한 자들은 항상 너희와 함께 있거니와"라고 말씀하셨다. 이것은 신명기 15:11 말씀을 적용한 것이다. "땅에는 언제든지 가난한 자가 그치지 아니하겠으므로 내가 네게 명하여 이르노니 너는 반드시 네 경내 네 형제의 곤란한 자와 궁핍한 자에게 네 손을 펼지니라." 이런 하나님의 말씀에 대한 순종은 어떤 결과를 가져왔을까? 신명기 15:4에는 이렇게 적혀 있다. "네가 만일 네 하나님 여호와의 말씀만 듣고 내가 오늘 네게 내리는 그 명령을 다 지켜 행하면 네 하나님 여호와께서 네게 기업으로 주신 땅에서 네가 반드시 복을 받으리니 너희 중에 가난한 자가 없으리라." 이것이 신약에 와서 희년의 온전한 성취로 나타난다. 가난한 자가 하나도 없는 것과 희년의 성취가 어떻게 연결될까? 부자 청년의 이야기는 이것을 극적으로 보여준다.[29]

부자 청년에게 예수님은 한 가지 부족한 것이 있으니 자신의 재물을 팔아 가난한 자에게 나누어주고 자신을 따르라고 했다. 그러자 그

---

[28] 이상훈, 『RE_FORM CHURCH 변혁을 이끄는 미국의 선교적 교회들』(교회성장연구소, 2015), 83쪽에서 재인용.
[29] 신현우, "신약성경에는 희년법이 없는가?" 김근주 외, 『희년, 한국 사회, 하나님 나라』(홍성사, 2012).

사람은 재물이 많은 고로 이 말씀으로 인하여 슬픈 기색을 띠고 근심하며 떠났다. 여기서 말하는 재물은 헬라어로 "크테마"인데, 이것은 일반적인 재물을 뜻하는 말이 아니라 대체로 토지를 뜻할 때 사용한다. 예수님은 토지를 가난한 자들에게 주라고 말했다. 왜 이런 말씀을 했는가? 그에게 희년의 성취를 요구한 것이다. 토지는 하나님의 것이며, 이스라엘 백성에게 위탁한 기업이다. 설령 이것이 남에게 넘어가도 희년이 되면 돌려주어야 한다. 그런데 부자 청년은 희년이 되어도 가난한 자들에게 토지를 돌려주지 않았던 것이다. 따라서 예수님은 부자 청년에게 희년을 성취하라고 도전했다. 이런 희년 성취의 정신이 초기 교회에서 온전히 성취되었다.

> 믿는 무리가 한마음과 한 뜻이 되어 모든 물건을 서로 통용하고 자기 재물을 조금이라도 자기 것이라 하는 이가 하나도 없더라. 사도들이 큰 권능으로 주 예수의 부활을 증언하니 무리가 큰 은혜를 받아 그 중에 가난한 사람이 없으니 이는 밭과 집 있는 자는 팔아 그 판 것의 값을 가져다가 사도들의 발 앞에 두매 그들이 각 사람의 필요를 따라 나누어 줌이라(행 4:32-35).

예수님은 공생애 기간에 이것을 분명하게 말씀하셨고 초기 교회 안에서 그것이 온전하게 성취됐다. 열두 사도 다음으로 일곱 집사가 초기 교회의 지도자로 등극했고, 바나바와 바울 역시 새로운 사도로 활동했다. 바나바에 대해 소개하는 구절을 보면 그는 밭을 팔아 사도들의 발 앞에 두었다고 한다. 그들은 하나님 나라를 선취하는 공동체 가운데 희년을 실천했던 것이다.

뿐만 아니라 초기 교회는 이것을 교회 내적으로 성취했을 뿐 아니라 교회 밖을 향해서도 실천했다. 나눔은 반드시 타자에 대한 환대로 드러나기 때문이다. 하나님 나라의 공동체는 반드시 낯선 자(나그네와 거류민을 포함한 이웃)에 대한 환대를 통해 그 정체성을 드러내야 한다. 나그네를 환대한 아브라함으로부터 시작된 하나님 나라의 공동체는 나그네로 살았기 때문에 출애굽을 경험한 이후에도 나그네를 섬기는 공동체여야 했다. 예수 그리스도의 십자가 사건을 통해 상처 입은 자, 약자와 소수자, 낯선 자까지 하나님의 은혜를 경험한 새 언약의 공동체는 가난한 자들과 몸이 불편한 자들과 저는 자들과 맹인들을 잔치에 초대해야 할 뿐 아니라 강도 만난 자를 환대하고 심지어 원수까지 사랑해야 한다. 새 언약 공동체의 최후 심판의 기준은 지극히 작은 자, 즉 상처 입은 자, 약자와 소수자, 그리고 낯선 자를 섬겼는지에 달려 있다. 이러한 환대의 명령 앞에 어떠한 변명도 통하지 않는다. 환대의 의무는 무조건적이고 절대적이다.[30]

레티 러셀에 의하면 환대는 위기에 봉착한 우리 세계를 치유하고 정의를 실현하는 하나님의 일에 참여하는 것이다. 서로의 차이를 넘어서 우리의 행동 속에 각인된 하나님의 환영을 실천하는 것이다.[31] 하지만 환대를 명확하게 규정하는 것은 쉽지 않다.[32] 그 이유로는 첫째, 환대는 "주인과 손님 사이의 경계"를 전제하기 때문에 그 경계를 넘어야 한

---

30 환대의 무조건성과 절대성에 대해 규명한 사람은 자크 데리다이다. 데리다의 환대 개념에 대해서는 다음 두 책을 참고하라. 자크 데리다, 남수인 역,『환대에 대하여』(동문선, 2004), 테드 W. 제닝스, 박성훈 역,『데리다를 읽는다/바울을 생각한다: 정의에 대하여』(그린비, 2014).
31 레티 M. 러셀, 여금현 역,『공정한 환대』(대한기독교서회, 2012), 24쪽.
32 강남순,『코즈모폴리터니즘과 종교』(새물결플러스, 2015), 164-167쪽.

다는 무조건적 환대의 필요성과 그 경계 자체를 없앨 수 없다는 불가능성을 동시에 가지기 때문이다. 둘째, 우리가 절대적 사랑을 온전히 알 수 없기 때문에 현실에서는 조건적 환대를 선택할 수밖에 없지만 진정한 환대는 무조건적이어야 한다는 딜레마가 있기 때문이다. 셋째, 환대는 낯선 자에 대한 인정인데, 낯선 자란 언제나 파악 불가능한 측면을 가지고 있어서 환대 또한 파악 불가능하다. 마지막으로 환대는 언제나 "아직 아님"의 차원, 즉 우리의 이해력 너머에 있는 "도래하는 사건"이기 때문이다. 온전한 환대의 사건은 항상 미래로 달아난다. 그러면서도 그것은 지금 여기에 도래하는 사건으로 온다.

하지만 이런 딜레마에도 불구하고 우리는 성경에서 말하는 환대의 의미를 회복하기 위해 무조건적이고 절대적인 환대를 이야기해야 하고, 그것이 이 사회를 지탱하는 근원적인 토대임을 주장해야 한다. 절대적 환대의 세 가지 특징은 다음과 같다.[33] 첫째, "신원을 묻지 않는 환대"이다. 모든 인간은 국가, 지역, 성별, 계급, 신분 등과 상관없이 인격을 가진 "사람"으로서 신원을 묻지 않고 환대받아야 한다. 둘째, "보답을 요구하지 않는 환대"이다. 보답을 요구하는 순간 상대에게 빚을 지게 만들며 그를 노예로 만드는 행위가 된다. 따라서 수직적 상하 관계를 만들지 않는 절대적 환대는 보답을 요구하지 않는다. 마지막으로 "복수하지 않는 환대"이다. 절대적 환대가 되려면 적대적인 상대에게도 환대가 지속되어야 한다. 이것은 잘못한 행동에 대해 처벌하지 않는다는 게 아니라, 어떤 경우에도 그의 사람 자격을 부정하지 않는다는 의미이다. 복수하지 않는다는 것은 그를 인류 공동체의 일원으로 인정한다는 것을

---

33   김현경, 『사람, 장소, 환대』(문학과지성사, 2015), 6장 "절대적 환대"의 내용이다.

의미한다.

초기 교회가 나눔과 환대를 실천했던 것처럼 우리도 그것을 실천하기 원했다. 여러 사역이 있을 수 있겠지만 특징적인 것만을 말하자면, 우리는 매년 초에 지역 내 10개 초등학교의 졸업생 중 교복을 살 수 없는 학생 10여 명에게 교복 장학금을 지급한다. 우리는 학생들이 교복을 살 수 있는 실제적인 금액을 돕는다. 종종 학교 측에서 다른 단체들과 비슷한 금액으로 나누어 여러 명에게 지급하면 어떠냐는 의견을 제시해 오지만 우리는 한사코 한 명에게 지급해달라고 말한다. 여러 명에게 지급하여 우리의 이름을 많이 드러내기보다 아이들에게 실질적인 도움을 주고 싶었기 때문이다. 올해는 사회적 협동조합의 수익금 중 300만 원을 교복장학금으로 기부했다.

우리는 연말이면 "크리스마스 마켓"을 연다. 처음에는 여러 잡음이 있었지만 지금은 연말이 되면 성도들 스스로 조직을 꾸려 마켓을 연다. 많은 사람들이 좋은 물건을 기증하고 직접 제작한 물건이나 집에서 잘 쓰지 않는 물건을 싼 값에 내어놓기도 한다. 때론 음식을 만들어 팔기도 한다. 이제 이것이 문화가 되어 많은 수익금을 낸다. 올해는 특별히 수익금을 시리아 난민을 돕는 일에 사용하였지만, 지금까지는 마켓의 수익금을 지역 내에 있는 "신명 아이마루"(보육원)에 기부하였다. 이때 신명 아이마루의 아이들에게 받고 싶은 선물 목록도 받는다. 그 목록을 정리하여 성도들에게 공

개하면 성도들은 자신이 주고 싶은 목록에 체크하고 그 물건을 구입해 크리스마스 트리 밑에 가져다 놓는다. 그러면 우리는 그 물건들을 크리스마스 이브 때 신명 아이마루 안에 있는 크리스마스 트리로 옮겨놓는다. 아이들에게 크리스마스 선물이 되는 것이다. 아이들이 제시한 크리스마스 목록에는 조금 비싸고 고급스러운 물품도 있다. 이것 때문에 문제제기를 하는 성도들도 있었다. 아이들이 너무 비싸고 고급스러운 선물을 요구하는 것이 아니냐는 것이다. 하지만 아이들이 제시한 목록은 우리가 우리 아이들에게 하는 크리스마스 선물 이상은 아니다. 왜 신명 아이마루 아이들은 그러한 선물을 받으면 안 되는 것인가? 그들이 우리 자녀들보다 열등한 대접을 받아야 자선에 부합하는 것인가? 주는 대로 받아야 자선을 받는 자로서 걸맞은 행위인가? 보통 크리스마스 때가 되면 여러 단체나 개인이 소외계층을 돕는다. 그런데 자기가 주고 싶은 것을 준다. 종종 복지단체들은 연말이면 몰리는 선물들을 어떻게 처리할지 몰라 당황하곤 한다. 쌀이나 옷가지 등 비슷한 것이 한꺼번에 쌓이게 되어 남아도는 것이다. 하지만 우리는 우리가 주고 싶은 것이 아니라 아이들이 받고 싶은 것을 주어야 한다고 생각했다. 왜냐하면 우리는 자선을 하는 것이 아니라 나눔과 환대를 실천하는 것이기 때문이다.

우리 지역뿐만 아니라 해외에 있는 아이들에게도 우리의 관심은 확장되었다. 특히 분쟁지역에 있는 아이들은 어린 시절부터 전쟁 중 떨어진 폭탄더미를 놀이터 삼고 총을 장난감 삼아 논다. 얼마나 가슴 아픈 일인가? 그곳만큼 나눔과 환대가 필요한 곳이 있을까? 우리는 분쟁지역의 아이들이 총 대신 책을 가지고 시간을 보내기 원했다. 그래서 "총 대신 책을"이라는 주제로 "벼룩시장&평화헌책방"을 열었다. 분쟁지역에 "평화도서관"을 만들어주기 위해서다. 첫 번째 평화도서관은 "이매진

벼룩시장 & 평화헌책방
팔레스타인 평화도서관 만들기
10월 2일(토) 12시-4시 _ 이원타워(국민은행건물) 3층 & 건물 앞 거리

피스"와 함께 진행되어 이라크에 건립되었다. 두 번째 평화도서관은 팔레스타인에 건립하기를 원해 직접 이스라엘까지 갔으나 여건이 여의치 않아 YMCA를 통해 팔레스타인 사람들에게 쓰이도록 부탁했다.

  몇 가지 아쉬운 점이 있는데, 그중 하나는 남북통일을 위한 사역에 관심이 많았음에도 불구하고 이를 위한 사역을 많이 하지 못한 것이다. 통일 문제는 이념적 지형에 따라 다양하게 분류할 수 있는데, 친북적인 입장에서 통일을 지지하는 이념적 관점, 통일 비용의 부담 때문에 주저하거나 반대로 통일 편익이 크기 때문에 지지하는 경제적 관점, 그리고 하나의 민족이기 때문에 통일을 해야 한다는 민족주의적 관점까지 다양하다. 하지만 이 모든 것이 힘을 잃고 있으며 통일에 대한 관심 역시 점점 사라지고 있다. 이럴 때 초월적 관점에서 통일에 대한 새로운 토대를 제공할 수 있는 교회야말로 통일 사역의 중심축이 될 수 있다. 교회는 통일에 대한 소극적 참여가 아니라 신학적이고 윤리적인 토대

를 제공해 적극적인 당위성을 가질 수 있고, "공평과 정의", "생명과 평화"라는 관점에서 통일의 중심 주체가 될 수 있다.[34] 하지만 우리 교회는 매년 겨울 사단법인 하나누리에서 진행하는 "목도리, 남북을 잇다"에 참여하여 "북한 어린이 목도리 보내기 캠페인"을 주변 이웃들과 함께 참여했을 뿐 좀 더 적극적인 사역을 하지 못했다. 제2기에는 북한을 위한 사역이 확장되도록 할 것이다.

또 하나는 외국인 노동자와 다문화가정에 대한 사역을 충분히 하지 못한 점이다. 우리 교회는 봄·가을 절기헌금을 열악한 주변 단체나 교회를 돕는 데 사용하고 있다. 한번은 "화성외국인노동자센터"를 돕게 되면서 매달 후원하고 있다. 또한 우리 교회 공간이 있는 상가 건물 7층에는 "화성고용센터"가 있어서 많은 외국인 노동자가 드나들고 있다. 이처럼 화성이라는 특수성과 교회 위치의 특수성으로 인해 외국인 노동자와 다문화가정에 대한 사역의 필요성이 대두되지만 외국어 자원이 부족하여 한 집사님께서 "한국어교실"을 운영한 것 외에는 특별한 일을 하지 못했다. 제2기에는 이 부문에 대한 사역이 확장되기를 바란다. 이 분야에 독보적인 사역을 하고 있는 (사)아시아다문화소통센터와 협약을 맺었기에 확장될 것이라 기대하고 있다.

5) 사회적 경제(공유경제)

현대 자본주의의 파국적인 상황에 대한 대안적 실천 전략으로 네

---

34   전우택 외, 『통일에 대한 기독교적 성찰』(새물결플러스, 2014), 이 책의 저자들은 하나같이 위와 같은 관점에서 교회가 통일을 위한 주축이 되어야 한다고 강조한다.

가지 정도가 모색되고 있다.³⁵ 첫째는 공유재의 확보다. 이것은 부정적으로 인식될 수 있다. "공유지의 비극" 때문이다. 공유지의 비극은 가렛 하딘이 1968년 「사이언스」지에 발표한 짧은 논문의 제목이다. 공동체 모두가 사용하는 공유 자원은 소유권이 없어서 과잉 소비되고 고갈된다는 것이다. 많은 사람들이 이 논리로 사유화를 강력히 주장한다. 하지만 2009년 노벨 경제학상을 받은 엘리너 오스트롬은 『공유의 비극을 넘어』에서 "자기조직화와 자율규제"를 통해 공유의 비극을 넘어설 수 있는 방법과 사례를 소개하고 있다.³⁶ 제대로 된 방법만 활용한다면 공유재의 확보가 공동체에 유익을 줄 수 있다는 것이다. 둘째는 민주주의의 재창출이다. 이것은 소위 "결사체 민주주의"와 "숙의 민주주의"의 회복을 의미한다. 셋째는 사회연대경제의 구축이다. 경제의 세 가지 시스템은 사적 이윤 중심의 제1섹터, 공공서비스의 계획된 공급을 의미하는 제2섹터, 자조적, 호혜적, 사회적 목적을 이루는 제3섹터로 이루어졌다. 사회연대경제란 단지 제3섹터만을 의미하는 것이 아니라 세 개의 섹터 모두와 연결된다. 넷째는 인류와 지구의 문제에 대한 가치 측정이다. "환경적 책임성"을 통해 생태적 가치를 실현하고, "사회적 정의"를 통해 평등사회를 만들고, "경제적 건전성"으로 세상을 이롭게 하는 경

---

35 마이클 루이스·팻 코너티, 미래가치와 리질리언스 포럼 역, 『전환의 키워드, 회복력』(따비, 2015), 1장의 내용 안에 있다. 대안사회를 고민하는 사람들은 이 책을 반드시 읽어보기 바란다. 이 책에서는 무이자 대출과 협동조합 은행, 공동체 토지신탁, 에너지 자립사회, 지속가능한 먹거리, 마을 경제, 상생의 금융혁신, 변화를 위한 연합, 경제 민주주의와 협동조합 자본, 새로운 소유권 운동 등 다양한 모델을 제시하고 있다.
36 엘리너 오스트롬, 윤홍근·안도경 역, 『공유의 비극을 넘어』(랜덤하우스코리아, 2010), 이 책은 공유의 비극이 가져온 딜레마를 해결해준다. 매우 감동적인 책이기에 추천하지만, 또한 새로운 대안을 모색하는 사람들이 반드시 읽었으면 한다.

제를 만드는 "지속가능성"이 기준으로 제시되고 있다. 여기서 "사회연대경제"라고 말하는 것이 바로 "사회적 경제"다. 사회적 경제는 주로 제3섹터를 의미하지만 넓은 의미로 "사회연대경제"로 볼 수 있다.

최근 사회적 경제에 대한 관심이 뜨겁다. 세계 금융 위기로 인해 관심은 더욱 가속화되는 것 같다. "국가의 실패"와 함께 사회적 경제에 관심을 갖는 이유 중 하나는 "시장의 실패"다.[37] 시장이 실패하는 이유는 첫째, "공공재" 때문이다. 공공재 문제는 시장에서 해결할 수 없다. 대표적인 공공재는 공중파 방송이나 국방이다. 이기적인 사람들로 구성된 시장에서는 공공재가 공급되지 않는다. 공급자 입장에서 돈을 벌기 위해서는 돈을 낸 사람과 내지 않은 사람을 차별할 수 있어야 하기 때문이다. 한편 돈을 낸 사람과 내지 않은 사람이 똑같이 그 재화를 소비할 수 있다면 수요자 입장에서는 돈을 낼 이유가 없다. 둘째, 시장은 "외부성" 때문에 실패한다. 외부란 시장의 바깥을 말한다. 즉 시장 바깥에서 일어나는 모든 일은 외부성에 해당한다. 시장을 벗어난 행위는 가격에 반영되지 못하므로 균형에 이를 수 없다. 외부성에는 외부선과 외부악이 있다. 외부선은 사과꽃 향기처럼 사적 편익보다 사회적 편익이 커서, 타인에게 이득을 주는 방향으로 외부성이 나타나는 경우다. 외부악은 공해 문제처럼 사적 비용보다 사회적 비용이 커서, 타인에게 피해를 주는 것을 말한다. 셋째, "독점" 때문에 시장은 실패한다. 독점은 특정 재화의 공급자가 혼자고 대체재가 없는 경우다. 이 경우 공급자는 균형 생산량보다 더 적게 생산하고 비싸게 판매함으로써 이윤을 늘릴 수 있다. 그 결과 전체 사회의 자원 배분은 효율적인 균형 상태에 도달

---

37 정태인·이수인, 『협동의 경제학』(레디앙, 2013), 3장의 내용이다.

하지 못한다. 넷째, "정보 불완전성" 때문에 시장은 실패한다. 완전경쟁 시장은 모든 사람에게 완전한 정보가 제공된다고 가정한다. 하지만 현실에서는 완전한 정보를 갖는 것이 불가능하다. 때로는 정보의 유무가 권력이 되기도 한다. 정보가 불완전한 경우 "역선택"과 "도덕적 해이"라는 문제가 발생한다. 계약 이후의 기회주의적 행동을 도덕적 해이라고 부르고, 계약 이전의 기회주의를 역선택이라고 부른다. 예를 들어, 중고차 시장에서처럼 정보의 비대칭으로 비정상적인 선택이 일어나는 것을 역선택이라고 한다. 이를 해소하기 위해 "성능 점검 기록부"를 의무화하거나 품질보증제도를 마련한다. 역으로 보험시장처럼 보험에 가입한 사람이 보험금을 받을 수 있다는 생각에 운전을 부주의하게 할 수 있는 것이 도덕적 해이다. 마지막으로, 시장의 근본적 한계들 때문에 시장은 실패한다. 우선, 시장에서는 돈 없는 사람들이 자신의 필요를 실현할 수 없다. 시장에서 균형 가격 아래에 있는 사람들은 시장이 효율적으로 작동돼도 그 값을 치를 수 없는 사람들이다. 시장에서 이들은 공급을 받을 수 없다. 그런데 이것이 일반 소모품이 아니라 식량이나 의약품이라면 어떻게 될까? 그다음, 시장은 시행착오를 거쳐서 균형 가격을 찾아간다. 그러나 단 한 번의 시행착오라도 사람들의 생명이나 사회의 존속을 위협할 수 있다면 시장을 이용해서는 안 될 것이다. 예컨대 전쟁이나 비상 상황, 공항의 관제탑 활동 등은 시장 원리를 이용하지 않는다. 또한 생태 문제를 들 수 있다. 인간의 비합리성 중 근시안은 거의 모든 이에게 해당된다. 생태 문제는 세대를 넘어서는 문제로 이것은 시장에서 해결할 수 없다.

이상에서 살펴본 시장 실패로 인해 주목하고 있는 영역이 바로 "사회적 영역"이다. 이탈리아에서는 주로 "시민 경제", 프랑스에서는 주로

"연대 경제"라고 칭하는 "사회적 경제"가 대안으로 주목받고 있다. 사회적 경제는 경제적 차원과 사회적 차원을 조화시키고자 한다. 연대와 참여민주주의를 시장에서 달성하려는 것이 사회적 경제다. 도무지 서로 맞지 않는 원리인 것처럼 보이는 두 가지가 사회적 경제에서는 조화를 이룬다. 사실 경제는 사회적인 것과 독립된 것이 아니었다. 처음 시장이 만들어진 아테네에서 시장 경제는 언제나 윤리학이나 정치학의 일부였다. 그러다가 근대에 와서 경제가 사회적 관계와 독립적인 것일 뿐 아니라 오히려 사회가 그러한 경제의 결과물로 생겨난 것처럼 돼버렸다.[38] 사회적 경제를 바로 이런 괴리를 회복하려는 시도로 보아도 좋을 것 같다.

자본주의 경제학은 인간은 이기적이라는 전제 위에 체계화된 이론이다. 따라서 시장의 실패에 대한 해법도 인간이 이기적이라는 전제에서 출발한다. 그러나 인간이 꼭 이기적인 것만은 아니다. 아니, 어쩌면 "협동하는 존재"라고 해도 무방하다. 자본주의 경제학의 한계가 적나라하게 노출되고 있는 이 시대에 협동하는 인간이라는 전제로 새로운 경제 모델을 만드는 것이 무엇보다 중요하다. 이러한 새로운 경제적 모델이 바로 사회적 경제인데, 사회적 경제에서 가장 설득력 있는 모델로 두각을 나타내고 있는 것이 바로 "협동조합"이다. 한 참 열기가 있었던 "사회적 기업"도 협동조합법이 제정된 뒤부터는 협동조합으로 전환하는 경우가 많아지고 있다.

그렇다면 협동조합이란 무엇일까? 협동조합을 쉽게 설명하면 이렇

---

38 홍기빈, 『아리스토텔레스, 경제를 말하다』(책세상, 2001), 44쪽.

다.[39] 자본주의 체제 하에서 일반 기업이 노동자 임금으로 75유로를 지급하여 생산한 자전거를 100유로에 판매한다고 해보자. 이렇게 해서 25유로를 남기면 자본가가 투자 이윤으로 가져간다. 만약 사회적 협동조합이라면 이 25유로를 어떻게 할까? 협동조합 체제에서는 투자자가 따로 없기 때문에 25유로는 노동자의 급여로 지급된다. 여기서 25유로의 행방에 따라 협동조합의 성격이 규정되는데, 25유로를 판매 가격 인하분으로 돌려 소비자에게 골고루 나눠준다면 소비자협동조합이 되고, 농민의 생산자협동조합이라면 25유로를 농산물 값을 더 쳐주는 쪽으로 쓸 것이다. 노동자협동조합이라면 노동자의 급여를 인상하거나 근로조건을 개선하는 재원으로 돌릴 것이고, 신용협동조합에서는 대출금리를 낮추거나 예금금리를 높이는 쪽으로 25유로를 쓴다. 아마도 현실의 협동조합에서는 25유로 중 상당액을 미래 투자를 위한 내부 유보금으로 적립할 것이다.

또한 협동조합은 공리주의자들처럼 "전체선"을 추구하지 않고 "공동선"을 추구한다.[40] 비유하자면 전체선은 각 개인이나 집단의 선을 모두 더한 것이고, 공동선은 개인이나 집단의 선을 모두 곱한 것에 해당한다. 전체선에서는 일부가 마이너스라 하더라도 전체가 양수로 남을 수 있다. 더하여 더 큰 수가 생긴다면 어떤 사람들을 희생시킬 수도 있는 것이다. 하지만 공동선에서는 어느 한 요소가 제로가 되면 전체 곱셈의 결과가 제로가 되고, 어떤 사람들이 마이너스가 되면 전체도 마이

---

39 김현대·하종란·차형석, 『협동조합, 참 좋다』(푸른지식, 2012), 20-21쪽.
40 스테파노 자마니·베라 자마니, 송성호 역, 『협동조합으로 기업하라』(한국협동조합연구소 북돋움, 2012), 35쪽.

너스가 된다. 공동선이 실현된다면 누구도 희생되는 일 없이 모두가 인간으로서의 기본권을 누리게 된다. 놀라운 것은 이런 사회적 원리가 시장 경제와 꼭 대립되는 것이 아니라는 것이다. 사회적 원리가 작동하면 시장 경제가 마비될 것 같지만 그렇지 않다. 자본주의가 작동하지 않아도 시장 경제는 작동할 수 있다. 시장 경제와 자본주의는 다르기 때문이다. 자본주의가 생겨나기 전에도 시장 경제는 존재했다. 자본주의는 역사상 매우 후대에 생겨난 체제일 뿐이다. 자본주의는 후원자들이 소유권을 행사하는 특정한 방식일 뿐이다. 따라서 자본주의가 아니더라도 시장 경제는 활성화 될 수 있으며 기업의 자유가 보장될 수 있다. 우리가 진정으로 원하는 것은 사회적 원리와 시장 경제가 결합되는 것이며, 그것이 바로 "사회적 경제"이다.

협동조합의 7가지 원칙을 보면 협동조합이 어떤 것인지 이해하기 쉽다. 1) 조합원의 참여는 자발적이고 개방적이다. 개방성은 정보의 비대칭성을 극복함으로써 간접 상호성이 보장될 수 있으며 외부에 배타적이지 않은 네트워크가 될 수 있다. 2) 민주적으로 운영된다. 조합원들은 정책 수립과 의사 결정에 참여하며, 선출된 임원들은 조합원에게 책임을 갖고 봉사해야 한다. 조합원은 1인 1표의 동등한 투표권을 갖는다. 3) 경제를 공동 소유하고 공동 이용한다. 자원 또는 자본의 소유와 이용에 있어서 개인이 아닌 집단이 주체가 된다. 일반적으로 자본금의 일부분인 비분리 자산은 공동재산이다. 4) 자율적이고 독립적으로 운영된다. 외부와 약정을 맺거나 지원을 받을 때에도 자율성이 유지되어야 한다. 외부에 지나치게 의존할 경우 자발성이 줄어들고 도덕 감정이 훼손된다. 5) 교육과 훈련 및 정보를 제공한다. 이는 공유가치를 확산하여 집단 정체성을 높이고 간접 상호성을 제고하는 효과가 있다. 교육을 통해 기술 수준을 높이고 생산성을 증가시키는 효과도 있다. 6) 협동조합은 서로 협동한다. 지방, 전국, 지역 및 국제적으로 함께 사업을 전개함으로 협동조합운동의 힘을 강화시키고 조합원에게 가장 효과적으로 봉사한다. 7) 협동조합은 지역사회에 기여한다. 협동조합은 조합원의 동의를 얻은 정책을 통해 조합이 속한 지역사회의 지속 가능한 발전을 위해 노력한다. 앤드류 매클라우드는 협동조합의 7가지 원칙이 매우 성경적이라고 말한다.[41] 다만 그는 제1원칙의 개방성이 교회공동체의 닫힌 성격과 마찰을 일으킬 가능성이 있고, 제2원칙인 민주적 회원참여제가 만장일치제로 보이는 성경적 관점과 완전히 일치하는 것이 아닐 수 있다고 말한다. 제4원칙인 자율성과 독립성이 교회 조직의 지도를 무시하는 것이 될 수 있다고 지적한다. 교회에서 협동조합을 할 때 유의해야 할 점을 잘 지적했다고 생각한다.

우리는 교회가 대조사회이며 대항사회라고 고백한다. 그렇다면 교회는 정치, 경제, 사회, 문화 전 영역에서 대안을 제시할 수 있어야 한다. 특히 자본주의 사회에서 경제는 우리에게 가장 강력한 영향을 끼치는 영역이다. 교회가 일반 영리기업처럼 장사를 한다든지 공공서비스의 일부가 되는 것보다 대안적 경제를 보여주는 것이 더 중요하다. 지역교회라면 지역과 밀접한 사회적 경제의 좋은 모델을 보여줄 수 있다. 그래서 우리는 협동조합을 세웠다. 교회 공간을 3층에서 10층으로 이전하면서 그동안 봉사자들로 운영하고 있던 "공정무역 카페"를 협동조합으로 전환했다. 감사하게도 2012년 12월에 정부가 협동조합기본법을 제

41　앤드류 매클라우드, 홍병룡 역, 『협동조합, 성경의 눈으로 보다』(아바서원, 2013), 8장 협동조합의 원칙들의 내용이다.

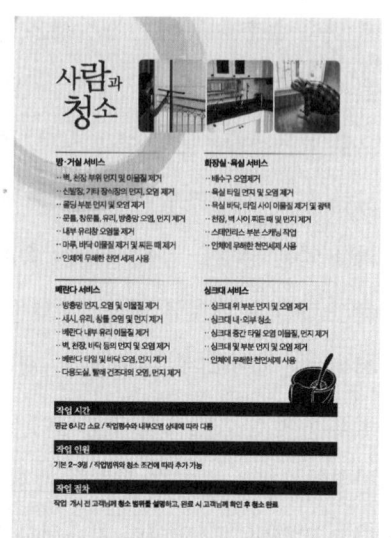

정하여 5인 이상이면 협동조합을 만들 수 있게 되었다. 처음 협동조합을 만들려고 할 때는 성도들이 어떻게 반응할지 잘 모르는 상태에서 시작했다. 공고를 듣고 5명 이상만 와줘도 좋겠다는 생각을 했다. 그런데 첫 모임에 15명이 모였다. 놀라웠고 감사했다. 그 시간에 우리는 왜 교회가 협동조합을 해야 하는지, 그리고 일반 협동조합과 "사회적 협동조합"의 차이는 무엇인지 함께 공부하고, 협동조합을 어떻게 운영할지 이야기를 나누었다. 얼마나 가슴 두근거리는 순간이었는지 모른다. 일이 진행되면서 더 많은 사람들이 합류하여 35명의 조합원이 출자금을 냈고, 기획재정부에 등록할 수 있었다. 이렇게 화성시 제1호 사회적 협동조합인 "더불어숲 사회적 협동조합"이 탄생했다. 이후 협동조합에 대해 지속적으로 공부하고 의견을 나누는 시간을 가졌다.[42] 매우 미약하지만

---

42 협동조합에 관련하여 앞서 소개한 책 외에 참고할 만한 책은 다음과 같다. 김성오, 『몬

우리는 사회적 협동조합을 통해 사회적 경제를 일구며 취약계층을 돕고 지역사회 재생과 공익증진에 힘쓰며 지역사회를 위한 마을만들기의 새로운 경제모델을 만들고 있다. 화성시 제1호이다 보니 시에서도 관심을 갖고 공무원들이 협조를 요청해온다. 협동조합 세미나를 하게 되면 우리 교회가 탐방코스로 잡힌다. 믿지 않는 사람들이 교회에 탐방을 오면 어떻게 교회가 이런 좋은 일을 하냐며 칭송하곤 한다. 더욱 감사한 것은 조합원들 중 일부가 자발적으로 청소협동조합 "사람과 청소"를 만들어 새로운 협동조합 모델을 실험했다는 것이다. 지금은 지속되고 있지 않지만 자발적으로 이런 실험을 해 본다는 것이 의미가 있다고 생각한다.

6) 배움

이런 오래된 유머가 있다. 아침에 어떤 엄마가 아들을 잠에서 깨운다. "애야, 학교 가야지. 일어나." "엄마, 나 학교 가기 싫어." "애야, 그래도 학교는 가야지." "엄마, 나 정말 학교 가기 싫단 말이야." "애야, 그래도 학교는 가야지. 넌 교장이잖니?"

한국 교육의 현실을 정확하게 지적하는 유머다. 이처럼 학생도 가기 싫고 교장마저도 가기 싫은 곳이 학교. 오직 무한경쟁에서 살아남기 위해 옆은 바라보지 않고 위만 바라보는 경쟁적 인간으로 학생을 훈

드라곤에서 배우자』, 『몬드라곤의 기적』(역사비평사, 2012), 김태열 외, 『협동조합도시 볼로냐를 가다』(그물코, 2010), 김기섭, 『깨어나라 협동조합』(들녘, 2012), 그레그 맥레오드, 『협동조합으로 지역개발하라』(한국협동조합연구소, 2012), 에드가 파넬, 『협동조합 그 아름다운 구상』(그물코, 2012), 이바노 바르베리니, 『뒤영벌은 어떻게 나는가』(푸른나무, 2011).

육하는 곳이 바로 학교다. 학교가 입시기계에 불과하다 보니 이 기능을 더 잘하는 사교육 시장보다 못한 존재가 되어버렸다. 학원에서 공부하고 학교에서는 자는 아이들, 참으로 안타까운 현실이다. 특별한 사람만 하는 것이 아니라 모든 학생이 하기 때문에 사실상 사교육 효과라는 것은 거의 없다. 이로 인해 사교육 시장만 어마어마하게 커졌을 뿐이다. 사실 사교육은 여러 부작용을 만들어낸다.[43] 첫째, 사교육에 길들여진 아이들은 스스로 공부하는 방법을 모른다. 둘째, 사교육을 많이 받은 아이들은 다분히 의존적으로 변한다. 셋째, 혼자 공부하면서 자신의 실력을 스스로 점검해 볼 시간이 부족하다. 넷째, 지나친 선행학습으로 학습 의욕을 저해한다. (다행히 선행학습은 법으로 금지됐다.) 더군다나 사교육의 문제는 성적 문제만이 아니다. 사교육을 받는 아이들은 창의력이 떨어지고 우울증과 공격성향이 높아지는 것으로 나타났다. 또한 인내심이 부족해지고 불안감은 더욱 커지는 것으로 나타났다. 그런데도 사교육을 포기하지 못하는 이유는 암묵적 지식으로 작동하고 있는 사교육 신화들 때문이다. 아직 이런 사교육 신화들에 흔들리고 있다면, 그것이 거짓에 불과하다는 것을 명쾌하게 다룬『아깝다 학원비』를 참고하면 좋을 것 같다.[44]

이제 교육이 새로워져야 한다. 대안학교가 더 많이 세워져야 하고, 대안적 교육이 더 많아져야 한다. 기독교 내에도 대안학교가 많이 생겨나고 있다. 하지만 많은 경우 성경의 내용을 가르치고 있을 뿐, 교육학적으로 보면 대안교육이 아니다. 어떤 경우는 기독교 사상으로 현실 교

---

43   EBS "학교란 무엇인가" 제작팀, 『학교란 무엇인가』(중앙books, 2011), 163-165쪽.
44   사교육걱정없는세상, 『아깝다 학원비』(비아북, 2010).

육을 정당화하고 있는 경우도 본다. 스카이 대학에 얼마나 많이 보냈고 해외 명문대에 얼마나 많이 보냈느냐를 자랑하는 기독교학교도 많다. 좀 더 고급스러운 문화와 커리큘럼을 제공할 뿐 교육의 패러다임은 바뀌지 않고 단순히 성경을 추가로 가르친다는 점을 빼면 여느 대안학교와 다르지 않다.[45]

우리 교회도 대안학교에 대한 꿈이 있지만 개척교회 형편에 학교를 세울 수는 없었다. 하지만 형편에 맞게 대안교육을 할 수는 있다고 생각했다. 페어라이프 센터는 지역의 청소년들을 위해 "작은 예술대안학교"를 실험했다. 토요일마다 모여 한 해 동안 진행하는 "토요일만 예술학교"는 2013년 경기문화재단의 "토요꿈다락" 프로젝트 공모에 당선되어 운영했다. 페어라이프 센터를 "마을만들기 NGO"로 등록했기에 가능했던 일이다. 특별히 예술을 선택한 것은 예술만큼 사람의 마음을 열고 하나 되게 하는 데 효과적인 것이 없고, 예술을 통해 창발성과 감수성, 공감능력과 행복도를 높일 수 있기 때문이다. 교회 청소년부에서 1/3 정도 신청했고, 지역의 청소년들이 2/3 정도 신청했다. 소외계층 아이도 있었고 학교에 잘 적응하지 못하는 아이들도 있었다. 그런 아이들이 모여 프로그램을 진행하니 처음에는 진행하는 사람들이 정말 힘들어했다. 통솔이 잘 안 되고 하나가 되지 못하고 이기적인 모습이 나타났

---

[45] 『교사, 대안의 길을 묻다』는 대안학교의 기준을 잘 정리해서 소개해 준다. 이 책에서 제공하는 9가지 기준은 다음과 같다. 1) 자유와 공동체, 2) 사회·정치적 해방, 3) 전인성과 통섭적 연관 구조, 4) 종교와 영성, 5) 자연과 우주적 전망에 기초한 생태학, 6) 미와 예술, 7) 손과 노작활동, 8) 작은 학교, 9) 독창성과 토착화. 세부적인 모든 내용에 동의하는 것은 아니지만 기본적인 방향에는 거의 동의한다. 이러한 방향으로 대안학교가 만들어지고 대안적 교육이 시행되어야 한다고 생각한다. 고병헌 외, 『교사, 대안의 길을 묻다』(이매진, 2009).

기 때문이다. 따라오지 못하는 아이들은 포기하고 가야 하는 것 아니냐는 문제제기도 나왔다. 하지만 총책임자인 아내는 한 사람이 열 걸음 가는 것보다 열 사람이 한 걸음 가는 법을 배우는 것이 대안 교육이니 끝까지 함께 가자고 설득했고, 한 영혼을 끝까지 사랑하고 품으면 변한다는 믿음을 갖자고 독려했다. 그렇게 아이들은 커뮤니케이션 디자인, 글 쓰는 법, 노래하는 법을 배웠고, 노랫말을 만들고, 작곡하고, 뮤지컬 각본을 쓰고, 춤을 배우기 시작했다. 이 과정에서 하나가 되기 시작했고 대안적 가치를 배워가며 자기를 발견하고 공동체를 발견했다. 처음에는 그렇게 속을 썩이던 아이들도 변하기 시작했고, 자기를 오픈하고 타인을 배려할 줄 아는 아이들로 변해갔다. 이 과정을 통해 새로운 꿈을 꾸는 아이들이 생겨났고 교회에 등록하는 아이들도 생겨났다. 모든 프로그램을 마무리하며 창작뮤지컬을 발표하는 시간은 너무나 감동적이었다. 가사가 그 아이들의 마음을 절절히 담고 있었고 작곡한 음악이 감동적이었으며 전체 내용도 매우 교훈적이고 희망적이었다. 나중에 이 곡들을 전문 스튜디오에서 녹음했는데 아이들에게는 놀라운 경험이었다. 한 해 동안의 프로그램이 끝나고 나서 아이들은 헤어지기 싫어 울었고 서로를 부둥켜안았다. 프로그램 후에도 모임이 지속됐다. 한편 프로그램이 내용과 진행의 우수성을 인정받아 경기문화재단의 대표 사례로 발표되기도 했다. 이 모든 과정을 마치고 우리는 대안 교육에 대한 확신을 가지게 되었다.

2014년에도 "토요일만 예술학교"는 진행됐다. 새로운 아이들도 가세했다. 그런데 바로 그해 4월 16일에 세월호 참사가 발생했다. 누구보다 아이들이 아파했다. 아이들은 자신들의 마음을 글로 써내려가기 시작했다. 함께 그 글에 곡을 붙였다. 곡이 너무 좋은데 아팠다. 아이들의 눈물이 담겨 있고 단원고 학생들의 눈물이 담겨 있는 것 같았다. 아이들은 광화문에서 열린 "세월호 참사 국민대회 집회"에 초대되어 자신들이 만든 곡인 "기억할게 0416"을 노래했다. 나중에 이 곡은 세월호 참사 2주기 추모문화제 "봄을 열다"에서 세월호 유가족들과 304명의 청소년들이 함께 부르는 곡이 되었다. 프로그램 중에 "제주도 공정여행"이 있었는데 세월호 참사로 인해 학교 행정이 까다로워졌고 아이들을 보내주지 않아 애를 먹기도 했다. 나중에 알아보니 봉담중학교로 새로 부임한 교장이 바로 세월호 참사 당시 단원고의 교장이었다. 하지만 하나님의 인도하심으로 모두 참여하여 유익한 시간을 가졌다. 함께 여행한다는 것이 얼마나 아이들을 가깝게 만들고 탁월한 교육적 효과를 만드는지 다시 한 번 경험해보는 시간이었다.

2학기에는 "빅이슈" 아저씨들과 함께 프로그램을 진행했다. 빅이슈(The Big Issue)는 1991년 9월 영국의 존 버드와 고든 로딕이 창간한 격주간 잡지다. 빅이슈는 홈리스(노숙자)를 지원하기 위해 발행되는 스트

리트페이퍼로 잡지 판매대금의 절반 이상이 홈리스 출신의 판매 사원에게 돌아가도록 하여 홈리스들이 구걸이 아닌 자신의 노동을 통해 자립할 수 있도록 돕는다. 한국어판인 "빅이슈코리아"는 2010년 7월 5일에 창간되었다. 빅이슈에서는 홈리스들의 동아리 활동도 지원하는데 그중 합창단이 있었다. 우리는 "더 빅 하모니" 합창단과 함께 가판도 설치하고 함께 노래하며 사회봉사 활동도 했다. 빅이슈 아저씨들이 너무 좋아했다. 가족을 잃고 홀로 길에서 살던 분들에게 마치 가족이 생긴 것 같은 기쁨이었다. 모든 프로그램을 마무리하며 창천교회 100주년 기념관에서 "빅파티" 발표회를 가졌고, 아저씨들은 감사한 마음을 표현하고 싶다며 먼 길을 달려와 우리 교회에서도 발표회를 가졌다. 이 분들의 마음이 얼마나 순수한지 관심을 가져준 교회가 고맙다며 합창단 중 빅이슈 선생님 4-5명이 한 달에 한 번씩 우리 교회 주일 예배에 참석하기도 했다. 그분들 중 한 형제는 한 달에 한 번 오는 것은 예의가 아니라며 아예 교회에 정식으로 등록하고 매주 서울에서 화성까지 오신다. 그분이 처음 등록하는 날, 그분도 울고 교인들도 울었다. 아마 하나님께서도 우셨을 것이다. 홈리스 생활로 가족과도 단절된 지 10여 년이 흘렀는데 그분에게 새로운 가족이 생긴 것이다. 우리는 그분의 눈물을 보면서 하나님께서 일하시는 방법에 놀라워하며 하나님께 영광을 돌릴 수밖에 없었다. 한 번은 이분이 크리스마스 전야

제에 참석하시고 성탄 예배까지 참석하고 싶다 하셔서 우리 집에서 주무셨다. 아침 식사를 하는데 그분이 그러셨다. "정말 감격스럽네요. 15년 만에 처음으로 가정집에서 함께 식사를 하게 되네요. 목사님, 사모님, 정말 고맙습니다." 우리는 누가 뭐라 할 것 없이 속으로 감사의 눈물을 흘렸다. 요즘도 늦은 밤 행사가 끝나고 다음 날 예배에 참석해야 하는 경우가 생기면 교인들이 자신들의 집에 이분을 재워주신다. 자발적으로 이루어지는 이러한 섬김이 얼마나 아름다운지 모른다. 이 분은 지금 성가대로 섬기고 있다.

"작은 대안학교" 실험의 결정판은 경기도 교육청에서 야심차게 밀고 있는 2015년 "꿈의 학교"를 통해 펼쳐졌다. 세월호 참사가 터지면서 국민들은 교육이 바뀌지 않으면 안 된다는 생각을 하게 되었다. 자신들은 기성 교육에 목을 맬 수밖에 없었지만 내 아이만큼은 행복하게 교육시키고 싶다는 마음이 생긴 것이다. 그래서 자신들은 보수정권에 표를 던질지라도 교육감 선거만큼은 진보 교육감 후보에 표를 던졌다. 전국에서 대거 진보 교육감이 당선됐다. 진보 교육감들의 공약이라는 것이 유럽 수준에서는 중도나 보수적인 공약에 불과했지만 한국에서는 진보 공약에 속했다. 경기도 교육감에도 진보 교육감이 당선됐다. 이재정 교육감의 공약 중 하나가 꿈의 학교인데, 덴마크의 "자유 학교"를 모델 삼은 "학교 밖 학교"다. 우리가 꿈의 학교에 지원한 것은 이제 교육이 마을공동체 교육으로 바뀌어야 한다고 생각했기 때문이다. 우리 가족은 홍성에 있는 "풀무학교"라는 모델을 이미 접했기 때문에 어느 정도 확신을 가지고 있었다. 현재 첫째 늘봄이와 둘째 시원이가 모두 풀무학교에 다니며, 싱어송라이터인 처제 솔가도 풀무학교 출신이다. 지금도 종종 처제와 아내가 풀무학교의 강사로 참여하기도 한다. 멀리서 바라본 풀무학교야말로 진정한 기독교 대안학교다. 풀무학교가 원칙으로 삼고 있는 것 중 하나는 "더불어 사는 지역과 학교"다. 이 정신은 "학교가 지역이요 지역이 학교다", "학교가 지역의 섬이 되어서는 안 된다", "한 아이가 자라기 위해서는 한 마을이 필요하다" 등으로 표현되는데, 여기서 자세히 소개하지는 않겠지만 이 학교의 사역들, 즉 지역과 함께 하는 사역들과 지역 환원, 그리고 졸업생들의 마을 정착을 통한 새로운 실험은 전국에서 탐방을 오는 생태협동마을로 성장했다. "마을공동체 교육 이념"이 이런 놀라운 결과를 만들어 낸 것이다.

꿈의 학교는 경기도 전체에서 50여개 정도 진행됐는데, 화성시에서는 우리 교회의 프로그램이 유일했다. 꿈의 학교는 생태학교, 의회학교, 카메라학교, 오케스트라학교, 독서학교, 뮤지컬학교 등 다양한 프로그램으로 진행됐는데, 우리 교회가 가지는 자부심은 "마을공동체 교육"의 정신이 구현되도록 운영했다는 점이다. 꿈의 학교 프로그램으로 마을교육공동체가 형성되도록 한 것이다.[46] 꿈의 학교는 "화성으로 간 스쿨버스"라는 제목으로 진행됐다. 버스를 타고 유명 대학의 교수가 아니라 지역 내의 숨은 고수를 찾아가는 콘셉트이다. "토요일만 예술학교"의 프로그램도 조미료처럼 가미되지만 주요한 프로그램은 버스를 타고 가서 화성 내에 있는 지역 활동가나 선한 영향력들을 끼치고 있는 다양한 개인이나 단체를 만나는 것이었다. 이 시간은 다양한 인생 특강을 듣고 그곳에서 준비한 프로그램에 참여하는 방식으로 진행됐다. 예

---

46 서용선 외, 『마을교육공동체란 무엇인가?』(살림터, 2016). 이 책에서는 마을교육공동체를 위한 나침반을 7가지 제시한다. 1) 아래로부터의 교육적 요구와 실천, 2) 지역사회 교육력 강화, 3) 협력적 교육 거버넌스, 4) 단기적 성과가 아닌 문화적 변화, 5) 90%를 위한 행복 교육, 6) 주체의 발굴과 육성, 7) 교육청 내 협업 체제 구축.

랑도예원, 봉담 에코센터, 동탄 복합문화센터, 로컬마켓, 남양 창문아트 센터, 또나또 목장, 매향리 평화박물관, 민들레 연극마을 등을 방문했는데, 이 과정을 통해 "한 아이가 자라기 위해서는 한 마을이 필요하다"는 것을 체험적으로 깨닫게 됐다. 단지 한 학교나 단체에서 아이를 키우는 것이 아니라 지역공동체가 함께 키운다는 사실을 깨닫고, 이를 통해 아이들이 공동체적 인간으로 성장하며 지역을 사랑하고 섬기는, 그러면서도 세계를 품을 줄 아는 아이로 자라간다. 문화생활을 위해서 수원까지 나가야 했던 아이들이 "화성에 이렇게 좋은 곳이 많고 갈 곳이 많고 배울 곳이 많았나?"라고 탄성을 자아냈다. 또한 페어라이프 센터에서 진행하는 가을 마을학교에 참여하여 "마을공동체교육"과 "커뮤니케이션 맵핑"에 대해 배우는가 하면, 하자센터 글로벌 창의 서밋에 참여하여 국제적인 견문을 넓히기도 했다. 마지막 졸업여행은 "안산 기억저장소에서 분향소까지"라는 주제로, 기억의 길, 광화문 유가족과의 만남, 소녀상 평화행동, 서울 시민청, 하자센터 소리워크숍 등을 찾아가는 여행을 기획했다. 그중에서 백미는 광화문에 계신 세월호 유가족들 앞에서 "기억할게 0416"을 부르는 중 유가족들이 아이들을 하나하나 안아주시면서 고맙다는 말을 할 때였다. 모두의 가슴에 감동의 눈물이 흘렀다. "화성으로 간 스쿨버스"의 부제가 "우리 동네 재미있을 지도"다. "지도"가 키워드다. 배워야 할 것을 주입식으로 암기하는 것이 아니라 "같이" 여행하며 "가치" 있는 삶이 무엇인지 배우고 "대안적 지도"를 만들었다. 타인이 강요하는 인생이 아니라 자신이 살고 싶은 인생의 지도를 새로 그려가는 경험을 해보고, 관공서나 상가 건물만 표시된 지역의 지도가 아니라 의미를 추구하며 지역을 변화시키는 "희망의 지도"를 함께 그렸다.

장년 프로그램으로는 "마을학교"를 진행했다. 장년들은 교회 내적 프로그램이 많이 있지만 10층으로 이전하면서 마을만들기의 비전을 공유하고 확대하고자 했다. "마을은 사는 곳이 아니라 상상하는 곳"이라는 전체 주제로 열린 마을학교에는 "다르지만 같은 노래"(다문화 노래단 몽땅 대표 김희연), "우리의 음악은 마을을 위한 것"(필리핀 민다나오 소수부족 뮤지션 와와이), "더불어 사는 삶을 일구어가는 대안교육"(전 간디학교 교장 양희창), "세상을 보는 새로운 시선, 인문학"(김민웅 교수), "태양과 바람의 마을, 성대골에서 토트네스까지"(에너지 전문가 이유진), "모이고 떠들고 꿈꾸는 마을이야기"(도봉엔 대표 이창림), "춤추는 평화"(가수 홍순관)

와 같은 문화 공연과 강연이 진행됐다. 이 과정을 통해 우리 교회가 꿈꾸는 마을만들기 비전이 무엇인지 함께 공유할 수 있었다.

7) 플랫폼

새로운 생태계를 만드는 공동체가 세상에 강력한 영향력을 끼칠 수 있다. 새로운 생태계를 만드는 데 있어서 가장 중요한 것은 그것을 구현할 수 있는 플랫폼이다. 앞에서 말한 것처럼 페어라이프 센터는 작은 마을에서 개인의 삶뿐 아니라 세상을 아름답고 지속가능하게 일구어가는 새로운 일상의 레시피를 만들고 그 일상의 조각보를 이어 새로운 마을을 만드는 희망의 플랫폼이다. 우리의 비전은 교회가 지역 사회에서 "희망의 플랫폼"이 되는 것이다.

플랫폼이란 말 그대로 승강장을 뜻한다. 승강장은 지하철이나 버스가 승객과 만날 수 있는 거점이며 교통과 물류의 중심이다. 그 안에서 무수히 많은 가치 교환이 일어나고 거래가 발생한다. 확장된 의미로서의 플랫폼은 자발적인 참여자들의 상호작용으로 새로운 가치와 혜택을 제공해 줄 수 있는 상생의 생태계를 말한다. 개방하고 연결하고 협력하고 공유함으로 창조적인 시너지가 이루어지는 플랫폼을 만드는 사람들이 세상에 강력한 영향을 끼칠 수 있다. 페이스북이나 구글, 이베이나 애플 등이 플랫폼을 만들자 다양한 공급자들이 함께 고객의 요구에 부응하는 장이 됐다. 플랫폼이 구축되면 선순환 구조의 에코시스템이 가동되고 그 자체만으로 엄청난 경쟁력을 갖추게 된다. 윤상진은 성공적인 플랫폼의 조건 여섯 가지를 말한다. 첫째, 참여자들이 함께 새로운 가치를 만들고 시너지를 창출할 수 있어야 한다. 둘째, 비용절감 효과가 있어야 한다. 셋째, 플랫폼이 만들어지기 전보다 더욱 활발하게 그룹 간 교류가 이루어져야 한다. 넷째, 고(高) 퀄리티가 유지되어야 한다. 다섯째, 누구나 따를 수밖에 없는 보이지 않는 규칙이 있어야 한다. 마지막으로 끊임없이 진화해야 한다.[47]

교회가 이런 플랫폼의 기능을 하게 되면 시대의 흐름을 읽고 지역의 요구를 수용해 다양한 그룹을 연결해주고 시너지를 일으킬 수 있는 사역을 기획하고 조정 할 수 있다. 마스다 무네아키는 현대 소비사회의 변화를 세 단계로 나눈다.[48] 첫 번째 스테이지는 물건이 부족한 시대다. 이 경우 고객의 입장에서는 상품 자체가 가치를 가지기 때문에 어떤 상품이든 용도만 충족되면 팔 수 있다. 두 번째 스테이지는 상품이 넘치는 시대로서 그것을 선택하기 위한 장소, 즉 플랫폼이 필요하다. 고객의 입장에서 볼때 효과적인 플랫폼을 제공할 수 있는 존재가 높은 고객가치를 창출하는 사람이 된다. 하지만 오늘날의 소비사회는 세 번째 스테이지인데 이제는 플랫폼마저 넘치는 시대다. 이때 중요한 것이 바로 "제안 능력"이다. 플랫폼 다음으로 고객이 인정해줄 만한 것은 "선택하는 기술"이다. 각각의 고객에게 높은 가치를 부여할 수 있는 상품을 찾아주고 선택해주고 제안해주는 사람, 즉 큐레이터가 중요해진다. 제안을 가시화하는 능력, 즉 디자인 능력이 중요하다. 지역교회가 할 수 있는 역할이 바로 이 큐레이터의 역할이다.

페어라이프 센터는 처음부터 공간을 지역주민들이 적극적으로 활용하도록 했다. 이렇게 지역과의 소통이 이루어지기 시작하면서 마을

---

47 윤상진, 『플랫폼이란 무엇인가?』(한빛비즈, 2012), 56-61쪽.
48 마스다 무네아키, 이정환 역, 『지적자본론』(민음사, 2015), 47-50쪽.

의 공유 공간으로서 그 기능이 활성화되기 시작했다. 전도의 목적이나 다른 어떤 목적을 위해 사역이 아니라 지역을 섬기기 위해 사역한다는 진정성이 전해지기 시작하자 지역에서 반응하기 시작했다. 예를 들어 "쿡 창의요리 연구소"라는 곳에서 자신들의 프로그램을 페어라이프 센터에서 진행해 "동화쿡 요리쿡"이라는 프로그램을 진행했고, "화성환경운동연합"이 3주 동안 8회 진행되는 "숲 안내자 양성과정"을 마을서재에서 매년 진행하고 있다. 또한 보육원에서 아동학대 사건이 자주 발생하면서 교직원 교육의 필요성이 대두되자 "화성시 보육교직원 교육" 세미나가 교회 공간을 빌려 진행됐다. 많은 보육교직원들이 자신들이 사용하는 공간이 교회 공간이라는 것을 나중에야 알고 많이들 놀라워했다. 규모가 작은 세미나인 경우는 마을서재를 사용하고 규모가 조금 큰 세미나는 예배당을 사용하는데 이런 굵직한 세미나들이 여러 번 예배당 공간에서 열렸다. 심지어는 우리 교회가 위치한 지역이 화성갑인데 화성을 지역구 국회의원인 이원욱 의원이 교회를 방문하기도 했다. 이 의원의 부인이 우리 교회를 소개하면서 꼭 한 번 가보라고 해서 지역구가 다른데도 왔다고 한다. 그렇게 관계를 맺으면서 "화성시 창의지성센터"와 연결되었고, 페어라이프 센터가 창의지성센터가 진행하는 강의의 시내 지정장소 세 곳 중 하나로 선정되었다. 이처럼 교회 예배당이 지역의 플랫폼으로 기능하기 시작했다.

꾸준히 지역을 섬기다보면 자연스럽게 지역 내에 많은 네트워크를 가진 사람과 연결이 된다. 이런 사람을 전도학에서는 "평화의 사람"이라고 부른다. 평화의 사람을 이해하기 위해 "케빈 클레인 법칙"을 먼저 살펴보자. 케빈 클레인 법칙은 6단계만 거치면 세계의 누구라도 서로 연결될 수 있다는 이론이다. 영화배우 케빈 클레인이 워낙 많은 영화에 출연했기 때문에 몇 단계만 거치면 웬만한 배우들과 모두 연결된다고 해서 그의 이름이 붙여졌다. 같은 맥락에서 스탠리 밀그램의 "좁은 세상 실험"이 유명한데, 그는 네브래스카 주의 오마하에 살고 있는 160명에게 무작위로 소포를 보냈다. 그 소포에는 보스턴에서 일하는 한 증권 중개인의 이름이 들어 있었는데, 이 소포를 받은 사람들에게 소포를 증권 중개인과 가장 가까운 사람에게 전달할 수 있다고 생각하는 사람에게 보내 달라고 부탁했다. 그 소포를 받은 사람은 중개인을 알 것 같은 사람들에게 계속 소포를 보내면서 이 소포는 미국 전역을 돌아다니게 됐다. 마침내 그 중개인에게 도착한 소포 중 절반 정도는 여섯 단계를 거친 것으로 나타났다. 기독교계에서도 비슷한 실험을 했는데 놀라운 것은 소포의 반 이상이 소포의 수신자가 살고 있는 지역 내의 특정인에게 전달되었다는 것이다. 많은 소포를 수신자에게 전달한 이 특정인은 지역 내에 많은 네트워크를 가지고 있는 사람이다. 이런 사람을 바로 평화의 사람이라고 부른다. 수많은 사람과 좋은 관계를 맺고 있는 평화의 사람과 연결되면 다양한 사람들을 전도할 수 있는 기회가 생기는 것이다. 그런데 지역을 섬기다 보면 바로 이런 사람과 연결이 된다. 페어라이프 센터장인 내 아내가 평화의 사람이 될 수도 있고, 아내와 연결된 바로 그 사람이 평화의 사람일 수 있다. 이런 사람을 통해 사역이 확장된다.

    평화의 사람 중 핵심적인 사람들이 "화성의제21" 사람들이다. 화성의제21은 화성시를 살기 좋은 행복한 도시로 만들기 위해 시민사회의 다양한 의제를 발굴하고 연결하는 민관협력단체다. 거버넌스(협치)의 대표적인 사례라고 할 수 있는데, 관에서 예산을 대고 민에서 사역을 한다. 페어라이프 센터가 화성의제21과 연결되면서 다양한 교류가 이루어졌는데 함께 한 첫 번째 프로그램이 바로 2014년 11월에 진행한

"마을학교"다. 물론 예산은 화성의제21이 책임졌다. 페어라이프 센터가 자체적으로 진행하던 "마을학교"를 전환하여 "화성의제21 실천협의회"와 함께 "마을, 새로운 세상을 꿈꾸다"라는 행사를 진행했다. 처음이었기 때문에 탐방 프로그램을 제외한 4개의 프로그램 중 3개를 우리 교회에서 진행했다. 의제 사람들이 말하기를 화성에서는 아무리 좋은 프로그램을 해도 40명 이상 참석하지 않는다고 한다. 그런데 마을학교에는 평일 오전이었음에도 불구하고 교인들을 포함해서 87명이 참석했다. 의제 사람들이 많이 놀라워했다. 교인들의 참여도 첫 번째 마을학교 때보다 훨씬 많아졌다. 그동안 마을만들기의 비전이 많이 확대되었음을 알 수 있었다. 우리 교회에서 진행된 프로그램은 가장 먼저 "우리도 행복할 수 있을까?"라는 주제로 오마이뉴스 오연호 대표가 세계행복지수

1위인 덴마크 사회를 소개했는데, 사람들이 가장 관심이 많은 교육 분야의 이야기를 해서 그런지 몰라도 큰 호응이 있었고, "쓰레기 시멘트, 병 들어가는 아이들"이라는 주제로 대형 시멘트 회사와 싸워 쓰레기 시멘트를 사용하지 못하도록 법까지 제정한 환경운동가 최병성 목사의 이야기를 들으며 일상과 운동이 어떻게 연결이 되는지 배웠다. "마을, 이웃의 아픔에 귀 기울이다"라는 주제로 세월호 유가족 간담회를 개최하기도 했다. 이때 초청받아 온 세 분의 유가족 중 한 분이 안산동산교회의 성도였다. 그 사실을 모르고 있던 나도 나중에서야 알고 매우 놀랐다. 그분은 내가 부교역자 시절 인도했던 내적치유수양회에 참여해 큰 은혜를 받았던 분이었다. 안산에 있는 교회들도 세월호 유가족에게 관심을 가지지 않는데 화성에 있는 교회가, 그것도 내적치유수양회 때 은혜를 받았던 목사가 개척한 교회가 간담회를 연다고 해서, 꼭 찾아와 감사의 인사를 드리려고 평소에는 가지 않던 간담회에 온 것이다. 아무튼 많은 사람들이 유가족들의 이야기를 직접 들으면서 가슴 깊이 아픔에 공감했고 일반 매스컴에서만 들었던 왜곡된 정보들을 수정할 수 있었다.

2015년도에도 마을학교는 화성의제21과 함께 진행했다. 프로그램이 더 많아졌는데, 우리 교회에서 진행된 것만 소개하자면, "한 아이를 키우기 위해 한 마을이 필요하다"라는 주제로 전 풀무고 교장이자 현 꿈틀리 인생학교 교장 정승관 선생님에게 마을공동체교육에 대해 배웠고, "부모가 된다는 것"이라는 주제로 화성에 살고 있는 로봇다리 세진이와 엄마 이화숙 선생님이 인생특강 겸 교육특강을 해주셨다. "새로운 키워드로 세상을 맵핑하라"와 "동화리, 새로운 삶이 즐거울 지도"라는 주제로 임완수 박사님께서 두 번에 걸쳐 강의와 워크숍을 통해 커뮤니티 맵핑 프로그램을 진행해주셨다. 정승관 선생님의 강의 후 간담회에서 주고받는 대화와 질문을 통해 이제 교인들도 마을만들기 비전에 많이 익숙해졌고 성숙해졌다는 것을 느낄 수 있었다. 커뮤니티 맵핑 프로그램은 우리가 이 마을에서 새로운 지도를 만들 수 있는 가능성을 제시해주었다. 이후 "화성시사회적공동체지원센터"에서 주관하는 2015년 마을만들기 활동가 워크숍 "여우마을(여기서 우리 마을을 이야기하자) 워크숍" 등 크고 작은 사역들이 페어라이프 센터를 통해 이루어졌다.

다양한 소그룹 모임과 세미나, 마을학교 등을 통해 페어라이프 센터의 공간이 2014년부터는 플랫폼으로서 제 기능을 발휘하기 시작했다. 지역운동하시는 분들이 죽었다 생각하고 5년만 하면 지역에 뿌리내리기 시작하고 어떤 동력이 생긴다는 말씀을 해주셨는데, 우리 교회도 5년이 지나고 6년 차가 되자 확실히 질적 비약이 일어났다. 2015년 가을 페어라이프 센터 공간 활용도를 조사해보니, 뜨개질, 영어, 바느질, 독서클럽 등 주간 소그룹 워크숍이 20여개 정도 진행됐고, 공정무역 교실, 꿈의 학교, 도서관은 예술학교, 학습동아리 등 마을공동체 교육 프로그램이 200여회 진행되었으며, 일반 카페 이용자가 1,000여명 그리고 다양한 대관프로그램을 통해 마을 주민 2,000여명 정도가 이 공간을 이용했다. 삶을 나누는 공유의 플랫폼이 서서히 만들어지고 있다는 생각이 든다. 앞으로의 과제가 있다면 우리 부부가 관여하지 않아도 이런 결과가 나오도록 하는 것이다.

8) 생태

생태계 위기가 심각하다. 굳이 기후변화에 대한 세세한 통계를 제시하지 않아도 온몸으로 실감하고 있는 것이 바로 생태계 위기다. 사실

"생태"라는 키워드가 가장 앞에 와야 마땅하다. 그렇지만 생태라는 주제가 워낙 광범위하고 실제적인 사역이 많지 않아 마지막에 소개한다. 생태라는 단어를 사용하는 이유는 패러다임의 전환이 필요하기 때문이다. 생태라는 가치는 환경보호와 다르다. 환경이라는 말 자체가 인간 중심적인 개념으로 인간과 자연을 대립적인 관점에서 보기 때문에, 자연을 인간의 배경이나 착취의 대상으로만 보게 만든다. 이런 이원론적 패러다임은 인간과 자연 모두를 개별적이고 파편적으로 이해하게 만든다. 하지만 생태라는 말은 인간과 자연을 전일적인 관점에서 상호의존성을 가진 공존의 시스템으로 본다. 따라서 생태학은 자연적이고 문화적인 모든 존재의 연관에 역점을 두고 모든 존재가 다른 존재와 상호의존적 그물을 형성한다고 본다. 이러한 생태적 총체는 획일화, 동일화 또는 수많은 부분이나 세부적인 것의 단순 합계가 아니라 풍부한 다양성으로 이루어지는 역동적 일치다.[49]

세계변혁에 영감을 준 두 가지 현대사상을 꼽으라면 사회주의와 생태주의일 것이다. 하지만 그동안 사회주의와 생태주의는 서로 반목하며 서로를 비판했다.[50] 사회주의는 생태주의를 반인간주의라고 비판했고, 환경문제는 인간의 가장 기본적인 생존 문제가 보장될 때 중요해지는 문제일 뿐이라고 폄하했다. 환경적 관심이 불의를 은폐하거나 인간의 고통에 눈감는 교란이며, 환경적 피해조차도 계급적으로 차별이 이루어지고 있다고 지적하기도 한다. 또한 생태주의는 환경문제와 경제문제가 서로 연계되어 있다는 사실을 간과하고, 미래 사회를 가져올 집단적

---

49 레오나르도 보프, 김항섭 역, 『생태신학』(가톨릭출판사, 1996), 18쪽.
50 서영표·영국 적록연구그룹, 『사회주의, 녹색을 만나다』(한울아카데미, 2010), 35-37쪽.

주체의 행동과 결합되지 않았다고 비판한다. 반대로 생태주의는 사회주의에 대해 생산력주의라며 비판하고, 환경파괴적인 면에서는 서구 자본주의와 다를 바 없고, 노동자들의 더 높은 생활수준이라는 미명 아래 경제 성장과 생태적으로 지속 불가능한 소비주의를 조장하는 공모자라고 비판한다. 사회주의가 칭송했던 과학과 기술은 환원주의적·비인간적·엘리트적 방식으로 이용되고 있으며, 정신적이고 문화적인 문제들을 간과하고 사회 안에 존재하는 다양한 약자와 소수자들이 직면한 어려움을 회피한다. 하지만 이제 적색그룹과 녹색그룹이 연대하고 있다. 생태계의 위기 앞에 서로 반목하는 것은 아무런 의미가 없으며 서로의 주장을 통해 자기를 돌아보기 시작했기 때문이다. 이제 인간중심주의와 생태중심주의가 모두 필요하다는 것을 인식한 것이다. 현재 유럽은 생태주의와 사회주의와 민주주의를 통합하는 총체적인 대안을 모색하고 있다.

    생태계의 복원과 본래의 가치를 실현하기 위해 우리는 일회용 물품을 자제하기로 했다. 자신의 컵을 가지고 와서 특별하게 제작한 컵보드에 보관하고, 지역 내 푸드와 제품 그리고 생협 제품을 우선적으로 구입하고 있으며, 텃밭 가꾸기 등으로 로컬푸드 활용을 실천했다. 공간 자체를 생태적 관점에서 세팅하고, 생태적 실천이 담긴 "제자도 실천 10계명"을 제작하였으며, 업싸이클링 운동과 아나바다 운동을 실생활에 적용하고 있다. 한편, 옥상 공원을 추진하다가 건물주 중 한 명의 반대 때문에 중도에 하차하게 되고, 태양광 전지 설치를 추진하다 전문성의 부족과 예산상의 문제로 차후로 미루게 되는 등 적지 않은 실패도 맛봤다. 하지만 여전히 생태라는 키워드는 우리 교회의 핵심가치이며, 에너지 자립마을과 로컬푸드 운동과 같은 생태계 회복을 위한 운동은 우리 교회의 우선적인 차기 과제다.

4장 '자신을 위한 교회'에서 '타자를 위한 교회'로

본회퍼는 세계를 위한 교회의 대리행위를 교회가 갖는 공공성의 특성으로 보았다. 본회퍼의 유명한 말을 직접 들어보자.

교회는 타자를 위해서 있을 때만 교회다. 교회는 인간의 사회생활의 세속적 과제를 지배하면서가 아니라 도와주고 봉사함으로 관여하지 않으면 안 된다. 교회는 모든 직업인들에게 그리스도와 함께 사는 생활이 무엇이며, "타인을 위해서 존재하는 것"이 무엇을 의미하는지를 말하지 않으면 안 된다. 특히 우리들의 교회는 오만의 죄, 권력 숭배의 죄, 시기와 환상주의의 죄에 대해서 그것을 모든 악의 근원으로 보고 저항하지 않으면 안 된다. 교회는 절제, 순수, 신뢰, 성실, 견인, 인내, 훈련, 겸허, 온화, 검소에 대해서 말하지 않으면 안 될 것이다. 교회는 인간적 모범의 의의를 가볍게 여겨서는 안 될 것이다. 교회의 말씀은 개념에 의해서가 아니라 "모범"에 의해서 무게와 힘을 얻는다.[1]

---

1 디트리히 본회퍼, 고범수 역, 『옥중서간』(대한기독교서회, 1967), 242-243쪽.

본회퍼의 말처럼 예수 그리스도가 "타자를 위한 존재"였듯이 그리스도의 몸인 교회가 세상에 존재하는 근본 양태는 "타자를 위한 교회"여야 한다. 참인간이자 하나님의 종이신 예수 그리스도는 샬롬을 선포하기 위해 역사 한가운데 오셨고, 희년을 성취하셨으며, 종말의 희망 안에서 사회적 약자와 소수자를 위한 존재, 즉 "타자를 위한 존재"로 사셨다. 따라서 예수 그리스도를 따르는 그리스도인들은 "타자를 위한 교회"가 되어 타인에게 그리스도가 되어야 한다. 특히 사회적 약자와 소수자들에 대한 배려와 연대가 중요하다. 배제와 차별의 정치가 아닌 연대와 차이의 정치가 중요해진 시대에 교회가 먼저 배려와 연대를 실천해야 하며, 탈주와 횡단을 통해 새로운 문화와 공동체를 만들어내야 한다. 여기서 우리는 "공공신학"만이 아니라 "정치신학"이 중요해지는 지점을 만나게 된다.

제임스 헌터는 기독교 우파와 좌파, 그리고 재세례파의 실천이 "정치의 과잉"과 "르상티망(원한감정)"에 기반한 운동이었다고 진단한다. 따라서 이들의 정치 참여는 모두 한계가 있고, "정치적인 것"과 "공적인 것"을 분리시켜 실천할 필요가 있다고 말한다.[2] 공적인 것과 정치적인 것을 분리하면 국가, 법, 혹은 정당을 요구하지 않는 방식으로 세상에 관여하고 세상 문제를 다룰 수 있는 대안을 제공할 수 있다는 것이다. 그러면 더 나은 세상을 위한 예술, 교육, 환경보호, 시장, 구제에 참여할 기회가 생기고, 새로운 대안 공간이 생겨나며, 정치권력을 상대화할 수 있게 된다. 매우 중요한 문제의식일 뿐 아니라 적절한 지적이다.

---

2 제임스 데이비슨 헌터, 배덕만 역, 『기독교는 어떻게 세상을 변화시키는가』(새물결플러스, 2014).

하지만 이 시대의 진정한 문제는 정치의 과잉이 아니라 제대로 된 정치의 과소가 아닐까? 정치의 과잉에 대한 문제제기를 하다가 자칫 정치의 중요성을 간과하는 논리가 될 소지가 있다. 정치의 과잉에 대한 비판이 경제적 합리성만을 주장하며 갈등과 대립을 해결하기 위한 지난한 과정 자체를 생략해버리려는 자유주의적 정치관에 이용당할 수 있다는 것도 인식할 필요가 있다. 과연 정치적인 것과 공적인 것을 분리할 수 있을까? 안식월 기간에 이 글을 쓰는 동안 수원, 성남, 화성 시장들이 지방재정 개편안 철회를 주장하며 광화문에서 단식을 하고 있다. 지방자치예산을 다른 시에 이전하는 정부의 정책으로 인해 화성에서만 2700억원이 빠져나간다. 시민운동을 하는 분들의 얘기를 들어보니 그렇게 되면 복지와 일자리 정책예산 뿐 아니라 제일 먼저 마을만들기나 사회적 경제 등에 배정했던 돈부터 끊긴다는 것이다. 그럴 경우 당장 시민사회 영역의 공공성을 위한 많은 사역들이 위축될 수밖에 없다. 이처럼 정치와 공공의 영역을 엄밀하게 분리하는 것은 쉽지 않다. 공공성의 주요한 테제인 마을만들기의 약점이 "정치의 부재"라는 사실을 기억할 필요가 있다.

정치가 살아야 마을도 산다.[3] 정치가 담긴 마을의 공론장을 통해 생활세계를 회복하는 것이 진정한 마을만들기다. 또한 정치의 과잉이라는 담론 자체가 이미 정치의 산물일 수 있다. 정치의 과잉이라는 담론을 통해 정치에 관심을 갖지 못하도록 하고, 공공성과 정치를 아우르는 새로운 사유를 불가능하게 만들 수 있다는 말이다. 따라서 정치의 과잉

---

3   권단 외, 『모두를 위한 마을은 없다』(삶창, 2014), 이 책에서 핵심적으로 꼽고 있는 마을만들기의 문제점이 바로 정치의 부재다.

만이 아니라 제대로 된 정치의 과소에 대해 문제의식을 가지면서 공공성과 정치를 아우르는 새로운 공론장의 가능성을 사유할 필요가 있다. 헌터처럼 공공성을 실현하는 샬롬만 강조하다 보면 현실 속에 존재하는 갈등과 대립의 측면을 보지 못하고 예언자적 분노를 통한 새로운 정치를 사고하지 못할 수 있다. 따라서 나는 공공신학이 정치신학으로 균형을 잡을 필요가 있다고 생각한다.

1. 서발턴 대항공론장[4]

공공신학에서 공론장에 대한 강조를 많이 하지만 여기에도 한계가 있다는 것을 인식할 필요가 있다. 공공신학의 기반이 되는 하버마스의 공론장 이론은 분명한 한계를 가지고 있다. 형식적 민주주의가 이루어진다고 해서 자동적으로 실질적 민주주의가 이루어지는 것도 아니고, 기회의 평등이 이루어진다고 해서 자동적으로 분배적 평등이 이루어지는 것도 아니듯, 민주적인 공론장이 만들어졌다고 해서 모든 사람이 실제적으로 참여할 수 있는 것은 아니다. 하버마스의 이론은 공론장에서의 규범적 이상이 지나치게 합리적이고 토의적이며 반성적이기에 감

---

[4] 서발턴(subaltern 하위주체)이라는 말은 원래 안토니오 그람시가 사회의 하층 계급을 가리켜 사용했던 말이다. 서발턴 역사학자들은 이 용어를 엘리트 집단 이외의 모든 인도인, 곧 종속적인 사람들 일반을 가리키는 명칭으로 사용했다. 서발턴 역사학은 역사에 등장하지 않을 뿐만 아니라 자신을 나타낼 만한 변변한 기록도 남기지 못한 수많은 민초들의 역사를 그들의 관점에서 서술하려는 급진적인 기획이었다. 서발턴의 개념에 대해서는 다음 두 책을 참고하라. 가야트리 스피박, 태혜숙·박미선 공역, 『포스트식민 이성 비판』(갈무리, 2005), 가야트리 스피박, 로절린드 C. 모리스 편, 태혜숙 역, 『서발턴은 말할 수 있는가?』(그린비, 2013).

정, 신체성, 욕망과 같은 현대적인 개념들의 중요성을 담아내기 어렵다. 하버마스의 공론장은 모두에게 접근 가능한 것이어야 하지만 반대로 이 공간은 "담론 자원"을 가지고 있는 사람, 즉 문화의 지배적인 코드를 습득한 사람들에게만 유리한 공론장이기에 누군가는 거기에서 배제될 수 있다. 공론장은 공적인 것과 사적인 것의 특정한 경계를 가지고 있기에 공론장에 어울리는 테마를 공론장에 어울리는 방식으로만 다루어야 한다는 암묵적 규범이 있으므로 여기에 적합하지 않은 테마와 사람들을 자동적으로 배제한다. 그렇기에 공론장이 진정한 민주주의를 담보하려면 이런 배제를 탈피해야 한다. 페미니즘이 "개인적인 것이 가장 정치적인 것이다"라는 말로 종래의 공사분리를 재설정하려 했던 것처럼 공적인 것과 사적인 것의 경계 자체를 재설정할 수 있는 가능성이 보장되어야 한다. 사이토 준이치는 "공공적 공간은 공사의 경계를 둘러싼 담론의 정치가 행해지는 장소이지 공공적인 테마에 관해서만 논의해야 하는 장소가 아니다. 무엇이 공공적인 테마인가는 의사소통에 선행해 미리 결정되어 있는 것"이 아니라고 말한다.[5]

최경환에 의하면 이러한 하버마스의 공론장에 대한 비판은 두 가지로 압축되는데, 하나는 하버마스가 제시한 공론의 정당성에 대한 것이고, 다른 하나는 그 유효성에 대한 것이다. 특별히 페미니스트 정치철학자들에 의해서 공론장에 대한 새로운 해석이 전개되었는데 그중에서 낸시 프레이저는 기존의 공론장 이론을 비판하면서 새로운 공론장의 가능성을 제시한다.

---

5   사이토 준이치, 『민주적 공공성』, 36쪽.

프레이저는 불평등이 지배하는 상황 속에서 정치적 발언권의 불평등을 제거할 수 있는 유일한 방법은 부르주아 공론장의 근본적인 특징들에 도전하고, 이에 대한 저항뿐이라고 주장한다. 또한 하위주체인 저항적 대중들의 확산이 계층화된 사회 속에서 새로운 대항 공론장을 창출할 수 있는 토대가 된다고 말한다. 진정한 공론장은 참여 당사자들이 비록 출신과 주어진 조건이 다르다 할지라도 마치 그들이 사회적, 경제적 동료인 것처럼 여겨주는 것이라고 프레이저는 말한다. 대안적인 공론장은 주변화된 여성, 재산을 소유하지 못한 노동자, 빈곤층, 종족적-인종적 소수자, 종교적 소수자들을 수용하고, 그들을 동등한 동료로 공론장에 참여시키는 것이다. 프레이저는 이러한 공론장을 "서발턴 대항공론장"(subaltern counterpublics)이라 부르고, 이들을 통해 기존에 논의되고 있는 공론장과 대등한 대항담론을 창출하고자 한다.[6]

프레이저는 하버마스가 공론장의 가장 중요한 특징으로 제시한 "공개성"(openness)과 "접근가능성"(accessibility)을, "포용성"(inclusiveness)과 "동등한 참여"(equal participation)라는 두 개의 기준으로 재설정한다. 공론장은 공공성에 대한 다양한 담론투쟁의 다양성을 모두 수용하고 감싸 안을 수 있어야 하며, 누구든지 동등하게 수용될 수 있는 공간이 되어야 한다. 준이치가 말한 것처럼 공론장에서 중요한 것은 "정체성에 대한 승인"이 아니고 "존재에 대한 긍정"이기 때문이다.[7]

---

6 최경환, "하버마스의 공론장 개념과 공공신학," 한국기독교철학회, 『기독교철학』 2014년 제19호, 203쪽.
7 프레이저에게 공론장은 어떠한 문화적 표현 형식도 용인되고 수용될 수 있는 호혜의 공간이어야 한다. 궁극적으로 그녀가 제시하는 공론장은 사회적 평등, 문화적 다양성, 그리고 참

공공신학이 지나치게 하버마스의 공론장 해석에만 천착한다면 하버마스의 비판자들이 지적했던 부르주아 공론장의 한계를 그대로 노정할 수밖에 없다. 그러므로 서발턴 대항공론장의 논의를 수용해 공공신학을 좀 더 풍성하게 재정립할 필요가 있다. 또한 정치를 배제한 공론장을 추구한다거나 대립과 갈등을 인정하지 않는 보편적 공공성만을 다루는 것도 지양할 필요가 있다. 공론장은 타자의 목소리도 들을 수 있는 포용성과 타자들의 동동한 참여가 보장된 민주적 공론장이 되어야 한다. 즉 "타자를 위한 공론장"이어야 한다. 더불어숲동산교회가 추구하는 공공성은 폐쇄적인 공론장과 공공성을 뛰어넘어 서발턴의 목소리를 포함시키고 그들이 참여할 수 있는 공간을 창조하는 공공성이다.

2. 타인의 얼굴에 응답하는 자

이 땅의 서발턴은 타자의 얼굴을 하고 있다. 레비나스에 의하면 타인의 얼굴의 출현은 윤리적 사건이다.[8] 인식과 실천적 행위를 통해 타자를 자기 자신의 영역으로 전체화하던 나는 나에게로 "환원할 수 없는", 나의 이해와 나의 능력으로 "지배할 수 없는", "전적으로 다른 타인"의 출현으로 충격을 받는 상황에 처하게 된다. 타인은 역사적이거나 심리학적이거나 문화적이거나 어떤 종류의 의미 부여도 초월한다. 타인

여적 민주주의가 결합된 공간이다.
[8] 강영안, 『타인의 얼굴: 레비나스의 철학』(문학과지성사, 2005), 여기에서 말하는 레비나스의 "타인의 얼굴"에 대한 논의는 전적으로 강영안 교수의 책에 의존한다.

은 한 마디로 유일하며 독특하다. 이것이 얼굴의 외재성이다. 얼굴의 외재성은 무엇으로도 환원할 수 없는 차이, 절대적 차이를 나타낸다. 이런 의미에서 타인은 언제나 "처음 온 사람"이며 "낯선 자"다. 그렇기 때문에 타자는 강자의 모습으로 나타나지 않고 낯선 이방인의 모습으로, 비참한 이방인의 모습으로 나타난다. 그는 아무런 보호막도 변호자도 기득권도 없는 "나그네와 과부와 고아"다. 그 존재 자체가 하나의 비참이다. 비천함에 처한 타인은 우리에게 말을 건넨다. 이렇게 비천함에 처한 타인이 나에게 간청으로 호소해올 때, 그 호소로 인해 나의 자유가 문제시될 때, 이때 비로소 윤리적 관계가 등장한다. 이때 자신의 존재를 짊어져야 하는 타인에 대한 책임 개념이 등장한다. 배고프고 헐벗은 가운데, 사회적 불의 가운데 나에게 호소하는 타인은 지금까지 제한 없이 자유를 행사하던 나에게 충격으로 다가온다. 타인은 그의 벌거벗은 얼굴을 통해 나를 판단하고 정죄한다. 타인은 나를 고발하고 소환한다. 타인의 얼굴의 호소를 통해 자기중심적인 삶에 대해 대답하도록 요구받는다. 나만 누리던 자유가 부당함을 깨닫고 타인을 수용하고 환대하게 된다. 응답을 요구하는 타인의 부름에 내가 응답할 때, 즉 응답할 수 있는 존재로 나를 세울 때, 나는 비로소 책임적 존재 또는 윤리적 주체로 탄생한다. 책임적 존재가 된다는 것은 내가 응답적 존재가 된다는 뜻이다. 그래서 진정한 윤리적 주체는 "내가 여기 있나이다. 나를 보내소서"라고 응답한다.

레비나스는 타자에 의해 책임적 존재로 지정받은 내가 "타자를 위한 책임적 존재"로 세워지는 모습이 바로 "대속"이라고 말한다. 그것은 마치 예수 그리스도처럼 타인을 대신해서 타인의 자리에서 내가 세움 받는 일이다. 이렇게 세움을 받는다는 것은 내가 타인의 요구와 부름에 응답할 뿐 아니라 타인을 위해, 심지어 타인의 책임을 대신해 고통 받을 수 있음을 뜻한다. 그래서 타인의 얼굴은 고통의 얼굴이다. 그 고통은 궤도에서 벗어남이요, 너무 많음이며, 너무 지나침이며, 내가 알고 있는 것과는 다른 것, 낯선 것으로서 "수용 불가능성"을 의미하며, 종합이 불가능한 감각작용이자 견딜 수 없는 방식 그 자체다. 고통 속에서 우리는 우리의 주도권을 완전히 상실한다. 고통 받는 순간 우리는 미래에 대한 계획을 세울 수 없고 뭘 해보려고 움직일 수도 없다. 그러므로 고통은 내 자신의 능동적 활동이 존재하지 않는 경험이다. 고통은 순수하게 당하는 것, 그 어떤 도피처도 없이 굴복당하는 것, 굴복 그 자체에 굴복하는 것이다. 그런 의미에서 고통은 수용성보다 수동적인 수용성이며, 악이고, 상해다. 그것은 부조리, 무의미, 반의미 또는 반이성이다. 이러한 고통이 있는 곳에 도움에 대한 요청, 곧 타자로부터의 도움에 대한 근원적 요청이 있다. 그래서 윤리적 존재가 된다는 것은 책임을 지는 것이며 타인의 짐을 대신 지는 것이고 타인의 고통과 고난에 자신을 노출시키는 것이다. 이처럼 레비나스에 따르면 얼굴의 호소에 직면할 때 타인이 하는 일이 나와 상관없는 일인 것처럼 손을 씻을 수 없다. 심지어 내가 질 수 없는 짐조차 짊어지도록 부름 받는다. 주체의 이러한 대리 책임을 레비나스는 "속죄"라고 말한다. 나는 타인의 잘못을 마치 나의 잘못처럼 짊어진다. 그렇게 타인의 죄책을 내가 짊어지고 고통 받음으로 그것을 대신 속죄받는다는 것이다. 타인에 대한 나의 책임은 그러므로 "대속적 책임"이다. 이것이야말로 진정한 응답, 타인에 대한 환대, 자신을 내어주는 희생이다. 반면 이렇게 나에게 요구되는 "타자에 의한 책임"과 "타자를 위한 책임"으로부터 도피하는 것을 윤리적 악이라 할 수 있다.

나와 타인과의 관계는 나와 마주한, 내가 직접 "너" 또는 "당신"이라고 부를 수 있는 타인에 한정되지 않는다. 이 세상은 나와 직접 마주한 타인 외에 타인의 타인, 그 타인의 타인, 이렇게 수많은 타인으로 연결되어 있다. 가까운 타인, 먼 타인, 여기에 현존하는 타인, 부재한 타인, 미래의 타인, 이렇게 수많은 타인이 존재한다. 이 모두를 일컬어 레비나스는 "제삼자"라고 부른다. 삼자 개념은 타자에 대한 책임이 만인에 대한 포괄적이고 보편적인 책임으로 나아가야 한다는 뜻을 담고 있다. 우리 모두가 각자 타인을 위한 존재이며, 만인에 대한 무한 책임을 지니고 있다는 사실에서 예외가 될 수 없다. 그러나 이런 삼자의 개입은 새로운 질문을 만든다. "누가 나에게 이웃인가?", "누구를 먼저 배려할 것인가?" 삼자의 등장은 따라서 평등과 공의에 따라 관계들이 조정되는 정의로운 공존 체제 구축을 요청한다. 이런 의미에서 삼자의 개입은 분배적 정의와 사회적 정의의 시작이다. 우리의 공공성은 과연 타인의 얼굴에 응답하는 공공성인가? 타인의 고통에 반응하는 공공성인가? 자신을 타자를 위한 존재로 내어주는 공공성인가? 타인의 고통과 죄를 대신 짊어지는 대속적 삶으로 나타나는 공공성인가?

3. 몫 없는 자들의 몫을 찾아주는 것

우리가 타자를 위한 존재가 되기 위해서는 타자의 다양한 모습을 이해할 필요가 있다. 정정훈은 이 시대의 "타자"를 "좀비"로 상징화한다.[9] 특정 문화에서만 통용되던 좀비가 모든 나라에서 인기를 끄는 "좀

---

9 정정훈, 『인권과 인권들』(그린비, 2014), 다음은 프롤로그의 내용이다.

비의 글로벌화"를 가져왔다. 아리스토텔레스는 인간의 삶이 단지 먹고 사는 삶, 즉 단순한 생존이 아니라 훌륭한 삶이어야 한다고 말한다. 훌륭한 삶이란 단지 먹고 살기 위해 노동해야 하는 필연성으로부터 벗어나 공동체의 공적 업무에 참여하는 정치를 할 수 있고, 선과 악, 삶의 의미를 사유할 수 있는 가능성에서 찾아진다. 생존만을 위해 살아갈 때 비록 인간과 똑같은 형상을 가지고 있더라도 그는 인간이 아니라 동물과 같은 존재라고 아리스토텔레스는 말한다. 삶의 모든 차원이 오로지 먹고사는 문제로만 환원된 인간이란 사실상 비인간이라는 말이다. 이것은 성경에서 사람이 떡으로만 살 것이 아니라 하나님의 입에서 나온 모든 말씀으로 살아야 한다는 것과 유사하다. 그런데 현대사회는 의미를 추구하는 진정성 있는 삶을 더 이상 우리에게 요구하지 않는다. 오직 먹고사는 문제와 성공을 추구하는 인생을 요구할 뿐이다. 더 큰 문제는 그것조차 쉽지 않다는 것에 있다. 신자유주의 사회는 무한한 경쟁을 활동 원리로 삼는다. 그리고 경쟁에서 도태된 자들은 먹고살기조차 너무나 힘들다. 신자유주의라는 거대한 이윤 창출 시스템이 양산한 가난한 자들은 거대한 "쓸모없는 집단"이 된다. 경쟁에 패배한 자들에게 생존은 매우 힘겨운 과제이자 살아가는 절체절명의 이유가 된다. 이들에게 삶은 생존의 유지 그 자체로 환원될 가능성이 높다. 오직 생존만이 유일한 삶의 이유가 되는 좀비적 존재가 된다.

좀비의 특성이 무엇인가? 살았으나 죽은 자이다. 좀비는 인간의 형상을 하고 있으나 인간이 아니다. "비인간"이다. 살아 있는데 죽었다. 좀비는 살아있음의 의미와 죽어있음의 의미가 동시에 체현되는 존재다. 좀비에게는 오직 생존 자체만이 의미가 있다. 좀비의 역설은 오로지 생존에의 의지만이 절대화된 삶, 모든 의지와 힘이 생존을 위한 활동으로 환원된 인간의 형상이 어떤 것인지를 보여주고 있다. 오늘날 좀비가 글로벌 대중문화의 아이콘이 된 것은 바로 전 지구적 신자유주의가 조장한 극한적인 경쟁 상태와 심각한 불평등 그리고 배제된 인간에게 강요된 비참한 삶의 형상과 맞물려 만들어진 것이 아닐까? 즉 좀비는 신자유주의 체제가 양산하는 "쓸모없는 인간", 배제된 인간의 삶을 극단적인 방식으로 표현하는 상징이 아닐까? 지그문트 바우만은 이런 좀비 같은 삶을 "쓰레기가 되는 삶들"이라고 표현하고 있다.

> 잉여란 여분, 불필요함, 무용함을 의미한다.…다른 사람들은 당신을 필요로 하지 않으며 당신 없이도 잘할 수 있고 당신이 없으면 더 잘할 수 있다.…잉여로 규정된다는 것은 버려져도 무방하기 때문에 버려졌다는 것을 의미한다.…잉여는 불합격품, 불량품, 폐기물, 찌꺼기-와 그리고 쓰레기-와 의미론상의 공간을 공유하고 있다. 실업자, 노동예비군의 목적지는 다시 노동 현장으로 돌아가는 것이었다. 그러나 쓰레기의 목적지는 쓰레기장 쓰레기 더미다.[10]

최태섭은 『잉여사회』에서 결핍을 잉여의 필요조건이며, 과잉을 잉여의 충분조건이라고 말한다.[11] 잉여의 제1조건은 "그것이 더 이상 자본주의 경제 질서에 유용하지 않을 것"이다. 요컨대 잉여는 팔 수도 없고, 노동을 시킬 수도 없으며, 소비자로도 부적절한 어떤 존재들을 지칭한다. 그들에게는 숨을 쉬고 먹는 입은 있으되 말하는 입은 없다. 이들은

---

10 지그문트 바우만, 정일준 역, 『쓰레기가 되는 삶들』(새물결, 2008), 32쪽.
11 최태섭, 『잉여사회』(웅진지식하우스, 2013), 85-93쪽.

결핍 그 자체이며, 자본주의 체제의 구멍이다. 하지만 잉여는 결핍과 박탈을 통해서만 생겨나는 것이 아니다. 발전된 자본주의 국가들에서 잉여는 어떤 과잉들을 통해서도 발생한다. 현대 자본주의에서 노동은 질적 변화를 겪고 있는데 그것은 "비물질 노동"으로 지칭된다. 오늘날 대부분의 상품은 정보와 문화를 포함하는데, 비물질 노동은 이렇게 변화된 상품의 성격에 맞추어 재조정된 노동이다. 심지어 고전적인 생산노동이라고 불릴만한 것들도 지적인 부분을 포함하고 있으며, 커뮤니케이션 기술에 대한 지식이 더욱 중요해졌다. 노동의 비물질화는 오늘날 노동자의 비물질화를 만들고 있다. 노동력이 이제는 컴퓨터 프로그램처럼 다루어져, 필요할 때는 자본의 네트워크에서 다운받고 필요 없어지면 삭제할 수 있는 것이 되었다. 노동자는 비인격화되고 비인간화된, 오로지 데이터와 가격으로만 존재하는 자들이다. 노동자들은 이러한 생산의 회로에서 살아남기 위해 스펙을 쌓아야 하고 인성을 개발하며 자신의 유용성을 증명해야만 한다. 그들의 수는 이제 과잉되어 있고 그들의 능력 또한 과잉되어 있다. 이러한 과잉이 잉여를 생산해낸다. 물론 잉여를 잠재성으로 보는 시각도 있다.[12] 하지만 잉여가 이 세상을 바꿀 잠재성이 되려면 최태섭의 말대로 생존, 성장, 그리고 연대가 필수적이다. 우리가 추구하는 공공성은 잉여들을 품고 그들의 잠재성이 건설적으로 드러나도록 돕는 공공성이어야 한다.

   타자의 또 다른 모습은 "벌거벗은 생명"이다. 아감벤은 "예외상태"가 일상화된 현대 권력의 성격을 명쾌하게 분석함으로써 오늘날 타자

---

12 백소영 외,『잉여의 시선으로 본 공공성의 인문학』(이파르, 2011).

의 모습을 새롭게 복원했다.[13] 예외상태는 법에 의한 법의 중지라는 역설적 사태만이 아니라 이 역설적 구조를 통해 비로소 법이 "생명" 혹은 "살아 있는 존재"를 자신의 질서 안으로 끌어안는다고 아감벤은 말한다. 예외상태는 생명체를 고유한 대상으로 삼는 정치, 즉 생명정치와 결부되어 있는데, 예외상태의 생명정치적 의미를 아감벤은 법이 스스로를 효력정지시킴으로써 살아 있는 자들을 포섭하는 근원적 구조라고 말한다. 여기에 예외상태의 상관물로 존재하는 개념이 바로 "호모 사케르"다. 호모 사케르는 성스러운 인간인 동시에 벌거벗은 생명이다. 원래 호모 사케르는 고대 로마의 정치 제도에서 모든 정치적 권리를 박탈당하고 절대적인 무권리 상태에 처한 존재를 일컫는 말이다. 그는 생물학적으로 살아 있지만 정치적으로는 죽은 자였다. 어떤 사람이 호모 사케르로 지목된다면 그를 다른 시민이 죽이더라도 살인죄가 성립되지 않는다. 뿐만 아니라 호모 사케르는 공동체의 희생제의에 제물로 봉헌될 수도 없는 존재였다. 그런 의미에서 호모 사케르는 지라르의 희생양 개념을 넘어선다. 희생양으로 받아들여지지 않는 존재를 사유할 수 있게 하기 때문이다.[14]

예외상태가 선포되면 모든 법적 권리가 즉각 중지되면서 남는 것은 오직 순수한 생명체로서의 삶뿐이다. 그것은 단지 생물학적 의미에

---

13 조르조 아감벤, 박진우 역, 『호모 사케르』(새물결, 2008).
14 고지현은 이 둘을 이렇게 비교한다. "희생양은 공동체를 이미 형성된 것으로 전제하며 공동체가 내재된 폭력을 방어하기 위해 제식의 형태로 희생양을 추방한다고 본다. 이와 달리 아감벤은 호모 사케르를 통해 공동체 형성의 근원을 묻고 있으며, 그 근원을 종교의 발생과 규범적 법의 발생에 선행하는 정치적인 것으로 파악하고 있다." 고지현, "아감벤: 호모 사케르", 연구모임 사회비판과대안 엮음, 『포스트모던의 테제들』(사월의책, 2012), 242쪽.

서의 생명, 즉 벌거벗은 생명이다. 이런 분석을 통해 근대국가의 주권이 어떤 성격을 갖는지가 명확해진다. 국가는 시민의 삶을 위해 어떠한 권리도 보장하지 못한 채 그저 생물학적으로 생존하도록 하는 삶, 즉 벌거벗은 삶으로 만들 수 있는 정당한 권리를 보유하고 있다. 푸코가 생명정치의 장치로서 "감옥"에 관심을 가졌다면 아감벤은 "수용소"에 관심을 갖는다. 감옥은 다시 정상적인 시민으로 돌아갈 수 있는 장치지만, 수용소는 시민적 권리를 가질 수 없는 "벌거벗은 생명"을 관리하는 장치다. 나는 그의 분석을 통해 난민수용소나 포로수용소가 왜 존재하는지를 알 수 있게 됐다. 또한 그의 분석을 통해 예수 그리스도의 죽음이 "희생양"으로서의 죽음인 동시에 "호모 사케르"로서의 죽음이었다고 생각하게 되었고, 왜 예수님께서 최후 심판의 비유에서 염소들에게 내가 감옥(넓은 의미에서 수용소까지 포함하는)에 갇혀 있을 때 너희가 나를 돌보지 않았다고 했는지 깨닫게 됐다. 타자를 위한 존재로서 교회는 호모 사케르에게 생물학적으로 생존하기만 하는 삶이 아니라 진정한 정치적 권리를 되찾도록 하는 실천에 참여해야 한다는 의미로 읽혔다.

　　아감벤과 더불어 타자를 위한 삶을 명확하게 정의해 준 사람은 자크 랑시에르다.[15] 랑시에르는 아렌트와 아감벤 모두 권력과 정치를 구별하지 못했다고 비판하면서 국가체제에 포섭된 정치는 정치가 아니라 권력의 행사이며, 그것은 차라리 치안의 영역에 불과하다고 말한다. 그에게 정치란 권력을 통한 이해관계의 조정이나 타협 행위 혹은 권력의 획득이나 운영과 다른 것이다. 치안은 무엇보다 공동체의 성원들에게 그 공동체에서 각자에게 나누어지는 몫에 대한 감각을 할당하는 작업

15　자크 랑시에르, 양창렬 역, 『정치적인 것의 가장자리에서』(도서출판길, 2008).

을 한다. 치안이란 공동체 내에서 자격이 있는 자들과 자격이 없는 자들을 가르는 어떤 감각의 분할선을 형성한다. 반면 정치란 감각적인 것의 분할을 다시 분할하게 만드는 활동이며, 분할 자체를 문제 삼는 활동을 말한다. 정치란 공동체 전체의 질서나 공동체가 부여하는 정체성과 동일시되어야만 자기 자리를 할당받을 수 있는 몫 없는 자들의 어떤 몫을 보충하면서 이 타협을 교란하는 것이며, 몫이 없는 자들이나 자격 없는 자들이라고 여겨지던 이들이 그 체제의 경계 안으로 부당하게 침입하는 불화의 행위다. 그 불화의 행위를 통해 그동안 보이지 않던 불평등한 분할, 불평등한 배분, 불평등한 경계를 보이게 하는 것이다. 한마디로 정치란 몫 없는 자들의 몫을 찾기 위한 투쟁이다.

어느 날 말라기서를 본문으로 설교를 준비하다가 귀한 깨달음을 얻게 되었다. 말라기서는 구약의 마지막 책이며 십일조에 대해 강조하는 말씀이 담겨져 있는 책이다(특히 말 3:7-10이 유명하다). 십일조가 무엇이기에 하나님께서 이토록 분노하시는 것일까? 구약시대의 십일조는 단지 종교적 행위가 아니라 사회복지 시스템이었다. 십일조는 크게 두 가지로 나뉘는데, 하나는 레위인과 제사장들에게 주는 십일조이고 다른 하나는 3년마다 가난한 사람들의 몫으로 드리는 십일조다. 전자는 레위인들과 제사장들의 생계를 책임지는 십일조이며, 후자는 비축해두었다가 가난한 자들을 돕는 십일조다. 하나님은 레위인과 제사장에게 기업을 주셔서 스스로 생계를 유지하게 하시지 않고 반드시 나머지 지파들이 그것을 책임지게 하셨다. 또한 이스라엘 백성들 가운데 존재하는 가난한 자들을 기업 받은 자들이 책임지게 하셨다. 진정한 하나님의 백성의 정체성은 이 두 가지를 통해 드러난다. 이것을 드리지 않는 것은 하나님의 것을 도둑질한 것이나 마찬가지다. 따라서 하나님께 돌아가려면 하나님의 것을 도둑질하는 죄악에서 돌이키고 온전한 십일조를 창고에 들여 하나님의 집에 양식이 있게 하라고 말씀하신다. 그렇게 하면 하나님께서 하늘 문을 열고 복을 쌓을 곳이 없도록 부어주시겠다고 하신다.

십일조를 통해 혜택을 누리는 두 부류의 공통된 특징은 무엇인가? 그들 모두 "몫 없는 자들"이다. 레위인과 제사장들은 자신들을 위한 기업을 소유하지 않았다. 가난한 자들은 기업을 모두 잃었다. 이들은 모두 몫 없는 자들이다. 그렇다면 십일조란 몫 없는 자들의 몫을 찾아주는 제도라 할 수 있다. 따라서 온전한 십일조를 회복하라는 것은 단순히 종교적인 계율을 지키라는 의미를 넘어서 몫 없는 자들의 몫을 찾아주어 온전한 공동체를 이루라는 말씀이다. 공의를 행하고 인자를 사랑하고 겸손하게 하나님과 함께 행하는 삶이란 몫 없는 자들의 몫을 찾아주는 것이다. 이 땅에 자기 몫이 없는 사람들이 있다. 하나님을 알지 못하는 사람들, 가난한 사람들, 비정규직 노동자들, 청소년들, 장애인들, 외국인 노동자들, 소수자들, 핍박받는 의인들, 세월호 유가족들…. 그들의 몫을 찾아주는 것이 바로 온전한 십일조를 회복하는 삶이다. 이것이 구약성경의 마지막 예언서인 말라기의 간절한 외침이다.

4. 세월호 참사 앞에 침묵하는 한국교회

이제 왜 이토록 장황하게 타자가 누구인지, 그리고 타자를 위해 산다는 것이 무엇인지 이야기할 차례가 됐다. 2014년 4월 16일. 대한민국을 그 이전으로 돌아갈 수 없도록 만든 "세월호 참사"가 발생했다. 기억하기조차 두려운 참혹한 사건이었다. 온 국민이 실시간으로 세월호 참사를 목격했다. 이 참사의 희생자는 모두 304명이었고, 그중에서도 단원고 2학년 학생 250명의 죽음은 온 국민을 눈물 젖게 했다. 세월호 참사에 대해서는 따로 책 한 권을 써야 할 만큼 할 말이 많지만 이 책의 성격상 세월호 참사 자체를 자세히 다루지는 않겠다.[16] 이 책에서는 세월호 참사와 우리 교회가 겪은 변화, 그리고 타자를 위한 교회의 사역에 대해서만 소개하기로 한다.

세월호 참사를 처음 접했을 때 가장 강하게 느낀 것은 이 사건이 "십자가적 사건"이라는 것이었다. 십자가는 정사와 권세를 밝히 드러내는 기능을 한다. 무고한 자를 죽일 수밖에 없는 죄와 악의 실체가 무고하신 예수님의 십자가 앞에 총체적으로 드러난다. 세월호 참사 또한 총체적 죄와 악의 실체가 적나라하게 드러나는 사건이었다. 그렇기에 세월호 참사를 개인적 차원의 아픔, 상실, 트라우마 정도로만 접근하는 것은 잘못된 것이다. 더군다나 이번 참사는 전 국민이 실시간으로 함께 트라우마

---

16 세월호와 관련된 책들을 몇 권 소개하면 다음과 같다. 세월호 참사에 대한 사실적 이해를 돕는 책으로는 민주사회를 위한 변호사모임에서 쓴 『416 세월호 민변의 기록』(생각의 길, 2014)이 있고, 2주기 즈음에 진실의 힘 세월호 기록팀이 쓴 『세월호, 그날의 기록』(진실의힘, 2016)이 있다. 유가족들의 육성기록을 담아 가슴이 절절한 『금요일엔 돌아오렴』(창비, 2015)도 중요한 자료다. 세월호 참사의 성격에 대한 이해를 돕는 책으로는 작가들이 쓴 『눈먼 자들의 국가』(문학동네, 2014), 인문학자들이 쓴 『팽목항에서 불어오는 바람』(현실문화, 2015), 철학자들이 쓴 『망각과 기억의 변증법』(이파르, 2015)이 있다. 복음주의권에서 쓴 책으로는 『세월호 희망을 묻다』(뉴스앤조이, 2015), 『헤아려본 세월』(포이에마, 2015), 『세월호와 역사의 고통에 신학이 답하다』(대장간, 2014) 등이 있고, 에큐메니칼 진영의 책으로는 『곁에 머물다』(대한기독교서회, 2014), 『남겨진 자들의 신학』(동연, 2015), 『사회적 영성』(현암사, 2014) 등이 있다. 세월호 참사와 관련하여 신정론을 다룬 박영식 교수의 『그날 하나님은 어디 계셨는가』(새물결플러스, 2015), 사회적 트라우마의 치유를 다룬 정혜신, 진은영의 『천사들은 우리 옆집에 산다』(창비, 2015), 그리고 광화문 천막카페의 이야기를 담은 양민철, 김성률 목사의 『광장의 교회』(새물결플러스, 2016)도 세월호 참사를 이해하는 데 도움이 된다.

를 겪은 사건이다. 세월호만 침몰한 것이 아니라 대한민국호가 침몰한 사건이었고, 전 국민이 집단적 희생자가 되었으며, 집단적 트라우마에 빠진 사건이다. 또한 이 사건이 장기화되는 과정에서 보여진 책임자들의 행태는 광의의 세월호 희생자들 모두에게 지속적으로 상처를 주었다. 정혜신의 말대로 우리 모두는 "외상 후 스트레스 증후군"(PTSD)이 아니라 "외상 중 스트레스 증후군"을 겪고 있다. 그렇기에 십자가의 영성에 대해 말한 것처럼 한국교회는 세월호 참사 앞에서 개인적인 죄의 차원을 넘어 정사와 권세를 다루는 십자가, 가해자의 죄를 용서하는 십자가만이 아닌 피해자의 탄원을 신원하는 십자가를 보여주어야 한다.

하지만 한국교회는 이런 시각을 갖지 못했다. 마치 학생들에게 "가만히 있으라"고 했던 선장과 선원들처럼 성도들에게 가만히 있으라고, 침묵하라고만 말했다. 그런 정치적 사안에 대해서 그리스도인은 침묵해야 한다는 것이다. 하지만 정말 침묵하는 것이 옳은가? 세월호 참사는 정치적 사안인가? 나는 많은 사람들이 생각하듯 정파적 의미에서 세월호 참사는 정치적 사안이 아니라고 생각한다. 그것은 우선 인류의 문제요, 인권의 문제요, 윤리의 문제다. 하지만 랑시에르가 말한 본래적 정치의 의미에서 세월호 참사를 정치적 사안이라고 부를 수 있다고 본다. 그렇다면 과연 교회는 정치적 사안에 대해서 침묵해야 하는가? 교회가 특정 정치적 사안에 대해 무조건 중립을 지키는 것이 옳은가?

정치적 사안에 대해 침묵하고 중립을 지켜야 한다는 주장의 근거로는 "정교분리의 원칙"이 대표적이다. 정교분리의 원칙은 헌법에도 기록되어 있기 때문에 침묵하고 중립을 지켜야 한다는 것이다. 하지만 이런 주장은 정교분리 원칙에 대한 오해에서 비롯된 주장이다. 정교분리 원칙은 교회가 정치에 참여하는 것을 금지하는 원칙이 아니라 국가가 종교에 간섭하는 것을 금지하는 원칙이다. 한국 헌법은 미국 헌법의 영향을 받았는데, 미국 헌법에서 정교분리의 원칙이 기록된 이유는 두 가지다. 하나는 모든 개인에게 종교의 자유를 부여하기 위함이고, 다른 하나는 국가가 종교의 문제에 간섭하는 것을 금지하기 위한 것이다. 특히 국가가 특정 종교에 혜택을 주거나 특정 종교를 국교로 삼는 것을 금지한 것이다. 미국 건국의 주역들은 영국 국교회에 반기를 들고 아메리카 대륙으로 넘어온 신교도들이기 때문에 이것은 너무나 자연스러운 것이었다. 이러한 맥락을 이해하지 못하고 정교분리의 원칙으로 교회의 정치참여를 금지하는 것은 본래의 의미를 왜곡한 것이다.

무엇보다 침묵과 중립을 정당화하기 위해 정교분리의 원칙을 내세우는 사람들이 오히려 자신의 주장을 제대로 지키지 않았다는 것이 문제다. 그들은 그동안 정교분리의 원칙을 오직 불의한 권력을 정당화하는 데만 사용해왔다. 특히 로마서 13장을 근거로 한일합방을 지지하고, 3·1 운동을 반대하고, 신사참배를 찬성하고, 일제의 전쟁동원을 지지하고, 삼선개헌을 지지하고, 유신헌법을 지지했다. 한국 기독교 역사를 조금만 돌아봐도 주류 기독교 세력은 한 번도 정교분리의 원칙을 지키지 않았다는 것을 알 수 있다. 필요할 때만 정교분리의 원칙을 주장할 뿐 실제로는 지키지 않았던 것이다. 왜 거의 모든 기독교 단체들과 주요 대형교회의 목사들은 정교분리의 원칙에 어긋남에도 공개적으로 정치적인 사안을 적극 지지하거나 혹은 반대하는 행위를 했을까? 그것은 아마도 자신들에게 이익을 주는 행위와 입장에 따라 정치를 선별적으로 수용하고 배제한 결과가 아닐까? 자신들의 이익에 맞게 이중 잣대를 적용한 것이다. 나는 한국교회 강단에서 선포되는 수많은 설교 말씀을 들으면서 너무나도 한쪽으로 치우친 정치적 발언을 많이 들었다. 그런데 놀라운 것은 그런 정치적 발언은 정치적인 설교로 인식되지 않는다는 점이다. 도리어 성도들이 그 말씀에 은혜를 받는다. 하지만 그런 정치적 발언과 다른 입장의 발언이 선포되면 그것은 정치적인 설교가 되어버린다.

모든 권세를 하나님께서 주셨으므로 위에 있는 권세에 복종하라는 로마서 13장의 해석에 대해서는 할 말이 많으나 간단하게만 언급해 보자.[17] 첫째, 로마서 13장은 모든 현존하는 권세에 대해 면죄부를 주는 것이 아니라 현존하는 권세가 어떠해야 하는지를 보여주는 말씀이다. 이 말씀은 현존하는 통치체제의 범위와 성격을 제시하는 것이며 동시에 권세 자체가 절대화되는 것을 막아 그 권세를 상대화하는 것이다. 곧 현존하는 정치체제가 하나님께서 제시하는 범위를 넘어서거나 하나님의 법에 어긋나서는 안 된다는 말씀이다. 만약 권세가 자신의 범위를 벗어나거나 하나님의 법에 어긋날 때, 그리고 권력이 자신을 절대화할 때 그리스도인은 현존하는 권세에 저항할 수 있다. 둘째, 권세와 권세자를 구분해야 한다. 로마서 13장은 하나님이 권세를 주셨다고 했지 모든 권세자를 승인했다고 하지 않았다. 존 녹스는 사람과 직분의 차이를 소개하면서 "인간에게 주신 권세"와 그 "권세를 가진 인간"은 별개라고 했다. 시민들이 권세 자체에 저항하는 것은 금지되었지만 그 권세의 자리에 있는 사람에게 저항할 수는 있다고 말한다. 칼뱅의 후계자인 베자도 폭군에 대한 저항을 정당화하기 위해 "주권"과 "주권자"를 구분했다. 주

---

17   그리스도인의 정치참여에 대해 매우 균형잡힌 책으로는 김형원, 『정치하는 그리스도인』(SFC 출판부, 2012)을 참고하라. 로마서 13장에 대한 해석사를 보여주는 책으로는 미야타 미쓰오, 『국가와 종교: 유럽정신사에서의 로마서 13장』(삼인, 2004)을 참고하라.

권은 인정해야 하지만 잘못된 주권자에게는 저항해야 한다고 말했다. 이것이 바로 칼뱅주의와 장로교에서 주장하는 정치신학이다.[18] 이처럼 그리스도인은 불의한 권세자에 저항할 수 있다.

오해의 소지를 없애기 위해 짚고 넘어가야 할 것은 정치적이라는 것이 반드시 "정파적이라는 것"을 뜻하는 것은 아니다. 짐 월리스가 『하나님의 정치』에서 말한 것처럼 "하나님은 민주당원도 아니고 공화당원도 아니다."[19] 하나님은 여당 편도 아니고 야당 편도 아니다. 하나님 나라는 정치적이지만 정파적이지 않다. 하나님 나라는 정파적인 것에 갇힐 수 없다. 하나님 나라는 이 세상의 이데올로기나 정파적인 입장과 동일시될 수 없다. 따라서 하나님 나라의 정치를 보여주어야 하는 교회 역시 정파적이어서는 안 된다. 교회가 특정 정당을 지지해서도 안 된다. 교회는 모든 정당의 특정한 입장을 수용하기도 하고 비판하기도 하며 그것을 넘어선 성경적 입장을 가져야 한다. 교회는 오직 하나님 나라의 정치와 십자가의 정치를 교회공동체의 존재와 실천을 통해 보여주어야 한다. 그것은 곧 영적 싸움이다. 그의 나라가 이 땅에 임하면 이 땅은 전쟁터가 된다. 이 땅의 원리와 하나님 나라의 원리가 서로 충돌하기 때문이다. 예수를 십자가에 못 박은 정사와 권세가 지배하고 있는 이 땅에 하나님 나라가 침투하기 때문에 양자의 충돌은 불가피하다. 따라서 하나님 나라를 사는 사람들에겐 중립이란 존재하지 않는다. 우리에게 회색지대나 중립지대는 존재하지 않는다. 우리는 오직 하나님 나라와 이 세상 나라의 싸움 한 가운데 있다. 우리는 이 싸움에서 어느 편에 설

---

18 양낙흥, 『개혁주의 사회 윤리와 한국 장로교회』(생명의양식, 2010).
19 짐 월리스, 정성묵 역, 『하나님의 정치』(청림출판, 2008), 20쪽.

것인지 택해야 한다. 우리는 세월호 참사에 대해 십자가적 정치로 개입해야 한다.

사람들은 자신들이 경기장 밖에 있다고 착각한다. 그래서 구경꾼처럼 말한다. 혹은 경기장 안에 있다고 생각하는 사람조차도 자신을 심판의 자리에 놓는다. 더 큰 문제는 적절하지 않은 심판, 혹은 편파적인 심판의 역할을 한다는 데 있다. 세상은 마치 주니어급 선수가 헤비급 선수와 경기를 해야 하는 불공정한 혹은 부정의한 경기장과 같다. 그런데 이 심판은 헤비급 선수가 주니어급 선수에게 폭력을 행사할 때는 뒷짐 지고 있다가 주니어급 선수가 헤비급 선수에게 저항을 하거나 불공정하고 부정의한 게임의 규칙에 대해 항의를 하면 그때 끼어든다. 경기를 속개하라고, 가만히 있으라고, 게임의 법칙을 바꿀 수 없다고, 긍정적으로 생각하라고, 폭력을 써서는 안 된다고, 중립을 지키라고 말한다. 그러나 경기장 안에서 중립이란 존재하지 않는다. 우리는 모두 경기장 안에 있는 선수들이다. 우리는 구경꾼이 아니다. 심판도 아니다. 우리는 모두 선수들이다. 그렇기에 실상은 중립을 주장하는 것이 가장 정치적인 행위인 것이다. 나의 중립이 누군가에게는 도움을 주는 행위이며, 누군가에게는 피해를 주는 행위이기 때문이다.

정사와 권세가 이 땅의 연약한 자들에게 피해를 끼치고 있는데 중립을 지키는 것이 옳은가? 마틴 루터 킹 목사는 "사회적 전환기의 최대 비극은 악한 사람들의 거친 아우성이 아니라 선한 사람들의 소름 끼치는 침묵"이라고 말했다. 『신곡』을 쓴 단테의 말로 알려진 격언이 있다. "지옥에서 가장 뜨거운 자리는 중립을 지킨 자들을 위해 예비되어 있다." 그런데도 한국교회는 성도들에게 침묵을 지키고 가만히 있으라고만 말한다. 그러한 침묵은 불의한 폭력에 동참하는 암묵적 동조다. 다음

말을 누가 했는지 아는가? "이것은 불순세력에 의한 난동이다. 어린 것들이 선동되고 있다. 정부의 말을 따르지 않으니 엄중한 조치를 할 것이다. 망동을 따르지 말고 가만히 있으라." 꼭 세월호 참사 앞에 분노하는 사람들을 향해 조언하는 어떤 사람들의 말 같지 않은가? 하지만 이것은 나라를 팔아먹은 이완용이 신문에 3·1운동을 비판하며 기고한 글이다. 예나 지금이나 악에 편승하는 기득권자들의 메시지는 항상 "가만히 있으라"였다. 침묵하라는 말이 바로 저 불의한 폭력 앞에서, 그리고 사회적 악과 악의 권세들 앞에서 그냥 가만히 있으라는 말과 크게 다르지 않다면, 한국교회는 악을 방관하며 면죄부를 주고 악을 조장하며 동참하는 셈이다. 이것은 심각한 죄다.

구약에서 가장 짧은 책인 오바댜서에서 말하는 에돔의 죄악이 무엇인 줄 아는가? 그들이 하나님께 심판을 받는 이유는 다음과 같다.

> 네가 네 형제 야곱에게 행한 포학으로 말미암아 부끄러움을 당하고 영원히 멸절되리라. 네가 멀리 섰던 날 곧 이방인이 그의 재물을 빼앗아 가며 외국인이 그의 성문에 들어가서 예루살렘을 얻기 위하여 제비 뽑던 날에 너도 그들 중 한 사람 같았느니라(옵 1:10-11).

첫 번째는 "포학"인데, 포학은 히브리어로 "하마스"다. 하마스는 무서운 죄다. 구약에서는 공평과 정의가 왜곡된 상태를 표현할 때, 포학과 겁탈, 강포와 탈취, 강포와 멸망 등으로 표현된다. 하나님이 인간을 처음으로 심판하는 장면이 창세기 6장에 나온다. 그런데 하나님이 심판할 수밖에 없었던 인간의 죄는 다름 아닌 포악함이다. "그때에 온 땅이 하나님 앞에 부패하여 포악함이 땅에 가득한지라"(창 6:11). "하나님이 노아에게 이르시되 모든 혈육 있는 자의 포악함이 땅에 가득하므로 그 끝 날이 내 앞에 이르렀으니 내가 그들을 땅과 함께 멸하리라"(창 6:13). 포악함(하마스)이 바로 심판의 원인이다. 하마스의 죄가 이렇게 무서운 것이다. 그런데 이해할 수 없는 것은 그 포악이라는 것이 뭐냐면 "멀리 선 것"이다. 하나님께서 바벨론을 통해 남유다를 심판한 날에 에돔은 형제의 고통에 동참하지 않거나 그것을 해결하기 위해 책임을 지지 않고 "멀리 서서" 방관했다. 성경은 재앙의 날에 멀리 선 것, 그것을 바로 포악이라고 부른다. 형제가 고난 가운데 있을 때 방관한 것이 바로 폭력이라는 말이다. 하나님이 가장 싫어하는 것 중 하나가 바로 "방관자적 태도"다.

5. 세월호 참사에 대한 윤리적 반응

세월호 참사가 TV를 통해 보도될 때 우리 교회는 정말 간절히 기도했다. 새벽예배 때도 금요철야 때도 간절히 기도했다. 하지만 단 한 명도 구조되지 않았다. 골든타임이 지났지만 전 국민이 희망을 포기하지 않았다. 그러나 결과는 너무도 참혹했다. 그런 결과를 보며 매일 눈물이 났다. 아무것도 할 수 없었다. 특히 교회에서 어떻게 해야 할지 가닥이 잡히지 않았다. 대부분의 한국교회들처럼 침묵하라고 말할 수는 없었다. 하지만 세월호 참사에 대해 설교하기가 쉽지 않았다. 너무나 예민한 사안이었고 모두가 그것을 정치적 사안으로 이해하고 있었기 때문이다. 지금까지 복음의 공공성에 대해 설교하고 공공성을 회복하는 선교적 사역을 하는 것도 쉽지 않았다. 그런 설교와 사역 때문에 얼마나 많은 사람들이 교회를 떠났던가? 그런데 이제 복음의 정치성에 대해서 설교해야 할까? 너무 이른 건 아닐까? 공동체가 좀 더 견고해지고 난 후 해야 할까? 공공성을 회복하는 사역이 완전히 정착된 후에 해도 늦지 않은 건 아닐까? 교회가 또 휘청거리면 어떡하지? 이런 온갖 생각들이 꼬리에 꼬리를 물었다. 그렇지만 그런 염려와 걱정 때문에 세월호 참사에 대해 설교하지 못한다면 우리 교회는 다른 교회와 똑같은 교회가 될 것 같았다.

한국교회는 교인들이 싫어하는 설교를 하지 못한다. 교회를 쇼핑센터 선택하듯 선택하는 시대에 듣기 싫은 소리를 하는 교회를 누가 선택하겠는가? 교회는 이것을 너무나 잘 안다. 그래서 듣기 싫은 설교가 아니라 듣고 싶은 설교를 한다. 누가 들어도 교훈적인 그러면서 듣기 편한 설교를 한다. 왜 그럴까? 바른 교회를 세우고 싶어서 그럴까? 아니다. 큰 교회를 세우고 싶어서다. 한국교회는 그동안 불의에 저항하는 역사의 현장에 제대로 참여하지 못했으며, 소외되고 가난한 사람들과 함께 하지 않았고, 기득권자들에게 예언자적 설교를 하지 못했다. 몇천 명, 몇만 명이 출석하는 교회가 되면 뭐하는가? 예언자적 설교가 없는 교회가 도대체 진정한 교회인가? 나는 이런 교회를 꿈꾸거나 이런 설교를 할 수는 없었다. 그래서 부활 주일에도 세월호를 짧게 언급했고, 그 다음 주에도 세월호를 언급했다. 한국교회 강단에서 선포되는 내용과는 상반된 내용이었다. 하지만 전면적으로 세월호에 대해 설교하기는 쉽지 않았다. 템포와 강도 조절이 어려웠다. 용기가 필요했기에 많은 부분에서 주저하기도 했다.

그러던 중 안산의 체육관에 임시분향소가 마련됐다는 소식을 듣고 아내와 함께 한 걸음에 달려가 분향을 했다. 아이들의 영정이 층층으로 늘어서 있는 광경은 그 무엇으로도 형용할 수 없는 괴기스럽고 슬픈 광경이었다. 어떻게 이런 일이 일어날 수 있는지, 교회는 이 참사 앞에서 무엇을 해야 하는지, 한국교회가 모두 침묵하고 있는 이때 우리 교회는 무엇을 해야 하는지, 여러 생각이 들었다. 우선 카페 앞 로비의 나무 장식에 노란 리본을 다는 것부터 시작했다. 조심스러웠지만 이렇게라도 애도를 표현하고 싶었다. 애도의 공동체가 되지 않고 어떻게 진정한 공동체가 될 수 있겠는가? 우는 자들과 함께 울 줄 모르는 공동체는 타자의 고통을 자기의 것으로 받아들일 줄 모르는 공동체로, 인간을 진정으로 사랑할 줄 모르는 공동체다. 오직 이익과 효율만 추구하는 공동체는 인간을 인간으로 받아들이지 않고 숫자나 번호로 평가하는 공동체이기에 애도할 줄 모르고 사랑의 공동체를 만들 수도 없다. 오직 타자의 고통에 반응할 줄 아는 애도의 공동체만이 인간적인 공동체를 세울 수 있다. 하지만 권력은 늘 애도를 없애고 싶어 한다. 애도 자체가 권력의 정체를 드러내기 때문이다. 하지만 하나님은 인간의 고통에 반응하는 분이다. 하나님의 성품은 인간의 고통에 반응하는 하나님의 아픔을 통해서만 온전히 드러난다. 그렇기에 하나님은 사무엘하에 나오는 아야의 딸 리스바의 애도를 듣고 그 땅의 모든 기도를 막으셨다. 다윗이 그녀의 애통을 신원하여 준 후에야 하나님은 그 땅의 기도를 들으셨다. 하나님은 애도의 하나님이요 신원하시는 분이다. 그래서 우리는 나무 장식에 노란 리본을 달았다. 우는 자들과 함께 울기 위해서다. 여지없이 말들이 들려왔다. 교회가 왜 이런 걸 다는지 모르겠다는 분, 어디서 루머를 듣고 노란 리본이 샤머니즘적 행위라고 말하는 분 등등. 하지만 이것조차 하지 않는다면 도대체 하나님을 그리고 유가족들을 무슨 낯으로 볼 수 있단 말인가?

그러다가 4월 말 때쯤 팽목항으로 달려갔다. 팽목항에 직접 가보지 않고는 도저히 마음속 부채의식을 어떻게 할 수 없었다. 함께 가려 했던 사람들의 팽목항행이 취소되어 기회를 놓쳤기에 약간 늦은 감은 있었지만 아내와 함께 그곳을 다녀왔다. 그때, 시신을 확인하는 텐트 안에서 차디찬 시신으로 돌아온 아이를 안고 통곡하는 어느 어머님의 절규를 듣게 되었다. 그것은 도저히 사람의 소리라고 여겨지지 않을 정도의 찢어지는 절규였다. 이것이 지상에 존재하는 소리란 말인가? 그 목소리를 듣는 것만으로 세상이 무너지는 것 같았고, 누군가 내 가슴에 비수를 박은 것보다 더 아팠고, 내 존재 또한 무너져 내리는 것 같았다. 목사이기에 많은 죽음의 자리를 함께했고 수많은 장례를 치러 봤지만 그런 소리는 어디에서도 들어본 적이 없었다. 평생 그 소리를 잊을 수 없을 것 같다. 그 목소리는 내게 그 무엇으로도 포착할 수 없는 타자의 호소였다. 그것은 십자가에 달려 "나의 하나님, 나의 하나님, 어찌하여 나를 버리셨나이까?"라며 부르짖는 예수님의 절규였고, "내 너를 위해 피 흘렸건만 너는 나를 위해 무엇을 하려느냐?"라는 주님의 목소리였다. 주님의 부르심이 분명해지자 이제 주저할 수 없었다.

6. 세월호 참사로 인한 교회의 변화

팽목항에 다녀온 후 본격적으로 우리 교회가 할 일들을 찾게 됐다. 우선 교회 공간이 있는 상가 앞 큰길가에 노란 리본을 달 수 있는 줄을 매달았다. 안산 바로 옆인데도 화성에서 세월호 참사에 대해 반응하는 사람들이 거의 없었다. 교회는 말할 것도 없었다. 하지만 우리는 가만히 있을 수 없었다. 사람들이 애도의 시간을 가질 수 있도록, 그리고 세월호 참사를 기억하고 유가족들과 희생자들을 잊지 않도록 하기 위해 "지켜주지 못해서 미안합니다." "결코 잊지 않겠습니다." "가만히 있지 않겠습니다." "끝까지 함께 하겠
습니다."라는 플래카드를 교회 이름으로 걸고, 가로수 사이사이에 줄을 매달아 탁자 위에 펜과 리본을 가져다 놓았다.

　기독교 영성에서 기억은 너무나도 중요한 역할을 한다. 성령은 기억하게 하는 영이다. "기억"(remember)은 "다시"(re) "하나됨"(member)을 의미한다. 성령은 예수와 그분의 말씀을 기억나게 하셔서 우리를 예수와 그분의 공동체로 이끌어 주신다. 또한 공동체가 기억을 통해 하나님의 구원사에 합류함으로써 새로운 의미를 부여받는다. 기억은 새로운 이야기를 통해 새로운 정체성을 얻게 된다. 세월호 참사도 마찬가지다. 기억이 단지 유가족들에게 한정되어서는 안 된다. 세월호 참사에 대한 기억은 사회화될 필요가 있다. 기억이 개인화되면 역사적 사건은 그 사회에 결코 교훈을 주지 못한다. 기억이 사회화될 때 역사적 사건은 사회의 것이 되고, 잘못된 역사를 되풀이 하지 않을 수 있다. 그렇게 될 때 지금까지의 역사와 다른 역사를 살 수 있으며, 역사가 성숙하게 되는 계기로 작동할 수 있다. 따라서 우리는 기억의 "국가화"에 저항하고, 기억을 "사회화"하여 지금까지와는 다른 삶을 추구해야 한다. 희생자들과 살아남은 자들과 유가족들에게 우리 사회가 들려줄 이야기가 있다고 말할 수 있어야 한다.[20] 그래서 우리는 큰길가에 노란 리본을 달 수 있는 줄을 매단 것이다. 몇 명이나 참여할지 의구심도 들었다. 하지만 놀랍게도 수백 명이 참여했다. 처음에 한 칸으로 걸었던 줄이 두 칸 그리고 세 칸으로 늘어났다. 상가 건물 앞이 온통 노란 리본으로 물들었다. 주변에 있는 플래카드들은 시청에서 다 수거해도 세월호 참사를 애도하는 우리의 플래카드는 멀쩡했다. 그렇게 플래카드와 노란 리본은 몇 개월 동안 봉담 길가에서 펄럭이며 유가족들에게 우리가 아직 기억하고 있다는 소식을 전했다. 모르는 분에게 전화도 걸려왔다. 자기 동생의 아들이 단원고 학생이었다고, 주위에서 아무도 반응하지 않는데 어떻게 교회가 노란 리본을 달았느냐고, 정말 고맙다는 전화였다.

그러던 중 우리 사회가 세월호 참사를 대하는 방식, 그리고 기득권층이 세월호 참사를 대하는 방식을 보면서 분노할 수밖에 없었다. 그중에서도 가장 힘들었던 것은 세월호 참사에 대한 망언이었다. 세월호 희생자들을 고래밥이라고 비아냥거리는 일베들의 극악무도한 망언들은 하나의 일탈이라고 치자. 그러나 이들뿐 아니라 사회의 명망가들조차 망언을 일삼았다. 도대체 인간에 대한 예의라고는 눈꼽만큼도 없고 "숭고함에 대한 저항"과 "속물성에 대한 정당화"만 남은 이 사회를 어떻게 바라보아야 하는가? 사회적 명망가들마저 망언을 일삼는 것은 망언이 단순히 실언이 아니라 그들의 기본적인 생각을 드러낸 것으로 보아야 한다.

신자유주의 시대 이후의 한국 사회에 국가는 없었다. 모든 것은 시

20　엄기호, "고통, 말할 수 없는 것을 기억하기," 김진호 외, 『사회적 영성』(현암사, 2014), 43쪽.

장의 가치로 환원됐다. 국민의 안전마저 시장의 논리에 맡긴 대표적인 사례가 2012년 수난구호법 개정과 수난 구조의 민영화다. 국민의 안전도 더 이상 국가가 책임지지 않고 시장이 책임진다. 정부가 구조 전문 업체도 아닌 언딘에 구조 전반을 위임한 것 역시 언딘과 계약을 맺은 청해진해운에 구상권을 청구해 정부가 들이는 비용 소모를 최소화하기 위해서였다. 다른 자원봉사자들에게 현장을 내주면 구조 과정에서 발생한 비용을 추후에 정부가 책임져야 했기에 언딘에 모든 것을 맡겼다. 이처럼 시스템은 물화됐고, 인명의 구조마저 상품이 되었다. 정부마저 공공성을 책임지지 않고, 국민의 안전마저 시장이 책임지는 사회는 독일사회학자 울리히 벡이 이야기하는 "위험사회" 그 자체다. 위험사회에서는 돈이 없을수록 또 위치가 낮을수록 생명의 가치는 제로에 가까워진다. 그런 의미에서 어떤 학자의 말처럼 이번 일은 위험사회에서 부득이하게 일어나게 돼 있는 "사회적 대량 타살"의 전형이라고 불러야 할지도 모르겠다. 이런 사회에서 인간이란 오직 교환가치와 수치로 환원된다. 무한경쟁에서 남을 짓누르고 성공한 소수와 이미 기득권을 가지고 있어서 부와 권력을 누리고 있는 자들에게 인간이란 존재하지 않는다. 그렇기 때문에 그들에겐 인간에 대한 예의도 고통에 대한 공감도 없다. 그들은 감정 부재의 사회, 공감 거부의 사회에서 하나의 부속품으로 살아갈 뿐이다.

그런데 이런 "비인간화"와 싸워야 할 한국교회 지도자들이 저들과 똑같은 망언을 일삼았다. 참으로 통탄할 일이다. 어쩜 이토록 그대로 닮았는가? 세상을 너무나 닮은 기독교다. 나는 세상과 교회의 이러한 모습을 보면서 분노할 수밖에 없었고, 주일 예배와 수요 예배, 그리고 금요철야 예배에서 강력하게 설교할 수밖에 없었다. 한편으로 유가족의 슬픔이 전해지는 것 같아 마음이 아프고, 다른 한편으로는 세상이 세월호 문제를 대하는 방식이나 우리 교회 교인들마저 조금 슬퍼하다가 아무 일 없었다는 듯이 다시 이전의 평범한 삶으로 돌아가는 모습으로 인해 마음이 아팠다. 어쩌면 당시 조금은 균형 감각을 잃고 강성 어조로 설교했을 것이다. 이런 모습이 반복되자, 교회에서 핵심적인 역할을 하던 세 가정이 교회를 떠나겠다는 말이 들려왔다. 왜 목사가 정치적인 설교를 하느냐며 불만을 가진 분, 왜 정치적인 설교를 해서 교회를 힘들게 하는지 모르겠다는 분, 내 설교가 담임목사와 정치적 입장이 다르면 교회를 떠나라는 메시지로 들렸다는 분들이 계셨다. 소식이 들려온 가정만 세 가정이지 아마도 그와 같은 마음을 품으신 분들이 더 많았을 것이다. 오해를 풀어야겠다는 생각도 있었고, 너무도 소중한 사람들이었기에 세 가정 모두 개별적으로 만났다. 대화를 통해 그분들 모두 교회를 사랑하기 때문에 하신 말씀이었음을 알 수 있었다. 분명 내가 너무 격한 부분이 있었다. 앞으로 조심스럽게 접근하겠으며 성도님의 요구를 진심으로 받아들이겠다고 말씀드렸다. 하지만 오해를 풀거나 생각을 바꿔드려야 하는 부분도 있었다. 왜 교회가 세월호 참사에 대해 반응해야 하는지 말씀드렸다. 대개의 경우 그분들의 모자람보다는 나의 미숙함으로 인한 문제들이었다. 모두 교회를 사랑하고 성숙한 분들이라 일단은 남아서 지켜보겠다고 하셨다. 정말 감사한 것은 나중에 이분들 모두 나의 적극적인 지지자가 되어주셨다는 점이다. 참으로 좋은 사람들이다.

　그 일이 있은 후 두 가지 변화가 생겼다. 하나는 좀 더 실제적인 사역이 시작되었다는 것이다. 멀리서 애도하고 기억하는 것도 중요하지만 더욱 중요한 것은 그분들과 함께 하는 것이라고 생각했다. 애도의 본질은 우는 자들과 함께 우는 것이다. 진정으로 울기 위해서 우는 자들과 "함께" 있어야 한다. "함께"라는 말에는 파격적인 의미가 담겨져 있다. 예수님의 또 다른 이름이 무엇인가? 바로 "임마누엘"이다. 임마누엘은 하나님이 우리와 "함께" 하신다는 뜻이다. 함께한다는 것의 의미가 무엇일까? 이라크 전쟁 당시 인간 방패로 간 사람들 중 기독교 평화 단체도 있었다. 그들이 사용했던 구호는 "We are here with you"였다. 이 말 속에는 "우리는 당신들과 함께 있습니다. 비인간으로 죽여도 좋은 존재로 여겨지는 당신들과 우리가 함께 있습니다. 우리는 인간입니다. 그러므로 우리와 함께 있는 당신들도 인간입니다. 그 누구도 당신들을 죽일 수 없습니다. 그것은 당신들이 인간이기 때문입니다"라는 의미가 담겨 있다. 기독교 평화 단체들은 이 구호를 깃발에 적어 그들과 함께 했다. 이 같은 행위는 "거리의 현존(street presence)"을 통해 그들도 우리와 똑같은 인간이라는 것을 선포하는 것이다. 그들과 함께한다는 것은 그들이 인간임을 보여주는 행위요, 그들과 우리가 동일한 존재임을 보여주는 행위다. 그들을 죽이려는 자들을 주저하게 하고 포기하게 하는 사랑의 저항이다.

임마누엘에도 이와 같은 의미가 담겨 있다. 하늘의 영광을 버리고 이 땅에 성육신하신 예수님. 우리의 삶의 자리, 우리의 삶의 거리에 현존하시는 임마누엘 예수님. 그 예수님이 우리와 함께 하신 것은 우리가 인간임을 보여주는 하나님 나라의 시위였다. 임마누엘은 정죄받고, 더럽게 여겨지고, 무가치하게 여겨지고, 사라져도 좋은 비인간으로, 쓰레기로, 잉여로, 호모 사케르로, 벌거벗은 생명으로, 못 없는 자로, 자격 없는 자로, 죄인으로 여겨지는 사람들을 인간이라고 선언하는 가장 거룩하고 존엄한 "인권선언"이다. 더 나아가 그 인간들이 바로 예수님과 같은 존재임을 보여주는 행위다. "내가 함께하는 사람들은 나와 같은 존재들이다. 누구도 이들을 정죄할 수 없다. 이들은 내가 사랑하고 기뻐하는 존귀한 자들이다." 임마누엘은 이들이 진정한 인간이며, 하나님의 자녀라고 만방에 알리는 하나님의 인권선언인 것이다. 이처럼 함께한다는 것은 자신을 피해자의 위치에 놓는 것, 피해자를 의인의 위치로 격상시키는 것, 그것을 위해 철저히 자기를 희생시키는 것을 의미한다.

그렇기에 우리는 세월호 유가족들과 직접적인 관계를 맺고 그분들을 섬기기로 했다. 직접 도울 수 있는 방법을 찾으려고 세월호 유가족들을 돕고 계시는 정혜신 선생의 "치유공간 이웃"에 갔다가 다영이 엄마와 연결이 되었다. 그렇게해서 시작한 것이 바로 세월호 합동분향소의 유가족 부스에서 매주 수요일마다 진행된 "어머니 공방"이다. 자녀의 죽음에 대한 충격, 도무지 이해할 수도 받아들일 수 없는 참사를 통해 죽어간 아이에 대한 죄책감, 진상규명과는 거리가 먼 수습과정으로 인한 절망으로 밤을 지새우고 계시는 어머니들이 서로에게 조금이나마 힘이 되고 위로를 얻기 위해 모인 모임에서 우리가 자수 수업을 하기로 했다.

그렇게 새로운 배움과 모임을 통해 유가족 어머니들은 잠시나마 시름을 내려놓을 수 있었고, 천에 꽃을 새기고 자녀의 이름을 새기면서 자녀들을 향한 사랑을 쏟을 수 있었다. 그곳 입구에 있던 글귀를 지금도 잊지 못한다.

우리는 엄마입니다.
내 아이가 보고 싶어 너무 울어 눈이 침침해지고,
이 상황이 너무 기가 막혀 가슴이 아파 헐떡거리고,
머리는 뭔가 크게 맞은 듯 멍해있지만 나는 엄마입니다.
이 겨울을 미치지 않고 이겨내야 하는 엄마입니다.
내년 꽃피는 봄이 오면 내 아이를 조금은 웃으면서 맞이할 수 있게
기도하는 나약한 엄마입니다.
춥고 등이 시린 이 겨울을 이겨낼 수 있고
견뎌낼 수 있는 우리는 엄마입니다.

또 다른 변화는 교회 내에 "사회선교부"를 신설한 것이다. 앞에서 말한 세 가정을 만나면서 약속한 것이기도 하고 원래 생각하고 있던 것이기도 했다. 사회선교부는 사회적 이슈와 정치적 사안과 관련해서 교회의 사회참여를 전담하는 부서다. 나는 이 부서가 한국의 모든 교회 안에 있어야 한다고 생각한다. 교회가 예언자적 사회참여의 사명을 감당해야 하기 때문이다. 하지만 교회 전체 차원에서 하다 보면 여러 입장과 형편 때문에 참여하기가 곤란한 사람들을 소외시킬 수 있다. 예를 들어, 우리 교회는 세월호 참사와 관련된 중요한 집회에 적극 참여했지만, 이것을 교회 차원에서 광고를 하게 되면 특정 사안에 대해 불편한 마음을 가지고 있거나 반대 입장을 가지고 있는 사람들은 참여가 곤란할 뿐 아니라 참여하지 않을 때 마치 교회를 반대한다는 이미지를 줄 가능성이 있기 때문에 힘들어할 수 있다. 교회가 이렇게 되어서는 안 된다. 교회는 정치적으로 반대 입장을 가진 사람들도 함께할 수 있는 곳이다. 이 세상의 모든 대립과 반목을 넘어설 수 있는 진정한 공동체

가 바로 교회다. 따라서 우리는 사회선교부를 통해 이 일을 하기로 했다. 그렇게 되면 한 부서의 일이기 때문에 불참이나 반대를 처리하기가 훨씬 수월하다. 그런 일이 발생할 때 합리적 의사소통의 과정을 통해 합의를 이룰 수 있다. 그러면서도 교회 차원에서 사회참여를 할 수 있다. 이렇게 사회선교부를 신설하고 사회선교부원과 함께 스터디를 했다. 이 한국 땅에서 벌어지는 다양한 사회적 이슈와 정치적 사안에 대해 기독교적으로 바라보고 참여한다는 것이 어떤 것인지를 함께 고민했고, "최순실 게이트"로 인한 광화문 촛불집회 같은 특별한 일이 있을 때 사회선교부 주관으로 행사를 했다.

작지만 의미 있는 실천을 시작한 이후 교회가 많이 변했다. 이제 세월호에 대해 설교한다고 누구도 문제를 제기하지 않는다. 청소년부는 세월호 1주년에 "안전사회 캠페인"을 수원역 앞에서 진행했는데 이것이 CTS에 방영되기도 했다. 또한 우리는 시청과 광화문에서 열린 세월호 1주년 국민대회에도 참여했는데, 사회선교부가 여러 사정으로 대부분 참석하지 못한 상황에서도 10여명의 성도들이 참석했고, 난생 처음 집회에 참여한다는 분들도 많았다. 집회에 참여하는 이유는 진정한 정치가 바로 광화문 광장에서 일어나고 있었기 때문이다. 앞에서 랑시에르에 대해 소개하면서 진정한 정치란 몫 없는 자들의 몫을 찾는 것이라고 말했다. 하지만 그것은 단지 잃은 것을 되찾는 것만이 아니다. 만약 그런 의미에서만 정치를 사유하면 그것은 자신을 애초에 그렇게 만든 "감성의 분할"을 그대로 승인하는 것밖에 되지 않는다. 진정한 정치는 애초에 몫을 빼앗은 분할을 다시 분할하는 것이요, 그것을 무효화하는 것이며, 새로운 감성을 창조하는 것이다. 세월호 유가족들이야말로 "몫 없는 자들"이다. 그러나 몫 없이 그냥 버려진 자들이 아니다. 그들은 몫 없는 자의 몫을 찾으려는 자들이다. 그들이야말로 진정한 정치를 하고 있는 것이다. 그들이 나설 때마다 자꾸 어떤 경계선들이, 어떤 불의들이, 어떤 거짓들이 드러난다. 더군다나 유가족들의 몫은 자식을 잃은 것에서 오는 것이기에 그무엇으로도 채워질 수 없는 몫, 대체 불가능한 몫, 표현 불가능한 몫, 살아 있음 자체가 죄책감을 불러일으키는 몫이다. 그렇기에 자기 자신을 새로운 주체로 거듭나게 하지 않으면 감당할 수 없는 몫, 고통 자체

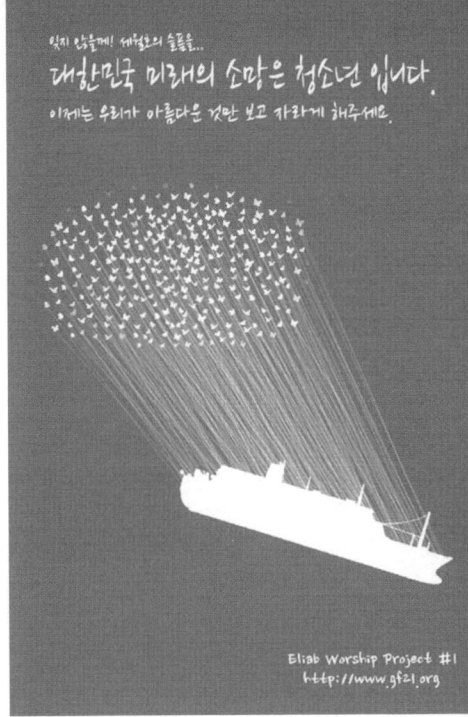

ⓒ 김기호

를 새로운 과제로 변용시키지 않으면 안 되는 몫, 자신의 죄책감을 덜기 위해 새로운 사회를 만들지 않으면 안 되는 몫이다.

세월호 유가족들을 만날 때마다 공통으로 듣는 고백이 있다. 자신은 피해자가 아니라 가해자라는 것이다. 타인이 고통당할 때 외면했기 때문에 내 자녀가 피해를 입은 것이라고, 그러니 내가 내 자녀를 죽인 것이라고, 이제는 내 자녀에게 빚을 갚으며 살겠다고, 이제 더 이상 무책임한 방관 속에 살지 않겠다고, 이제는 내 자녀와 같은 피해자를 만들지 않겠다고, 그런 피해자가 생기지 않는 사회를 만들겠다고 말씀하신다. 앞에서 나는 자신을 피해자가 아니라 가해자의 위치에 놓을 줄 아는 자만이 진정한 수치를 경험하며, 진정한 수치를 경험한 자만이 타자의 고통에 책임 있게 반응하고, 타자의 고통과 죄책을 인수하려는 결단을 갖게 된다고 말했다. 놀랍게도 세월호 유가족들은 피해자들이 분

명한데도 자신을 가해자의 위치에 놓으며 진정으로 윤리적 삶을 살고 있다. 정치란 몫 없는 자들의 몫을 찾는 행위이며, 정치의 영역이 아니었던 곳을 정치적인 공간으로 만드는 행위이기에 그들이 하는 정치가 진정한 정치인 것이다. 그렇기에 우리도 그 현장에 참여하는 것이다.

5장　　　　　　　　　　　　　　　　　　　　　　　　**소결론**

3부에서는 공공성을 회복하는 선교적 교회에 대해 다뤘다. 현대 기독교는 세상과 단절되어 세상과 소통할 줄 모르면서도 철저히 세상적인 것을 닮은 종교가 되어버렸다. 그런 면에서 이제 교회는 대조사회인 교회의 공동체성과 대항사회인 교회의 공공성을 회복하는 "거룩한 사도적 교회"가 되어야 한다. 공공성이 교회의 원심력이라면 공동체성은 교회의 구심력이다. 이 두 가지가 균형을 이룰 때 진정한 "페어 처치"가 될 수 있다. 이학준 교수에 의하면 현대사회에서 인간집단의 사회역사적 삶이 유기체적 관계망 속에서 영위되기 때문에 교회도 사회적 연대 책임을 가져야 하며 교회공동체가 일반 사회적 타자와의 관계에서 보다 책임적이고 윤리적이어야 한다. 교회가 특수한 신앙공동체이지만 세상 안에 존재한다면 교회도 사회적 공공성을 갖추어야할 책임에서 면제되지 않는다. 교회가 단지 전도의 효율성을 위해 탈근대적인 문화코드를 이해하고 적용하는 것으로 끝나지 말고, 현대인의 갈망과 욕구를 더 깊이 해석해낼 수 있는 통찰력을 보여주어야 하며, 사회 전체의 공공선을 향상시키는 데까지 나아가야 한다.[1] 신앙은 개인적으로 받아들여야 하지만 결코 사적이지 않다. 따라서 기독교의 위기를 극복하기 위해서 회복해야 할 가장 시급한 것이 공적 진리로서의 복음이다. 이런 공공성 회복이 한국교회의 가장 시급한 과제라고 생각했기에 3부에서 먼저 다루었고, 4부에서는 공동체성을 다룬다.

더불어숲동산교회가 추구한 공공성의 비전은 "도시 변화"와 "마을 만들기"다. 이러한 비전을 하나의 키워드로 표현했는데 그것이 바로 "페어라이프"다. 그렇게 한 이유는 "페어라이프"가 하나님 나라의 가치를 가장 잘 나타내는 이 시대의 키워드가 될 것이라고 생각했기 때문이다. 우리는 "페어라이프"의 하위 키워드로 1) 함께 짓는 공간, 2) 공정무역, 3) 문화예술, 4) 나눔, 5) 사회적 경제(공유경제), 6) 배움(교육), 7) 플랫폼, 8) 생태라는 8가지 키워드를 선정했다. 이 시대의 진정한 문제 중 하나가 "정치의 과잉"이 아닌 "제대로 된 정치의 과소"라는 인식이 있었으며, 정치가 담긴 마을의 공론장을 통해 생활세계를 회복하는 것이 진정한 마을만들기라고 생각했기 때문이다. 또한 진정한 공공성의 회복을 위해서는 교회가 "타자를 위한 교회"여야 함을 분명히 했다. 교회는 "타인의 얼굴"에 응답하여 "몫 없는 자들의 몫"을 찾는 사역을 해야 한다. 이것이 세월호 참사처럼 이 땅의 아픔 앞에서 교회가 침묵해서는 안 되는 이유이다. 땅의 탄식 소리를 들으시고 하감하여 히브리 노예들을 해방하신 하나님을 믿는 교회는 세월호 참사와 같은 이 땅의 탄식소리에 예언자적으로 반응해야만 한다.

---

1 이학준, 『한국교회, 패러다임을 바꿔야 산다』(새물결플러스, 2011), 60-61쪽.

제4부

공동체성을 회복하는
선교적 교회

한국교회가 교회의 본질을 회복하기 위해서는 반드시 "공동체성"을 회복해야 한다. 교회의 본질이 바로 공동체이기 때문이다. 교회 자체가 하나님 나라는 아니다. 하지만 교회는 하나님 나라의 완성을 가리키는 전조이며, 이미 현존하는 하나님 나라를 알리는 전령이다. 그렇기 때문에 교회는 하나님 나라를 실체화하는 사명을 부여받았다. 사람들이 교회를 통해 가시화된 하나님 나라를 맛볼 수 있어야 한다. 하나님은 우리의 믿음을 통해 보이지 않는 하나님 나라를 지금 여기서 실체화하도록 하신다. 게르하르트 로핑크는 『예수는 어떤 공동체를 원했나』에서 교회 자체가 대조사회(對照社會, contrastgesellschaft, contrast society)라고 말한다.[1] 그는 예수님이 선포하신 하나님 나라가 교회와 뗄 수 없는 상관성을 지니며, 교회는 새로운 이스라엘로서 하나님 나라의 도래를 삶으로 드러내야 한다고 말한다. 교회는 단지 영혼의 구원과 마음의 위로만을 경험하는 장소가 아니라 종말론적인 하나님의 백성이며, "산 위의 도시"로서 만인의 빛이 되어야 한다. 교회는 세상과 구별된 존재방식을 보여 주어야 하며, 세상과는 다른 삶의 방식을 가시적으로 보여주어야 한다. 그것은 진정한 공동체의 회복을 통해 가능하다. 곧 이 세상의 진정한 희망이 교회공동체임을 보여주어야 한다.

"심플웨이"(Simple Way)라는 기독교 공동체를 이끌고 있는 쉐인 클

---

1 게르하르트 로핑크, 정한교 역, 『예수는 어떤 공동체를 원했나』(분도출판사, 1985).

레어본은 빈민가에 몇 년 동안 버려진 채 방치되어 있는 에드워드 성당에서 아이들과 엄마들로 이루어진 노숙자 집단을 만나게 된다.[2] 성당의 소유권을 가지고 있는 교회 당국이 이들에게 퇴거 명령을 내렸다는 소식이 듣고 그곳을 찾아가보니 현수막에 이런 문구가 적혀 있었다. "주일에는 어떤 노숙자를 예배하고 월요일에는 다른 노숙자를 무시하다니 이게 웬 말이냐." 어떤 노숙자란 예수님을 뜻하는 것이다. 쉐인은 그들을 보호할 뜻을 품고 그들과 함께 지내면서 다양한 경험을 하게 된다. 한 번은 이런 일도 있었다. 노숙자들을 강제로 퇴거시키기 위해 출동한 경찰과 신부들이 이 사건을 보도하기 위해 달려온 기자들 때문에 포기하고 돌아간다. 교회당국은 더 교묘한 방법을 사용하는데 경찰로는 안 되니까 소방관들을 보내기로 한 것이다. 화재 안전점검을 통해 정당하게 쫓아내기 위한 방법이다. 이 소식을 듣고 소방관들이 오기로 한 전날 대책을 논의하고 있는데 밤늦게 소방관 둘이 찾아왔다. 기습 공격을 당한 줄 알고 긴장하고 있는데 그들이 이렇게 말한다. "저희들은 내일 와야 하지만 명령을 어기고 오늘 여기 왔습니다. 이 사실이 알려지면 저희는 어떤 불이익을 당할지 모릅니다. 하지만 저희는 여러분이 옳다는 것을 알고 있고, 그들이 어떤 부분을 집중적으로 점검할지 잘 알고 있기에 조금이라도 도움이 되고자 왔습니다." 그들은 도구 상자를 들고 들어오더니 성당 곳곳을 다니며 비상구 설치와 소화기 설치 등 많은 작업을 하고서 새벽에 돌아갔다. 다음 날 화재 안전점검반이 도착해 건물을 검사하고서는 이렇게 보고서를 제출했다. "이들을 강제 퇴거시킬 명분이 없음. 이 건물은 화재 안전기준에 적합함." 전날의 소방관 둘은 보

---

2 쉐인 클레어본, 배응준 역, 『믿음은 행동이 증명한다』(규장, 2007).

이지 않았다. 쉐인은 아직도 그들을 하나님이 보내신 천사로 믿고 있다. 이렇게 위기를 모면하자 많은 곳에서 지원 물품들이 들어왔고 심지어 마피아 조직에서도 구호물품을 보내왔다. 그런데 오직 교회에서만 관심을 가지지 않았다. 이것 때문에 쉐인은 절망하며 친구 앞에서 "교회에 대한 희망을 잃었어"라고 고백했다. 이 말을 듣자 그의 친구가 이렇게 말했다. "아니야. 네가 교회에 대한 희망을 잃은 게 아니야. 종교나 어떤 제도에 희망을 잃었을지는 몰라도 교회에 대한 희망을 잃은 건 아니지. 왜냐하면 우리가 교회거든. 교회가 희망이야." 이 말을 듣고 쉐인은 교회에 대한 불평을 중단하고 진정한 교회를 꿈꾸며 사역을 시작하였다. 그리고 그의 사역을 통하여 노숙자, 창녀, 병자, 노동자 등 소외받고 상처 입은 자들이 그리스도께 돌아오게 된다.

그렇다. 아무리 기독교가 욕을 먹고 있어도 교회가 희망이다. 예수님의 피 값으로 산 교회가 세상의 희망이다. 우리가 교회 그 자체이기 때문이다. 그렇기에 우리는 교회가 희망이라는 것을 세상에 보여주어야 한다. 진정한 공동체의 회복을 꿈꿔야 한다. 이제 한국교회는 메가처치를 몇 개나 가졌느냐를 자랑하기보다 진정한 공동체를 회복하는 데 진력해야 한다.

1장 '제도적 종교조직'에서 '삼위일체적 코이노니아'로

교회는 "성도의 교제"이며, "하나님의 가족"이다. 바울은 교회를 "하나님의 집"(딤전 3:15), "하나님의 권속"(엡 2:19)이라고 말한다. 교회는 단지 가족 같은 공동체가 아니라 가족공동체다. 예수님도 말씀하셨다. "누구든지 하나님의 뜻대로 하는 자가 내 형제요 자매요 어머니이니라"(막 3:35). 하나님의 뜻대로 사는 공동체가 바로 하나님의 가족공동체라는 말이다. 교회가 가족공동체라는 것은 하나님의 속성에서 비롯된다. 교회공동체는 삼위일체 하나님의 존재방식과 상응한다. 하나님은 공동체로 존재한다. 앞서 말한 것처럼 하나님은 삼위일체 하나님으로 계시며 "페리코레시스", 즉 상호 내주하고 상호 침투하는 관계, 서로를 초대하고 거처를 제공하며 자신을 나누는 공동체로, 무아적인 사랑의 힘으로 서로 안에서 자기 자신에게 이르게 되는 사귐의 관계로 존재하신다. "태초에 말씀이 계시니라. 이 말씀이 하나님과 함께 계셨으니 이 말씀은 곧 하나님이시니라"(요 1:1). 여기서 "함께"라는 전치사는 헬라어로 "프로스"인데, 이것은 서로가 서로를 향해 움직이고 있는 모습, 그냥 같이 있는 것이 아니라 서로 움직이며 대화하고 교제하는 모습을 나타내는 단어다. 하나님은 본래적으로 서로를 향한 존재이고 사랑하며 교제하는 존재라는 의미다. 따라서 공동체를 형성한다는 것은 하나님의 존재방식으로 사는 것이며, 하나님의 삶의 스타일을 갖는 것이다. 만일 하나님이 한 인격이면 우리는 홀로 있을 것이고, 두 인격이면 서로 사랑할 것이고, 세 인격이면 공동체로 존재할 것이다. 하나님이 인간을 창조하면서 하나님의 형상대로 지었다는 것은 바로 공동체적 관계로 만들었다는 것을 의미한다.

공동체적인 하나님의 형상 회복은 하나님 나라를 선취하고 십자가와 부활의 능력을 공동체에 가져오시는 성령님의 "코이노니아"(koinonia)를 통해 이루어진다. 교회는 성령님의 코이노니아를 통해 창립되고 유지되고 성장하고 성숙해진다. 교회는 교회(敎會)인 동시에 교회(交會)다. 축도 시 사용되는 성경구절은 고린도후서 13:13이다. "주 예수 그리스도의 은혜와 하나님의 사랑과 성령의 교통하심이 너희 무리와 함께 있을지어다." 이때 성령의 교통하심이 바로 코이노니아다. 실제로 축도를 들어보면 "성령의 감동 감화하심"이라고 말을 많이 한다. 이것은 성령의 코이노니아를 인간 내면의 문제로 환원해버린 것이다. 개인적이고 내면적인 신앙을 추구하는 한국 기독교의 한 단면이다. 그러나 성경에서 말하는 코이노니아는 인간 내면의 문제로 환원할 수 없는 가시적이고 실제적이며 공동체적인 의미를 가지고 있다.

성경에 나오는 코이노니아는 너무나 풍성한 의미를 가지고 있는데 다양한 말로 번역을 해놔서 그 의미를 놓치고 있다. 김현진은 코이노니아에 세 가지 차원이 있다고 말한다.[1] 먼저 수직적인 코이노니아다. 수직적인 코이노니아는 성령께서 성도들로 하여금 그리스도와 하나님과

---

1 김현진, 『공동체 신학』(예영커뮤니케이션, 1998).

교제하게 하는 것을 말한다. 다음으로는 수평적인 코이노니아다. 수평적인 코이노니아는 그리스도인들이 서로 하나가 될 수 있도록 상호간에 교제를 가능케 해주는 수평적인 교제를 말한다. 수평적인 코이노니아에는 또 다시 세 가지 차원이 있다. 첫째는 성도들 간에 하나님의 말씀을 전하고 서로 교제하고 중보기도함으로 영적인 교제를 나누는 영적 코이노니아다. 둘째는 공동체의 지체가 어려움에 처해 있을 때 서로 위로하고 격려하며 긍휼히 여기는 정신적 코이노니아로 고통과 기쁨을 함께 나누는 차원의 교제를 말한다. 셋째는 경제적으로 어려움에 처했을 때 실제적으로 필요한 물질을 채워줌으로써 한 몸의 삶을 실천하는 물질적 코이노니아다. 이것은 사도행전 2장과 4장에 잘 나타나 있다. 마지막으로 대사회적인 코이노니아가 있다. 이것은 코이노니아가 교회 내에서만 머무는 것이 아니라 지역사회에서 고통당하는 이웃들에게까지 범위가 확산되는 것을 의미한다. 이러한 세 가지 차원의 코이노니아를 회복하는 교회가 되어야 한다. 삼위일체적 코이노니아와 상응하는 교회, 성령의 코이노니아가 온전히 이루어지는 교회가 되어야 한다. 제도적 종교 조직과 기업형 대형교회를 추구해서는 이것을 회복할 수 없다. 코이노니아를 실제적으로 경험하는 공동체가 되어야 한다. 더불어숲동산교회는 초기 교회가 구현한 그 코이노니아가 지금 여기에서도 가능하다는 믿음과 소망을 가지고 있다. 단지 종교적 모임이 아니라 진정한 코이노니아가 이루어지는 공동체를 꿈꾼다.

2장 '기업형 대형교회'에서 '공동체형 양날개 교회'로

더불어숲동산교회는 개척 초반에 크리스티안 슈바르츠가 말하는 건강한 교회의 8가지 질적 특성에 의거하여 교회의 건강성을 측정한 적이 있다.[1] 슈바르츠에 의하면 건강한 교회는 사역자를 세우는 지도력, 은사 중심적 사역, 열정적 영성, 기능적 조직, 영감 있는 예배, 전인적·필요 중심적 전도, 그리고 사랑의 관계를 그 특징으로 한다. 우리 교회는 공동체성을 강조하는 교회이다 보니 전인적 소그룹이나 사랑의 관계 등은 점수가 괜찮았고, 개척 초반에는 열악한 자원으로 인해 모든 사람들이 발 벗고 뛰어야 했기 때문에 사역자를 세우는 지도력이나 은사 중심적 사역 등도 높은 편이었으며, 성령의 능력을 강조하는 교회이기에 열정적 영성이나 영감 있는 예배도 점수가 좋았다. 다만 필요 중심적 전도에서 낮은 점수를 보였다. 그래서 최소치 전략에 근거해서 필요 중심적 전도 회복에 에너지를 집중했다. 최소치 전략이란 이런 것이다. 예를 들어, 서로 다른 길이의 널빤지를 이어서 만든 나무 물통이 있다고 하자. 이 물통에 물을 어디까지 담을 수 있을까? 가장 짧은 널빤지

---

1 크리스티안 A. 슈바르츠, 정진우 역, 『자연적 교회 성장』(NCD, 2003).

높이까지 담을 수 있다. 물을 더 담고 싶으면 어떻게 해야 할까? 가장 낮은 널빤지의 높이를 올리는 것이다. 이처럼 가장 취약한 질적 특성이 교회 성장의 장애 요인이기에 한 교회가 자원과 노력을 우선적으로 이 장애 요인에 집중시킨다면 그것만으로도 교회가 더 성장할 수 있다는 것이다. 무엇보다도 우리는 "공동체형 양날개 교회", 즉 공동체성을 유지할 수 있는 한도 안에서 대그룹 모임과 소그룹 모임을 모두 강조하는 교회였기에 8가지 질적 특성을 양쪽으로 나누어 강조점을 달리했다. 8가지 질적 특성이 대그룹이나 소그룹 모두에 필요하지만 주로 소그룹에서는 전인적 소그룹, 사랑의 관계, 필요 중심적 전도, 은사 중심적 사역을 강조했고, 대그룹에서는 열정적 영성, 영감 있는 예배, 기능적 조직, 그리고 사역자를 세우는 지도력을 강조했다. 이렇게 한 이유는 항상 우리 교회가 공동체형 양날개 교회를 추구한다는 사실을 잊지 않기 위해서다.

1. 대그룹 모임의 필요성과 유익

성경은 하나님의 초월성과 내재성을 모두 보여주고 있다. 구약에서 초월적인 하나님은 온 우주를 창조하시는 모습이나, 전 세계의 역사를 이끌어 가시는 모습으로, 또는 두렵고 떨림으로 반응할 수밖에 없는 영광으로 나타난다. 내재적인 하나님은 개인의 인생에 함께 하시고 장막 안에서 모세와 친구처럼 교제하는 모습 등으로 나타난다. 신약에서 초월적인 하나님은 능력 가운데 임재하거나 마지막 때에 세상을 심판하시는 모습 등으로 나타나며, 내재적인 하나님은 성육신이나 믿을 때 내주하시는 모습으로 또는 영원토록 우리와 함께 하시는 모습으로 나타난다. 교회도 마찬가지다. 교회는 초월적인 하나님과 내재적인 하나님 모두를 경험하는 곳이다. 대체로 대그룹 모임을 통해 초월적인 하나님을 경험함으로 확대된 공동체를 경험하고, 소그룹 모임을 통해 내재적인 하나님을 경험한다. 건강한 교회는 대그룹과 소그룹의 필요성을 모두 인정한다.

공동체성을 회복하는 선교적 교회 차원에서만 보면, 소그룹은 "흩어지는 교회"의 측면을 드러내고, 대그룹 모임은 "모이는 교회"의 특성을 드러낸다. 대그룹의 유익으로는 첫째, 초월적인 하나님을 만나는 것과 축제로서의 모임을 경험하는 것이다. 하나님 나라 백성의 총회로서 지역교회가 함께 모여 하나님의 영광을 경험하며 함께 예배할 수 있다. 둘째, 지역교회가 보편적인 교회의 일부임을 확인하고, 작은 공동체를 넘어 확대된 가족으로서의 공동체를 경험하는 것이다. 지역교회가 더 큰 하나님의 구원 이야기의 일부라는 사실을 확인하고 하나님 나라 백성의 일부임을 확인하는 시간을 가질 수 있다. 셋째, 작은 공동체가 감당하기 힘든 큰 규모의 사역, 즉 사회 선교와 구제 사역, 문화 사역, 그리고 전도 사역을 할 수 있다는 장점이 있다. 이런 일들은 셀모임에서도 가능하지만 회중모임 차원에서 할 수 있는 사역이 훨씬 풍부하다. 넷째, 다양성 안에서 일치를 이루는 경험이다. 작은 셀의 다양성과 함께 그 모든 셀을 하나로 묶어줄 수 있는 비전과 교리의 일치에 대한 경험이다.

선교적 교회라도 대그룹의 장점을 잘 살리는 것이 매우 중요하다. 뿐만 아니라 전통적인 목양 사역 또한 힘써야 한다. 선교적 교회를 하는 사람들이 자칫 놓칠 수 있는 부분이 바로 이 부분이다. 특별하게 여기는 사역은 잘 하는데 평범하게 생각하는 목회는 서툴다. 하지만 목회라고 하는 것은 매우 전문성을 요하는 영역이다. 열심히 사역을 하면 교회가 저절로 세워질 것 같지만 실상은 그렇지 않다. 특이한 형태의 사역을 하는 교회라고 해서 교회가 저절로 세워지거나 성장하는 것이 아니다. 전통적인 목양의 영역을 놓치면 교회가 건강하게 세워지기 어렵고 성장하기 어렵다. 사역으로 모으고 목회로 교인들을 홀을 수 있다. 따라서 종합예술에 가까운 목회라는 전문 영역을 먼저 배우고 익혀야 한다. 사람을 깊이 이해하고 한 사람 한 사람을 목양하기 위해 커뮤니케이션이나 상담을 익히고, 시대에 부응하는 구체적인 사역을 위한 기획능력을 배양해야 한다. 조직체계나 양육체계를 갖추고 조직을 운영하고 교회 전체를 세팅하는 법도 익혀야 한다.

우리 교회가 공공성을 회복하는 선교적 교회에 대한 비전을 가지고 여러 가지 사역을 하고 있지만 대그룹 차원에서 전 성도가 함께 그 일을 하지는 못한다. 그렇지만 부서 차원이 아닌 대그룹에서도 이러한 사역이 필요하다고 생각해 "봉사수련회"를 다녀온다. 많은 사람들이 봉사수련회를 위해 여름 휴가를 헌납했다. 2015년 첫 봉사수련회는 경남 상주시에 있는 농촌교회를 섬겼다. 그 교회에서 주일 예배를 드리는 기간까지 3박 4일 동안 섬겼고 봉사수련회를 가지 못한 분들을 위해서는 봉담에서 주일 예배를 드렸다. 상주에서는 교회 주변 약 10개의 마을을 섬겼다. 마을 분들을 초청하여 마을잔치를 열기도 했고, 많은 분들에게 큰 인기를 끌었던 미용봉사와 구수한 입담을 가진 집사님들의 마실방 같은 의료봉사, 봉사의 효과가 확실한 도배, 실제로 가장 많은 수요가 있는 전기공사, 많은 분들에게 해드릴 수는 없었지만 동네 다른 어른들의 질투를 유발한 노후 주택 리모델링 등으로 마을을 섬겼다. 따라

온 아이들을 위해서는 주일학교 교사가 다양한 프로그램을 준비해 장년들이 봉사하는 데 부담이 되지 않도록 했다. 청소년부도 함께 참여하여 발표회도 하고, 노방전도도 했다. 마을잔치에도 초대하면서 한 가족임을 과시했다. 폭염주의보가 발령돼 보통 더운 시기가 아니었지만 어려운 농촌 교회를 섬긴다는 사실 자체가 공동체를 하나되게 하고 진정한 기쁨을 맛보게 해주었다. 그렇게 기쁨으로 봉사수련회를 마치고 난 후 가을에 포도 3상자와 함께 편지가 하나 도착했다. 섬겼던 교회의 목사님께서 보내신 편지였다. 감사하게도 우리 교회가 봉사수련회를 하고 나서 수십 년 동안 30명을 넘지 못하던 교회에 10여명이 새로 등록했다는 소식이었다. 그 소식에 온 성도가 얼마나 기뻤는지 모른다. 하나님은 하나님 나라를 위해 섬기는 선한 일 가운데 역사하신다.

2. 소그룹의 필요성과 유익

공동체성을 회복하기 위한 또 하나의 날개는 "소그룹"이다. 소그룹 셀모임은 교회를 잘 관리하기 위한 수단이 아니다. 소그룹 셀모임은 교회가 관리하는 기초단위가 아니다. 셀모임은 그 자체가 교회다. 그런 의미에서 미로슬라브 볼프가 말한 교회론은 매우 중요하다. 그는 가톨릭 교회론과 동방 교회 교회론을 비교하면서 그것과는 근본적으로 다른 개신교 교회론을 설명한다. 개신교 교회론은 마태복음 18:20에 근거한다. "두세 사람이 내 이름으로 모인 곳에는 나도 그들 중에 있느니라." 이 말씀에 의하면 우리가 어떤 조직 체계를 갖추었는지, 얼마나 많은 교인수를 가져야 하는지와 상관없이 두세 사람이 모여도 교회일 수 있다. 아니, 그 자체로 완벽한 교회다. 두세 사람만 모여도 "우리가 교회다." 교회는 무엇보다도 회합이다. "교회는 어느 곳에서도 결코 지역적으로 회합된 회중을 넘어서 존재하지 않으며 지역적 회중 안에, 회중과 함께, 회중 아래에 존재한다."[2] 하지만 그냥 모였다고 거저 교회가 되는 것은 아니다. "그리스도의 이름"으로 모여야 한다. 그리스도를 주로 고백하는 신앙이 없다면 교회는 존재하지 않는다. 그들의 삶을 철저히 예수 그리스도에게 내맡기는 헌신이 필요하다. 성경에 의하면 셀모임 자체가 교회다. 따라서 셀모임은 교회의 하부 단위가 아니며 교회를 건강하게 세우기 위한 수단도 아니다. 도리어 셀모임 자체가 교회이기에 대그룹은 셀모임이 교회로서 건강하게 세워지도록 돕는 데 최선을 다해야 한다. 셀모임이 교회로서의 기능을 잘 할 수 있도록 돕는 것이 대그룹의 중요한 역할이다. 더불어숲동산교회는 이런 마인드로 개척 초기부터 셀모임을 통해 사도행전에서 나오는 공동체적 삶을 나누고, 교제와 섬김, 예배와 훈련, 전도가 셀을 통해 이루어지도록 했다.

    셀모임은 공동체성을 회복하는 선교적 교회 차원에서 보면 "흩어지는 교회"의 성격을 가지고 있다. 집에서 집으로 모이는 가정교회 성격을 가진다. 셀모임을 통해 내재하는 하나님과 친밀한 교제를 나눌 수 있고, 다른 지체들과 가족을 이루어 친밀한 관계를 맺을 수 있다. 대그룹에서는 지체들과 친밀한 교제를 나누기가 거의 불가능하다. 어느 지체와 관계가 파괴되어도 신앙생활이 가능한 교회도 많다. 특히 대형교회는 더욱 그렇다. 서로 다른 시간대나 다른 위치에서 예배드리고, 하나님과 자신만의 관계를 통해 홀로 은혜 받고 돌아가도 된다. 하지만 이것은 매우

---

2 미로슬라브 볼프, 황은영 역, 『삼위일체와 교회』(새물결플러스, 2012), 237쪽.

왜곡된 신앙 형태를 양산할 수 있다. 왜냐하면 주님은 형제와 먼저 화해하고 예물을 드리라고 분명히 말씀하셨기 때문이다. 관계가 파괴돼도 은혜받는 데 문제가 없는 신앙은 기독교적이지 않다. 하지만 교인 수가 작은 교회나 셀모임에서는 이것이 불가능하다. 관계를 회복하지 않으면 은혜를 누릴 수 없다. 관계를 회복하기 위한 어떤 노력들이 있어야만 은혜의 공동체를 이룰 수 있고 진정한 예배를 드릴 수 있다.

따라서 진정한 제자훈련은 오직 공동체 안에서만 이루어질 수 있다. 제자훈련은 하나님과 일대일의 관계에서만 이루어지는 것이 아니다. 진정한 제자훈련은 공동체를 통해 이루어진다. 예수님도 제자들을 훈련시키기 위해 함께 사셨다. "이에 열둘을 세우셨으니 이는 자기와 함께 있게 하시고 또 보내사 전도도 하며"(막 3:14). 제자훈련은 무슨 프로그램으로 되는 것이 아니다. 공동체는 일주일에 한 번 모여 1년 혹은 2년짜리 프로그램으로 성경공부 한다고 해서 이루어지는 것이 아니다. 예수님이 자신의 수난을 예고하셨는데도 불구하고 서로 누가 크냐며 십자가에 달리기 직전까지 다투었던 바로 그 인간의 연약성이 공동체 안에서 드러나고 다루어져야만 가능한 것이다. 그것은 오직 한 공동체 안에서 오랫동안 함께 삶을 나누는 시간이 확보될 때만 가능하다. 그런 의미에서 공동체성을 유지할 수 있는 공동체의 규모도 중요하다.

더불어숲동산교회는 셀모임을 매우 중요하게 여긴다. 우리가 추구하는 교회의 모습은 주일 예배에 참여하는 숫자보다 셀모임에 참여하는 숫자가 더 많은 교회다. 현재 주일 예배 출석수는 청장년 150여명인데, 여자 셀모임 12개, 남자 셀모임 4개, 부부 셀모임 3개에 모이는 장년 출석수는 100명 정도 된다. 다른 교회에 비해 많은 수가 참여하는 것일지는 몰라도 우리가 궁극적으로 추구하는 모습에는 훨씬 못 미친다. 이런 비전이 가능할까? 가능하다. 실제로 그렇게 하는 교회들이 많다. 예전에 대전에 있는 기쁨이 넘치는 교회 소속 목사님과 이야기를 나누다가 큰 도전을 받은 적이 있다. 지금은 어떤지 모르겠는데 그 당시 그 교회는 주일 출석 인원보다 셀모임 출석 인원이 더 많았다. 셀리더의 권위와 친밀감이 얼마나 높던지 성도들이 명절에 담임목사를 찾아가지 않고 셀리더를 찾아간다고 한다. 셀리더에게 더 큰 신앙의 영향을 받기 때문이다.

1) 셀의 8가지 핵심가치

"우리는 무엇을 할 것인가?"에 대한 답변이 비전이라면, "우리는 그 일을 어떻게 할 것인가?"에 대한 답변은 전략이다. 반면 가치는 "왜 우리는 이 일을 하고 있는가?"라고 묻는 것이다.[3] 비전은 조직의 방향을 집중시키는 경향이 있지만 가치는 사역을 추진하는 힘이다. 가치는 모든 결과에 대한 이유가 된다. 비전 없이 일을 할 수는 있지만 가치 없이 일을 할 수는 없다. 가치는 존재의 이유요, 삶의 이유요, 사역의 이유이기 때문이다. 가치는 단순히 삶의 지침이나 원리가 아니라 그것을 세우는 기초라고 할 수 있다. 가치는 쉽게 변하지 않고 지속적이다. 가치는 단순히 지적인 것을 넘어 우리 내면의 깊은 감정을 끌어내기 때문에 열정적이다. 가치는 핵심적인 신념이기 때문에 어떤 역경이 와도 흔들리지 않는다. 셀의 핵심가치 8가지는 다음과 같다.[4]

---

[3] 오브리 맬퍼스 저, 전의우 역, 『비전을 넘어 핵심가치로』(요단출판사, 2000).
[4] 셀의 8가지 핵심가치에 대해 더 깊은 이해가 필요한 사람은 다음의 책을 참고하라. 김

① "우리는 하나님의 가족이다"(고전 4:15-16). 교회는 하나님을 아버지로 둔 하나님의 가족이다. 교회공동체는 단순히 "가족 같은 공동체"가 아니라 "가족공동체"이다. 가족은 밥상공동체를 이루고, 삶을 함께 하며, 서로를 세워준다. 한 가족이기에 함께 서로의 아픔과 기쁨을 나눈다.

② "우리는 섬김의 종이다"(막 10:43-45). 우리는 모두 종으로 부름을 받았다. 우리는 자녀(파이스)인 동시에 종(파이스)이다. 우리는 하나님의 집(오이코스)을 세우기 위해 주인의 것을 관리하는 청지기(오이코노모스)이다. 우리는 모든 사람의 종이 되어야 하며, 아낌없이 주는 종이 되어야 한다.

③ "우리는 동등한 인격이다"(엡 5:21; 6:9). 우리는 모두 하나님의 형상대로 지음 받은 동등한 인격이다. 우리 모두는 하나님의 걸작품이다. 교회공동체 안에서는 성별이나 인종이나 민족이나 신분이나 계급에 의한 그 어떠한 차별도 있을 수 없다.

④ "우리는 동등한 사역자다"(고전 12:12-13). 우리는 그리스도의 몸이다. 머리는 그리스도요, 우리는 각 지체이다. 누구도 공동체의 주인이 될 수 없다. 오직 그리스도만이 공동체의 주인이다. 모든 지체는 성령의 은사를 통해 공동체를 세우도록 부름받은 동등한 사역자다.

⑤ "우리는 전도에 대한 열정을 품어야 한다"(눅 15:4). 우리는 모두 하나님 아버지의 마음을 품고 잃은 자를 찾기 위해 노력해야 한다. 하나님 아버지는 집나간 탕자가 돌아오기 전까지, 즉 마지막

인중, 『셀이 살아나는 이야기』(두란노, 2008).

한 사람이 하나님께 돌아오기 전까지 쉬지 않으시는 분이다. 한 사람이 주께로 돌아오는 것보다 더 큰 기쁨은 없다.

⑥ "우리는 세계선교의 열정을 품어야 한다"(행 13:1-3). 우리는 가까운 곳에 있는 한 사람을 향한 전도에만 머물지 말고 세계선교의 열정을 품어야 한다. 시편 22:27-28 말씀처럼 여호와는 열방이 돌아오기를 원하시고 여호와는 열방의 주재이시다.

⑦ "우리는 하나님 나라 운동에 참여해야 한다"(눅 4:18-19). 예수님은 "회개하라, 천국이 가까웠느니라"라는 말씀으로 사역을 시작하셨고, 부활하셔서 40일 동안 하나님 나라의 일을 제자들에게 가르치셨다. 시작과 끝이 모두 하나님 나라였다. 하나님 나라의 사명을 보여주는 것이 바로 누가복음에 나타난 예수님의 "취임 선언서"다. 우리도 가난한 자에게 복된 소식을 전하고, 포로 된 자에게 자유를 주고, 각종 질병에 걸린 자들을 치유하고, 모든 눌린 자들을 자유케 하며, 희년을 이 땅에 이루어야 한다.

⑧ "우리는 모두 대가를 지불해야 한다"(마 16:24-25). 밭에 감추인 보화를 발견한 후 숨겨두고 기뻐하여 돌아가서 자기의 소유를 다 팔아 그 밭을 산 사람처럼 그리스도라는 보화를 발견한 우리들은 모든 것을 버리고 그를 따를 수 있어야 한다. 자기 십자가를 져야 하며 자기를 부인해야 한다. 진정으로 가치 있는 일에 자신을 던져야 한다.

2) 셀의 기능적 요소 5가지와 정신적 요소 3가지

건강한 셀모임을 세우기 위해 5가지 기능적 요소가 필요하다.[5] 공동체성, 전도를 통한 분립, 섬기는 리더십, 상호책임, 그리고 새가족 양육이다. 5가지 기능적 요소는 5개의 손가락으로 이해하면 쉽다. 엄지는 공동체성, 검지는 전도를 통한 분립, 중지는 리더십, 약지는 상호책임, 그리고 애지는 새가족 양육을 가리킨다. 첫 번째 요소는 "공동체성"이다. 가장 중요한 요소이기에 엄지다. 셀은 무엇을 하든지 공동체의 원리에 따라해야 한다. 엄지는 다른 모든 손가락과 쉽게 연결될 수 있으며 그렇게 될 때 손의 기능이 제대로 작동한다. 셀은 전도를 해도 공동체적 전도를 하고, 봉사를 해도 공동체적 봉사를 하고, 양육을 해도 공동체적 양육을 해야 한다. 리더십도 공동체적 리더십이 되어야하고, 상호책임도 공동체를 위한 책임이 되어야 한다. 두 번째 요소는 선교적 사명을 위한 "전도를 통한 분립"이다. 이것은 검지의 주요기능이 방향을 가리키는 것처럼 셀모임의 방향을 의미한다. 가고 싶은 곳을 정하지 않으면 가고 싶지 않은 길로 가게 된다. 셀모임도 방향을 분명히 해야 한다. 셀모임의 중요한 목적은 셀 자체를 유지시키는 데 있지 않고 또 하나의 열매를 맺는 것이다. 사과나무의 진정한 열매는 몇 개의 사과나무 열매가 아니라 또 하나의 사과나무이듯, 전도를 통해 또 하나의 셀을 분가하는 것이 셀의 목적이 되어야 한다. 세 번째 요소는 "섬기는 리더십"이다. 중지는 가장 길기 때문에 리더십을 상징한다. 셀모임이 건

---

[5] 셀의 5가지 기능적 요소에 대해 더 깊은 이해가 필요한 사람은 다음의 책을 참고하라. 김인중, 『건강한 교회를 세우는 네 기둥』(두란노, 2013).

강하게 세워지는 것은 리더를 통해서다. 양이 이끄는 10마리의 사자보다 사자가 이끄는 10마리의 양들이 더 강하다는 말처럼 셀의 건강성은 리더에 의해 결정된다. 교회는 건강한 리더를 세우고 훈련시키는 데 온 힘을 쏟아야 한다. 하지만 셀리더는 군림하는 사람이어서는 안 되며 섬기는 리더가 되어야 한다. 네 번째 요소는 "상호책임"이다. 결혼반지는 약지에 낀다. 따라서 약지는 상호책임을 의미한다. 공동체에 상호책임이 없다면 단지 친목모임에 불과할 것이다. 서로 간에 책임을 지고 은사와 여러 자원을 통해 서로를 세워주는 요소가 없으면 마디나 인대가 없는 몸과 같다. 상호책임을 위한 가장 기초가 되는 만남은 3P, 즉 기도(Prayer), 전화(Phone), 그리고 식사(Pasta)다. 마지막 다섯 번째 요소는 "새가족 양육"이다. 애지는 가장 짧고 연약한 손가락이다. 새가족이 그렇다. 셀모임에 새신자나 새가족 혹은 영적 어린아이가 있어야 한다. 그렇지 않은 셀일수록 고루하고 활력이 떨어진다. 셀모임이 온전한 가족이기 위해서는 부모와 청년과 아이가 골고루 있어야 한다. 새신자나 새가족 혹은 영적 어린아이가 없는 셀은 왜 새로운 가족이 생겨나지 않는지 반드시 점검해야 한다.

셀교회를 구성하기 위해 필요한 세 가지 요소는 3S, 즉 정신(Spirit), 시스템(System), 그리고 기술(Skill)이다. 이 세 가지 중 어느 하나가 결여되면 셀교회에 생명력이 사라지게 된다. 하지만 가장 중요한 것은 정신이다. 손가락이 건강한 셀모임의 5가지 기능적 요소를 상징한다면 정신은 손가락을 지탱하고 있는 손바닥에 해당한다. 셀의 정신은 3P, 즉 예수 그리스도의 임재(Presence)와 성령의 능력(Power)과 하나님의 목적(Purpose)이다. 셀의 중심은 그리스도다. 그리스도를 만나지 못하는 셀은 교회의 역할을 할 수 없다. 가장 중요한 것이 그리스도의 임재다.

그리스도의 임재는 바로 삼위일체 하나님의 임재이며, 그분의 임재 앞에서 우리가 할 일은 오직 그분을 예배하는 일이다. 역으로 셀 안에 예수 그리스도를 향한 온전한 예배가 없다면 그리스도의 임재도 없다. 그리스도의 임재가 없으면 성령의 능력이 나타날 수 없고, 성령의 능력 없이는 공동체가 세워질 수 없다. 능력은 말씀과 기도를 통해 나타난다. 말씀과 기도로 무장할 때 우리에게 성령의 은사와 열매가 나타나고 인간의 생각이나 힘이 아닌 성령의 공동체가 세워진다. 성령의 능력은 하나님 나라와 그의 의를 구하는 자들에게 주신 하나님의 선물이다. 하나님의 목적을 잃어버리면 셀은 방향성을 잃는다.

3) 셀의 운영원리 4W

셀모임은 실제로 어떻게 운영되는가? 우리는 4W 방식으로 모임을 진행한다. 마음열기(Welcome), 경배와 찬양(Worship), 말씀나누기(Word), 그리고 비전나누기(Work)이다. 4W를 통해 셀의 정신인 예수 그리스도의 임재(Presence)와 성령의 능력(Power)과 하나님의 목적(Purpose)이 구현된다. 그리스도의 임재는 경배와 찬양(Worship)을 통해, 성령의 능력은 말씀나누기(Word)를 통해, 하나님의 목적은 비전나누기(Work)를 통해 나타난다. 이것은 UP-IN-OUT의 구조를 가지고 있다. 즉 임재-경배-UP, 능력-말씀나누기-IN, 목적-비전나누기-OUT의 구조이다. 그렇다면 임재와 능력과 목적과 상응하는 3W만 있으면 될텐데 왜 마음열기(Welcome)가 필요할까? 마음열기가 필요한 이유는 셀의 핵심이 "관계"이기 때문이다. 사람과 사람 사이의 관계가 깨어진 상태에서는 그리스도의 임재와 성령의 능력과 하나님의 목적이 나타날 수 없다. 오죽하면 주님께서 형제와 화해하고 나서 예물을 드리라고 했겠는가? 셀의 핵심은 관계다. 공동체에 대한 사명을 가진 사람이 아니라 마음열기(Welcome)를 잘하는 사람들이 셀을 잘한다. 큰 의미나 목적이 없어도 마음을 열고 일상적 삶을 나눌 수 있는 스타일이 셀을 잘한다. 일 중심의 사람은 큰 의미나 목적 없이 노닥거리는 것을 참을 수 없어 한다. 그러나 관계 중심의 사람은 이런 것을 잘한다. 물론 관계만 강조해서는 셀이 바로 설 수 없다. 관계 안에서 예수 그리스도의 임재와 능력과 목적이 살아나는 것이 중요하다.

마음열기 다음은 찬양과 경배(Worship)다. UP의 시간이다. 찬양이 하나님께서 이루신 행위와 업적에 경애를 표현하고 칭송하고 축하하는 것이라면, 경배는 하나님 자신과 그분의 인격과 성품과 속성에 대하여 그분을 높여드리는 것이다. 지금 어떤 형편이나 상태에 있든지 하나님 자신을 높여드리는 것이 진정한 경배다. 찬양도 중요하지만 경배가 훨씬 더 중요하다. 경배의 본질은 하나님을 높이고 그분의 임재를 사모하는 것이다. 구약 예언에 의하면 하나님께서 다윗의 장막을 회복시키겠다고 말씀하셨다. "그날에 내가 다윗의 무너진 장막을 일으키고 그것들의 틈을 막으며 그 허물어진 것을 일으켜서 옛적과 같이 세우고"(암 9:11). "이후에 내가 돌아와서 다윗의 무너진 장막을 다시 지으며 또 그 허물어진 것을 다시 지어 일으키리니"(행 15:16). 모세의 장막도 있고 솔로몬의 성전도 있는데 하나님은 왜 다윗의 장막을 회복시키시겠다고 말씀하셨을까? 그것은 다윗의 장막에는 성소와 지성소를 가르는 휘장이 없기 때문이다. 다윗의 장막은 휘장이 없었기 때문에 법궤가 완전히 노출되어 있었고 이스라엘 백성들은 법궤 뚜껑의 시은좌에 임재하는 하나님의 영광 가운데 완전히 노출되었다. 찬양과 경배라는 측면에서만 보면 모세의 장막에서는 엄숙한 예배와 피의 제사가 드려졌지만 다윗의 장막에서는 기쁨의 예배와 찬양의 제사가 드려졌다고 볼 수 있다. 옷이 벗겨졌는지도 모르고 올려드렸던 찬양과 경배 가운데 하나님의 영광이 임재한 것이다. 이제 우리는 예수 그리스도를 통해 찬양과 경배를 하나님께 드릴 수 있게 되었다. 하나님은 찬양과 경배 가운데 임재하신다. 임재를 경험해야 능력이 나타난다.

말씀나누기(Word) 시간은 말씀과 성령의 능력으로 서로를 세워주는 시간이다. IN의 시간이다. 성령의 능력은 말씀과 은사를 통해 나타난다. 말씀과 은사를 통해 공동체를 세우는 시간이 바로 말씀나누기 시간이다. 예수 그리스도 안에서 찬양과 기도를 통해 왕의 지성소인 은혜의 보좌 앞에 나아가 그곳에서 말씀하시는 하나님의 말씀을 듣고 그것을 서로에게 전하는 시간이다. 셀은 지식 욕구를 채우기 위해서 모이는 것이 아니라 그리스도의 몸을 세우기 위한 모임이다. 어떤 의미에서 말씀나누기 시간의 핵심 요소는 "예언"과 "언약"이다. 예언은 무당처럼 미래를 알아맞히는 것이 아니라 하나님의 말씀을 대언하는 것이다. 하나님의 임재 속에서 공동체를 세우기 위해 그분이 하시는 말씀을 듣고 대언하여 선포하는 것이 예언이다. 사도 바울이 다른 어떤 은사보다 예언을 사모하라고 한 이유는 예언이 공동체를 세우기 때문이다. 이렇게 말씀 나눔을 통해 서로에게 선포되는 예언은 그리스도의 몸을 세운다. 건강한 예언은 공동체 지체의 마음을 연다. 하나님이 하시는 말씀을 함께 하는 지체를 통해 듣는 공동체에서는 고백이 일어난다. 자신이 죄인이라는 고백, 자신이 연약한 자라는 고백, 자신에게 지금 상처와 아픔이 있다는 고백, 지금 죄의 유혹 가운데 있다는 고백, 있는 그대로 상대를 받아들이겠다는 고백, 상대의 모습이 어떠하든지 끝까지 사랑하겠다는 고백이 일어난다. 하나님의 은혜가 없는 공동체는 서로 "고발"하는 데 에너지를 다 쓴다. 하지만 하나님의 은혜가 임하는 공동체는 서로 "고백"하는 데 에너지를 쓴다. 고발 공동체가 아니라 고백 공동체가 될 때 셀은 "안전한 장소"가 된다.[6] 또한 고백이 있는 공동체만이 서로를 하나되게 하고 친밀한 공동체가 된다. 누구에게도 말하지 않은 비밀을 서로 나눌 수 있는 공동체만이 친밀한 공동체가 될 수 있다. 친밀도는 비밀을 공유하는 정도에 따라 결정되는 법이다. 그렇기에 공동체에서 고백은 반드시 필요하다. 이렇게 자신을 낮추는 고백이 있고, 서로를 세워주는 예언이 있을 때 공동체가 건강해진다. 또한 공동체에 주어진 말씀은 "언약"의 기능을 하는데, 이것이 공동체를 하나로 묶어준다. 주어진 말씀을 하나님의 말씀으로 받아들이는 공동체는 말씀을 언약 삼아 상호책임을 감당하는 언약공동체가 된다. 공동체에는 언약이 반드시 필요하다. 결혼 관계만 보아도 그렇다. 사랑이 관계를 지켜주는 것이 아니라 관계가 사랑을 지켜주는 경우가 얼마나 많은가? 관계의 토대가 바로 언약 아닌가? 공동체 안에 말씀을 토대로 한 상호 약속이 있는가? 그 약속을 지키기 위해 서로에게 진정으로 헌신하는가? 말씀나누기는 반드시 이 토대 위에 세워져야 한다.

마지막으로 비전나누기(사역하기, Work)다. OUT의 시간이다. 세워진 몸은 선교적 사명을 위해 헌신한다. 우리가 몸을 세우는 것 자체에 만족한다면 하나님께서 주신 목적을 방기하는 것이다. "여기가 좋사오니" 하며 공동체 내에 머물면 안 된다. 변화산에서 내려가 갈보리를 변

---

6   킴 햄몬드·대런 크론쇼, 황병배·이근수 역, 『보냄받음』(한국교회선교연구소, 2015). 이 책은 선교적 교회의 6가지 모습을 소개한다. 1) 보냄 받은 사람들, 2) 깊이 뿌리 내리는 목회, 3) 샬롬 영성, 4) 안전한 장소, 5) 공유하는 삶, 6) 간격 메우기 등이다.

화시키는 사역을 감당해야 한다. 임재와 능력만 경험하면 안 된다. 목적을 위해 헌신해야 한다. 4W의 하이라이트는 바로 비전나누기(Work)다. 여기서 실패하면 셀은 정체되고 생명력을 잃는다. 셀의 선교적 사명은 크게 두 가지인데, 잃어버린 양을 찾는 일과 하나님 나라를 이루는 일이다. 이 두 가지가 함께 강조되어야 한다.

4) 한 몸을 이루어 전도하기

전도에 대한 많은 오해가 있다. 전도를 떠올리면 연상되는 단어가 바로 "노방 전도", "가정방문 전도", "선포 전도"다. 물론 선포 전도는 전도의 본질적 요소라고 할 수 있다. 하지만 이러한 이미지 때문에 전도의 은사가 없는 사람들은 아예 전도할 생각마저 포기하게 된다. 그러므로 전도에 대한 오해부터 풀어야 한다. 먼저, "누가" 전도하는가? 보통 전도는 낯선 사람을 접촉하는 것이라고 생각한다. 하지만 실제로 대부분의 사람들은 친척이나 친구의 인도로 예수님께 온다. 사람들이 교회에 나오게 된 계기를 보면, 특별한 필요에 의해 1-2%, 스스로 교회에 나옴 2-3%, 목사를 통해 5-6%, 가정심방 1-2%, 주일학교 4-5%, 대전도 집회 0.5%, 교회프로그램 2-3%, 그리고 친구 혹은 친척이 75-90%다.[7] 따라서 우리는 주변 사람들을 위해 관심을 갖고 기도하면 된다. 둘째, "어떻게" 전도해야 하는가? 보통 전도는 복음을 구두로 전하는 것이라고 생각한다. 하지만 실제로 사람들은 우리의 사랑과 관심을 통해 예수님을 믿게 되는 경우가 대부분이다. 따라서 우리는 그들의 필요를 채

---

[7] 조엘 코미스키, 편집부 편역, 『사람들이 몰려오는 소그룹』(NCD, 2003), 147쪽.

워주며, 말과 행동으로 예수님의 사랑을 표현하면 된다. 셋째, "언제" 믿게 되는가? 보통 회심은 즉각적으로 일어난다고 생각한다. 하지만 실제로 예수님께 오는 것은 일상의 과정이며, 시간이 걸리고, 복음의 메시지에 다양한 방법으로 접하게 되면서 믿게 된다. 따라서 우리는 불신자들과 함께 시간을 보내고 그들이 복음을 들을 기회를 되도록 다양하게 제공하면 된다. 넷째, 전도할 때 "몇 사람"이 필요할까? 보통 사람들은 단지 자신을 전도한 한 사람에 의해 인도된다고 생각한다. 하지만 실제로 불신자가 그리스도인들을 많이 알면 알수록 빨리 신자가 될 수 있다. 따라서 우리는 여러 그리스도인들에게 불신자들을 소개해야 한다.

전도에 대한 바른 이해를 가지고 더불어숲의 셀모임은 관계 전도, 자연적 전도, 섬기는 전도, 필요 중심적 전도 등을 실천한다. 특별한 전도의 은사나 방법을 배워야만 전도 할 수 있다는 신화를 버리고 공동체 전체가 한 몸을 이루어 함께 전도할 수 있는 방법을 추구한다. 피아노를 연주할 때 사용하는 부위는 대부분 팔과 손가락에 불과하지만 누구의 손가락이 연주했다고 말하지 않고 어느 피아니스트가 연주했다고 말한다. 마찬가지다. 누군가 전도의 은사가 있어서 특별히 많은 역할을 해도 만약 공동체 전체가 한 몸을 이루어 전도한다면 그 공동체 전체가 전도의 은사가 있는 것이나 마찬가지다. 한 지체가 한 것이 아니라 한 몸이 전도한 것이다. 어떤 지체가 사람을 잘 데려오는 은사가 있으면 그 지체는 사람을 데려오는 역할을 하면 되고, 어떤 지체가 음악에 솜씨가 있으면 연주하는 것으로, 어떤 지체가 음식을 잘 만들면 음식을 차리는 것으로, 어떤 지체가 중보기도의 은사가 있다면 기도하는 것으로, 어떤 지체가 가르치는 은사가 있으면 간증이나 간단한 복음제시로 섬기면 된다. 중요한 것은 공동체가 한 몸을 이루어 함께 전도하는 것이고, 그리스도인의 공동체적 삶의 방식을 경험하도록 하는 것이다. 그들은 그곳에서 편안하게 관계를 맺고 사랑을 경험하고 마음을 열고 공동체와 지속적인 관계를 맺음으로써 그리스도인이 된다.

전도의 과정을 잘 보여주는 본문은 누가복음 10:1-9이다. 이 말씀은 예수님께서 70명의 제자를 세우시고 그들을 파송하는 대목이다. 이 말씀에 나타나는 파송의 과정은 4단계로 이루어진다. 5, 6절에 나타난 첫 번째 단계는 "평안을 구하는 것"이고, 7, 8절을 통해 나타난 두 번째 단계는 "교제를 하는 것"이며, 9절을 통해 나타난 세 번째와 마지막 단계는 "필요를 채우는 단계"와 "복음을 선포하는 단계"이다. 예수님이 가르쳐주신 파송의 과정은 평화의 관계를 맺는 것, 식탁교제를 통해 차별을 넘어선 교제를 가지는 것, 현장과 이웃의 필요를 채우는 것, 마지막으로 복음을 선포하는 순으로 이루어져 있다. 그런데 오늘날 대부분의 선교방법은 앞의 과정을 생략하고, 마지막 순서인 복음을 선포하는 것을 가장 먼저 한다. 평화의 관계를 맺거나 식탁교제를 통해 천국의 관계를 맺지도 않고, 이웃과 현장의 필요를 채우지도 않은 채, 곧바로 복음을 선포하는 것이다. 그러다 보니 복음의 효과가 떨어질 뿐만 아니라 기독교를 매우 무례하게 여기게 만들기도 하고, 무엇보다 진짜 복음이 무엇인지를 총체적으로 보여주지 못한다. 이것을 피하기 위해서는 예수님이 전해 주신 과정과 방법을 따라야 한다. 먼저 복음이 무엇인지 삶으로, 그리고 공동체적 삶의 양식으로 보여줘야 한다.

셀교회에서 일어나는 이런 전도의 과정은 매우 놀랍다. 심지어는 자신의 주변에 있는 이웃의 경계를 넘어서 이런 과정이 일어나고 있다. 이제 사회는 지리적 장소인 "지역"과 이웃들로 이루어진 "동네", 그리고 친교와 문화를 통한 "네트워크"가 복합적으로 중첩된 사회다. 그렇기에 선교적 교회는 단순히 "경계를 넘어서는" 정도가 아니라 "경계 자체가 없는" 교회를 지향해야 한다.[8] 어느 목사님께서 홍콩에 있는 CCMA 교회에서 주최하는 셀 컨퍼런스에서 경험한 이야기를 내게 들려주었다. 한 셀은 TV를 보다가 불법으로 홍콩에 넘어온 9명의 중국인에 대한 뉴스를 보고 영적인 부담을 느껴 그들을 찾아가 섬긴 이야기를 보고하였다. 단순히 지역에 있는 이웃을 넘어 그 나라의 이방인에게 관심을 가진 것이다. 셀보고 내용은 셀원 전체가 그 중국인들에게 찾아가 그리스도의 사랑으로 정성껏 섬겼다는 이야기였다. 중국인들은 일반적으로 다른 사람을 경계하고 거부하는데 이들은 환영했다는 이야기도 곁들였다. 그 이야기를 듣고 이웃에 대한 관심의 지평이 얼마나 넓고 공동체적 삶의 방식이 얼마나 그리스도를 닮았는지 알 수 있었다고 한다. 더욱 놀라운 간증은 탐방한 목사님이 한주 후 홍콩을 떠나기 전에 다시 그 셀을 방문할 때 벌어진 일이다. 그 셀에 방문해보니 9명의 중국인 중 2명이 참여하고 있더라는 것이다. 본국에서도 경험하지 못한 극진한 사랑으로 자신들을 섬겨준 진정한 가족공동체를 발견하고 셀에 참여한 것이다. 이것이 바로 진정한 셀 전도다.

우리 교회는 "행복파티"라는 전도 프로그램을 잘 활용하고 있다. 행복파티는 "전체 행복파티"와 "셀 행복파티"가 있다. 전체 행복파티는 대그룹 차원에서, 셀 행복파티는 소그룹 차원에서 VIP(비신자에 대한 호칭)를 초대하는 행사다. 행복파티는 기도하기, 관계 맺기, 함께 전도하기, 초대하기의 4단계로 이루어진다. 하지만 이런 특별한 프로그램은 전도

---

8 잉글랜드 성공회 선교와 사회문제 위원회, 브랜든 선교연구소 역, 『선교형 교회』(비아, 2016), 139쪽.

의 모든 것이 아니라 공동체 전도에 도움을 주고 전도에 대한 계기를 마련한다는 의미를 부여할 뿐이다. 중요한 것은 일상적인 만남을 통해서 자연스러운 전도가 일어나는 것이다. 공동체 전도가 문화가 되어 일상에서 자연스럽게 전도하는 것이 중요하다.

우리 교회 셀모임 중 하나를 소개하자면, 지금은 최연소 권사님이 되신 셀리더가 있다. 그분은 자녀를 늦게 낳아 또래의 부모보다 나이가 많다. 그러다 보니 자녀를 유치원을 보내는 시간에 모여든 젊은 엄마들과 자연스럽게 대화를 나누게 되었고 집으로 초대하여 친밀한 관계를 맺을 수 있었다. 그렇게 관계가 맺어지면 기존 셀모임에 초대하여 공동체와 관계를 맺도록 한다. 또한 평소에 여러 가지 도움을 주면서 공동체의 사랑을 경험하게 한다. 마음이 열린 불신자는 자연스럽게 매주 모이는 셀모임에 나오기 시작하고 그렇게 6개월이나 1년 정도 셀모임에만 나오다가 그 후 주일 예배에 참석하는 경우가 많다. 이렇게 전도하여 매해 평균 한 셀 정도가 분립한다. 지금까지 4개 셀이 분립했다. 지금도 그 셀에는 주일 예배에 참여하지 않는 2, 3명의 불신자들이 참여하고 있다. 물론 다른 셀에서도 이런 경우가 적지 않다. 이것이 더불어숲동산교회가 추구하는 자연적 전도, 관계 전도, 필요중심적 전도이며, 소그룹 전도다. 사도행전에 보면 "구원받는 사람들을 날마다 더하게 하시니라"(행 2:47)라는 기록이 있다. 초기 교회는 일주일에 한 번 주일 예배 때 구원받는 사람들이 더해진 것이 아니라 "날마다" 구원받는 사람들이 더해졌다. 진정한 공동체가 이루어지면 주일에만 구원받는 사람이 더해지는 것이 아니라 "날마다" 더해지는 것이다. 주일에 모이는 모임만이 교회가 아니라 평소 모이는 셀모임 그 자체가 교회라면 "날마다" 구원받는 사람이 더해질 수 있다. 그것이 건강한 공동체의 자연적 성장이다.

5) 사회적 자본으로 본 셀의 선교적 사명

셀모임의 성격을 선교적 마인드로 무장할 필요가 있다. 셀모임 자체가 선교적 공동체가 되어야 한다. 기존 셀교회의 약점이 바로 이 부분에 있다. 셀의 선교적 사명은 잃어버린 양을 찾는 일에 그치지 않고 하나님 나라를 이루는 일까지 나가야 한다. 잃어버린 양을 찾는 일이 공동체를 세우는 일과 관련이 있다면, 하나님 나라를 세우는 것은 공공성을 회복하는 차원과 연결된다. 사회학적 의미에서도 소그룹은 공동체를 세우는 차원과 공공성을 세우는 차원을 모두 가지고 있다. 소그룹은 친밀감을 느끼게 해주고 안식처를 제공하며 강한 결속력을 갖게 함으로써 공동체성을 세우는 기능을 하는 동시에 사회적 자본을 형성하게 하여 공론장에서의 사회관계를 발전시킨다. 소그룹을 통해 공동체성을 회복하는 수준에서 공공성을 담보하는 수준까지 나아가야 한다. 이것은 사회적 자본 개념을 이해할 때 좀 더 분명해진다.

사회적 자본에 대한 규정은 다양한데,[9] 예를 들어 프랑스의 사회학자 피에르 부르디외는 사회적 자본을 경제적 자본과 문화적 자본에 대응하는 개념으로 구별해 상호이해와 협조의 제도적 관계를 증진시키기 위한 사회적 자원의 합계라고 정의한다. 퍼트넘은 신뢰나 호혜의 규범을 촉진하는 비공식적인 형태의 사회단체를 더 강조했고, 후쿠야마

---

9   이동원·정갑영 외, 『제3의 자본』(삼성경제연구소, 2009). 이 책의 저자들은 사회적 자본이 극히 부족한 한국 사회의 회복을 위한 7대 과제를 다음과 같이 제시한다. 1) 작은 곳부터 법질서를 준수할 인센티브 증진, 2) 비현실적인 법과 규제의 정비, 3) 공정하고 효율적인 법집행, 4) 시민 리더십 교육, 5) 열린 네트워크를 향한 노력, 6) 합리적 소통으로 사회갈등 해결, 7) 공동체 의식 함양.

는 사회구성원의 협력을 창출하는 비공식적 규칙 또는 공유의 규범이라고 정의했다. 그 외 많은 학자들이 이 개념을 다양하게 규정했는데, 모든 논의들을 종합하면 다음과 같은 세 가지 특성이 드러난다. 첫째로 사회적 자본은 네트워크 내에 속해 있는 구성원들에게 긍정적인 외부성(예기치 않은 효과)을 창출하고, 둘째로 그 외부성은 신뢰, 규범, 상호 기대 등 공유의 가치에 의해서 실현될 수 있으며, 셋째로 그 공유 가치는 사회적 네트워크에 바탕을 둔 비공식적 조직을 통해 나타난다. 이를 한 문장으로 정리하면, 그룹 구성원 간의 상호 이익이 되는 목적 달성을 위해 긍정적인 외부성을 창출하는 사회구조의 특성, 혹은 경제 주체 간 협력을 촉진하는 신뢰, 규범, 네트워크 등 사회적 맥락에서 발생하는 일체의 무형자산이라고 할 수 있다.

사회적 자본은 신뢰, 소통, 협력으로 구성된다.[10] 여기서 가장 중요한 것은 신뢰다. 누가 보지 않아도 규칙을 지킬 것이라는 신뢰, 내가 베푼 만큼 상대도 베풀 것이라는 신뢰, 뿌린 대로 거두게 되리라는 호혜성의 원칙, 이런 신뢰가 지켜지는 사회는 거래비용을 줄여 경제적인 사회가 되고 행복도를 높인다. 신뢰 사회를 위해서는 감시와 평가, 평판과 보상, 심판과 징계가 명확하고 공평해야 한다. 소통도 신뢰 사회가 되기 위해 매우 중요하다. 확증편향으로 인해 끼리끼리 문화가 확산되면 소통이 더욱 어렵고, 소통할 줄 모르면 갈등비용이 커져서 사회 전체적인 피해가 발생한다. 소통을 위해서는 타인을 이해할 줄 아는 공감 능력과 진정성 있는 사과를 할 줄 알아야 한다. 또한 중재를 통한 합리적인 갈

---

10 KBS 사회적 자본 제작팀, 『사회적 자본』(문예춘추사, 2011). 이 책은 TV 방송용이었기 때문에 내용이 쉽고 다양한 실험들이 제시되어 있어 흥미롭게 읽을 수 있다.

등해결의 제도화가 이루어져야 한다. 마지막은 협력인데, 이것은 이기적 인간, 자신의 이익을 위해 합리적 판단을 하는 인간, 경제적 인간에 대한 반성으로부터 나왔다. 인간은 상호적 존재이며, 협력이 인간의 본성임을 깨달아야 협력 사회를 만들 수 있다.

퍼트넘은 『나 홀로 볼링』에서 미국의 사회적 자본이 20세기 후반부터 빠르게 감소했다고 말한다.[11] 그는 그 근거로 정치 참여, 시민단체 활동, 종교적 참여, 노조 가입, 친목 단체, 볼링 리그, 자선단체, 자원봉사단체, 자조그룹, 후원단체, 사회운동단체 등의 단체 활동 참여가 감소하고 사회활동에 모이려 하지 않는 것을 들고 있다. 그 결과 미국인들은 전보다 남을 덜 돕고, 덜 정직하며, 덜 신뢰하게 되었다. 사회적 자본의 감소 원인으로 첫째는 시간과 돈의 압박, 즉 긴 노동 시간과 바쁜 생활, 경제적 어려움, 여성의 취업 등이고, 둘째는 잦은 이사와 도시의 팽창, 교외 지역으로의 이주와 장거리 출퇴근 등이고, 셋째는 기술과 매스미디어의 발달로 인한 신문 구독 저하와 오락 또는 TV시청 증가 등이고, 넷째는 세대 격차로 인한 사회운동경험 감소, 물질적 가치의 증가, 불안의 증가 등이다. 그는 사회적 자본이 교육과 어린이의 발전, 안전하고 유익한 동네, 경제적 번영, 건강과 행복, 그리고 민주주의에 긍정적인 영향을 끼친다고 말한다. 이중 마지막이 이번 단락의 주제와 깊은 연관이 있다. 그는 시민사회의 네트워크와 교회, 전문직 단체, 독서클럽 등의 자발적 결사체들이 두 가지 방식으로 민주주의에 기여한다고 말한다. 즉 "대규모 정체에는 외적 효과를 갖고, 참여자 자신들에게는 내적 효과를 갖는다." 자발적 결사체들은 개인에게 자신들의 정치적

---

11 로버트 D. 퍼트넘, 정승현 역, 『나 홀로 볼링』(페이퍼로드, 2009).

관심과 정부에 대한 요구를 표현할 수 있도록 해주고, 정치 지도자들의 권력 남용으로부터 스스로를 보호할 수 있도록 해준다. 흩어졌거나 들리지도 않는 목소리를 들리도록 해주며, 공공 생활을 함께하는 데 필요한 실용적 업무 능력을 가르친다. 자발적 결사체는 사회적·시민적 생활에 필요한 업무와 기술을 배우는 장소, 곧 민주주의의 학교이며, 핵심적인 공공의 문제를 토론하는 심도 깊은 심의(숙의)의 장소로 기여하며, 공적 생활의 적극적인 참여나 신뢰성과 호혜성과 같은 "시민적 품성"을 형성시켜준다.

이렇게 중요한 역할을 소그룹이 하고 있다. 로버트 우스노우에 의하면 미국에서 소그룹의 절반 정도는 종교 모임이고, 1/4이 자조집단, 나머지 1/4은 독서 토론 모임부터 취미나 스포츠 그룹 및 시민 단체까지 다양하다고 한다.[12] 종교적인 소그룹은 종교에 대한 관심을 유지하고 신장시키는 역할을 하며 돌봄을 제공할 뿐만 아니라 전통적인 시민 결사체로서의 기능까지 한다. 이것은 한국도 마찬가지일 것이다. 한국교회 중 소그룹 구조가 없는 교회는 거의 없을 것이다. 그렇다면 한국교회는 한국 사회에 사회적 자본을 증진시키는 데 엄청난 역할을 하고 있는 셈이다. 그런데 왜 한국교회는 욕을 먹고 있는 것일까? 이렇게 좋은 역할을 하고 있음을 알리지 않아서 그럴까? 그보다는 소그룹 자체가 갖는 한계와 정체성의 차이 때문일 것이다. 정재영 교수의 평가를 들어보자.

소그룹에 의해 생겨난 공동체는 인류사 대부분을 통해 특징지어진 가족, 이웃, 민족 집단, 종족과는 분명히 다른 공동체이다. 이 공동체는 더 유동성이

---

12   로버트 우스노우, 정재영·이승훈 역, 『기독교와 시민 사회』(CLC, 2014), 69쪽.

있고 개인의 감정 상태와 더 연관되어 있다. 이러한 공동체는 쉽게 결속하지만 또한 똑같이 쉽게 해체할 수 있게 함으로써 현대 사회의 유동성을 그대로 반영한다.…소그룹 운동이 제공하는 공동체는 많은 사회와 개인의 비용을 지불하고 얻을 수 있는 형태의 공동체가 아니다. 오히려 소그룹 운동은 바쁘고 불안정한 사람들이 자신의 생활양식을 심각하게 조정하지 않고 가질 수 있는 사회 교섭을 제공한다.…우스노우는 소그룹은 사람들이 자신의 문제를 해결하도록 독려하면서도 모든 관점에 똑같은 중요성을 둠으로써 공리주의 특성의 개인주의와 문화 상대주의를 조장한다고 말한다.…랜디 프래지 목사의 조사와 연구 역시, 미국 교회의 셀과 소그룹들은 고립되고 이기적인 집단으로 변질되기 쉽고, 진정한 이웃 사랑이 실현되는 공동체를 제공해주지 못하고 있음을 보여준다. 이것은 미국 소그룹의 신앙의 개인주의화에서 비롯되는 것으로, 개인의 가치와 목적을 포기하지 않는 미국인들은 공동의 목적이라는 구심점을 찾지 못하기 때문에 일어나는 문제이다.[13]

소그룹이 사회적 자본으로 연결되려면 이러한 한계를 벗어나야 한다. 이것은 두 가지 차원, 즉 진정한 공동체를 세우는 방향과 공공성을 확보하는 방향을 보완하지 않으면 안 된다. 소그룹이 활성화되지만 사회적 자본이 상승하지 않는 이유는 소그룹의 폐쇄적인 성격 때문이다. 소그룹은 사회적인 윤활유 역할을 하는 "연계형 사회적 자본"이 아니라 일종의 사회학적 접착제 역할을 하는 "결속형 사회적 자본"에 가깝다. 자신의 그룹 안에 갇혀 그룹 내의 "특수화된 신뢰"만을 강화하고 사회와 소통하지 않으면 사회적 자본을 형성하기 어렵다. 신뢰의 범위가

---

13 정재영, "현시대 가장 탁월한 종교사회학자 우스노우", 앞의 책, 188-189쪽.

연고 집단, 특수 목적 집단, 지역 사회 등 협소한 대인관계를 넘어 사회 전체를 향한 "일반화된 신뢰"로 확대되어야 정치 공동체에 대한 관심과 책임의식이 형성되고, 이를 바탕으로 건전한 정치의식과 시민적 규범을 확립할 수 있다.[14] 또한 분열된 사회에서는 네트워크 활동이 서로 비슷한 계층이나 그룹을 중심으로 폐쇄적으로 이루어지기 쉬우며, 사람들의 모임이 도리어 사회협력을 저해하기도 한다. 네트워크 활동이 사회분열을 넘어서는 대안이 되지 않으면 도리어 사회적 자본을 떨어뜨리는 역할을 하게 된다. 만약 한국교회의 소그룹이 사회적 자본을 쌓는 역할을 하려면, 당장 무언가 유익을 얻으려는 결속 문화와 끼리끼리의 문화를 넘어 평화의 공동체를 이루고 현실에 존재하는 사회분열을 해소하는 섬김이 있어야 한다. 그때에야 한국교회가 사회적 자본을 향상시키는 중요한 역할을 하는 것으로 세상에 인식될 것이다. 그렇기에 우리의 소그룹은 내부 결속만이 아니라 세상 한 가운데서 하나님 나라를 증언하는 선교적 사명을 감당해야 할 것이다.

우리 교회의 소그룹은 친밀한 교제만이 아니라 선교적 사명을 감당하는 소그룹이 되어야 함을 강조한다. 셀모임 자체가 선교적 공동체가 되는 것이 우리의 비전이다. 물론 대그룹 차원에서 다양한 선교적 사역들이 펼쳐지지만 소그룹 또한 그러한 사명을 감당해야 한다. 아직 내부적인 공동체성을 강화하는 단계이기 때문에 이런 도전에 반응하는 셀이 많지는 않다. 지역을 섬기는 사역에 대해 설명했을 때, 두 개의 셀이 반응하여 한 셀은 한 달에 한 번 친교모임을 봉사모임으로 전환해서 고아원을 섬기는 일을 하고, 다른 한 셀은 고아원을 섬기는 일을 하고 있

---

14 이동영·정갑영 외, 『제3의 자본』, 88쪽.

다. 쉽지 않은 일이지만 선교적 사명을 실천하는 셀이 되기 위해 고군분투하고 있다. 제2기에는 이런 셀이 더 많아지리라고 기대해 본다. 물론 셀전체가 지역을 섬기는 일을 하지는 못하더라도 대그룹 차원에서 진행하는 사역들에 적극적으로 참여하도록 권고하여 사안별, 프로그램별로 참여시키려 한다. 페어라이프 사역에 적극적으로 참여함으로 셀의 범위를 넘어선 새로운 관계망을 만들고 하나의 셀이 감당하기 어려운 사역에 참여시키려 한다.

3장 　　　　'개교회 성장주의'에서
　　　　　　　'지속가능한 적정규모의 분립'으로

　리처드 헬버슨은 교회의 변질에 대해 이렇게 말한다. "처음에 교회는 살아계신 그리스도를 중심에 둔 사람들의 교제 모임이었다. 그러나 그 후 교회는 그리스로 이동하여 철학이 되고, 로마로 옮겨가서는 제도가 되었다. 그다음 유럽으로 넘어가서 문화가 되었다. 마침내 미국으로 왔을 때 교회는 기업이 되었다."[1] 대기업을 닮은 한국형 메가처치의 문제점은 앞에서 이미 살펴보았다. 또한 이것에 대한 대안이 공교회와 공동체의 회복이라는 것도 확인하였다. 여기서 우리가 "공동체형 양날개 교회"를 말한 이유가 드러난다. 그냥 "양날개 교회"가 아니라 왜 "공동체형 양날개 교회"라고 했을까? 그것은 메가처치도 양날개 교회를 표방할 수 있고, 심지어는 많은 인적·물적 자원으로 그것을 더 잘 할 수 있기 때문이다. 메가처치에서 양날개 교회를 말할 때 자주 예로 드는 본문이 사도행전 2장이다. 예루살렘 교회가 대그룹으로 성전에서 모이는 동시에 소그룹으로 가정에서도 모였다는 것이다. 그런데 여기서 말하는 대그룹이 메가처치형 예배모임이라는 데 문제가 있다. 이런 해석

---

[1] 스카이 제서니, 이대은 역, 『하나님을 팝니다?』(조이선교회, 2011), 18쪽에서 재인용.

은 소그룹을 살려 공동체성을 확보하면서 동시에 대형교회를 추구할 수 있도록 한다. 규모의 문제를 심각하게 고려하지 않으면 결국 양날개 교회는 대형교회를 정당화하는 논리가 될 수 있다. 하지만 이런 해석은 바른 성경해석이 아니다. 왜냐하면 성전에서 모이는 것이 대그룹 모임을 정당화하는 것은 아니기 때문이다. 성전에서 모인 것은 아직 초기 교회가 유대교와 분리되기 전의 상황이다. 초기 교회는 자신의 공동체를 유대교 자체를 근본적으로 개혁하는 그룹으로 이해했을 뿐 유대교에서 분리할 생각이 없었다. 영적으로 보면 성전은 이미 그리스도의 죽으심과 부활에 의해 해체됐다. 그들이 성전에서 모인 것은 대형집회를 하기 위해서가 아니라 유대교와의 고리를 유지하기 위함이었다. 그렇지만 예루살렘 교회에 대대적인 핍박이 일어나고 흩어질 수밖에 없었을 때 그러한 바람은 더 지킬 수가 없었다. 성전이 로마군대에 의해 무너지기도 전에 그들은 핍박으로 인해 이미 성전에서 모이는 것이 불가능했던 것이다. 기원후 70년에 성전이 무너지고 난 후에는 두 말할 필요도 없다. 그렇다면 초기 교회의 역사는 대부분 성전에서 모이는 모임 자체가 불가능했는데 어떻게 메가처치형 대그룹 모임을 정당화할 수 있을까? 그들의 역사 대부분은 대그룹 모임 자체도 가정집에서 모이는 소규모 모임일 수밖에 없었다. 그렇기에 양날개 교회가 메가처치를 정당화하는 교회론일 수는 없다.

교회가 대형화될 때 대그룹과 소그룹의 유기적 연합은 매우 어렵다. 소그룹이 발달한 대형교회는 대그룹과 소그룹이 형식적으로 존재하지만 유기적 연합은 이루기 어렵다. 대그룹 자체에도 공동체성이 드러나야 하는데 이것이 거의 불가능하기 때문이다. 성도 수가 지나치게 많은 대형교회는 초기 교회처럼 자기 것을 내어 놓는 유무상통의 코이노니아, 삼위일체 하나님의 온전한 사랑과 교제가 실현되는 공동체를 경험하기가 거의 불가능하다. 지역교회, 즉 회중 모임이 공동체성을 드러내지 못하기 때문에 소그룹 차원에서 공동체성을 확보한다 할지라도 대형교회는 메가처치의 문제점을 고스란히 드러낼 수밖에 없는 것이다. 그러기 때문에 규모의 문제가 매우 중요하며 공동체성을 유지할 수 있는 적절한 규모의 대그룹이 무엇보다 중요하다. 한 마디로 말해서 "휴먼 스케일"의 교회가 필요하다.

따라서 교회의 본질을 회복하기 위해서는 메가처치형 양날개 교회가 아니라 공동체형 양날개 교회가 목표가 되어야 한다. 작은 것 자체를 추구하다 보면 공동체의 성장을 무시할 수 있다. 한 사람을 구원하는 사명과 하나님 나라의 가치를 실현하는 공동체를 분립해나가는 사명을 도외시할 수 있다. 하지만 초기 교회는 생명력 있는 공동체로 계속해서 성장했기 때문에 교회는 성장하는 것이 정상이었다. 동시에 공동체성을 그대로 유지했다. 어떤 방법으로 이것이 가능할까? 바로 "지속가능한 적정규모의 분립"이다. 소그룹이 성장하면 분립하듯이 대그룹도 공동체성을 유지할 수 있는 일정 정도의 규모 이상으로 성장하면 분립해야 한다. 성도들이 유모차 끌고 올 수 있는 정도의 거리, 혹은 마을버스를 타고 이동할 수 있는 정도의 거리에 예배 처소 혹은 비전 센터를 두는 교회들로 계속해서 분립하는 것이다. 예배 처소나 비전 센터를 중심으로 지나치게 넓지 않은 영역을 책임지면서 지역과 소통하고 섬기며 지역을 변화시킬 수 있는 적정규모로 계속해서 분립하면 공동체성과 성장을 동시에 이룰 수 있다.

여기서 반드시 짚고 넘어가야 할 것이 바로 규모의 경제다. 대형교회들이 큰 예배 공간을 지으면서 정당화하는 논리가 바로 규모의 경제다. 대형교회를 세우면 작은 교회들이 할 수 없는, 즉 규모의 경제가 필요한 사역을 할 수 있다고 말한다. 이 논리를 반박하기는 쉽지 않다. 하지만 규모의 경제 논리는 논리적으로 보면 맞는 말 같지만 현실적으로 보면 꼭 맞는 말은 아니다. 구체적으로 들어가서 대형교회가 말하는 규모의 경제가 필요한 사역이라는 것이 도대체 무엇인가? 교인들이 많기 때문에 발생하는 사역을 제외하면 그러한 성격의 사역이 얼마나 되는가? 복지관 정도? 초대형 예배 공간 내지 비전 센터들이 주중에는 거의 놀고 있지 않은가? 여러 사역에 필요한 공간을 제공하는 면을 백번 인정하더라도 그러한 규모의 공간이 그 도시에 왜 그렇게 많이 필요한 것인가? 메가처치마다 그런 공간들을 보유하고 있다. 꼭 필요한 사역을 위한 공간이 아니라 엄청난 규모의 교인들의 필요를 채우기 위한 공간들 아닌가? 많이 모이지 않으면 필요하지도 않은 공간을 만들어놓고 규모의 경제를 운운하는 것은 어불성설이다. 주객이 전도된 논리다.

웬만한 규모의 도시를 보라. 대형 운동장은 한두 개 정도다. 문화회관이나 예술의 전당은 어떤가? 대형도서관은 어떤가? 대부분 한두 개 정도다. 많은 시민들이 살아가는 도시지만 그 정도로도 필요를 채울 수 있기 때문이다. 나머지는 여러 지역에 흩어져 있는 동네 작은 운동장이나 놀이터나 공원이면 족하고, 작은 공연장이나 문화센터면 족하고, 걸어서 갈 수 있는 동네 마을 책방이나 마을 도서관이면 족하다. 그런데 동네마다 예술의 전당이나 대형 도서관을 짓는다고 생각해보라. 아마 대부분 주중에 공간을 놀리게 될 것이다. 지금 메가처치가 이런 모양새다. 어느 정도 규모가 있는 도시에 여러 교회가 힘을 합해 기독교 센터 하나 그럴싸하게 만들어 모두가 공유하고 연합해서 쓸 수 있게 하면 될 일을 메가처치마다 이런 것을 갖추고 있으니 주중에는 대부분 그런 공간을 놀리고 있는 것이다. 나는 대형예배당을 지으면서 규모의 경제를 논하는 것은 위선이라고 생각한다. 공교회성을 회복하면 될 일을 개교회가 공교회가 할 일을 하려고 하니 공수표가 생기는 것이다.

하지만 규모의 경제 논리 자체를 완전히 무시할 수는 없는 노릇이다. 실제로 규모의 경제가 작동하는 영역들이 있기 때문이다. 결국 공동체성을 유지하면서 규모의 경제 문제를 해결하는 길은 공교회성을 회복하는 방법밖에 없다. 혹은 공동체 교회들의 연합을 통해 해결하는 길밖에 없다. 협동조합의 예를 들어보자. 협동조합하면 작은 규모를 생각하기 쉽다. 그러나 그렇지 않다. 엄청난 규모의 협동조합도 가능하다. 스페인의 몬드라곤 협동조합은 2014년 기준 매출액 109억 유로(한화 14조 8천억 원), 고용인원 7만 4천 명의 거대한 기업이다. 몬드라곤 협동조합은 해외에 80여개 가량의 생산 공장을 갖춘 글로벌 기업이며, 제조업 매출의 60%는 해외 수출을 통해 달성하고 있다. 몬드라곤 내 소비자협동조합인 "에로스키"는 스페인과 프랑스에 2100여 개의 매장을 갖고 있다. 금융부문의 "노동인민금고"는 스페인 전역에 420여 개 지점망을 갖춘 5위권에 속하는 대형은행이다. 이외에도 몬드라곤은 대학교와 기술연구소도 소유하고 있다. 어떻게 이런 기업이 가능했을까? 이름 그대로 협동 때문이다. 교회라고 이렇게 하지 못하란 법은 없다. 이런 일은 한 교회가 초대형교회가 되는 것이 아니라 공동체 교회들의 연합을 통해 가능하다.

궁극적으로는 공교회성을 통해 혹은 공동체 교회들의 연합을 통해 규모의 경제 문제를 해결해야 하지만, 우선은 한 교회가 계속해서 분립 개척할 때마다 네트워크를 통해 문제를 해결할 수도 있다. 더불어숲동산교회는 인격적 교제, 인격적 설교, 인격적 성례, 인격적 목양, 인격적 사역이 가능한 정도의 기준을 가진 적정 규모의 교회로 분립 개척하는 것을 원칙으로 한다. 우리의 경우 약 200-300명 정도를 생각하고 있는데 교회마다 규정을 달리할 수 있다고 생각한다. 특히 분립을 지원하는 센터처치의 경우는 좀 더 큰 규모의 교회가 될 수도 있다고 생각한다. 어떤 특정 수치가 절대화될 때 성령께서 역사하실 여지를 막기 때문에 우리는 200-300명을 대략적인 기준으로만 제시할 뿐이다. 우리는 이를 실천하기 위해 비록 개척교회 수준이지만 처음부터 주요 절기 헌금의 절반을 분리개척기금으로 적립하고 있다. 앞서 말한 것처럼 나머지 반은 화성 내 연약한 교회나 단체들을 돕는 데 사용한다. 교회가 든든하게 세워지고 나면 반드시 분립 개척하는 것을 원칙으로 하고 있는데, 이렇게 개척된 교회들은 서로 상관없는 남남이 아니라 교회 예산의 10%를 공공기금으로 내어 규모의 경제가 필요한 사역에 사용하고, 필요한 인원은 연합하여 사역하는 모델을 지향하고 있다. 협동조합형 교회 모델이라고도 할 수 있다. 바로 이 부분이 제2기의 과제 중 가장 중요한 과제가 될 것 같다.

4장   '교환의 공동체'에서
'선물의 공동체'로

우리는 일반 경제학에서 화폐가 교환의 수단으로서 발생했다고 배웠다. 하지만 최근 인류학이나 화폐에 관한 연구들을 보면 이는 경제학이 만들어낸 신화일 뿐이라고 말한다.[1] 특히 인류학의 최근 연구에 의하면 교환을 위해 돈이 발생한 것이 아니라 돈 때문에 교환이 발생했음을 알 수 있다. 실제 원시사회에서는 교환을 위해 돈이 필요하지 않았다. 원시사회는 교환이 아니라 증여, 즉 선물에 의해서 지탱되는 사회였기 때문이다.[2] 교환에서는 두 주체가 자신이 주려는 재화(상품)에 대한 합당한 대가를 기대한다. 그러므로 교환을 지배하는 것은 이 물건이 얼마의 가치를 갖는다는 관념이며 교환을 통해 얻어지는 이익이다. 반면에 선물에서 중요한 것은 아량과 관대함이며 그것을 통해 얻어지는 명예다. 교환은 자기가 교환하려는 물건이 얼마나 값진 것인지를 증명하려 하지만, 선물은 자기가 주는 것이 하찮은 것임을 증명하려 한다. 교

---

1   화폐에 대한 시각을 교정하게 만든 책은 다음과 같다. 고병권, 『화폐, 마법의 사중주』(그린비, 2005), 이해를 돕기 위한 책으로는 김찬호, 『돈의 인문학』(문학과지성사, 2011)이 있다.
2   윤영실, 『선물 경제 너머를 꿈꾸다』(디딤돌, 2005), 선물에 관한 논의는 기본적으로 이 책의 논의에 따른다.

환은 소유와 축적을 목적으로 하지만, 증여는 선물과 사랑을 목적으로 한다.

선물이 아니라 교환이 지배하는 우리 사회는 모든 형태의 가치가 오직 화폐, 즉 돈을 통해서만 표시된다. 어떤 재화도 화폐로 표시되지 않는 한 가치를 인정받을 수 없다. 각각의 재화가 가치를 인정받기 위해서는 화폐의 승인을 얻어야 한다. 화폐의 승인을 받지 못한 것은 모두 도태된다. 인간도 마찬가지다. 인간도 화폐가치, 즉 교환가치를 가져야만 쓸모 있는 사람이 된다. 소위 몸값이 높아야 쓸모 있는 사람이 된다. 그러다 보니 모두가 쓸모 있는 사람이 되려고 자신의 화폐가치를 높이려 한다. 각자가 서로에 대해 경쟁상대일 뿐 진정한 사랑의 관계를 맺지 못하고 있다. 이런 관계에서는 오직 "교환"(Give and Take)만 이루어진다. 내가 제공하는 재화나 상품, 그리고 서비스에 대한 합당한 대가를 기대하며 주고받는다. 교환을 통해 기대하는 것은 오직 교환을 통해 얻어지는 이익 뿐이다. 이런 관계에서는 받을 것을 계산하면서 주고, 반드시 자기가 준 것에 대응하는 보상을 기대하거나 요구하게 된다. 이것은 "거래적인 관계"지 "사랑의 관계"가 아니다. 이런 만남은 자기 유익이 채워지지 않으면 언제든지 깨지는 관계다. 만남이 너무나 가볍고 일시적이며, 오직 서로를 수단화한다.

반면에 진정한 공동체는 "교환 관계"가 아니라 "선물 관계"로 만들어진다. 선물은 받을 것을 전제로 하지 않는다. 선물은 소중한 사람에게 자신의 마음을 온전하게 표현하며 값없이 준다. 선물에서 중요한 것은 사랑과 은혜, 아량과 관대함이며 그것을 통해 얻어지는 존중과 명예이다. 선물은 받는 사람에게 감동을 주며 사랑의 순환을 만들어낸다. 사랑을 받은 사람은 반드시 사랑을 실천하게 되어있다. 그래서 생명의 순환이 일어나고 진정한 공동체가 만들어진다. 공동체는 생명의 순환이요, 사랑의 순환이며, 선물의 순환이다. 받을 것을 생각하지 않고 주는 것, 이것이 바로 선물이다. 그리고 그 선물은 순환하게 되어있다. 공동체라는 뜻을 가진 Community는 라틴어 "쿰"(*cum*)과 "무니스"(*munis*)가 합쳐진 말이다. 그것은 서로에게 의무를 다한다는 뜻으로 서로를 환대하고 서로에게 선물이 되는 것을 의미한다. 즉 공동체는 선물을 함께 나누는 관계라는 뜻이다. 서로 선물을 주는 관계가 아니라면 그것은 공동체라 할 수 없다. 교환이 아니라 선물로 하나가 된 관계, 이것이 공동체의 가장 중요한 특징이다. 사도행전의 교회는 대가를 바라지 않고 선물로 주기 위해 자신의 재산을 전폭적으로 헌납했다. 자신의 재산과 소유를 팔아 각 사람의 필요에 따라 나눠 준 것이다.

    어떻게 이런 일이 가능할까? 그것은 그들이 먼저 선물을 경험한 사람들이었기 때문이다. 사랑은 받아본 사람이 할 수 있듯이 선물도 받아본 사람만이 할 수 있다. 인간은 이기적이기 때문에 먼저 선물을 경험하지 않으면 선물을 할 수 없다. 온전한 선물을 받아본 사람은 자신의 유익을 구하거나 인정받으려 하지 않는다. 자신을 증명하려 하거나 경쟁하지 않는다. 그럴 때 공동체가 가능하다. 그렇다면 그들은 어떤 선물을 받았을까? 그들은 하나님의 선물인 예수 그리스도를 받았다. 하나님은 아들을 우리에게 선물로 주셨다. 값으로 따질 수 없는 가장 귀한 것을 선물로 주신 것이다. 이것이 바로 하나님의 사랑이다. 예수 그리스도를 통해 우리에게 구원과 영생이 주어지고 하나님의 자녀가 되는 권세가 주어지며 하나님 나라 백성의 공동체가 된다. 그것도 값없이 은혜로! 교회는 예수 그리스도가 주시는 구원의 은혜(선물)를 받은 사람들이 다른 이에게 선물을 순환시키는 공동체다.

예수님께서 선포하신 하나님 나라의 복음과 희년의 복음으로 인해 선물의 공동체가 세워진다. 예수님께서 하나님 나라가 하늘에서 이루어진 것처럼 땅에서도 이루어지도록 기도하라고 말씀하신 주기도문에는 일용할 양식을 위해 기도하라고 말씀한다. "일용할 양식"이란 무엇인가? 그 답은 출애굽기 16:4에 나온다. 여기서 말하는 일용할 양식은 바로 만나다. 만나는 두 가지 의미를 가지고 있다. 첫째는 양식을 먹이시는 분이 누구인지를 보여준다(신 8:3). 만나는 우리 삶을 책임지시는 분이 누구인지 알려주며, 오직 그분만을 신뢰하며, 그분의 말씀을 위해 살아가는 삶을 살도록 인도한다. 둘째는 말 그대로 쌓아둘 수 없다는 것을 의미한다. 만나를 거둘 때 가장 중요한 원칙은 한날 필요한 만큼만 거둘 수 있다는 것이다. 그 이상을 거두면 썩어버린다. 이것은 개인적인 차원의 교훈을 의미하는 것이 아니다. 그것은 은혜의 공동체, 나눔의 공동체, 평등한 공동체, 선물의 공동체를 세우기 위한 원칙이다. 많이 거두어도 쌓아둘 수 없으니 적게 거둔 사람에게 나누어줄 수밖에 없다. 하나님께서 서로 선물하며 나누고 섬기는 공동체를 세우려고 그렇게 명령하신 것이다. 많이 거둔 자도 남음이 없고 적게 거둔 자도 모자람이 없도록 하기 위해 그렇게 하신 것이다. 이것이 바로 희년의 정신이다.

이것을 온전히 성취한 공동체가 바로 초기 교회였다. 초기 교회는 많이 거둔 자도 남음이 없고 적게 거둔 자도 모자람이 없는 평등공동체를 이루었다. 그들 가운데는 가난한 사람이 하나도 없다고 말한다. 외적인 강제력을 통해 이루어진 것이 아니라 성령의 능력으로 자기 것을 자기 것으로 여기지 않고 자발적으로 내놓았으며, 자신들이 받은 선물을 또 다시 나누는 선물의 순환을 만들었다. 바울의 공동체는 어떠했는가?

고린도후서에서 예루살렘에 하는 연보를 뭐라고 표현하는가? "이는 다른 사람들은 평안하게 하고 너희는 곤고하게 하려는 것이 아니요 균등하게 하려 함이니 이제 너희의 넉넉한 것으로 그들의 부족한 것을 보충함은 후에 그들의 넉넉한 것으로 너희의 부족한 것을 보충하여 균등하게 하려 함이라. 기록된 것 같이 많이 거둔 자도 남지 아니하였고 적게 거둔 자도 모자라지 아니하였느니라"(고후 8:13-15). 이것이 바로 바울의 공동체가 구현하려는 모습이었다.

더불어숲동산교회는 초기 교회처럼 공유의 공동체를 향한 비전을 가지고 있다. 크게 세 가지 차원의 실천이 가능하다. 첫째는 셀모임 안에서 일상적 삶의 원리로 실천될 수 있다. 우리 교회에서는 돈 거래를 하지 말라고 말하지 않는다. 그것은 중산층의 메가처치를 유지하기 위한 경영원리일 뿐이다. 교회에서 돈 거래를 해야 한다. 공동체의 중심에 바로 돈의 문제가 있기 때문이다. 상업적 동기에서가 아니라 진정으로 서로 돕고 유무상통하는 삶의 원리가 구체적인 삶으로 나타나기를 원하는 마음으로 셀에서 실천되어야 한다. 예전에 인도네시아의 아바러브 교회를 탐방했던 적이 있다. 이때 셀모임 탐방 중에 어떤 사람이 질문을 했다. "당신들은 초기 교회로 돌아가는 운동을 하고 있는데 초기 교회처럼 물질도 서로 공유합니까?" 그때 셀 리더가 이렇게 말했다.

> 형태적으로 그대로 따르지는 않지만 그 정신은 그대로 따릅니다. 우리는 강제로 그런 일을 하는 것이 아니라 성령께서 도전하실 때 말씀에 순종합니다. 어느 날 모임에서 한 셀원이 경제적인 어려움 때문에 기도제목을 나누었습니다. 그런데 제 마음에 성령께서 도와주라는 음성이 들렸습니다. 인간적인 마음이 아니라 성령의 도전이었습니다. 집에 돌아가 아내와 상의하

니 아내도 동일한 도전을 받았기에 다시 한 번 확인하기 위해 각기 다른 방에서 기도해보고 결정하기로 했습니다. 우리는 기도 후에 하나님의 응답을 적어서 나왔습니다. 서로 종이에 적은 하나님의 응답을 펼쳐보는 순간 너무나도 놀랐습니다. 거기에는 같은 금액이 적혀 있었기 때문입니다. 우리에게는 부담스러운 금액이었지만 우리는 성령님께 순종했습니다.

우리 교회도 이와 같은 일들이 일어나야 한다고 가르친다. 실제로 이렇게 돕는 일들이 많이 일어난다. 단 몇 가지 원칙이 있다. 첫째는 피치 못할 사정이 아닌 한 개인적으로 돕지 말고 교회 차원에서 도와야 한다. 초기 교회가 재산을 팔아 돕고 싶은 사람을 직접 돕지 않고 사도들의 발 앞에 내어놓은 것은 개인적 차원의 도움으로 상대에게 부채의식을 갖도록 하지 않기 위함이다. 가급적 누가 도왔는지 모를수록 좋다. 둘째는 절대로 먼저 돈을 요구하지 않는 것이다. 재정적 필요에 대해 기도제목을 나눌 수는 있어도 직접적으로 돈을 요구하면 안 된다. 이런 기도제목을 듣고 오직 성령께서 지체에 대한 부담감을 줄 때만 자발적으로 베풀어야 한다. 셋째는 돌려받지 못해도 상처받지 않을 자신이 있을 때만 도와야 한다. 이와 같은 원칙에 의해 서로 섬기는 일들이 많이 일어나고 있다.

다음으로는 대그룹 차원의 실천이 있을 수 있다. 교회 차원에서 가난한 사람을 돕는 일을 실천하거나 마이크로 크레딧 기금을 만들거나 신협을 만들거나 주택조합 프로젝트나 공동주택 프로젝트를 통해 공동체적 삶을 살아가는 것 등이 있을 수 있다. 특히 주택문제에 대한 대안이 필요하다. 미국발 세계금융위기의 출발이 바로 주택문제였다는 것을 우리는 잘 알고 있다. 금융자본주의의 폐해를 통해 커진 부동산 버블이 극단적 형태로 터진 것이다. 버블은 항상 "인간의 내재적 약점", "거대한 불로소득", 그리고 "부적절한 유동성"이 결합되면서 발생한다.³ 요즘 협동조합으로 집짓기가 여러 군데에서 일어나고 있는데, 우리 교회에서도 이것을 실험해볼 예정이다. 제2기의 중요한 과제 중 하나다. 하지만 조심스럽게 해야 할 것이다. 초창기에 마이크로 크레딧 기금을 만들려고 강하게 추진한 적이 있다. 하지만 많은 사람들이 아직 공동체가 성숙하지 않은 상태에서 돈 문제와 관련된 사역을 하면 위험해질 수 있다고 반대해서 시도하지 않았다. 리더가 항상 공동체의 말에 귀를 기울여야 한다는 것을 보여주는 사례다. 하지만 반대로 리더가 공동체의 견해를 제재해야 하는 경우도 있다. 공유주택에 대해 제안을 했더니 몇몇 사람들이 의기투합해서 땅을 알아보고 있다는 소식을 듣고 멈추도록 권고하기도 했다. 사전에 많은 준비를 하지 않으면 공동체가 깨어지는 아픔이 발생할 것이다. 성도들은 비전을 제시하면 믿음으로 반응한다. 목회자들보다 훨씬 더 순수하다. 그래서 더욱 철저한 준비가 필요하다.

마지막 차원은 구별된 장소에서 무소유의 공동체를 이루는 것이다. 도시 한 가운데 있는 센터에서는 지역과 소통하고 지역을 섬기면서 지역을 변화시키는 선교적 사역을 하게 되지만 그와 별도의 구별된 장소에서 무소유의 공동체를 세우는 것도 꿈꾸고 있다. 생태마을 성격을 지닌 그곳에는 공동주택, 영성센터, 대안학교, 도서관, 그리고 여러 작업장 등을 세울 것이다. 물론 이것은 아직 막연한 꿈이다. 하지만 우리는 그 꿈을 포기하지 않을 것이다. 이런 비전은 헌신되고 검증된 공동체원

---

3 김윤상, "버블 비극과 지공주의", 이정전 외, 『위기의 부동산』(후마니타스, 2009), 108-110쪽.

의 실천사항이다. 우리 교회의 암묵적 원칙 중 하나는 "교회에 들어오는 문턱은 낮추되 비전을 위한 공동체적 헌신은 높인다"는 것이다. 지역교회의 공동체원이 되는 것은 누구나 쉽게 될 수 있다. 낮은 문턱을 통해 들어온 공동체의 지체는 교회의 다양한 관계와 사역에 참여하게 된다. 하지만 높은 책임과 헌신도를 요구하는 비전과 위치는 쉽게 접근할 수 없다. 이러한 비전에 참여하기 위해서는 일정 기간 동안 공동체 안에서 훈련되고 검증되어야 한다.

5장 '가정과 교회의 대립'에서 '가정의 회복과 확대된 가정의 균형'으로

복음은 깨어진 관계를 회복하는 능력이다. 진정한 화해의 공동체를 만드는 능력이 십자가에 있다. 특히 가정공동체가 회복되어야 한다. 가정은 하나님 나라 백성의 기초단위이기 때문이다. 현대 사회에서 얼마나 많은 가정이 깨어지고 있는가? 가정이 해체됨으로 지불하는 대가가 얼마나 큰가? 이곳 봉담에서 그런 가정들을 무수히 보고 있다. 교회는 이런 가정을 회복하는 치유와 회복의 공동체가 되어야 한다. 가정을 소홀히 하며 교회 일을 열심히 하는 것을 지양하고, 가정을 건강하게 세우도록 돕는 것이 교회의 우선적인 사역이 되어야 한다. 더불어숲동산교회는 가정의 달 특별행사, 전교인연합예배, 아버지학교, 어머니학교, 부부학교 등을 통해 가정을 돕고 있다.

하지만 이것이 가족주의로 흘러서는 안 된다. 예수님의 비전은 가족주의를 넘어선다. 가족들이 자신을 찾아왔다는 소리를 듣고 제자들과 청중들에게 이렇게 말씀하셨다. "누가 내 어머니요 형제요 누이냐? 아버지의 뜻대로 행하는 자라야 내 가족이다." 이렇게 말씀하신 이유는 그분의 비전이 단지 혈연공동체의 회복이 아니라 새로운 하나님의 가족공동체의 건설이기 때문이다. 그분은 혈연적 가족공동체가 아니라 예수의 피로 맺어진 새 언약의 공동체를 통해 하나님 나라를 가시적으로 보여주고자 했다. 그래서 마지막 죽는 순간까지도 자신의 형제들과 누이들이 옆에 있는데도 요한에게 어머니 마리아를 맡겼다. "요한아, 네 어머니니라." 새로운 가족을 창립하신 것이다. 교회는 단지 혈연공동체를 건강하게 회복하는 비전이 아니라 확대된 가족에 대한 비전을 가져야 한다. 만약 혈연적인 가정의 회복만을 주장한다면 그것은 교회의 궁극적인 비전을 오해한 것이요, 비전을 놓친 것이요, 자칫 소시민적 가족 이데올로기만을 강화시킨 것일 수 있다.

새로운 가족에는 누구든지 들어올 수 있어야 한다. 전통적인 가정의 형태를 정상가족이라고 규정하고 그 이외의 가족형태를 비정상가족으로 규정하는 "정상가족 이데올로기"를 넘어서 새롭게 등장하는 다양한 가족형태를 긍정하고 확대된 하나님의 가족공동체 안에 수용해야만 한다.[1] 전통적인 가족은 이성 간의 합법적인 결혼에 기초한 부계 중심의 혈연 가족이다. 그러나 최근에는 이른바 비정형 가족이 증가하고 있다. 가장 일반적인 부부+자녀 가구는 2008년에 41.8%로 감소하였고, 한 부모 가구, 조손 가구, 1인 가구, 비혈연 가구 등 비정형형 가족이 차지하는 비율은 2005년에 전체 가구의 1/3 수준인 30.4%에 이르렀다. 1인 가구가 2010년에는 23.3%로 증가하였다. 선진국은 1인 가구가 50%에 육박한다. 결혼보다 자기만의 삶을 택하는 2030세대, 가부장적 가족제도를 거부하는 여성들, 결혼적령기를 넘긴 남녀, 여기에 기러기 아빠(2008년 20세 출국자가 19만 1천 명)와 돌아온 싱글, 홀로 된 노인까지 더해져서 "나홀로족"의 수도 가파르게 늘어나고 있다. 또한 1인 가구

---

1 정재영, 『한국교회 10년의 미래』(SFC, 2012).

의 빈곤화와 노령화가 급격히 추진되고 있다. 2012년 1인 가구 소득은 전체 가구의 43% 수준이라고 한다. 물론 가정 기능의 회복이 필요하다. 하지만 가정교회나 가족 통합 예배 등이 논의되는 중에 비정형 가족들이 배제되고 소외될 우려가 있음을 명심해야 한다. 정재영 교수는 가족이 해체된다는 위기의식만 부추길 것이 아니라 새로운 가족으로 재구조화되고 가족이 다양화되고 있다는 인식을 가져야 한다고 주장한다. 전적으로 동의한다. 한국교회는 페미니즘의 주장과 목소리를 열린 마음으로 경청해야 한다. 페미니즘의 도전을 긍정적으로 수용하여 우리의 지식과 문화가 얼마나 가부장적인지를 깨닫고 새로운 공동체를 구상해야 한다.[2]

성경을 지나치게 가족주의적으로 해석하는 것도 조심할 필요가 있다. 현대 교회의 관심을 성경에 투사한 해석이 아니라 성경이 쓰여진 맥락에서 하나님 나라의 관점으로 성경을 보아야 한다. 사도 바울이 에베소서에서 말하고 있는 구절이 대표적인 사례다. 에베소서 5-6장에는 부부 관계, 부모자녀 관계, 그리고 상전과 종의 관계가 나오는데 전통적으로는 이것을 가족문제와 직장문제로 해석했다. 이는 전체 맥락에서 이탈한 해석이다. 이것은 부부, 부모, 그리고 종들과 짐승까지 포함하는 고대 가정을 말하는 것이다. 바울은 가족 관계 안에 있는 이 세 가지 관계를 통해 하나님 나라 백성의 정치에 대해서 이야기한 것이다. 이것은 "가정 윤리 지침"이라 불리는 독특한 문학 양식을 통해 하나님 나라 공

---

[2] 개인적으로 페미니즘에 대한 도전을 강하게 받았던 두 책을 소개하면 다음과 같다. 정희진, 『페미니즘의 도전』(교양인, 2005), 우에노 치즈코, 나일등 역, 『여성 혐오를 혐오한다』(은행나무, 2012).

동체의 정치적 성격을 규명한 것이다.[3] 고대의 정치 사상가들은 이상적인 공동체 생활의 모델을 이야기하고 싶을 때면 언제나 가장 작은 정치 단위인 가정에 대해 이야기했다. 아리스토텔레스의 『정치학』에는 이런 내용이 나온다. "어떤 일이건 그에 대한 분석은 최소 단위에서 시작되어야 하며, 가정에서 가장 일차적인 최소 단위는 주인과 종, 남편과 아내, 부모와 자식이다. 따라서 우리는 이 세 가지 관계, 즉 주종관계, 결혼관계, 그리고 부모자식관계의 적절한 구성과 특성을 조사해야 한다." 바울이 이러한 형식을 이용할 때, 반드시 그가 현대적 개념으로 가정에 관한 교훈을 주는 것은 아니다. 그는 더 넓은 범주에서 정치적인 전망을 펼쳐놓고 있다. 이것은 새 인류가 하나의 정치적 실체로서, 즉 하나님께서 거하시는 하나님의 새로운 공동체로서 어떻게 번영해야 하는지에 관한 성명서에 가깝다.

바울이 말하고 있는 이 세 가지 관계를 통해 유추할 수 있는 하나님 백성 공동체의 정체성은 무엇인가? 첫째, 새 인류는 모든 사람을 위한 하나님의 정의를 구현하는 공동체다. 바울은 종과 여자와 아이들을 열등하게 여기는 아리스토텔레스의 정치학에 정확하게 반하는 기독교 윤리를 말하고 있다. 둘째, 새 인류는 예수 그리스도의 주되심 아래 새로운 질서를 갖춘다. 예수 그리스도 보다 더 큰 가치를 가진 사람은 없다. 셋째, 새 인류는 사랑과 존중의 관계를 맺는다. 권력과 조정의 관점이 아닌 십자가의 태도로 서로를 바라보며 사랑하고 존중한다. 바울은 이처럼 새로운 인류에 대한 비전을 우리에게 제시하고 있는 것이다. 그런데 이것을 가정 세미나 혹은 직장 세미나에서 사용하는 근거자료로 사

---

3   티머시 곰비스, 최현만 역, 『이렇게 승리하라』(에클레시아북스, 2013), 255-259쪽.

용한다는 것은 축소된 성경 적용의 대표적인 사례라 할 수 있다. 이제는 단지 가정이라는 관심사로 성경을 볼 것이 아니라 예수 그리스도께서 세우기 원했던 새 인류라는 관점으로 보아야 한다.

6장   **소결론**

4부에서는 "공동체성을 회복하는 선교적 교회"에 대해 이야기했다. 작금의 한국교회가 개독교라는 소리를 듣고 있는 교회지만 여전히 교회가 세상의 희망임을 믿는 우리는 교회의 본질인 공동체성을 회복해야 한다고 믿는다. 교회는 제도적인 종교조직이 아니라 "삼위일체적 코이노니아"이다. 기업형 대형교회는 교회의 본질을 실현하기 어렵기 때문에 공동체성을 회복할 수 있는 "공동체형 양날개 교회"가 되어야 하며, 개교회 성장주의를 버리고 "지속가능한 적정규모의 분립"으로 나아가야 한다. 교회는 세상과 구별된 존재방식을 보여 주어야 하며, 세상적인 질서와 삶의 방식과 대조적인 방식을 가시적으로 보여주어야 한다. 그럼으로써 교환의 공동체가 아닌 "선물의 공동체"가 되어야 하고, 혈연적인 가정의 회복을 넘어 "영적인 하나님의 가족"으로서의 정체성을 가져야 한다. "작은 교회"를 추구하는 교회가 종종 "공공성의 회복"이라는 차원에 약한 모습을 드러내는 반면, "선교적 교회"를 추구하는 교회는 공공성을 회복하는 다양한 사역에 집중하느라 "공동체성의 회복"이라는 차원에 약한 모습을 드러내는 경우가 종종 있다. 그러다 보니 오랜 시간이 흘러도 공동체가 세워지지 않는 경우를 많이 본다. 하지만 앞서 말한 것처럼 원심력과 구심력이 균형을 이룰 때 건강한 선교적 교회가 될 수 있다. 원심력에 치우치느라 공동체성을 회복하는 일을 등한시해서는 안 된다. 원심력에 의해 흩어지기만 하면 교회의 고유성을 잃어버릴 수 있다. 공동체가 든든히 세워져야 원심력도 힘을 얻게 된다. 그런 의미에서 4부의 내용은 너무나 중요하다. 우리 교회가 "공공성을 회복하는 선교적 교회"를 강조하다 보니 사람들이 내가 주로 NGO 사역이나 사회적 활동을 한다고 생각하는 경향이 있다. 그렇지 않다. 나는 주로 공동체성을 회복하기 위한 목회 사역에 집중한다. 공공성을 회복하는 사역은 주로 아내와 평신도를 중심으로 "더불어숲 페어라이프 센터"를 통해 이루어지고 있다. 목회 자체가 전문성을 요할 뿐 아니라 엄청난 공력을 요한다. 목회자가 이 부분을 놓치면 공동체성을 회복하기 어렵다. 평신도 리더를 통해 작은 공동체들이 하나님의 가족으로 세워지지만 목회자의 특수한 역할도 매우 중요하다는 사실을 인식할 필요가 있다.

맺음말

어느덧 결론에 다다르게 되었다. 각 장의 의의를 되짚어보는 것으로 결론을 대신하고자 한다. 1부에서는 "한국적인 선교적 교회론"의 필요성에 대해 이야기했다. 시대와 상응하며 형성된 한국교회가 진보적 교회, 복음주의적 교회, 그리고 오순절적 교회로 나타났기 때문에 한국적인 선교적 교회는 진보적이고 복음주의적이며 오순절적인 선교적 교회가 되어야 함을 역설했다. 신학을 전문적으로 공부하지 않은 목회자가 이런 책을 쓴 이유는 현실 역사 한 가운데서 교회의 실제적인 문제에 직면한 사람만이 쓸 수 있는 글이 있을 거라고 생각했기 때문이다. 한국교회에서 읽을 수 있는 선교적 교회에 관한 책은 외국 저자인 경우가 대다수이고 그것도 대부분 전문 학자들이 썼다. 그래서 혹자는 선교적 교회 운동이 주로 이론 작업에만 치우친 까닭에 선교적 교회에 관한 구체적이고도 실천적인 대안을 제시하지 못했다고 비판한다. 그런 의미에서 신학자가 아닌 목회자가 쓴 선교적 교회에 관한 책이 필요하다고 생각했다. 목회 현장에서 한국적인 선교적 교회를 세우기 위해 분투한 목회자가 신학적 필터를 통해 걸러내고 경험을 통해 검증한 선교적 교회에 관한 책을 써야한다고 생각했다. 교단과 상아탑에 갇힌 신학이 아니라 현장에서 산전수전을 통해 쌓은 교회론이야말로 진정한 한국적인 선교적 교회론이 될 수 있다고 생각했다. 이제는 현장 목회자의 식견과 깊이 있는 신학자의 지식이 융합되어 한국적인 선교적 교회론이 더 깊어져야만 한다.

    2부는 더불어숲동산교회의 신학적 비전을 본격적으로 다루었다. 구체적인 사역을 소개하기 전에 이것을 먼저 제시한 이유는 선교적 교회를 실제적으로 세워나가는 데 있어서 정말 중요한 것이 교리와 실천의 중간영역이기 때문이다. 이 중간의 공간은 신학과 문화를 깊이 성찰하는 공간으로, 이를 통해 사역의 모습이 결정된다. 교리적 기초를 "하드웨어"라고 부르고, 사역 프로그램들을 "소프트웨어"라고 부른다면, "미들웨어"가 이 중간 영역인데 이것이 바로 "신학적 비전"이다. 더불어숲동산교회의 신학적 비전은 "페어 처치"로서 "하나님 나라의 신학과 십자가의 영성과 성령의 능력을 갖춘 급진적 제자공동체를 통해 공교회성과 공동체성과 공공성을 실천하는 선교적 교회"가 되는 것이다. 앞서 말한 것처럼 더불어숲동산교회의 신학적 비전은 "성육신적 신학"을 통해 만들어진 것이다. 그렇기에 교리체계를 보여주는 신학적 비전이 아니라 성육신적 신학함의 산물로 주어진 신학적 비전이라는 특징을 보인다. 이렇게 하면서 성육신적 신학의 구조를 삼위일체의 구조와 연결하였다. 이론적 측면에서 하나님은 "하나님 나라의 신학"으로, 예수님은 "십자가의 영성"으로, 성령님은 "성령의 능력"으로 표현하였으며, 그 핵심에 삼위일체를 구현하는 "급진적 제자공동체"를 위치시켰다. 실천적 측면에서도 공교회성과 공동체성과 공공성의 삼위일체적 페리코레시스 구조를 표현하였으며, 그 핵심에 선교적 교회를 위치시켰다. 이론적 측면과 실천적 측면이 균형을 이루는 "신학적 비전"이 되도록 노력했다. 아무쪼록 한국교회가 나아가야 할 방향을 제시할 때마다 이런 기본적인 골격을 세워나가면서 대안을 제시해야 할 것이다.

3부는 분량이 많기도 하지만 다소 생소한 용어들을 사용했다. 이렇게 한 이유는 "선교적 이중 언어"의 필요성 때문이다. 공공성을 회복하기 위해서는 다양한 교회의 사역을 공론장에서도 통하는 언어로 표현할 수 있는 실력을 갖추어야 한다. 여기서 중요한 것은 신학과 인문학의 접점을 찾는 것이다. 이런 시도는 신학과 인문학의 접점을 찾으려는 "성육신적 신학"의 결과이기도 하다. 인문학적 통찰을 통해 신학이 구체적인 현실로 내려올 때 공공성을 회복하는 선교적 사역이 가능하다. 신학과 인문학이 만날 때 서로를 풍성하게 해 줄 수 있다. 신학은 추상적인 교리에 실제적인 내용을 담을 수 있고, 인문학은 실제적인 내용의 근본과 본질을 얻을 수 있다.[1] 신학을 모르고서는 예리한 인문학을 할 수 없으며 이것이 현대철학자들이 바울에 관심을 갖는 이유 중 하나이기도 하다. 그렇기에 기독교 내에서는 다소 생소한 이론을 사용하면서까지 공공성의 회복을 위한 선교적 교회의 사역들을 소개한 것이다.

마지막으로 고백적이면서도 당부적인 말로 책을 마무리 하고자 한다. 선교적 교회의 구심력에 해당하는 공동체성을 회복하는 일은 말처럼 쉬운 일이 아니다. 어쩌면 공공성을 회복하는 일보다 훨씬 더 어려운 일이다. 그렇기에 공동체를 세워갈 때 가장 필요한 것이 "환멸을 견디는 능력"이라고 생각한다. 더불어숲동산교회가 지금의 모습이 되기까지는 생존의 고비를 여러 번 겪었다. 전통적인 교회와는 너무나 다른 비전과 사역을 공유하는 것이 쉽지 않아 많은 아픔을 경험하기도 했

---

1 칼 슈미트마저 현대 국가론의 중요 개념이 세속화된 신학 개념이라고 하지 않던가. 칼 슈미트, 김항 역, 『정치신학: 주권론에 관한 네 개의 장』(그린비, 2010), 54쪽.

다. 하지만 새로운 대안적 공동체를 세우려면 다른 상상력을 가진 사람들을 배척할 것이 아니라 품어야 한다. 비슷한 성향과 가치와 상상력을 가진 사람들끼리 모여 자기만족적인 운동을 해서는 세상이 바뀌지 않는다. 따라서 우리에게 필요한 것은 바로 "오래 참음"과 "온유"였다. 사랑은 오래 참고 온유하다. 인내와 온유의 공동체를 만들려면 "이상과 현실의 괴리로 인해 발생하는 환멸을 견뎌내는 능력"과 "반대를 품는 과정에서 발생하는 환멸을 견디는 능력"이 있어야 한다. 사랑은 환멸을 견디는 능력이다. 환멸을 견디며 한 영혼을 끝까지 사랑하는 마인드가 공동체를 만들어간다.

페어 처치
공교회성·공동체성·공공성을 회복하는 선교적 교회

Copyright ⓒ 이도영 2017

1쇄 발행 2017년 5월 8일
3쇄 발행 2020년 9월 30일

지은이 이도영
펴낸이 김요한
펴낸곳 새물결플러스

편 집   왕희광 정인철 노재현 한바울 정혜인
         이형일 나유영 노동래 최호연
디자인 윤민주 황진주 박인미 이지윤
마케팅 박성민 이원혁
총 무   김명화 이성순
영 상   최정호 곽상원
아카데미 차상희

홈페이지 www.holywaveplus.com
이메일   hwpbooks@hwpbooks.com
출판등록 2008년 8월 21일 제2008-24호
주 소   (우) 04118 서울시 마포구 마포대로19길 33
전 화   02) 2652-3161
팩 스   02) 2652-3191

ISBN 979-11-6129-012-6 03230

책값은 뒤표지에 있습니다.

이 도서의 국립중앙도서관 출판예정도서목록(CIP)은 서지정보유통지원시스템
홈페이지(seoji.nl.go.kr)와 국가자료공동목록시스템(nl.go.kr/kolisnet)에서
이용하실 수 있습니다. CIP2017010537